디지털 커먼즈

디지털 커먼즈
Phygital Commons

지은이	이광석
펴낸이	조정환
책임운영	신은주
편집	김정연
디자인	조문영
홍보	김하은
초판 1쇄	2021년 10월 21일
초판 2쇄	2022년 10월 21일
종이	타라유통
인쇄	예원프린팅
라미네이팅	금성산업
제본	바다제책
ISBN	978-89-6195-284-2 93300
도서분류	1.사회학 2.정치학 3.문화이론
	4.미학 5.인문 6.과학기술 7.경제
값	22,000원
펴낸곳	도서출판 갈무리
등록일	1994. 3. 3.
등록번호	제17-0161호
주소	서울 마포구 동교로18길 9-13
전화	02-325-1485
팩스	070-4275-0674
웹사이트	www.galmuri.co.kr
이메일	galmuri94@gmail.com

이 저서는 2010년 정부(교육부)의 재원으로 한국연구재단의 지원을 받아
수행된 연구임(NRF-2010-812-B00078).

서문 6

물질·비물질 형태의 인류 자원과 공통의 부에 대한 자본주의 체제의 '인클로저' 욕망은 가히 끝이 없다. 오늘 자본주의는 플랫폼이라는 장치를 통해 물질·비물질계에 걸쳐 사유화 밀도를 더 높여가며 인간과 뭇 생명의 숨통을 죄고 있다. 그 어느 때보다 더 촘촘하고 내밀한 방식으로, 인간 산노동은 물론이고 인간 의식과 생체리듬의 데이터 활동을 사유화된 가치 체제로 흡수하는 데까지 이르렀다. 이 책은 '플랫폼자본주의'라 불리는 새로운 인클로저 현실에 대항해 시민 다중 스스로 벌이는 지속 가능한 대안의 삶 찾기의 일환으로 기획됐다.

『피지털 커먼즈』는 정세적으로 자본주의 기술세계와 우리의 기술감각 변화를 강조한다. 무엇보다 '피지털'phygital계의 등장을 주목한다. '피지털'은 '피지컬'(물질)과 '디지털'(비물질)의 혼합 현실을 뜻한다. 이는 디지털 세계의 기술 논리가 물질계의 지형과 배치를 좌우하는 새로운 데이터사회 현실을 지칭한다. 문제는 디지털의 유연한 속성에도 불구하고 플랫폼 자본은 사유화된 인클로저(종획)의 틀 안으로 이를 가두려 한다는 데 있다. 이 책은 특히 동시대 플랫폼자본주의가 주도해 만들어내는 피지털의 미래 구상을 우려한다. 오늘 '메타버스'라 불리는 기술문화 차원의 신생 공간은 또 다른 기술 세례와 축복에도 불구하고 바로 피지털계의 본격적인 인클로저를 알리는 서곡으로 볼 수 있다.

『피지털 커먼즈』는 플랫폼자본주의의 견고한 질서와 축적의 끝 간 데 없는 코나투스(충동)를 살피면서도, 대안 실천의 무기력을 깨기 위한 방법으로 '커먼즈(공통장)'the commons 운동을 강조한다. 이제 사유화된 기업 논리에 우리의 미래를 의탁하거나 정부의 공적 지원 체제만을 바라고 살기에 너무도 불평등과 부정의가 만연하고 척박한 삶의 현실에 봉착했다. '사유'私有와 '공유'公有를 넘어, 이제까지와는 다른 삶을 살기 위해 우리 스스로 짜는 대안 기획이자 실천 방식인 '커먼즈(공유共有)의 가치 전유가 필요하다. 이 책은 생성 중이지만 다층적으로 무수히 가지치기하면서 자본주의가 강요하는 착취와 수탈의 방식을 벗어나 호혜적 삶을 직조하려는, 반인클로저 운동과 공생공락의 새로운 실천 징후와 흐름을 주목한다.

250여 년 이상 묵은 자본주의 질서는 우리에게 어떠한 희망의 메시지도 주지 못했다. 끝내 우리 인류 모두를 '자본세'資本世라는 지구 생태 위기의 진퇴양난에 이르게 했다. 커먼즈 운동은 자본의 인클로저 질서에 대항해 그리고 국가의 공적 책무 태만과 방기에 맞서려는 시민 다중의 자율적 실천이다. 지구상에 존재하는 거의 대부분의 유·무형 자원을 시민 스스로 자율 관리하고 공동 생산하며 상생의 규칙을 만들어가려는 호혜의 공동체 흐름이라 할 수 있다. 다시 말해 커먼즈 운동은 동시대 플랫폼자본주의의 질곡으로부터 벗어나 인간들 사이에 새로운 공생 관계를 모색하고, 우리 자신의 자유로운 창발력을 회복해 문화사회적 삶을 도모하며, 궁극에 지구 생명들의 공존과 호혜의 생태정치적 실천을 추구하고자 한다.

책 제목을 다소 생소할 수 있는 『피지털 커먼즈』로 잡은 연유는 정세와 대안이라는 두 가지 다른 지형 때문이었다. 첫째로 '피지털 커먼즈' 개념에서 '피지털'은 자본주의 동시대 국면을 주도하는 새로운 플랫폼 자본 질서를 비판적으로 살피려는 데 목적을 둔다. 둘째로 플랫폼 자본이 구성하는 인클로저에 대항해 우리 미래를 스스로 개척하려는 '커먼즈'(공통장) 전망을 찾고 이를 위한 대안적 실천을 함께 모색하자는 의미를 함축한다. 그렇지만 책 제목만 처음 접하고 난감해할 독자가 있으리라 본다. 우리의 오래전 커먼즈(공유지)적 역사 전통이 첨단 자본주의 현실 앞에서 거의 모두 포획되거나 흐릿해지면서, 불행히도 우리는 공통의 민주적 관계를 생성하려는 '커먼즈'의 우리식 공용어를 아직 만들어내지 못했다. 그런 연유로 책에서 '커먼즈'를 그대로 옮기지 않고 썼다. 커먼즈의 한국어 표기법으로 '공유'라는 개념이 적절할 수 있지만 이 또한 국내에서는 '공유경제' 등 플랫폼 경제의 하위 범주로 포획되어 '죽은 언어'死語가 돼버렸다고 본다. 시민 다중의 공생적 실천을 묘사하는 우리의 신생 개념과 문법을 창안해내기 전까지, 필자는 '커먼즈'라는 서구의 대안 실천 개념을 당분간 그대로 빌려 쓰기로 했다. 물론 '커먼즈'라는 외래 개념의 생소함을 극복하기 위해서라도 우리 고유의 대체 개념을 장기적으로는 되찾을 필요가 있다. 이는 '공유' 전통의 호혜 개념을 다시 우리의 시민 언어로 재전유하는 일이기도 하다.

이 책에서 커먼즈를 우리말로 옮기려 들자면 '공유지'共有地와 '공통장'共通場 개념이 가장 가까워 보인다. 공유지는 원래 국가 관리의 유휴 토지 등 물질 자원의 시민 임대나 위탁 등을 지칭하고 있지만, 공유되는 '토지' 개념 해석을 조금 확대 해석해 보면 공유문화가 생성되는 '바탕' 혹은 '근거지'라는 추상의 뜻으로 범용화해 볼 수 있다고 본다. '경의선 공유지'라는 국내 자율 도시 공동체 운동의 사례에서 보듯, '공유지' 개념은 나름 커먼즈를 대신해 우리의 입에 잘 감기고 입길에 쉽게 오르내릴 수 있는 대표어 구실을 할 수 있다고 본다. 또 하나는 갈무리 출판사에서 공식화된 번역어이기도 한 '공통장' 개념을 주목해볼 수 있다. 공통장은 구래의 물질 토지에 기반을 둔 공유지 개념에 비해 현대의 비물질 디지털 자원의 공통적인 것까지 아우르는 장점을 지닌다. '장'場 개념이 '지'地 개념보다는 자원의 포괄적 범위와 그 운동성을 더 잘 표현하고 있으나, 개념이 그리 잘 입에 붙지 않는 단점이 있다. 물질과 비물질 자원과 공간을 공동 생산하는 주체와 집합 관계적 실천의 뉘앙스도 공통장 개념에서 잘 묻어나지 않는다. 그래서 공통장과 공유지 개념이 아직은 대중적으로 널리 합의돼 쓰이는 개념이 아닌 까닭으로 보다 정확한 대안 개념이 나오기 전까지 이 책에서는 커먼즈를 그대로 사용하고 필요에 따라 공유지(특히, 토지 등 물질 자원의 인클로저 상황을 묘사하는 경우)와 공통장 개념을 상호 호환되는 용어로 본문에서 함께 쓰고자 한다.

『피지털 커먼즈』라는 책 제목은 그렇게 지었다. 혹 이 책의 전반적 분위기가 독자에게 다소 어둡고 우울할 수 있겠다. 하지만 전적으로 책에 담고자 했던 강조점은 희망에 근거한다. 희망은 구조와 체제에 짓눌린 '다중' 실천의 가능성에 대한 믿음에 있다. '커먼즈'는 그 희망의 정치학을 직접 상징한다. 피지털 커먼즈는 플랫폼자본주의 현실에 대항할 반인클로저의 보루이자 생성주의적 문화정치 기획으로, 그리고 궁극에는 기술과 생태 대안사회의 설계를 위한 희망의 실천적 근거로 읽어야 한다. 부디 이 책이 코로나19로 인해 더욱 거세진 플랫폼 기술 질서를 비판적으로 이해하고, 기술 통치의 인클로저 현실을 벗어날 일말의 단서를 얻고자 하는 독자들에게 작지만 송곳 같은 지적 자극이 되길 희망한다.

책의 구성

책은 총 네 개의 부와 여덟 개의 장으로 이뤄져 있다. 나는 그것들을 정세, 대안, 문화, 생태의 주제 순으로 배치했다. 먼저

1부 '플랫폼 질서와 커먼즈 위기'는 '피지털'이라는 신생 기술 조건과 인클로저의 정세 변화를 살피면서 자본주의 기술 조건의 급속한 변화와 인클로저 사유화의 강렬도가 점점 깊어가는 현실을 주목한다. 1장 「데이터사회의 형성과 새로운 인클로저」는 '데이터사회'의 형성과 새로운 형태의 자본주의 사유화 기제인 디지털 인클로저의 확장을 경고한다. 물질 자원과 노동 너머의 '데이터사회'로 구체화된 비물질 데이터 활동의 자본주의적 포획 질서가 드러내는 인간 삶의 위기 상황을 환기한다. 2장 「플랫폼자본주의와 커먼즈의 위기」는 '플랫폼자본주의'의 핵심 요소와 특성을 집중해 개괄한다. 데이터, 알고리즘, 인공지능 등이 모여 구성되는 플랫폼 장치가 지닌 새로운 자원 중개, (재)배치와 수탈의 자본주의 가치 기제를 들여다본다. 무엇보다 현대 자본주의의 플랫폼 장치가 거의 모든 유·무형 자원을 흡수하며 새로운 블랙홀이 되는 커먼즈 위기 상황을 지적한다.

2부 '피지털 커먼즈의 조건'은 지배적인 플랫폼 질서에 대항하는 '커먼즈 대안' 구성에 관한 논의다. 이 장은 무엇이든 자본의 가치 기제로 사유화하는 오늘 현실에 대항하는 반인클로저 실천 흐름 가운데서 '피지털 커먼즈'의 역할을 강조한다. 이것은 동시대 플랫폼 기술을 약자 공통의 것으로 삼아 대안적인 삶을 모색하는 일과 연계된다. 3장 「커먼즈, 다른 삶의 직조」에서는 동시대 커먼즈의 지배적 특징을 살피고 민주적 기술로 매개된 다른 삶의 구상을 논한다. 특히 소비자, 노동자, 시민으로부터 추출된 (빅)데이터의 공통재적 가치가 플랫폼 기업에 흡수되는 지배 고리를 끊어내고 더 많은 공생공락을 위해 플랫폼 위에 '공통적인 것'을 구성하려는 개방형 협력주의의 전망을 살핀다. 4장 「공유경제 비판과 도시 커먼즈」는 커먼즈 정책 실험 사례로 알려진 '공유도시 서울'의 정책 기조와 내용을 비판적으로 되돌아본다. 이 장은 '공유도시 서울' 정책을 시민 자립과 협력의 공통 자원 생산 운동이 아닌 주류 공유경제 모델에 의탁한 도시 혁신 사업으로서 비판적으로 진단한다. 대안으로 시민사회 주도의 '도시 커먼즈'적 전회를 제안하고, 협치 파트너로서 서울시가 수행할 수 있는 공적 역할을 살핀다.

3부 '문화 커먼즈의 창작 유산'은 정보·지식(로고스)과 함께 인간 창의성의 다른 한 축을 구성하는 창작·정념(파토스)의 중요성을 다룬다. 현대 자본주의는 인류 지식과 창작의 자원을 끊임없이 재산권 인클로저의 틀 안에 가두고 문화/의식 산업이라는 비물질 수탈 기제로 포획하고 있다. 5장 「파토스의 문화 커먼즈」는 '카피레프트' 전통에서 인류 공통의 문화유산으로 축적된, 퍼블릭도메인, 콜라주, 리믹스, 매시업, 미메시스 등 복제와 전유 문화의 커먼즈적 함의를 들여다본다. 창제작의 역사 속에서 복제와 전유 문화적 전통이 잠재적으로 현대 문화 커먼즈 확장력의 전제임을 강조한다. 6장 「아방가르드와 반인클로저 전통」은 오리지널 원본과 권위에 대항했던 20세기 초 아방가르드 예술 운동의 흐름을 보면서 인문예술 창작의 전유 방식과 공유 문화를 살핀다. 특히 역사적으로 다다이즘의 반예술적인 경향, 특히 부당한 권위에 대한 아방가르드 미학으로 한 시대를 풍미하던 독일 다다의 미학적 실천이 지닌 문화 커먼즈적 가치를 살핀다.

4부 '인류세와 생태 커먼즈'는 오늘날의 기후위기를 벗어나기 위한 생태정치의 기획에 관한 논의를 담고 있다. 7장 「'인류세' 지구 커먼즈」는 지구행성 위기를 묘사하는 '인류세' 담론과 관련된 논쟁을 정리하고 있다. '불타는 지구'라는 현실을 빠져나오기 위한 인간과 인간 아닌 것 사이의 평평한 관계와, 공생의 생태정치학, 그리고 포스트휴먼 실천의 구상을 고민한다. 마지막 8장 「그린 뉴딜과 탈인류세 기획」은 생태 대안 기획에서 불철저하거나 모순적인 방식으로 다뤄졌던 과학기술의 문제에 집중해 본다. 그리고 급박한 지구 위기를 벗어나려는 구체적 지구 전환 기획인 서구의 '그린 뉴딜' 내용과 주장을 비판적으로 살핀다. 7장이 생태주의 이론 논의에 좀 더 치우친다면, 8장은 기후정의의 실천 의제에 좀 더 가깝다.

책에서 다루는 '피지털 커먼즈' 논의 틀이 현실 자본주의 구조 전체를 아우르거나 인클로저 대항 실천의 전체 모습을 담아내기는 당연히 어려울 것이다. 이 책은 근미래 플랫폼자본주의 체제 아래 인클로저 상황의 극한 지점이 될 '피지털'계를 드러내고, 신기술 예속의 경로와는 다른 호혜적 삶을 도모하기 위해 '기술생태' 커먼즈 차원에 착목하는 데 그 목표를 두고 있다. 자본주의 현실 변화와 양상을 파악해 대안 실천의 구체적이고 정확한 그림을 그리는 일은 또 다르게 이 책 너머의 문맥을 찾고자 하는 이들의 몫이리라.

애초 책의 기획은 조금 달랐다. 학술 연구로 시작해 그 주제 범위도 "퍼블릭도메인의 사회문화사" 정도로 소박하게 잡았었다. 꽤 오래전부터 정보 공유 혹은 카피레프트 운동의 시각에서 현대 저작권 문화를 비판하기 위한 문화인류학적 탐구를 해왔고 이에 집중된 성과를 만들기 위해 고민했었다. 하지만 첨단 신기술과 결합된 자본의 지형이 그동안 하루하루 무섭게 변했다. 일차적으로, 변화된 자본주의의 기술 조건은 내게 지식 재산권 분석 이상의 확장된 공부가 뒤따라야 한다는 경종을 울렸다. 다음으로, 애초 필자의 실천 테제로 삼았던 '퍼블릭도메인'이라는 정보와 지식의 그린벨트 보호와 유사한 공통 지식의 공유지적 보호 개념이 상대적으로 주류 저작권 체제에 대항하기에 미약한 실천 의제라는 사실을 깨닫게 됐다. 그러는 중에 '커먼즈' 논의가 큰 동기 부여가 됐다. 커먼즈는 퍼블릭도메인이 지녔던 공통 지식의 환경보호주의적인 수세적 관점과 달리 유·무형 자원 모두에 걸쳐 시민 다중의 공동 관리와 협업 생산 등 생성과 관계 중심의 실천 과정을 강조하고 있다는 점에서 매력적이었다. 이렇듯 정세 변화와 필자가 지녔던 문제의식의 변화로 인해 책 작업이 여러모로 늦어졌지만 결국 필자가 고민했던 현안을 다르게 읽는 결정적 계기가 됐다. 사유의 부침이 있는 동안 나로서는 커다란 생각의 진화가 있었지만 결과물은 여전히 부족하다. 하나의 책이 완성된 퍼즐이 아니라면 이 책을 읽는 독자와의 관계를 통해 그 미완의 것을 채울 수 있으리라 믿는다. 그럼에도 책에 미진함이 있다면 그것은 내 탓이요 좀 더 농익은 세상 공부로 풀어야 할 일이다.

덧말

책의 첫 구상은 꼬박 십여 년 전 일이었고 결과물을 내는 데 꽤 오랜 시간이 걸렸다. 당연히 책 주제에만 집중하며 살아오지는 못했다. 책 글이 지체된 가장 큰 원인은 너무 빠른 정세 변화에 대한 개인적 고민과 이를 아우를 만한 연구 토픽의 계속된 표류였다. 하지만 한국연구재단의 저술 지원 프로젝트로 시작한 책이라는 점이 강제로라도 마침표를 찍어야 할 직접적인 동기가 됐다.

『피지털 커먼즈』를 완성하기까지 내 의식과 사유의 흐름에 수없이 많은 외부와의 교류 지점이 있었다. 다른 여러 학문 계열 연구자들과의 조우, 사전 아이디어 수준의 학술 발표와 토론, 국내외 공통장 실천 지형의 영향 등이 내 의식 아래 터잡고 있다. 기억하건대, 내 커먼즈 공부의 공식 출발선은 2010년 12월 경 호주 울런공 대학에서 진행된 '리믹스 문화'에 관한 국제 학술학회 참여가 아니었나 싶다.[1] 이 학회는 정보 공유철학이나 온라인 자유문화에 기반해 활동을 펼치던전 세계 예술가, 연구자, 지식인, 소설가 등이 모여 극단적인 자본주의 사유화라는 현실에서도 어떻게 지식과 창작의 커먼즈를 효과적으로 확장할 것인가를 고민했던 자리였다.

상대적으로 국내에서 '커먼즈'를 학술적 대상으로 놓고 본격적으로 논의를 시작한 것은 그리 오래되지 않은 듯하다. 현실적으로는, 다양한 시민 주체들이 참여해 벌였던 '경의선 공유지' 운동 등 시민 자율의 도시 커먼즈 운동 경향이 학계는 물론이고 내 연구 방향과 관련해서 중요한 변곡점이 됐다. 연구 지형에서는, 이병천 교수님과 연구자 몇 분과 함께 시작했던 커먼즈 연구모임의 경험이 동기 부여가 됐다. 비슷한 시기 권범철 선생님과 문화이론지 『문화/과학』의 커먼즈 특집호를 함께 기획한 것 또한 의미 있는 계기가 됐다. 힘든 여정이었지만 커먼즈 정책 연구의 기회를 얻기도 했다. '공유도시 서울' 정책 사업에 대한 서울시 기초 평가 연구를 비롯해 '국제 커먼즈 포럼' 참여, 커먼즈 도시 관련 국제 공동연구 보고서 작업, 서울대 아시아도시사회센터 기획 강연 및 토론 등이 나름 커먼즈의 현실주의적 위상과 방향에 대한 경험을 쌓는 경로가 됐다.

이 책의 글은 그저 내 단독의 문장 표현일지 몰라도, 그 내

---

1. Kwang-Suk Lee, "Breaking through the Invisible Ceiling of the Public Licence Models", A Conference on Revise, 2-3 December, University of Wollongong, NSW, Australia.

용은 오래된 사유의 복잡한 여정이 무수히 얽혀 있어 끝없는 외부 자극의 소산이라 할 수 있다. 책의 완성에 직간접적으로 영향을 미친 모든 이의 말과 생각, 그리고 나를 둘러싼 모든 사물과 환경과의 우발적인 조우와 영감에 감사의 마음을 전한다. 무엇보다 필자의 느린 책이 나오기까지 묵묵히 기다려주셨고 꼼꼼한 교열까지 해주신 갈무리 조정환 대표님과 출판사 식구에게 감사하다. 국내 커먼즈 논의 확산에 일익을 하고 있는 갈무리 출판사에 독자의 마음으로 깊은 우정을 보낸다.

이제 책을 마감하면 당분간 다시 정진의 시간으로 돌아가려 한다. 앞으로 자본주의 과학기술과 생태정치학의 문제가 내 학문 인생에서 중요한 숙제가 될 것 같다. 세상 공부 내력이 쌓이면 또다시 좀 더 정돈된 논의로 독자를 다시 찾아뵐 것을 약속드린다.

2021년 10월
이광석

1부   플랫폼 질서와 커먼즈 위기

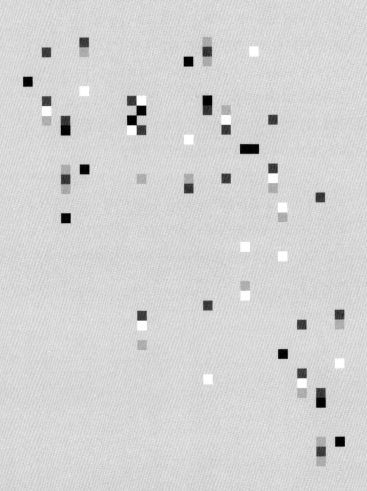

1장

데이터사회의 형성과 새로운 인클로저

이 장은 새로운 사회 국면을 만들고 자본주의 경제의 대규모 재편을 몰고 온 또 다른 사회적 생산력의 원천, '데이터'의 문제를 호출한다. 아날로그와 디지털 세계 모두에서 우리는 매일 매일 거대하게 뿜어져 나오는 데이터의 쓰나미 속에서 살아가고 있다. 이로부터 점점 커지는 난제는, 소셜웹이나 채팅 등을 통해 감당할 수 없을 만큼 늘어나는 데이터의 범위와 크기이다. 아날로그의 디지털화라는 기록과 저장 방식의 변화는 옛일이 됐고, 이제 자본주의 가치는 자가 증식하는 비정형 데이터의 거대한 집적에서 도출된다. 주류 사회는 이를 '빅데이터'big data라 부르며 그것의 잠재 가치를 칭송하느라 바쁘다.

오늘날 데이터 생산에서 가장 크게 달라진 측면은, 국가가 전통적으로 관리하는 대국민 정보의 범위를 넘어서 정제되지 않는 대중 의식과 정서의 흐름(정동affect)이 데이터로 생산된 다는 것이다. 특히 감정과 욕망의 흐름을 즉각적으로 데이터공 간에 배설하거나 서로 속닥거리며 주고받으며 생성되는 '비정형 unstructured 데이터'가 과거 인류 문명의 족적만큼이나 거의 매일 같이 디지털공간에서 쏟아진다. 게다가 거의 숨 쉴 틈 없이 계속 해서 자동적으로 생성되는 몸의 기록인 심박수, 혈관 산소 수치 등 '신체 자기기록'life-logging이나 인간 개개인이 스마트 기기를 통해 배출하는 생체 데이터의 양산 또한 우리가 상상할 수 있는 범위나 용량을 넘어선다. 스마트 피트니스 워치나 웨어러블 기기 등 '디지털 헬스케어'용 기록 장치나 소셜웹과 휴대폰 등 스마트 기기로 흘러드는 개개인의 '데이터 배설'[1]은 과거 인류가 그 어 떤 시대에 만들어낸 지적 대사량도 크게 압도한다.

이제 기업은 소비 집단을 조사하기 위해 상징 언어분석이 나 서베이 등 전통의 '죽은' 데이터만을 다루는 것에 회의적이다. 그보다는 상징 언어가 교환되기 이전 단계에서, 즉 특정의 담론 이 형성되기 이전에 인간이 뇌로 느끼고 감응하고 손끝에서 디

---

1. '데이터 배설'(data exhaust) 혹은 '데이터 부스러기'라는 말은 『이코노미스트』 특집 기사에서 거의 최초로 언급됐다. 이 기사는 데이터 배설을 "가치로 추출 될, 인터넷 이용자들이 남긴 클릭의 족적들"이라 정의한다. 13여 쪽에 걸쳐 빅 데이터 기반형 경제의 새로운 국면을 정리한 『이코노미스트』 특집 기사는 이 후 주류화된 빅데이터 논의의 도화선이 된다. "Data, data everywhere", *The Economist*, 2010년 2월 25일 입력, 2021년 8월 16일 접속. http://www.econo-mist.com/node/15557443.

지털로 전환하는 감정과 정서의 '실시간'real time-based 정보 데이터가 동시대 자본에 더 중요해진다. 예컨대, 아마존닷컴은 이제 책 추천 기능을 서비스하기 위해 소비자의 구매 패턴이라는 외형적 소비 추이를 관찰하지 않는다. 오히려 전자책 리더인 킨들 Kindle을 읽으며 형광펜으로 밑줄 치고 있는 소비자 마음의 데이터를 모아 저 구름 너머 거대하게 축조된 클라우딩 서버에 저장하고 '알고리즘' 분석을 통해 우리 각자의 정서적 내면과 취향을 예측하려 한다. 여기서 알고리즘은 소프트웨어의 골격이고 데이터베이스로부터 유효한 결과나 패턴을 추출하는 명령 체계로 정의해 볼 수 있다.[2]

빅데이터 알고리즘에 의존하는 지식 생산은 성찰이나 숙의 과정과는 거리가 먼 자동화된 인공지능을 통해 끊임없이 데이터 버그 오류를 잡는 기계적 학습 과정에 가깝다. 예컨대, 애플은 챗봇 시리siri의 음성인식 명령 기능을, 그리고 구글은 자동번역과 오탈자 오류 수정과 자동완성 기능을 향상시키기 위해 글로벌 이용자의 특정 발화 방식과 문장 조합을 모아 인공지능 '머신러닝'machine learning(기계학습) 기법을 통해 불완전한 음성

---

2. 자세한 논의는 파스퀴넬리(Matteo Pasquinelli)의 「기계적 자본주의와 네트워크 잉여가치튜링기계의 정치경제학」(연구공간L 엮음, 『자본의 코뮤니즘 우리의 코뮤니즘』, 난장, 2012, 159~90쪽)을 참고하라. 파스퀴넬리는 알고리즘을 다음과 같이 정의한다. "알고리즘(순서도, 코드, 유사코드에 표현된 방식들 또는 일련의 단계들)은 소프트웨어의 작동법을 압축적으로 보여준다. 알고리즘 없이 소프트웨어를 개념화하기는 어렵다."(185쪽)

명령어와 번역의 최적값을 도출하려 한다.

오늘 우리가 눈여겨보는 데이터는 기존의 공식적 지식과 상징적 질서에서 논의되던, 의미를 구성하는 최소 단위들이 아니다. 오히려 이는 인간 내면의 은밀한 표정, 감정과 정서의 비정형적 흐름이 전자적으로 치환된, 누군가에 의해 분석을 기다리는 새로운 형식값에 가깝다. 이들 데이터는 공식적이고 객관화된 지식을 구성하는 요소라기보다는 끊임없이 갱신되고 조합될 운명의 불안정한 개성 없는 재료들과 같다. 이는 개별로는 어떤 의미를 지니지 못하지만 쌓이고 관계 맺으면서 지식 이상의 가치를 갖게 된다. 데이터를 근간으로 기업 이익을 산출하는 시장이 형성되면서 데이터는 이제 선별된 정보에 비해 암묵적으로 홀대를 받던 지위를 벗어난다. 데이터는 이제 자본의 가치 기제를 떠받치는 새로운 비물질 에너지가 된다.

'데이터사회'는 데이터가 자본주의 가치 생산의 중심 추동력이 되고, 데이터 알고리즘(프로그램된 명령어) 장치를 통해 사회가 관리되는 신종 기술사회를 일컫는다. 데이터사회는 인간과 사물 정보, 상징의 교환, 의식과 감정의 흐름이 데이터 조각으로 생성, 치환되어 전자 도관과 대기의 전파를 타고 정보망을 따라 끊임없이 요동치는 현실이다. 주로 시지각 기호에 의존하던 스펙터클 사회에서는 교환되는 상징과 재현에 늘 과장이 개입되어 사실 파악이 어려웠다면, 이제 데이터 권력은 이를 보완하기 위해 감정, 정서, 생체 데이터 흐름까지 주목한다. 데이터 정동의 움직임은 주로 시지각에 기댄 담론 질서보다 더 정확하게 인간 의식을 파악할 수 있는 유효한 관찰 대상이 된다. 데이터사회에서는 그렇게 디지털 데이터로 바뀐 들끓는 정서와 정동, 생체 리듬 정보가 주체 관리의 새로운 대상이 된다. 물론 오늘날 (빅)데이터는 권력 구성에 필수 요소이지만, 이로부터 벗어난 시민 다중의 데이터 일부는 그들 자신을 위한 공통의 자율 가치를 만들어내는 데 쓰인다. 데이터는 다중의 사회적 공통 지식 혹은 '일반지성'allgemeiner Verstand을 확장하는 전자 에너지이기도 하다. 즉 다중 공통의 호혜적 가치의 무한 복제와 공유문화를 증식하는 힘으로 거듭난다. 데이터는 닫힘과 열림의 양가兩價적 계기를 함께 갖는다.

데이터사회의 형성

들뢰즈가 진즉에 묘사했던 것처럼,3 '통제사회' 국면이 되면 개별 주체individual의 모든 종류의 발화들은 갈가리 찢겨 '가분체'可分体;dividuals 데이터로 분해되어 네트에 휩쓸리기도 플랫폼의 가치 기제에 흡수되기도 한다. 내 몸에서 분할된 디지털 가분체는 구매와 소비 데이터로 혹은 소셜웹의 '좋아요', 리트윗,

---

3. Gilles Deleuze, *Negotiations (1972-1990)* (Columbia University Press, [1990]1995) [질 들뢰즈, 『협상 1972~1990』, 김명주 옮김, 갈무리, 근간].

댓글, 평점 등 감정과 정서 데이터로 닷컴 플랫폼에 흡수되어 쌓인다. 데이터의 생산 주체조차 기억할 수 없는 정서의 편린은 그렇게 플랫폼 서버 이곳저곳에 누적되거나, 종종 다른 이로부터 생성된 데이터와 합쳐지면서 '빅데이터'를 형성한다. 현대인이 손과 입으로 발화하며 데이터를 직접 생산해 온라인 공간에 남기면, 부지불식간에 그의 감정·정서·표정의 흔적이 디지털 담벼락에 자동 생성되기도 한다. 아무런 행위 없이 머물러 있는 몸뚱이라 하더라도 위치정보 같은 전자 데이터로 전환된 생체와 동선 데이터를 매 순간 발산한다. 언어로 발화하지 않는 육신의 정보 또한 데이터로 바뀌어 누군가에게 끊임없이 말을 건넨다.

특이한 점은 누군가의 정서 반응, 생체 리듬, 위치 정보가 별다른 사유나 상징 과정 없이도 즉각 전자 회로를 거쳐 데이터로 전환되어 플랫폼 기업의 클라우딩 서버로 축적되는, 일종의 단축된 미디어 경로가 굳어진다는 데 있다. 데이터사회는 전통적인 인간 상징 언어를 통한 담론적 발화나 상징 교환 데이터뿐만 아니라 신체를 둘러싼 분위기나 감정선의 분출 데이터, 그리고 신체의 생체리듬과 시공간 정보 데이터가 매 순간 상호 뒤섞이는 국면에 있다. 동시대 데이터 권력의 기획은, 온라인 담론의 층위, 정서적 감응의 층위, 생체 리듬 정보 층위로부터 우리의 데이터 가분체를 흡수하고 정제해 데이터센터에 집적하고 이를 알고리즘 기제에 의지해 특정 사안의 예측과 패턴을 처리하면서 유·무형 사물과 자원의 통제 능력을 배양하는 데 있다.

데이터사회를 가능케 하는 데이터 기술 장치의 핵심은 '플랫폼'platform이다. 이어지는 2장에서 플랫폼의 구체적 기제를 논의하도록 하고, 여기서는 간단히 데이터사회에서의 플랫폼의 핵심 기능만 간단히 훑어보고자 한다. 플랫폼은 보통 스마트폰 앱으로 존재하며, 누리꾼이 머무는 정거장이다. 그곳에서 각종 인간 활동 데이터가 수집되고 배양된다. 물질경제에 비유해 보자면, 플랫폼이란 상가와 손님이 우글대는 상가와 흡사하다. 플랫폼 상가 소유주는 누리꾼이 잘 놀 만한 구획된 전자 공간과 서비스, 관리 정책을 구비한 채 계약에 자발적으로 참여할 입주자를 불러 모은다. 흥미로운 점은 상가 이용자 대부분의 플랫폼 서비스(메일, 뉴스 콘텐츠, 검색 등) 이용은 무료이고, 자신만의 유·무형 자원과 서비스를 판매 공급하는 입점업체는 거래가 발생하면 플랫폼 중개 수수료를 내는 식이다. 플랫폼 중개인은 미래 임차인에게 낮은 지대地代로 '주목'attention을 사라고 유혹하고, 누리꾼에게는 서비스 이용이 '공짜'라고 호객한다.

플랫폼은 입주자와 이용자에게 차별 없이 놀 자리를 깔아주고 각종 서비스까지 무료로 제공하는 듯 보인다. 이들 입주자와 이용자 누리꾼은 마치 플랫폼에서 꽃밭 속 꿀벌처럼 자유롭게 데이터를 생성하고 주고받으면서 '화분'花粉;pollination과 꿀 채집 활동을 한다. 누리꾼은 형식상 자유로워 보이지만, 내용상 플랫폼 임차인에 가깝다. 그날그날 본능에 이끌려 꿀을 채집해 플랫폼 벌통에 채우는 일벌과 같다. 꿀벌과 양봉업자의 정해진 운명처럼, 플랫폼 관리자는 누리꾼이 만들어낸 활동의 결과물, 채집된 화분과 꿀 거의 대부분을 자신의 사유화된 부로 회수하고 '포획'capture한다. 양봉업자가 벌통을 매개 삼아 꿀벌을 꾀어 수확물을 거둬들이듯, 닷컴 기업은 전통 '착취'exploitation의 생산 공정과 달리 플랫폼 앱 장치를 통해 누리꾼이 데이터 노동을 전혀 억압 없이 자발성에 기대 수행하도록 이끄는 신新봉건 지대 '수탈'pillage을 통해 가치를 포획한다.

꿀벌 임차인이 즐거이 모아놓은 화분과 꿀 수집 작업 결과물은 대부분 플랫폼 업자의 몫이 되고 이윤이 된다. 플랫폼의 신생 '가치화 과정'valorization process 속에서 동시대 자본주의가 '이윤의 지대되기'becoming rent of profit의 형식을 취하는 까닭은 여기에 있다.[4] 현대인은 플랫폼의 꿀벌통을 즐거이 데이터로 채우는 일벌이 되는 길을 자발적으로 선택한다. 플랫폼은 인간이 직접 만들거나 생체리듬에서 생성된 데이터를 수집하고 포획해 실시간으로 갈무리하고 특정 목적을 위해 가치를 배양하는 닷컴의 장치가 된다. 인간 데이터의 무차별 포획과 배양이 이뤄지는 플랫폼 지대 장치는 오늘 자본주의를 구성하는 흔한 풍경이 됐고 영향력의 범위도 전 지구적이다. 가령, 네이버와 구글은 메일, 클라우드 등 온라인 서비스를 갖추고 누리꾼들에게 임대지

---

4. Andrea Fumagalli, "Twenty theses on contemporary capitalism (cognitive biocapitalism)", *Angelaki*, vol. 16, no. 3(2011), pp. 7~17.

를 무상으로 분양하면서 글로벌한 플랫폼 임대업자로 득세한다. 유튜브, 트위터, 인스타그램, 페이스북 등 플랫폼에서 우리는 매일 일상을 찍어 올리고 퍼 나르고 쓰고 누르고 반응한다. 우리는 나를 둘러싼 바깥 세계 익명의 누군가와 데이터를 '공유'共有한다고 말하지만, 나로부터 생성된 데이터는 우리의 사용가치가 되거나 각자 개별의 데이터로 귀속되지 않는다. 이른바 '공통의 것'the commons이 되거나 혹은 시민 자산화되지도 않는다. 데이터의 세계에서 '가파'Google, Apple, Facebook & Amazon; GAFA로 대표되는 빅테크 플랫폼은 누리꾼이 마치 소작농처럼 일하는 적극적 쓰기와 찍어 올리기부터 미세한 감정의 반응과 생체 정보까지 자신의 사적 재산으로 만들고 자원화한다. 화분과 벌꿀이 자연 생태의 회복력을 위한 공통의 것이 되지 못하는 것처럼, 누리꾼의 활동 또한 그들 자신의 것이 되지 못하고 플랫폼 업자의 독식에 기댄 자본주의적 포획으로 연결된다.

플랫폼 업자는 누리꾼의 일반지성은 물론이고 자본주의 바깥에 고립된 채 유지되던 부족 공동체 문화 등 공통의 물리적 재화와 자원까지도 철저하게 사유화하면서 새로운 시장 수익 창출을 꾀한다. 증여gift의 일환으로 교환되고 시장 거래 없이 이루어지던, 전통의 품앗이와 농활 문화(노동 공유), 공동육아 및 홈스쿨링, 함께 식사하는 문화, 이웃 간의 잠자리 제공, 공동 주거 등은 플랫폼에 흡수된다. 이는 사실상 오래전부터 시민 커뮤니티 내에서 비공식적으로 유지되던 공통 자산이자 문화였다. 현대 자본주의는 민간의 상호부조mutual aids의 터전을 갈아엎고 '공유경제'sharing economy의 거래 방식을 가져와 시장 돈벌이에 맞춤형으로 공식화한다. 예를 들어, 우리에게 익숙한 상호부조와 품앗이 전통은 태스크래빗이, 아는 이들끼리 빈집 잠자리를 함께 나누던 지역문화는 에어비앤비가, 동네 커뮤니티 수준에서 비공식적으로 이뤄지던 카풀은 우버나 집카가, 하숙집의 거주 문화는 셰어하우스 플랫폼이 흡수하거나 대체한다. 희귀종의 멸종만큼이나 빠르게, 플랫폼은 시장 바깥과 주위에서 호혜에 기반을 두고 유지되던 경제 형식과 공유 자원을 몰살시킨다. 공유경제와 플랫폼경제는 바로 이와 같은 커뮤니티와 사회 증여의 대상들에 '공유'와 '효율'의 명목 아래 아예 사유지의 말뚝을 박으려는 시장 욕망을 반영한다. 온라인문화 측면에서 보자면, 이는 마치 오픈소스 소프트웨어나 위키피디아Wikipedia.org 등 저작권 바깥에서 자유롭게 꽃 핀 집합지성의 누리꾼 문화를 다시 플랫폼 업자가 돈벌이로 흡수해 재전유하는 형국이다.

위키피디아에서 볼 수 있듯이, 시민 다중의 공통적인 '데이터 커먼즈'data commons는 누리꾼이 일구는 데이터 활동이 디지털 생태계의 일반지성이자 사회적 가치 증여 과정으로 귀속될 때 생성 가능하다. 오늘날 디지털 누리꾼의 협업적 가치는 기하급수적으로 증가하는 반면, 그 가치의 소유와 통제는 소수 플랫폼 브로커에게 집중되면서 새로운 형태의 불평등을 낳는다.

갈수록 신종 데이터 플랫폼 질서는 다중이 생성하는 디지털 커먼즈를 사유화하는 강력한 '인클로저'enclosure;種劃가 되고 있다.

데이터 인클로저

데이터의 일반 가치화 기제를 잠시 살펴보자. 플랫폼은 온·오프라인에서 강력한 유인책을 갖고 개별 이용자 주체로부터 자발적으로 화분 과정에서 생성된 (비)정형의 데이터를 거대한 알고리즘 용광로 지능기계 안으로 끌어들인다. 대개 플랫폼 기업은 그 자신이 데이터와 콘텐츠를 만들어내지 않는다. 단지 누리꾼의 활동을 위해 놀 자리만 마련하고 서비스와 자원을 필요한 이에게 중개할 뿐이다. 플랫폼 업자가 나눠 준 임차지에서 누리꾼은 그 스스로 데이터 활동을 통해 콘텐츠 데이터를 생성한다. 꿀벌과 양봉 주인의 비유에서처럼, 누리꾼의 활동이 왕성하고 품질이 좋을수록 플랫폼 지대 가치는 대체로 상승한다. 지대 가치가 높아지면 자연스레 광고주(혹은 스폰서)가 들러붙는다. 플랫폼 업자는 누리꾼이 안정적으로 늘고 플랫폼 앱에 본능적으로 찾아드는 데이터 일벌의 항상적인 경로의존path-dependency 경향이 생기면 적정 시점에 광고주를 불러들여 이윤 회수 활동을 벌인다. 대개 광고주가 생산하는 광고 데이터나 문구는 누리꾼의 콘텐츠 데이터 활동과 구분하기 어렵게 혼재돼 있다. 예를 들어, '네이티브 광고'나 '뒷광고'라 불리는 광고 유형이나 소셜웹 인플루언서의 타임라인 내 광고의 배치는 이용자에게 정밀 표적화해 '주목'attention 효과를 올리면서 플랫폼 업자를 위해 중요한 이윤 실현을 가능케 한다.

구글을 보자. 그들은 자신의 자체 내장된 콘텐츠 없이도 이용자 데이터를 수시로 채집하는 독과점적 지위를 이용해 수익을 만들어내는 전형적인 플랫폼 업자이다. 구글 검색, 구글 메일, 구글 문서, 구글 스콜라, 구글 클라우드 등 무수히 많은 양봉장에서 작동하는 데이터 알고리즘은 전 세계 이용자 데이터를 실시간으로 모으고 분석하는 자동 지능 장치가 된다. 구글의 이용자가 많을수록 지대가치가 상승하고 구글 광고 플랫폼 '애드워즈'Adwords에 광고주가 대거 집중한다. 구글의 데이터 플랫폼 수익의 많은 부분은 누리꾼 대상 스폰서 광고와 임차인의 인앱in-app 결제 수수료 수입에서 거둬들인다. 구글은 콘텐츠 내용, 이용자의 지리적 위치 등을 활용한 표적 광고 알고리즘인 '애드센스'AdSense를 가지고 수백억의 전 세계 웹사이트와 이용자를 포획한다. 구글의 애드센스는 교묘하게, 마치 기식자처럼 웹 사이사이에 침투하는 게릴라형 광고를 최적화해 제공한다. 구글은 데이터 이용자 활동으로 플랫폼 지대가치를 상승시키고, 애드워즈의 광고 대행과 애드센스의 맞춤형 광고 형식을 통해 기업 이윤을 창출한다.

대체로 누리꾼은 구글과 같은 플랫폼 임차지에서 데이터 소작 노동을 하거나 꿀벌과 같은 화분 활동을 하는 것을 스스로 자발적인 것으로 받아들인다. 이것은 누리꾼이 온라인에서 행하는 일을 강제 노동이나 착취 행위로 보지 않는 데 근본 이유가 있다. 이는 오늘날 플랫폼 지대 수탈이 중세 농노나 산업 노동자에 대한 노동 착취와 크게 갈라지는 지점이다. 외형상으로만 보면 '신'중세적 수탈과 가치화의 논리가 깔려 있지만, 그 기저에서 누리꾼의 다양한 데이터 일상 활동과 플랫폼 소작지 내데이터 노동이 자발성을 지닌 참여나 놀이와 긴밀하게 연결돼 있다. 이는 디지털노동 연구자들이 누리꾼의 데이터 '노동'을 강제 노동에 기댄 산업주의 해석과 다르게 보는 지점이다. 예컨대, 테라노바의 '부불노동'free labor[5], 다이어-위데포드Dyer-Witheford의 '놀이노동'playbor[6], 랏자라또Maurizio Lazzarato의 '비물질노동'immaterial labor[7] 등은 플랫폼 데이터 노동의 양면성을 적절히 포착하고 있다고 볼 수 있다.

다만 이들 논자에게 이용자의 데이터 생성 행위나 활동 일반을 가치화된 생산 노동 행위로 미리 일반화하는 오류 문제는 남아있다. 누리꾼의 데이터 활동이 모두 다 가치를 생산하는 노동으로 전환되지는 못하는 현실 상황을 고려해야 할 것이다. 예를 들어, 플랫폼이 누리꾼의 주목을 끌지 못해 이윤을 내지 못

5. Tiziana Terranova, "Free Labor", in Trebor Scholz (ed.), *Digital Labour* (Routledge, 2012), pp. 33~57.
6. 닉 다이어-위데포드·그릭 드 퓨터 『제국의 게임』, 남청수 옮김, 갈무리, 2015.
7. 마우리치오 라자라토, 「비물질노동」, 『비물질노동과 다중』, 자율평론 옮김, 갈무리, 2005.

하고 파산을 한다면, 여기서 소작을 치던 혹은 화분 활동을 하던 누리꾼의 데이터 활동은 과연 노동인가? 게다가 데이터 부스러기 자체가 누리꾼의 온라인 활동에 의해 주로 생성되지만, 생체 데이터처럼 신체로부터 자동 발화되어 배출된 경우도 있기에, 데이터 '활동' 전체를 단순히 데이터 '노동'으로 일반화하는 것은 해석 오류라 할 것이다. 오히려 누리꾼의 플랫폼 활동을 데이터 '노동'으로 일반화하기보다는 '활동'과 '노동'을 구분해 봐야 한다. 데이터 노동으로 포획되기 이전 단계인 데이터 '활동' 개념을 살릴 때만이 플랫폼을 매개한 자발적 놀이 요소나 이의 자본주의적 포획 과정 등 양면적 속성을 더 분석적으로 바라볼 수 있다. 누리꾼의 데이터 활동이 실제 데이터 '노동'으로 불리는 시점은 구체적으로 플랫폼 알고리즘 분석의 공정 단계로 들어가 가치화 과정으로 포획되는 순간이다. 특정의 목적을 갖고 분석되기 이전의 데이터 덩어리는 그저 가치 생산을 위한 생산 재료나 땔감 등 불변자본에 해당한다고 볼 수 있다. 클라우드 서버의 데이터뱅크에 실시간으로 축적되어 쌓이는 이용자 활동 데이터는 분석 전까지는 무작위로 대거 수집되어 원재료처럼 존재할 뿐이다.

닷컴 플랫폼의 가치화 기제는 다양하다. 예를 들어, 네이버의 지식인iN은 운영 플랫폼 내 저작권법 적용을 통해 누리꾼의 데이터 생산을 그 자리에서 플랫폼업자가 전유해 가져간다. 구글의 경우에는 형식적으로 저작권 흐름과 반대 방향에서 콘텐츠의 개방을 통해 이윤 수취를 벌이기도 한다. 구글 검색, 구글 스콜라, 구글 책 등에서 보이는 것처럼, 플랫폼 업자는 데이터에 대한 사적 권리를 주장하기보다는 자신들이 구축한 데이터 뱅크를 개방하는 정책을 통해 이용자를 모집하고 이들의 정보 검색과 열람 행위로부터 광고주를 연계하고 지대 이윤을 수취하는 방식을 취하기도 한다. 이때 혼동하지 말아야 할 사실은 구글이 취하는 서적 및 콘텐츠 데이터 '개방' 정책이란 외부자를 위한 커먼즈적 차원의 개방이나 접근 보장과는 거리가 좀 멀다. 구글의 플랫폼 컨텐츠 개방은 마치 각종 레고와 장난감이 구비된 유료 놀이 공간과 유사한 의미를 갖는다. 즉 구글 영토 안에서 가두리 친 채 운영되는 데이터 인클로저의 형태이자 제한된 데이터 공개 정도로 봐야 한다.

플랫폼은 이용자의 데이터 활동을 이윤으로 가치화하고 포획하기 위해 특정의 알고리즘을 정교하게 짜고 가동시킨다. 알고리즘 장치는 일종의 산업 시대의 공장 기계와 유비 가능하다. 어떤 공정에 어떤 자동화 기계를 쓰느냐에 따라 노동 효율성과 산출 결과가 다르듯이 어떤 데이터를 수집해 어떻게 알고리즘을 짜서 분석하느냐에 따라 전산 결과는 물론이고 수익은 크게 달라진다. 파스퀴넬리는 글로벌 누리꾼의 데이터 활동이 알고리즘 분석 공정의 정보기계를 거쳐 전유된 닷컴 가치를 '네트워크 잉여가치'network surplus-value로 표현한다.[8] 파스퀴넬리의 잉여가치 개념은 일찍이 들뢰즈와 가타리가 집합지성의 인공지능 기계에서 처리되는 가치로 봤던 '기계적 잉여가치'machinic surplus-value 9의 다른 이름이다. 알고리즘 공정은 이용자 다중 삶 활동의 온갖 데이터, 더 정확히는 데이터의 데이터인 '메타데이터'10를 호출해 내고 이를 알고리즘 언어로 자동전산 처리해 플랫폼 관리자가 원하는 가치를 얻을 수 있게 한다. 네트와 허공을 떠다니는 디지털 데이터를 가치화할 수 있는 능력은 이렇듯 플랫폼 업자가 운영하는 알고리즘 정보기계를 얼마나 정교하게 짜는가에 달려 있다. 알고리즘은 잠들어있는 (메타)데이터를 필요에 따라 특정의 명령으로 불러오는 '영매'靈媒;medium와 같다. 알고리즘은 플랫폼에 쉼 없이 유입돼 저장된 이용자의 활동 데이터, 메타데이터의 실시간 알고리즘 분석, 그리고 특정 경향을 발견하는 '패턴 인식'pattern recognition에 주로 이용된다.11 문제는 알고리즘 분석 과정 대부분이 플랫폼 뒤에서 벌어지고 있어서 데이터 소

8. Matteo Pasquinelli, "Google's PageRank Algorithm", in Konrad Becker & Felix Stalder (eds.), *Deep Search*(Transaction, 2009), pp. 152~62.

9. Gilles Deleuze & Félix Guattari, *Anti-Oedipus*, Robert Hurley et al. (trans.) (University of Minnesota Press, [1972]1983) [질 들뢰즈·펠릭스 과타리, 『안티 오이디푸스』, 김재인 옮김, 민음사, 2014].

10. '메타데이터'(metadata)의 예를 들어보자. 도서관에서 우리가 열람하는 책이 일종의 데이터라면, 색인카드(저자명, 색인번호, 책 요약 등)가 메타데이터에 해당한다. 또 다른 예로는 누리꾼이 플릭커와 인스타그램에 올린 사진 이미지가 데이터라면, 그것을 언제, 어디서, 어떤 채도와 명도로, 어떤 카메라로 찍었는지에 대해서 자동 업로드된 상세 정보는 메타데이터에 해당한다.

11. Matteo Pasquinelli, "Metadata Society", Rosi Braidotti & Maria Hlavajova (eds.), *Posthuman Glossary* (Bloomsbury, 2018), pp. 253~5.

작인은 자신의 데이터 지대로부터 어떻게 이윤이 가치화하는지에 대해 전혀 파악할 수 없는 지위에 있다. 알고리즘 정보기계는 플랫폼 브로커에게 이용자 데이터를 관리 통제하는 투명의 과학이 되는데 반해, 이용자에게는 그 기제가 '암흑상자'(블랙박스)가 되는 집단 무지 효과를 발생시킨다. 오늘날 왜 플랫폼 알고리즘의 투명한 공개가 중요한지를 일깨우는 대목이다.

포스트휴먼 데이터 주체의 형성

오늘날 우리 주위를 맴도는 하이테크 혁명의 기술 목록을 읊어 보자. 스마트폰(초연결사회), 빅데이터(알고리즘 사회), 공유경제(한계비용제로사회), 유전학genetics, 나노기술nanotechnology과 로보틱스robotics가 공명해 창조하는 이른바 'GNR혁명', 그리고 사물인터넷IoT;Internet of Things, 메이커문화, 인공지능 등 첨단 기술에 기댄 4차 산업혁명(지능정보사회)이 줄곧 거론되고 있다. 사실상 신기술 혁명이라 불리는 슬로건의 밑바탕에는 거대한 데이터의 흐름과 이의 빅테크 유입 과정이 가로지른다. 첨단의 신기술이 두려운 것은 이들 거대 기술의 총합에 의해 새롭게 생성되어 불어닥칠 사회 변화의 위세 때문이 아니다. 실제 두려움의 근거는 인간이 공통으로 만들어내는 데이터와 지식 공통장의 가치, '일반지성'을 사적 전유의 재원으로 포획하려는 플랫폼자본주의의 괴물과 같은 흡입력이다. 무엇보다 주목할 것은, 시민 다중의 데이터 생산 활동이 좀 더 원활하도록 인간 신체-기계 사이의 경계를 더욱 빠르게 허물어뜨리는 데 있다. 자본주의 지능기계 회로에 인간 신체 데이터를 통합하려는 새로운 '포스트휴먼 주체' 구성에 공을 들이는 것이다. 동시대 자본주의는 그렇게 '기계의 인간화'(인공지능화)는 물론이고, '인간의 기계화'(포스트휴먼) 기획에 더욱 박차를 가한다.

오늘날 인간 종은 일반지성의 자본주의적 포획에 최적화된 데이터 신체 구조로 급격히 진화하고 변형되는 중에 있다. 일종의 데이터 정보기계 단말기 형태로 진화하는 우리 인간의 모습은 이미 많은 부분 그에 맞춰 활성화가 된 상태다. 예컨대, 매일 스마트폰을 머리맡에 두거나 걸으면서도 작은 스크린을 보기 위해 고개 숙인 현대인의 모습을 떠올려 보라. 이에 더해 생명과학, 유전학, 뇌과학, 인공지능 기술의 급격한 발달로 말미암아 디지털 정보기계와 결이 다른 바이오 생체기계의 논리 구조가 우리 신체로 또 한 번 밀고 들어온다. 이탈리아 미디어 이론가 베라르디Franco Berardi는 이 둘의 합성체, '생체-정보기계'가 되어가는 현대인들의 '포스트휴먼' 존재론적 상황을 다음과 같이 적절히 묘사한 바 있다.

이제 기계는 우리 안에 있다. 우리는 더 이상 우리 바깥의 기계에 사로잡히지 않는다. 그 대신 이제 '정보기계'는 사회의 신경체계와 교차하고, '생체기계'는 인체기관의 유전적 생성과 상호 작용한다. 디지털 기술과 생명공학 기술은 강철로 된 외부의 기계를 생명정보 시대의 내부화된 재조합 기계로 바꿔놓았다. 생명정보기계는 더 이상 우리의 몸과 마음으로부터 분리되어 있지 않다. 기계가 더 이상 외부의 도구가 아니라 우리의 몸과 마음을 변형시키는 내부의 변형장치, 우리의 언어·인지 능력을 증진시키는 증강장치가 됐기 때문이다.⋯ 기계는 바로 우리이다.[12]

이제 데이터 정보 기계가 우리 신체의 생명 기계를 통과해 하나의 회로로 합쳐지면서, 우리는 인간 종 변이의 새로운 현실로 접어들고 있다. 인간의 진화 상황이 진실로 불편한 것은 신체-기계 돌연변이종의 기괴한 탄생에 있기보다는 우리 신체를 데이터사회 통치의 마이크로 단말기로 만들어 관리하려는 새로운 데이터 기술권력의 탄생에 기인한다.

개별 두뇌와 몸을 인터넷과 특정 플랫폼 서버에 모듈화하면서, 이제 신체 바깥에 머물던 자본주의 시장질서가 몸 안으로 기어든다. 오늘날 '포스트휴먼' 논의는 생체-정보기계가 된 주체 현실에서 출발해야 실제적이다. 예컨대, 디지털 헬스케어의 의료산업[13]과 '자기기록' 스마트 장치에 의해 생성된 대부분의 건강·생체 리듬 정보는 생물학적 주체를 "수량화된 주

---

12. 프랑코 베라르디, 『미래 이후』, 강서진 옮김, 난장, (2011)2013, 41쪽.
13. 임태훈, 『검색되지 않을 자유』, 알마, 2014.

체"quantified self로 개조하고 있다.14 알고리즘에 의해 낱낱이 가분체로 찢겨 분석되는 데이터 존재, 즉 수량화된 주체는 플랫폼자본주의 체제에 의해 새롭게 정의되는 사유화된 신체 데이터 시장을 구현한다. 실제로도 애플, 구글, 삼성 등 초국적 기업들은 디지털 헬스케어와 신체 관리 플랫폼 사업 선점을 위해 글로벌 시장에서 각축을 벌이고 있다. 이 신종 의료 플랫폼 업계는 스마트워치, 핏빗 등 웨어러블 스마트 기기에서 인식된 생체 데이터와 개인 건강 데이터를 가상의 클라우드 서버에 실시간 업로드하고 이 데이터와 정보를 클라이언트 시스템에 통합해 총괄 관리하는 알고리즘 분석 체제를 구축하고 있다. 즉 포스트휴먼 개별 신체에 부착된 인지 센서를 통해 생체 정보 상태를 플랫폼 기업이 24시간 관리하고 돌봐주는 데이터 알고리즘 사회가 오는 것이다. 오늘날 자본주의는 온·오프라인을 가로지르면서 그 마지막 단계의 시장 영토인 인간 신체 위에 플랫폼의 기술 질서를 각인해 넣고 있다.

데이터사회는 인간을 포스트휴먼 정보-생체 기계로 진화하도록 유도하면서, 동시에 말과 글로 발화되지 않는 인간 신체 안 깊숙한 곳 생체 리듬까지도 데이터의 신호로 포착하도록 변형한다. 몸의 땀, 수분, 혈압, 맥박, 뇌파, 감정 기복, 생체 리듬, 건강 상태 등 모두가 실시간 데이터로 전환된다. 이들 생체 데이터

---

14. 김상민, 『디지털 자기-기록의 문화와 기술』, 커뮤니케이션북스, 2016.

는 개별 신체와 연결된 생체-정보기계 알고리즘에 의해 해석되기 위해 저 멀리 우리가 모르는 구름(클라우딩) 서버 어딘가로 흘러들어 집적된다. 생체 정보는 디지털 헬스케어를 업으로 삼는 다국적 의료 기업은 물론이고, 보건당국, 건강보험공단, 복지 시스템, 수사기관 등 생체-정보기계의 형성에 관여하는 국가와 관련 기관에 매 순간 공급되고 분석될 지위에 있다.

생체 데이터의 자동 수집과 더불어, 다중 정서와 감정의 역동적 흐름인 '정동'의 데이터 영역 또한 최근 기업과 통치 권력이 관심을 갖는 광맥이다. 역사적 객관과 진실의 질서가 서서히 '가짜' 정보로 의심받고, 굳건했던 상징 질서의 효력이 그 힘을 잃어가면서 오히려 통치 권력은 혼돈 아래 깔려 있는 다중의 감정과 정서의 강렬도나 패턴 분석에 집중하기 시작한다. 이제 이데올로기나 담론처럼 자명한 듯 주조된 언어적 거짓 진술이나 상징 재현의 외피를 걷어내기 위해 애쓰거나, 화자가 표현하는 것 외에 진짜 의도를 읽어내야만 하는 불확실성과 마주할 필요가 없어졌다. 인간의 의식적인 사유 이전에 누군가 머릿속에 지닌 '생각 없는 생각'을 읽어내는 일은 어찌 보면 권력을 쥔 자에게 가장 매력적이고, 그 어떤 데이터보다 정확하게 필터링되지 않은 직관의 층위와 사태의 진상을 알 수 있는 힘을 제공한다. 오늘날 데이터 분석가들은 뇌신경 과학과 감정 분석을 통해서 포스트휴먼 정서에 대한 '직관 혹은 본능의 문식력'visceral literacy을 구비하려는 욕망을 끊임없이 확대한다.[15] 즉 언어 표현에서 보이는 담론 질서, 거짓말, 이데올로기적 포장 등 언술의 혼란스런 장막을 지나쳐 다중의 속마음이나 뇌 속 정서 데이터를 수집·분석해 현실 해석과 이해의 정확도를 높이려 한다.

정동 데이터가 특정 외부 사건에 반응하는 디지털 표현의 강렬도라 한다면, 이것의 가장 적절하고 대중적인 표현의 양태는 '소셜웹'에서 쉽게 관찰된다. 소셜웹에 물결치는 '떼'throng 감응의 즉각적 표현에 관심이 큰 유튜브, 트위터, 페이스북 등 빅테크는 특유의 알고리즘 분석을 통해 누리꾼의 마음속을 쉽게 간파해내거나 의식을 조정한다. 가령, 페이스북은 국가별로 인터페이스 설계 방식을 조절·조정하며 이용자의 파블로프식 반응을 탐구하거나 특정의 정치적 혹은 사회적 견해를 축소하거나 억압하고 있다는 혐의를 받지만, 여전히 이는 무결점의 필터링 알고리즘 기술 실험이라는 치외법권적 지위를 누린다.[16] 소셜미디어가 수집하는 누리꾼 정서와 정동의 구체적 데이터 목록은 카톡방 대화, 체류 시간, 방문 링크, 댓글, 리트윗, 좋아요, 공유, 별점 등 셀 수 없이 많다. 우리가 다중에 대한 정서 분석을 통해 돈을 버는 신경제 유형을 '좋아요 경제'라고 언명하는 까닭은 여기에 있다. 정동 데이터 분석과 생체의 조건이 함께 회로로 엮이는 미래의 우울한 시나리오로 보면, 앞으로 개별 인간

15. Mark Andrejevic, *Infoglut* (Routledge, 2013), pp. 80~82.
16. Rodrigo Ochigame & James Holston, "Filtering Dissent", *New Left Review*, no. 99, 2016.

과 '떼' 정서를 담아내는 데이터의 수집 및 분석이 아예 직접적인 뇌파 신호의 집적 및 해석 방식으로 바뀔지도 모른다. 이를테면, 인간 대뇌피질에서 얻어진 뇌파를 '마음언어'로 바꾸고 이를 디지털 데이터로 코드화하고 알고리즘으로 분석해 사물이나 사건에 대한 반응 패턴을 즉각적으로 읽는 뇌신경 분석이나 뉴로마케팅은 이미 현실 진행형이다.

데이터사회는 빅데이터가 만들어낸 불신과 가짜 언어로 가득한 상징 재현 질서, 불끈하고 욕망하는 다중 정동의 무수한 '떼' 데이터 흐름, 인간 몸에서 맥박 치는 생체 정보의 디지털 회로화 등 이 세 데이터 층위가 한데 모여 빅데이터로 뒤섞여 거대한 플랫폼 이윤 수취 기제를 형성하면서 사실과 의미의 과포화 상태를 만들어내는 현대 자본주의의 한 국면이다. 데이터사회에서는 빅데이터를 수집해 지능 처리하는 전문 노동직이 새롭게 각광을 받는다. 데이터사회의 새로운 계급 격차가 발생할 확률이 높다. 구체적으로는 빅데이터의 소유와 접근 정도, 최적 데이터 알고리즘의 생산과 분석 능력, 데이터의 지속적 접근과 통제 능력 등에 따라 데이터 계급 격차가 나타나고 있다고 볼 수 있다. 문화이론가 레프 마노비치의 언급을 인용해 보자면,[17] 데이터 생산자(이용자), 데이터 수집자(기업과 정부), 데이터 분석

---

17. Lev Manovich. "How to compare one million images?" in David M. Berry, (ed.), *Understanding Digital Humanities* (Palgrave Macmillan, 2012), pp. 249~78.

가(콘텐츠 큐레이터, 알고리즘 노동자) 세 계층으로 분화되면서 향후 데이터의 생산, 수집과 관리 주체에 따라 '데이터 계급'data classes이 형성되고 이들 사이의 계급 격차가 커질 공산이 크다. 따져보면 오늘날 '데이터 생산자'는 주로 물질계 글로벌 플랫폼 노동을 수행하며 실시간 동선 추적 등 실시간 노동감시 아래 있는 플랫폼 노동자와 비물질계 데이터 활동과 노동을 행하며 데이터 부스러기를 제공하는 시민 누리꾼이다. 이들의 데이터 활동 대부분은 데이터 수집자의 의도에 따라 마치 '데이터 회오리'처럼 플랫폼 알고리즘 공정으로 빨려 들어가 데이터 개발자와 분석가에 의해 전산 처리될 운명에 있다.[18]

시민 다중의 데이터 활동은 갈수록 인공지능 등 자동화 기술 의존도가 높아진다. 예컨대, 구글 알파고는 수백만 개의 바둑 기보 패턴을 습득해 데이터 알고리즘의 기계 학습과 경험 누적치를 증가시키면서 상대적으로 예측이나 판단 능력을 그에 맞춰 상승시켰다. 다시 말해 알파고는 기존 기보들을 분석하면

---

18. 캐나다 정치학자 다이어-위데포드는 '데이터 회오리'(data vortex)라는 용어를 통해서 오늘날 정보노동의 형식이 하이테크 노동뿐만 아니라 정보노동의 실제 본질인 밑바닥 육체노동(중국 스마트폰 제조공장에서 일하는 여성 노동자와 아프리카 광산에서 휴대폰 부품에 들어가는 광물을 캐는 헐벗은 아이 등)으로 유지되는 은폐된 현실을 은유적으로 묘사하고 있다. Nick Dyer-Witheford, *Cyber-Proletariat* (Pluto Press, 2015) 참고. 이와 비슷하게 잭 추의 '전자노예'(iSlave) 개념 또한 하이테크 산업으로 상징되는 현실에서 고대 노예와 같은 삶을 살아가는 동시대 노동자의 이중 현실을 비판적으로 묘사한다. Jack Linchuan Qiu, *Goodbye iSlave* (University of Illinois Press, 2016) 참고.

서 동시에 이세돌과 커제 등 일종의 버그 '픽서'fixer를 상대로 한 실전 대국 경험을 흡수해 인공지능의 수행성과 예측력을 더욱 향상시킨다. 빅데이터 플랫폼 장치에 내장된 인공지능은, 알파고의 학습 방식과 비슷하게 급속히 진화하고 있다. 예컨대, 애플의 음성명령 인공지능 '시리'는 딥러닝 기술의 알파고처럼 누리꾼의 여러 음성 명령 데이터를 자동 분석해 좀 더 비표준화된 방언 명령들에 익숙해지도록 그 스스로 학습한 지능형 명령 수행 비서의 완성체가 되려 한다.

데이터사회에서는 장차 인간의 이성적 사고나 추론이나 직관을 알고리즘 명령어와 인공지능 분석으로 대체하려는 데이터 공정 흐름이 지배할 것이다. 가까운 미래에 이제까지 인간의 직관으로 머물던 일과 문화를 흡수하는 자동화된 데이터 기계의 신질서가 좀 더 완벽히 구축되면, 알고리즘을 통해 대중의 의식과 행동 패턴을 예측함은 물론이고 인공지능에 의해 자동화된 데이터 기계를 가동시켜 인간 노동까지도 크게 대체하게 될 것이다. 물론 플랫폼은 인공지능 기계가 할 수 없는 일을 눈에 잘 띄지 않는 값싼 산노동을 통해 끊임없이 수혈받는다. 이를테면, 플랫폼 알고리즘 장치에 연결된, AI 허드렛일인 유령노동ghost work, 긱gig(임시직)노동, 크라우드워크crowdwork, 플랫폼 배달노동, 데이터 무급unpaid노동 등 기술 예속형 노동 유형이 급증한다. 플랫폼은 AI자동화 기제에 의해 대체되거나, 이를 보조하거나, 이에 연결된 거대한 불안정 노동시장을 구축한다.

향후 문제는 기술권력의 신질서에 의해 정보-생체 단말기가 되어가는 '트랜스휴먼' 종에 맞서서 시민 공통감각을 향상하기 위한 방향으로 자본주의 신기술을 리프로그래밍하는 것이 가능한가에 있다. 데이터 권력 장치를 매개한 인간 의식과 마음의 시장 흡입력에 대한 방어법이 아직은 크게 빈곤하다. 시간이 갈수록 알고리즘과 데이터 기술 장치는 "특정한 형태의 기술 및 합리성을 구현한 것으로, 객관성이라는 약속을 중심으로 구축된 일종의 사회 질서를 나타내는 징후"[19]와 같아진다. 근미래에는 기업의 데이터 수집 기계는 물론이고, 한 사회를 유지하는 일반 도덕과 규칙 논리가 자동화된 알고리즘으로 입력돼 인공지능 기계들이 인간의 판단을 위임받아 공권력을 집행할 공산이 크다. 자동화 구상은 시장의 욕망에서 출발하지만, 시장 범위를 넘어서 인간 사회 전반에서 알고리즘 자동화를 확대한다. 플랫폼은 알고리즘의 매칭·추천·패턴·가중치 등 전산과학 통계에 기대어 현실 사회를 '자동화'하면서 비판적 숙고나 성찰을 불가하게 하고 우리의 사회 의식구조를 무력화할 조짐을 보인다. 전통적으로 공장의 무인 자동화 시스템이 산업자본주의를 공고화했다면, 오늘날 데이터사회에서는 플랫폼을 매개해 작동하는 인공지능 알고리즘이 인간 의식의 모든 인지 영역들로 잠입해 들어와 자본주의적 포섭의 극단적 형식, 즉 '의

---

19. 루크 도멜, 『만물의 공식』, 노승영 옮김, 반니, 2014, 15쪽.

식 포섭'mental subsumption을 수행한다.[20] 즉 공장 자동화가 로봇과 자동 기계를 도입해 임금 노동자의 탈숙련화를 이루면서 실질적 포섭을 이뤄냈다면, 이제 인공지능 알고리즘은 일상의 삶 모든 곳에서 의식의 자동화 공정을 확대하며 "사회적 탈숙련화"를 빠르게 진행한다.[21] 과거에는 노동의 '탈숙련화'와 분업이 생산관계의 주도권을 실질적으로 자본가에게 양도하는 계기가 됐다면, '사회적 탈숙련화'는 자동화된 기술 코드와 지능 기계 장치가 한 사회의 가치와 규범을 대신해 직권을 위임받는 새로운 통치 국면을 뜻한다. 사회의 '탈숙련' 상태는, 이제까지 인간이 평소 많이 행하던 일상의 여러 판단, 기억, 학습, 결정을 점점 더 데이터 자동화 알고리즘 기술에 광범위하게 의존하고 위임하면서 문제시된다.

소셜미디어 채팅 봇, 신용정보 등급 시스템, 사회복지 시스템, 직장 면접 채용, 도시설계 등 사회 곳곳에 인공지능 기술을 활용한 자동화 기제가 폭넓게 활용되고 있다. 사회적 탈숙련 테제에 의하면, 우리가 일상의 삶에서 발로 뛰고 몸으로 부딪히고 두뇌 활동을 통해 판단하거나 숙고하던 '전前처리' 과정이 자동화로 인해 자주 생략되고 우리 시야에서 점점 사라지게 된다. 이들 전처리 인식 과정이 자동화된 데이터 처리 장치로 위임될

---

20. Franco 'Bifo' Berardi, *Futurability* (Verso, 2017), pp. 106~7.
21. '사회적 탈숙련화'(social deskilling)의 개념적 아이디어는, Mark Andrejevic, *Automated Media* (Taylor & Francis, 2020), pp. 6~7 참고.

수록 사회 현장에 실재하는 의문들은 사라지고 그에 대해 사유하지 않게 되면서 의식적 개입의 여지가 줄어든다. 현실의 '사회적인 것'에 대한 관심과 의심으로부터 자동 면제되면 될수록, 인간 의식이 사회적으로 점차 '탈숙련화'할 수밖에 없다.

데이터사회의 권력 작동이 정보–생체 기계를 매개하는 플랫폼 알고리즘 '암흑상자' 안에서 일어나고 있다는 점 또한 실제 우리가 지배 코드의 실체를 파악하는 일을 도통 어렵게 한다. 알고리즘 문화연구자 루크 도멜Luke Dormehl에 따르면, 우리가 구글의 검색 능력을 숭배하는 이유는 이것이 마치 주술과 같아서 검색의 최종 결과만이 나타날 뿐 저쪽 너머 기술의 작동 과정을 우리가 전혀 알 수 없는 까닭이다.[22] 의도적으로 아주 단순한 인터페이스 아래에 구글 검색을 숨기는 재주는 어느 누구도 접근할 수 없는 알고리즘의 닫힌 암흑상자 논리를 상징한다. 우리는 구글의 첫 화면에서 검색창 외에는 아무것도 존재하지 않는 투명성의 신화를 마주한다. 검색 알고리즘은 암흑상자 안에 숨겨져 있다는 사실 뿐만 아니라, 찰나의 순간에 자동 계산의 결과와 그 누구도 모르는 판단 값을 바로 우리의 스크린 앞에 선사한다는 점에서 더욱 신화적이다. 밋밋한 인터페이스에서 원하는 검색 결과를 단 수 초 만에 보여주는 신비한 구글창을 떠올려 보라. 구글 알고리즘의 자동기계 산술 공식이 결점

---

22. 도멜, 『만물의 공식』, 272쪽.

없는 탈이데올로기적 계산 가치로 표상되면서, 이는 마치 만능 자본주의의 모습처럼 비춰진다.[23] 데이터 코딩 과정에 인간 사회의 기술 편견과 오염이 기입될 수밖에 없음에도 불구하고, 알고리즘의 자동화 신화는 현대 기술권력을 중립적이고 무결점인 과학기술로 부단히 위장한다.

디지털 자동화는 우리의 의식을 탈숙련에 가두면서도, 더불어 사회 편견, 여성 혐오, 인종주의적 차별 등을 우리 시야에서 사라지게 하는 탁월한 중립화 능력을 발휘한다. 닷컴 기업은 온라인 검색엔진 설계, 검색 순위, 데이터 알고리즘 장치 등투명한 듯 보이는 데이터 자동화 기제 속에 편견과 차별의 논리를 꼭꼭 숨기는 재주가 있다. 챗봇 '이루다'의 자동화 설계에서보듯, 인간의 여러 관습과 편견 또한 자동화된 알고리즘 장치와 인공지능 기계에 쉽게 뒤섞일 수밖에 없다. 물리적 현실의 여러 질곡과 편견이 자동 기계학습 되어 디지털 장치에 각인되고착근하는 것이다. 이 편견의 자동화 기술이 갈수록 첨단 고도화되면 될수록 특정 기술의 경로의존적 내력으로 말미암아 이것이 일종의 '내장 미학'embedded aesthetics처럼 굳어지기도 한다. 마치 우리 의식의 주형이나 거푸집처럼 작동하는 것이다. 누군가 특정의 알고리즘 장치를 갖고 새로운 무엇을 만들거나 인지적 판단을 위한 도움을 받으려 할 경우, 그 산물 또한 특정 '경

---

23. 같은 책, 272~5쪽.

로 의존적' 패턴의 결괏값을 우리에게 제공할 공산이 커진다.[24] 예컨대, 페이스북이 만든 '페친'(페이스북 친구) 관계와 유튜브의 '자동추천'autoplay이 일종의 내장 미학이 된 현실에서는 그와 다른 상호 호혜적 관계성을 구조화하기란 쉽지 않다. 여기서 소셜미디어 가입자는 공급자의 설계가 강요하는 닷컴 자본주의적 감정과 정서 패턴의 알고리즘 회로와 소통 방식에 길들여질 수밖에 없다.

데이터 통치술

데이터사회 통치의 문법이 새롭게 쓰이고 있다. 새로운 변화는 지난 수십 년에 걸쳐 빠르게 진행되어왔다. 아직은 오래된 것과 새로운 것이 혼재하는 듯 보인다. 오래된 것이라 함은 프랑스 철학자 푸코가 언급했던 '진실의 정치학'the politics of truth이라 알려진 권력 논리로 요약될 수 있다. 반면에 새로운 것은 마치 오래된 것을 부정하는 듯 보이는, '포스트-진실'post-truth 혹은 '탈진실'의 정치적 국면이다. 진실과 탈진실, 이 둘이 뒤섞이며 오늘날 권력의 신생 통치 공식을 만들어내고 있다. 무엇보다 디지털 세계로 표상되는 데이터사회의 형성과 '소셜' 네트워크 미

---

24. Sjoukje van der Meulen, "A Strong Couple", *Leonardo*, vol. 50, no. 2, 2017, pp. 170~6.

디어 변수가 이를 가속화한다. 권력 통치술의 변화는 오래된 것을 '싹 다 갈아엎는' 이행과 전환의 방식이 아니다. 줄곧 권력은 오래된 통치의 장치들에 더해서 보다 복잡하고 다면적인 연결을 찾아 이를 증강하는 식이었다.

푸코에 따르면,[25] 권력은 진실과 거짓 진술을 구분하고 그 차이를 유지하는 '진실의 정치학'이라는 통치 기제에 의존해왔다. 이러한 통치 기제에서는 특정의 진실이 권위의 힘을 빌려 널리 받아들여지고, 인민은 한 사회에서 진실값으로 기능하는 담론의 형식에 크게 영향을 받으며 행동하도록 훈육되고 몸과 마음으로 이를 받아들인다. 물론 특정 권력의 '진실'은 통치 레짐이 유지되는 동안에는 보편의 지위로 등극하더라도, 곧 역사 속에서 그도 거짓임이 밝혀지거나 진실 아닌 진실로 판명 나기 쉽다. 어찌 되었건 오늘날 뉴스미디어는 진실을 주조할 수 있는 권위를 위임받아 진실의 담론을 공고히 생산하는 확성기 역할을 수행했다. 실제 자본주의 사회에서 텔레비전과 신문 뉴스는 대중에게 진실의 권위를 유지하기 위한 강력한 이데올로기 장치로 기능해왔다.

바야흐로 진실의 정치권력을 떠받치던 유력한 미디어 담론 장치마저 제 기능을 크게 잃는 때에 이르렀다. 우리 다중 모두가

---

25. Michel Foucault, "Truth and power", in J. D. Faubion (ed.), *Power*, Vol. 3 (New Press, [1976]2000). p. 131.

게릴라 미디어가 되어 전자적인 방식으로 데이터를 내쏘며 무수한 소문·뒷담화·뉴스를 만들어내고 있고, 이 빅데이터가 무한 증식되어 넷 공간을 떠돌면서 사태는 크게 달라졌다. 굳게 믿었던 권력의 진실값에 대한 판단 자체가 어려워지는 현실에 봉착했다. 사건을 설명하는 사실(팩트)은 무한 증식되어 가는 데 비해, 현실의 진실값은 더욱더 흐릿해지며 객관적 진실은 심연에 빠지게 됐다. 투명한 듯 보이며 진실의 지평을 만들어내던 권력의 통치 행위란 이제 그리 유효하지 않아 보인다. 사태가 이쯤 되자 동시대 권력은 진실의 정치학에 더해 이른바 '탈진실'의 장치를 스스로 내면화하기 시작한다. 진실의 정치학을 통해 진실의 값을 주조하는 일만큼이나 가상 여론의 물꼬를 이리저리 틀고 조정하고 변조하는 일이 중요하다는 사실을 터득한 것이다.

'탈진실'의 정치학은 갈수록 번성한다. 가령, 2012년 대선 댓글 알바 의혹, 사드 배치 '전자파' 유해 논쟁, 4·16 세월호 유가족 비방 댓글, 2016년 최순실 태블릿PC 검찰 조작설, 2019년 조국 사태 등등을 보라. 대개 사회사적으로 주요 사건은 대중에게 특정 이데올로기를 심어주거나 확산하는 방식에서 효과를 얻기보다는 대중의 정치적 판단을 호도하고 마비시키면서 특정 권력의 알리바이를 묵인하거나 가치 판단을 흐리는 불신과 탈진실의 기제로 활용되고 있다. 사회사적 사건에 대한 노이즈(소음)의 왜곡 데이터들은 주어진 사건과 역사에 대한 정보를 얻기 위한 소재이거나 특정의 이념을 강화하는 역할을 하기보다는,

주로 사실과 진실을 흐리는 사악한 '더미'(허수)로 기능한다.

각종 이미지, 정보, 영상 데이터에 의한 대중 여론 조작이 여기저기 범람하고 '팩트 체크'fact check가 일상인 불행한 현실을 우리는 앞으로 계속해 살아가야 할 것이다. 누군가의 데이터 왜곡은 객관과 사실의 구축된 세계를 끊임없이 뒤흔들 것이다. 가짜는 역사적 진실이 존재하고 그것이 밝혀지더라도 진실의 공신력에 위해를 입힌다. 가짜뉴스와 '딥페이크'26 동영상 등 악호들이 범람하는 까닭이다. 대중은 과잉 정보의 피로감에 진실 판단 자체를 대부분 유보하고, 현실로부터 진실을 찾거나 대안을 구성하는 행위를 쉽게 포기한다. 오늘 '탈진실'의 목표는 자본주의 현실로부터 누군가 적극적으로 행하는 비판적이고 성찰적인 의식의 경로를 무기력하게 만드는 일인지도 모른다.

미술가 히토 슈타이얼Hito Steyerl이 적절히 지적한 바처럼, "리얼리티에 더 가까이 다가간 것 같을수록, 영상들은 그만큼 더 흐릿해지고 더 흔들린다."27 한 가지 사건을 이야기하는 수많은 영상과 이미지 정보와 뉴스는 마치 사태의 정확성을 가리키는 듯 보이지만, 오히려 이 탈진실의 사악한 더미는 우리가 제대로 된 '진실의 색'을 읽거나 판단할 수 있는 능력을 갉아먹는다. 모

---

26. 딥페이크(deepfake)는 인공지능의 딥러닝 기술을 활용해, 가령 실제 누군가의 얼굴의 일부를 변형하거나 합성해 만들어 가짜와 실제의 경계가 거의 사라진 경우다.

27. 히토 슈타이얼, 『진실의 색』, 안규철 옮김, 워크룸, 2019, 14쪽.

든 역사의, 진본의, 사회의 가치들과 자명한 질서를 불완전하고 비결정적인 지위로 두고자 하는 것은 동시대 자본주의 권력의 새로운 정치 문법이라 할 수 있다. 오늘날 상징 권력은 특정의 가치와 담론을 자명한 질서로 내세워 강요하는 일과 함께, 혼돈 속 여러 가짜들을 알고리즘으로 자동 생성하거나 댓글 알바를 고용해 만든 가짜 더미 속에 역사 진실의 가치를 뒤섞는 데 골몰한다.

탈진실의 목소리는 변방의 이름 없는 이들의 거짓 소문으로부터 시작되기도 하지만, 주로는 말과 정보의 독점적 권위를 갖고 확성기를 쥔 이에 의해 주조된다. 트럼프와 같은 포퓰리스트 통치자의 입, 가짜 댓글 알바부대, 무분별한 언론 속보 과열 경쟁, 포털의 연예뉴스와 댓글, 글로벌 기업들의 후원 뉴스 등 사회 엘리트의 언설이 탈진실의 중요한 근원이다. 이들은 기후위기를 부정하기 위해, 전쟁의 명분을 만들기 위해, 각종 사회 비리를 감추기 위해, 역사의 진실을 은폐하기 위해, 가짜 데이터와 페이크 유사과학과 오정보를 대거 유포한다.[28] 이 모든 탈진실의 목소리가 효과적인 이유는 소셜미디어를 매개해 '바이러스 전염마냥'(바이럴) 빠르게 커져 나가는 전달력에 있다. 오늘날

---

28. 부시 행정부의 이라크전쟁 명분부터 트럼프 행정부의 기후협약 탈퇴에 이르기까지 통치자의 혀와 입이 어떻게 진실과 무관한 것이었는지에 대한 흥미로운 관찰은, 미치코 가쿠타니, 『진실 따위는 중요하지 않다』, 김영선 옮김, 돌베개, 2019 참고.

'소셜' 플랫폼은 특정 정보나 사실을 빠르게 전달해 유통하고 거대한 정서적 흐름을 중개하고 관리하는 능력을 갖추고 있다. 이들 플랫폼은 온라인 대중의 주의, 관심, 정동을 조절 관리하는 일종의 '심리권력'psychopower이 되어간다.29 탈진실 효과는 이렇게 플랫폼 테크놀로지를 통해 쉽게 번식하고, 데이터 권력의 여론 통제에 중요한 요소로 활용된다.

데이터사회에서는 '진실'이 그리 중요한 덕목이 아니다. 우리가 중요하게 여겨왔던 사회사적인 진실과 기록의 가치는 알고리즘 장치에 의해 대개는 거세된 채 이를 계측 가능한 양적 데이터로 줄 세워진다. 데이터 알고리즘 공정에서는 기록의 역사성, 진본성, 사회성, 다양성 등 질적 가치는 거세되고 데이터의 빈도, 상관도, 가중치, 선호, 반응, 노이즈 등 전산학적 변수에 의해 계측 가능한 값들로 치환된다. 좀 더 현실주의적으로 묘사하면, 링크의 상대적 가중치, 유사도, 유료 스폰서, 데이터 선호, 서버의 지리적 위치, 데이터 생성 시간과 위치 등 주로 시장 수익과 현실 영향력 변인에 따라 데이터나 정보는 상대화되어 이러저러하게 순위(랭킹) 값이 매겨진다. 물론 알고리즘의 데이터 서열화는 여기서도 암흑상자 속에서 작동하는 기계장치와 같아서, 겉보기에 일반인은 알 수도 없을뿐더러 마치 모순 없이 작동하는

---

29. Jason Harsin, "Regimes of Posttruth, postpolitics, and attention econo-mies", *Communication, Culture & Critique*, vol. 8, no. 2, 2015, pp. 327~33.

객관적인 과학인 양 행세한다. 이는 살아있는 사건과 역사를 죽은 데이터로 바꾸거나 어설프고 작위적인 계산 공정을 미끈한 알고리즘의 외양으로 은폐하는 효과까지 지닌다.

아이러니하게도 탈진실 시대 대중의식은 갈수록 혼돈의 무질서에 갇히는 데 반해, 데이터 권력은 빅데이터 과학의 힘을 빌려 투명한 전산 통치학의 세계를 구축한다. 시민 다중이 대체로 탈진실 속 판단이 어려워지고 사안의 올바른 이면을 보지 못하는 불투명한 진공 상태에 놓인다면, 반대로 엘리트 계급은 우리 각각을 투명하게 비추는 통제 스크린을 얻게 된다. 데이터 권력은 현실의 모든 사안을 과학적으로 관리하고 예측하는 인공지능과 데이터 과학의 최첨단 세계를 움직인다. 결국 데이터 사회는 우리 대부분을 "플랫폼에 매달린 일군의 개성 없는 신체들"platformed masses이자 데이터로 해체하고 데이터에 의해 진실이 유보되는 "통계학적 실존"을 구성한다.[30]

데이터사회의 우울한 현재와 근미래 전망만이 도드라진다. 한국판 데이터사회의 모습은 진보정치의 부재와 기술 만능주의의 굴절된 욕망으로 인해 어쩌면 우리의 예상보다 더욱 뒤틀린 양상으로 전개되고 있는지 모르겠다. 우리의 경우에는 국가 성장과 방역사회 통제 질서를 위한 기술 효능감이 점점 높아지

---

30. Geert Lovink & Nathaniel Tkacz, "MoneyLab", in Geert Lovink, Nathaniel Tkacz & Patricia de Vries. *MoneyLab Reader* (Institute Of Network Cultures, 2015), pp. 13~8.

면서, 직접적으로 데이터 통치 체제와 플랫폼자본주의 구상에 기댄 사회 개조에 더 열띤 모습을 보인다. 한국형 데이터사회는 스마트폰과 인터넷망을 갖고 일상 데이터 속도와 자원 효율을 증진시켰지만, 시민 데이터 권리의 소멸, 플랫폼 노동 위기, 데이터 인클로저라는 자율의 커먼즈 파괴 등 다중의 사회 피로도를 상승시켰다. 그럼에도 한국형 데이터사회는 이도 모자란 듯 신기술의 급속한 발전 속에서 특유의 약탈적 가치 창출과 다중의 데이터 포획 방식을 더 강구해간다. 인공지능 등 자동화 신기술을 통한 성장이라는 발전주의의 폭주 또한 더 거세져 간다. 약자와의 포용과 호혜의 기술 가치는 고려될 조짐조차 없다.

강력한 데이터사회의 도래와 함께 과연 시민 다중은 무엇을 할 수 있을 것인가? 디지털 인클로저에 맞서 어떤 대항력을 키울 수 있을 것인가? 우리 자신이 데이터-생체 포스트휴먼 주체가 되고, 전산 알고리즘 공정에 의해 처리되고, 종국에 플랫폼 가치화 과정에 편입되는 디스토피아 미래를 맞이한다면? 독자의 양해를 바라면서 이와 같은 몇 가지 물음을 조금만 더 뒤로 미루고자 한다. 다음 장에서는 데이터사회 논의에 이어 이를 떠받치는 '플랫폼자본주의'라 부르는 동시대 자본주의의 새로운 국면을 살피려 한다. 이를 통해 자본 기술의 존재론적 무게와 질곡을 조금 더 심화해 보고자 한다. 그럴 때 다중의 '커먼즈'(공통적인 것)에 닥친 인클로저 위기에 맞서 시민 자율의 가치를 마련하는 일이 진정 가능한지를 타진할 수 있으리라 본다.

2장

플랫폼자본주의와 커먼즈의 위기

인간 삶의 개선과 진보의 성취라는 거창한 사회적 대의와는 달리, 현대 테크놀로지는 우리의 삶을 자본주의 시장 기제로 끊임없이 편입하고 흡수하는 방향으로 안착되었다.[1] 최근 들어서는 그 양상이 더욱 복잡해져서, 테크놀로지는 단순히 기업의 생산을 위한 도구로 쓰이는 것에 그치지 않고 자본주의 생산구조에서 생산주기를 단축시키고 노동의 분업과 협업을 확대하는 촉매 역할을 전 사회적·전 지구적으로 수행해왔다. 다시 말해, 테크놀로지는 자본의 재생산에 관여하는 동시에 줄곧 그것

---

1. 이 책에서 '테크놀로지'는 '기술'이라는 단어와 보통 혼용되어 쓰인다. 굳이 이 둘을 나눠 쓰는 경우에는, '테크놀로지'는 인간이 만들어낸 기예와 문명의 소산들 모두를 지칭하는 비역사적 일반 개념으로, '기술'은 좀 더 자본주의적 생산과의 필요와 연계 속에서 만들어진 도구적 개념으로 서술하고자 했다.

의 파괴적 혁신을 도와 일상생활의 고유한 경계 영역을 흩트리면서 자본주의적 가치를 사회와 인류 보편의 논리로 확장하는 중개 역할을 도맡아왔다. 그렇게 오늘날 테크놀로지는 초국적 기업의 자본순환을 돕는 것은 물론이고, 미디어·소비·광고·사회·문화·과학·정치·젠더 등 이질적 바깥들을 넘나들면서 자본의 역량을 동원해 배치하고 이들 사이를 기계적으로 부드럽게 맞물리게 하는 나사와 톱니바퀴 같은 포괄적 매개 장치로 기능하고 있다.

2차 세계대전 이후 과잉 생산의 해결책으로, 자본주의는 가상의 욕망을 주조하기 위해 이른바 '소비사회'와 '스펙터클사회'를 형성하여 자본 순환의 기축으로 삼았다. 1970~80년대는 디지털 기술을 매개하여 데이터·정보·지식·서비스를 자본주의 생산의 핵심 기제로 끌어들이는 전환을 이뤄냈다. 소위 '정보사회'의 기치 아래 정보통신 기술을 동원해 기업의 생산과 조직 내에 '지식' 노동을 도입했고, 대규모 공장 체제에서 정보통신과 서비스 산업을 중심으로 내부 권력을 이동시켰다.[2] 이로 인해 데이터와 정보의 가공을 더하여 자본의 가치를 창출하고 생산을 효율화하는 체제가 급물살을 타기 시작했다. 예컨대, 생산 공정의 로봇 자동화, 린 생산방식lean production, 팀제 경영 등

---

2. Maurizio Lazzarato, "Immaterial labor", in Paolo Virno & Michael Hardt (eds.), *Radical Thought in Italy* (University of Minnesota Press, 2006), pp. 132~47 [랏자라또, 「비물질노동」.]

조직의 수평적 혁신과 경량화, 초국적 금융 흐름 네트워크의 구축, 디지털 노동의 신新국제 분업 질서, 지식·문화와 비물질 노동의 경제 가치 확장이 시도됐다.

2000년대 이래 기술 혁신을 통한 초국적 기업 안팎 생산조직의 효율성 확보에 대한 욕망은, 아예 기술의 전 사회적인 배치로 범위를 확장하며 움직인다. 주로 데이터와 스마트 네트워크 기술이 기업 내부의 체질을 개선하는 것은 물론이고, 시민 다중의 사회 속 데이터 부스러기가 기업 가치를 만들어내고 성장의 동력이 되는 신자유주의 가치 체제로 바뀌게 된다. 1장에서 보았던 '데이터사회'는 실리콘밸리 닷컴 신경제를 엄호하는 사회 질서의 마련으로 볼 수 있다. 여기에서는 시장 바깥에 존재하는 무수한 물질·비물질 자원을 굳이 기업 내 고정자산화하지 않더라도 가치화 공정에 지능 기술을 응용해 동원 가능한 '사회화된 공장' 체제로 거듭난다. 노동의 형태로 보면 공장노동과 일상노동 유형이 혼재되고, 노동의 내용에서 보면 공장과 사무실 너머 일상 그 자체가 일이 되고 거의 모든 시민 활동이 노동으로 확장된다. 시민은 스마트폰이나 인터넷을 중개해 데이터 활동 혹은 노동을 수행하면서 거의 모두가 생활과 노동이 뒤섞인 삶을 살게 된다. 신흥 자본주의 체제에서는 누구든 자신이 갖고 있는 콘텐츠, 집, 차, 노동, 집기, 공간, 기계, 시간 등 다양한 유·무형의 수단과 자원을 동원해 데이터 활동과 거래에 참여하며 가치 증식에 연결된 삶에 열중하게 된다.

우리는 '데이터사회'가 공모하고 있는 동시대 자본주의 체제를 '플랫폼자본주의'라 명명할 수 있다. 이 체제는 (빅)데이터, 알고리즘, 인공지능, 데이터센터, 클라우딩 등 '플랫폼' 요소기술에 기대어 자본의 운동 방식과 가치 생산에서 질적 도약을 모색하려 한다. '플랫폼자본주의'는 플랫폼이라는 지능형 디지털 매개 장치에 의지해 가치화 회로를 구성한다. 산업자본주의 시절에 물질 생산 공정에 집중했다면, 플랫폼자본주의는 물질·비물질계의 여기저기 흩어지고 방기된 노동과 유·무형 자원을 흡수하고 이를 탄력적으로 배치하는 가치 '포획'과 자원 '물류'logistics의 효율을 강조하는 경제 시스템이라는 점에서 주목할 만하다. 플랫폼자본주의는 재산권 인클로저인 지식 재산권의 기술 코드와 법·제도 장치를 적극 활용할 뿐만 아니라, 플랫폼 기술 인프라와 같은 중개 장치를 동원해 시장 바깥에 머물던 노동과 자원을 가치 회로와 순환 안으로 끌어들이며 가치를 극대화한다. 플랫폼 공정을 위한 자원의 목록은 이제껏 인간의 창의적 활동이라 여겨졌던 대부분의 커먼즈共有에 기댄 문화 생산 방식과 활동 또한 포함한다. 자본주의 시장 주변에서 맴돌거나 전혀 무관해 보이던 다중의 (비)물질 자원과 호혜 문화의 전통, 일상 데이터와 창작 활동은 자본의 구성 인자로 조용하고 은밀하게 편입된다.

플랫폼 자본의 여파는 알게 모르게 우리가 사는 현실 사회와 문화의 전경까지도 순식간에 바꿔나간다. 구글·카카오톡·

트위터·페이스북·유튜브 등 빅테크는 서비스 초기 풍요로운 디지털 문화, 기술민주주의의 실험장, 그리고 취향의 온라인 공동체 형성에 공헌하기도 했으나, 이들은 바로 그 자유와 공유의 디지털 문화를 어떻게 시장의 장치로 포획할 수 있는가에 대한 셈법도 계산에 넣고 있다. 다시 말해 플랫폼 기업은 이용자들이 일상적으로 생산하는 감정·정서·의식·정동·언어·활동 등 전자적 표현과 지적 유대의 무수한 관계의 갈래들을 디지털 인터페이스에 효과적으로 실어 나르고 중개하면서도, 그 집합적 기호를 어떻게 자본주의적 생산관계망 안으로 흡수할 수 있을까를 암중모색하는 이중의 비즈니스 전략을 꾀한다.

플랫폼자본주의는 형식상 시민 다중의 일반지성과 공유 문화의 확산을 돕는 중개자 역할을 자처하며 창의·상상력·참여·도전·혁신의 수사로 치장한다. 허나 실제로는 온·오프라인의 사회문화 자원과 지적 노동을 닷컴 시장 논리 아래 두는 신자유주의 욕망에 대체로 충실하다. 플랫폼 장치는 소통하고 나누고 함께하는 인간형 대신 네트워크 연결 모드에 충실한 '단말기형 인간'을 만들어냈다. 노동의 불안정성precariousness과 취약성precarity은 갈수록 확대되었고, 또 다른 플랫폼 자본의 승자독식 구조를 재생산했다. 이 장은 이렇듯 다중의 활동을 무작위로 포획하는 플랫폼 기술 인프라의 성격과 어떻게 이로 인해 다중의 자율 커먼즈 문화까지도 인클로저의 극단적 위기 상황에 처하게 되었는지를 구체적으로 살피고자 한다.

플랫폼 장치

플랫폼이라는 단어를 사전에서 찾아보면 꽤나 다의적이다.[3] 우선 '컴퓨터 전산의'computational라는 뜻이 있다. 다양한 애플리케이션이 구동하도록 설계된 윈도우 소프트웨어 환경이 플랫폼의 적절한 예다. 유튜브나 페이스북처럼 온라인 네트워크 위에 자신의 공간을 확보하는 것과, 개방형 설계를 통해 다양한 앱과 콘텐츠가 결합된 소프트웨어 환경이나 서비스를 제공하는 것도 플랫폼에 해당한다. 이 첫 번째 정의는 플랫폼이 지닌 두 번째 '건축적'architectural 맥락과 맞물린다. 공간 건축이라는 측면에서 보자면 플랫폼은 특별한 활동이나 통제를 위해 사람이나 사물이 한데 모일 수 있도록 물리적으로 두드러지게 설계된 구조물이다. 예를 들어 기차나 버스 터미널에서처럼 플랫폼은 많은 사람과 자원의 허브 구실을 하고 중개하는 인공 구축물이 된다.

컴퓨터와 건축이 플랫폼의 형식이자 기능을 가리킨다면, 그 실제 의미는 다음 세 번째 뜻에 있을 듯싶다. 플랫폼은 어떤 성취를 얻기 위한 행위의 토대 혹은 기초로서 정의되는 '구상적'figurative 맥락을 지닌다. 얼핏 보면 플랫폼은 외부의 사람·사

---

3. 플랫폼의 뜻 정리는 옥스퍼드 사전의 플랫폼 용어를 네 가지 개념으로 정의한 Tarleton Gillespie, "The Politics of 'Platforms'," *New Media & Society*, vol. 12, no. 3, 2010, pp. 347~64를 참고하고 있다.

물·자원을 엮는 보편의 개방성을 지닌 기술적 외양을 하고 있지만, 이미 플랫폼에는 특정 목표를 위해 정형화된 알고리즘의 작동과 가치화 공정이 작동한다. 플랫폼에는 추상이 아닌 구체와 구상의 물리적 설계 회로를 지닌 '장치'apparatus의 의미가 있다. 사실상 이는 네 번째 정의, 플랫폼의 '정치적'political 맥락을 드러내는 지점이기도 하다. 서구에서 플랫폼은 군중에게 연설하기 위해 만든 연단이나, 정당들이 견지하는 주요 정강이나 정책을 뜻하는 단어다. 연단이 사람의 '주목'을 끄는 잠재 능력을 지닌다면 정강과 정책은 정치권력의 근원을 상징한다고 볼 수 있다. 플랫폼 질서가 자본주의 시장은 물론이고 현대 사회의 보편 논리로 기능하게 된 현실을 보면 이는 정치 환경의 변화와도 상통한다.

이제까지 살펴본 컴퓨터, 건축, 구상, 정치 등 플랫폼의 네 가지 속성은 그것의 외연적 구성과 기능, 그리고 내포적 함의와 지향이라는 플랫폼의 이중적인 단면을 그대로 반영하고 있다. 예컨대, 페이스북이라는 글로벌 '소셜' 플랫폼의 현실을 떠올려보자. '컴퓨터'(웹 기반 시스템 소프트웨어, 다양한 '소셜' 애플리케이션, API를 통한 외부 연계 앱 서비스, 감정·정서·정동 표현의 인터페이스 적용), '건축'(공급자, 이용자, 스폰서, 광고주, 콘텐츠 사업자 등 다면 접촉 설계 구조)은 플랫폼의 기능적 면모를 보여준다. 반면에 구상(이용자 생체·데이터·정보·지식 활동의 포획과 가치화 과정)과 정치(암흑상자화된 알고리즘 설계와 데이터 분석에 의한 의식 조작)는, 플랫폼 내부의 작동 기제와 지향을 뜻한다. 플랫폼은 어찌 보면 이 네 가지 정의가 서로 얽혀 영향을 주고받는 종합 개념이라 볼 수 있다. 한마디로 플랫폼은 눈에 보이는 앞단에서는 디지털 네트워크 인프라를 통해 둘 이상의 서로 다른 개인이나 집단을 다면적으로 상호 중개해 인간 데이터 활동을 후견하면서도, 비가시적 뒷단에서는 이용자 데이터 활동과 물질·비물질 공유 자원을 특유의 정교한 알고리즘 작업 공정을 거쳐 흡수하거나 효율적으로 중개하며 가치를 실현하려는 이른바 신종 '거간꾼'broker 권력 모델이라 할 수 있다.[4]

데이터(은행), 브로커, 알고리즘

플랫폼자본주의 구상은 '데이터'로 표상되는 디지털 세계와 네트워크의 편재성遍在性;ubiquity이라는 물리적 환경이 전제되지 않으면 불가능한 일이다. (빅)데이터의 세계는 글로벌한 전자 네트워크 인프라에 다중으로부터 생성된 거의 모든 감성·정서·의식·담론과 신체 정보가 데이터 상태로 범용화되어 전자 네트워크에 부유하는 현실을 전제한다. 데이터 세계에서는 주체성의

---

4. Vasilis Kostakis & Michel Bauwens, *Network Society and Future Scenarios for a Collaborative Economy* (Palgrave Macmillan, 2014) [미셸 바우웬스·바실리스 코스타키스, 『네트워크 사회와 협력 경제를 위한 미래 시나리오』, 윤자형·황규환 옮김, 갈무리, 2018]에서는 이와 같은 이중적 특징을 담은 유형의 체제를 '넷위계형 자본주의'(Netarchical capitalism)로 묘사하기도 한다.

최소 단위가 데이터 '가분체'가 되고 이것이 플랫폼 장치의 핵심 원료이자 자원이 된다. 데이터가 중심이 된 현실에서는 탈신체화된 정보·상징·정서·다이어그램·숫자·함수 등 전산학적 기호체계가 합리성의 언어와 담론의 통치능력을 압도하고 주도한다. 이탈리아 철학자인 랏자라또는 자본주의의 작동 방식을 설명하면서, 권력의 개별 주체화 과정인 사회적 복종 기제와 함께, 다중의 데이터에 기댄 탈주체화된 신기술 관리 기법을 따로 떼어 '기계 예속'mechanic enslavement이라 명명했다. 그의 '기계 예속' 개념은 오늘날 플랫폼자본주의의 권력 작용을 극적이지만 아주 정확히 묘사한다.

자본주의에서 권력관계는 봉건사회와 달리 인격적인 것이 아니라 기계장치들의 조직에서 유래한다. 오늘날 경제에서 우리는 자기 스스로 말하고 소통하고 표현한다[소셜미디어, 공유문화, 놀이와 노동 경계 소멸 등의 현실을 생각해보라 ─ 인용자]. 그러나 이런 사실이 곧바로 우리를 언어적 전환과 그것의 로고스 중심주의 또는 화자들의 상호주관성으로 데려가지 않는다. 오히려 이런 사실이 뜻하는 것은 기계 중심적 세계의 존재이다. 거기서는 온갖 종류의 기계가 우리의 말과 행동, 소통을 '조절하고 촉진한다'. 기계적, 열역학적, 사이버네틱적, 컴퓨터적 기계 말이다. … 20세기 이후로는 통치성이 점점 더 '가분체들에 대한 통치'로 변하기 시작했다. … 그 정점에 구글과 페이스북

이 위치한다. … '가분체들'은 일종의 통계학적 실존이며 이를 통제하는 장치는 사목권력[사회적 복종기제를 다루는 권력의 실체 – 인용자]이 수행하는 개체화와 전혀 다른 형태로 작동한다. 사목권력은 '현실'의 개체들에게 행사되지만 가분체들에 대한 통치성은 흐름, 네트워크, 기계들에 의해서 관리된다.[5]

노동, 자원, 서비스 일반을 실시간으로 끊임없이 데이터로 수집해 변환하고 이를 지능 프로그램으로 분석하여 자본의 가치화 기제로 포획하는 것, 그리고 데이터 가치화 공정을 전 사회적으로 배치agencement;assemblage하는 것이 플랫폼자본주의의 목적이라면, 이는 사실상 랏자라또가 말하는 기계 예속을 통한 통치성 기제와 거의 흡사하다. 그는 기계 예속을 강조하면서 특별히 플랫폼이라는 말을 구체화해 쓰고 있진 않다. 그럼에도 랏자라또가 언급한 "흐름, 네트워크, 기계"를 통한 동시대 통치 권력은 바로 플랫폼자본주의의 지배 구도와 크게 다르지 않음을 알 수 있다. 플랫폼은 시들해가는 자본주의의 지식 재산권 시장을 재활하고 기존 통치 리듬을 새롭게 재구성하는 데이터

5. 마우리치오 랏자라또, 『기호와 기계』, 신병헌·심성보 옮김, 갈무리, 2017, 40, 52쪽. 랏자라또가 사용한 '기계 예속' 개념의 연장선상에서, 이 책 『피지털 커먼즈』에서는 필요할 때 그 개념적 유사어로서 '기술 예속'이라는 표현을 범박하게 쓰려고 한다. 왜냐하면 '기계 예속' 개념은 산업 공장의 노동 통제만을 연상하게 만들고, 이 책에서 고찰하는 플랫폼 알고리즘의 범용 기제를 표현하기에는 적절하지 않다고 보았기 때문이다.

네트워크 흐름을 중개하는 기계 장치로 등장하기에 그러하다.

플랫폼은 자원·노동·생산·유통·소비가 함께 모이도록 다리를 놓는 거간꾼의 장터marketplace 같은 곳이 된다. 제조업 시대와 비유하자면 개별 플랫폼은 '데이터' 공장으로 볼 수 있다. 플랫폼에 유통되는 대부분의 데이터는 플랫폼을 가동시키는 가치생산 공정의 원재료이자 현실의 모든 개별적 차이를 표준화해 정밀 해석과 예측이 가능한 상태로 유지해주는 공통의 최소 분석 단위다. 개별 인간 신체로부터 데이터로 분리된 '가분체'는 데이터 처리 공정에 투입되자마자 이전의 재기발랄하던 개체 특징을 잃고 가치를 생산하는 원재료이자 생산의 효율성을 담보하는 분석 자원이 된다. 플랫폼 장치는 시장과 사회에 걸쳐 운영되는 '가상 공장'이라 볼 수도 있다. 이는 물리적 고정성을 벗어나 언제든 그 설계를 상황에 맞춰 모듈화하거나 쉽게 수정하고 재구축이 가능한 까닭이다.

기본적으로 플랫폼 가상 공장은 온·오프라인 영역에서 발생하는 아이디어·창작·지식·노동·서비스·자원을 동원하고 중개하는 역할을 독과점하려는 습성이 있다. 기술로 보면, 플랫폼 기업은 스마트 센서와 수집기를 물리적 공간과 공기 중 여백이 없도록 '이음새나 끊김 없이'seamless 연결해 대규모로 데이터를 무작위 수집하는 데 열을 올린다. 플랫폼자본주의가 전제하는 포괄적 데이터 포획의 기술 구상은 경제뿐만 아니라 사회 전체의 의사소통 방식을 바꾸고 '기술 예속'을 가속화한다. '데이터사회'는 플랫폼자본주의의 지배 질서가 사회 전반으로 확장되는 국면이라 볼 수 있다. 경제로 보면, 플랫폼 기업은 주로 이제까지 존재하지 않았던 시장 규제의 공백 지대를 찾아 나선다. 이른바 '규제 차익거래'regulatory arbitrage를 통해 이윤을 극대화하려 한다. 가령, 노동자를 독립 사업자로 만들어 근로기준법 등 고용 규제를 회피하고 저가의 노동 인력 공급을 늘려 사회 비용을 늘리고 노동의 질을 낮춘다. 초기 시장 점유율 확보를 위해 공짜 혹은 가격할인 등에 자본금을 탕진하는 '현금소진'cash burn에 과도하게 몰두한다.[6] 이는 빠르게 시장 독점력을 구축해 시장 '주목'의 독과점적 지위를 획득하는 경로다.

플랫폼 소유자 혹은 설계자는 여러 시장 행위자를 상호 매개해주면서 이들 사이에 다면적 접촉의 장을 만들어준다는 의미에서 거간꾼, 혹은 세련되게는 플랫폼 '브로커'의 역할을 주로 한다. 전통적으로 전문경영인CEO이 리더십을 갖고 총괄적 디자인을 짜는 방식과 다르게, 플랫폼 브로커는 사업을 직접 주도하기보다는 플랫폼 참여 구성원에게 상호 교류의 접면을 마련해주고 성원들 스스로 자원의 거래를 큰 마찰 비용 없이 성사시키는 대가로 수수료만을 챙기고 노동 책임을 회피하는 모델을 추구한다. 달리 보면, 브로커는 실질적으로 거래 내용에 개입하는

---

6. 제레미아스 아담스-프라슬, 『플랫폼 노동은 상품이 아니다』, 이영주 옮김, 숨쉬는책공장, 2020.

전통적인 게이트키퍼gatekeeper나 큐레이터가 아니라 참여자에 대한 일종의 중개자 역할만 맡는다. 이 때문에 외형상 브로커는 수동적으로 비칠 수 있으나, 플랫폼 내부 참여자와 자원을 지능적으로 배치해 최적의 매칭을 꾀하고 원하는 가치를 실현한 다는 점에서 사실은 적극적인 경영 행위자다. 이들 플랫폼 브로커는 급속히 동시대 신흥 통치계급으로 부상하고 있다.

전통적으로 미디어 자본은 상품미학과 광고 등을 동원해 시청자를 텔레비전 앞으로 유인하는 대신 광고주로부터 기업 이득을 취하는 '양면 시장'two-sided market을 구사해왔다. 오늘날 신종 브로커 사업자는 물질·비물질 노동과 자원의 가치를 전유하는 것도 모자라, 내부 계열사의 유·무료 서비스 간 수익 포트폴리오 차별 정책, 이용자 경로의존성을 노린 무료에서 유료로의 수익 전환, 공급자와 서비스 제공자로부터의 지대 수익, 광고주로부터의 광고 수입, 플랫폼 독점을 강요하는 인앱in-app 결제 방식 등 대단히 복잡다기한 '다면 시장'에서 발생하는 수익원을 챙긴다.

플랫폼 기업이라는 조직의 형태는 인터넷이 도입되고 한참 지나서야 본격적으로 성장하기 시작했다. 예를 들어, 닷컴 몰락 이후에도 살아남은 아마존과 넷플릭스는 제품과 유료 콘텐츠, 각종 서비스의 판매를 다면적으로 연계해주는 온라인 유통 플랫폼으로, 트위터나 페이스북은 이용자들의 정서와 소통을 매개하는 소셜웹 플랫폼으로, 잠자리와 자동차 등 유휴 자원들을 나누도록 돕는 에어비앤비나 우버는 공유경제 플랫폼으로, 그 외 아마존 미케니컬 터크나 태스크래빗은 프리랜서 노동을 매개하는 노동 서비스 플랫폼으로, 킥스타터는 클라우딩 방식의 매칭 펀딩 플랫폼으로, 현실의 알바노동·숙박업·식당 같은 소상공인의 실물 자원을 온라인으로 중개하는 쿠팡·카카오·배달의 민족·요기요·야놀자 등 다양한 국내 앱 기반 업체들은 오투오O2O;online to offline 서비스 플랫폼 등으로 빠르게 분화되고 증식되는 중이다. 1990년대 말 '닷컴버블 이후' 자본주의의 진화는 이처럼 대중 공통의 것으로 남아있던 유·무형의 공유 자원에 대한 기생형 플랫폼 시장 모델을 개발하는 쪽으로 빠르게 선회하고 있다. 다중의 자발과 능동 참여를 통한 '창의산업'creative industries 활성화를 이뤄내고, 일상 데이터와 지식 산물들의 끊임없는 사출을 통해 플랫폼 이윤을 발생시키는 새로운 경제 모델을 만들어내고 있다.

플랫폼 자본주의의 논리와 효과가 전통의 산업경제로 스며들기도 한다. 독일의 지멘스나 미국 GE 등 전통 산업체도 플랫폼 비즈니스 조직 형태로 탈바꿈하는 추세다. 가령, 다국적 농기구·중장비 제조업체 '디어앤드컴퍼니'Deere & Co.의 사례를 보자. 이 회사는 국제적으로 농기구 수요가 줄자 대규모 감원을 단행하고 빠르게 플랫폼 체제로 돌아섰다. 즉 농민, 종자 생산자, 화학비료나 농약 생산자, 장비 센서 기술자, 트랙터와 콤바인 제조자 등 사업 관계자를 플랫폼에 다면적으로 연결하면서

각 참가자가 원하는 자원 정보를 상호 교류하도록 하도록 하는 동시에, 회사는 이들 참여자 간의 교류나 거래 데이터 분석을 수행하면서 서비스 합리화와 자원 예측력을 높이는 경영안을 마련했다.[7] 국내에서만 이상 과열 현상을 보이는 '제4차 산업혁명' 열풍이나 이의 근거가 된 독일의 '인더스트리 4.0'에서 표방하는 제조업 혁명도, 생산 혁신 플랫폼을 도입해 (빅)데이터 분석을 결합하려는 체제 변화 노력의 일환으로 볼 수 있다. 전통적인 시장 독점 지위를 활용한 특허나 저작권 등 무형의 지식 재산권 방어 기제에 더해, 산업 시대의 시장 기업조차 신흥 플랫폼으로 갈아타며 안팎의 자원 효율을 극대화하는 전략을 택하고 있다.

플랫폼 설계에 있어서 이용자들 사이의 다면적 매개 구조를 설계하고, 존재하는 모든 것을 데이터로 표준화해 끌어들이는 전략은, 데이터베이스 저장장치(데이터센터)와 데이터 분석 장치의 연동 없이는 거의 유명무실하다. 익히 알려진 바처럼, 플랫폼 장치의 핵심은 다중 활동의 데이터 분석을 위한 내부 프로그래밍 명령어 체계인 '알고리즘'algorithm이다. 데이터센터가 뇌라면, 알고리즘은 뇌의 인지 구조에 해당한다. 알고리즘은 플랫폼의 사회화된 공장을 돌려 데이터를 삼키고 센터(데이터뱅크)

---

7. Nick Srnicek, "The Challenges of Platform Capitalism", *Juncture*, vol. 23, no. 4(2017), pp. 254~7.

에 집적된 데이터에 대한 특정의 결과나 예측값을 얻는 프로그래밍 명령어라고 할 수 있다. 알고리즘은 플랫폼 활동에 참여한 이들의 활동 데이터를 계측해 특징을 찾거나 패턴을 유추한다. 예를 들어, 흩어진 프리랜서 차량을 조회하고, 글로벌한 재고 물류 흐름을 조절하고, 최적의 알바 혹은 프리랜서 노동자를 찾아내어 서비스를 매칭해 배달과 노동시간을 계산하고, 가장 단가가 낮은 특가 상품을 서열 최상위에 자동으로 올려 소비자에게 연결해주고, 이용자의 관심과 취향에 상응하는 스폰서(광고주)가 최적화되어 배치될 수 있도록 하는 등 알고리즘이 지닌 응용력은 플랫폼 비즈니스의 사활에 필수 요소가 된다. 대체로 데이터 자원의 수집량이 많을수록 알고리즘의 정밀도는 정교해지고 촘촘해진다. (빅)데이터 수집의 양과 크기가 사안의 정밀도를 규정하긴 하지만 본질은 흩어진 신체, 집단, 자원 데이터를 파악해 이를 효과적으로 중개하고 상호 매칭하고 예측하는 알고리즘의 스마트 지능형 처리 능력이다. 플랫폼의 시장 경쟁력은 이용자 활동 데이터와 자원의 무차별적 중개 능력과 최적의 알고리즘 배치 능력이라는 두 변인에 정비례한다. 루카치 Georg Lukács식으로 보자면,[8] 이 모든 플랫폼 현상은 인간사에서 발생하는 모든 관계를 알고리즘에 의존해 교환 가치화하는 '(사)물화'Verdinglichung의 새로운 단계이다.

---

8. 게오르그 루카치, 『역사와 계급의식』, 박정호·조만영 옮김, 거름, 1999.

플랫폼 장치의 주요 특징

플랫폼의 특징을 좀 더 구체적으로 들여다보자. 먼저 '다이어그램'diagram에 관한 것이다. 구상과 구체의 수준에서 읽을 수 있는 전체 밑그림, 우리는 이것을 '다이어그램'이라 말한다. 반면 플랫폼 자본의 비즈니스 목표, 권력 구성의 동학, 가치화 기제는 꽤 추상적이다. 시장 '혁신'의 플랫폼은 대개 고정되고 꽉 짜인 밑그림을 두지 않는다는 점에서 '생성적'generative인 다이어그램을 갖는다.[9] 플랫폼 브로커는 구체적 설계의 여지를 참여 성원에게 남긴 채 추상도가 높은 디자인만을 조정하고 통제하려 한다. 그럴 때만이 규제를 회피하고 비용을 외주화할 수 있다는 판단이 작용하기 때문이다. 다시 말해, 브로커는 전체 다이어그램 설계에 대한 완결된 경로 지정 없이 플랫폼 참여자의 이용 시간이나 다면 접촉과 흐름에 따라 구체적인 경로가 생성되고 때로는 일부 설계가 쉽게 변형 가능한 탄력적인 다이어그램을 선호한다. 사실 이처럼 여백을 지닌 다이어그램은 데이터 가분체의 이합집산하는 흐름의 패턴을 잘 이해할 수 있는 똑똑한 알고리즘을 갖췄을 때 기능의 확장성을 갖는다. 꽉 짜인 다이어그램 설계는 오늘날 창의적 누리꾼을 끌어들이기에 매력적이지 않다. 일례로, 페이스북 설립자 마크 저커버그Mark Zuckerberg 같

---

9. Benjamin H. Bratton, *The Stack* (MIT Press, 2015) 참고.

은 거대 플랫폼 브로커가 프로그래머와 함께 추상 층위에서 알고리즘과 인터페이스 설계를 계속해 수정하며, 페이스북 이용자의 행동심리에 기댄 활동 패턴을 (무)의식적으로 흔들거나 조정하는 일이 발각되어 크게 낭패를 본 일이 있었다. 공식적으로 이 사건은 플랫폼 업자가 알고리즘을 갖고 일종의 다이어그램 변경 실험을 벌였던 경우로 볼 수 있다.

두 번째, 플랫폼 기업은 전혀 무관한 듯 보이는 산업 영역에도 쉽게 침투한다. 가령, 카카오의 활동 방식을 떠올리면 쉽게 이해가 된다. 플랫폼 자본은 물리적인 생산 설비나 수단을 세우기 위한 리스크 없이 고유의 디지털 기술 인프라를 어떤 시장에서건 모듈화해 쉽게 착근할 수 있고 적응력이 뛰어나다. 단순히 외부의 자원이나 기업을 흡수해 문어발 확장하는 구태의 방식은 아니다. 마치 돌연변이처럼 공격적으로 기업 조직문화의 밈 meme을 다른 시장 계열체에 이식하면서 플랫폼을 확장한다. 예를 들어, 아마존은 온라인 서점에서 시작했지만 음원·비디오·잡화점을 추가하면서 추천과 쇼핑 알고리즘 논리를 다른 계열체로 확장했다. 또한 물질 재화의 병참학을 미케니컬 터크라는 전 세계 가장 큰 온라인 (초)단기 인력시장 플랫폼에 응용해 정착시켰다. 그것만이 아니다. 아마존은 여러 방송사를 인수해가면서 음원 판매에 이어 영상 스트리밍 서비스 모델을 시도하고, 홀푸드라는 유기농 소매업을 인수해 어울릴 것 같지 않은 '친환경' 소비문화를 결합하고, 알고리즘 자동화된 무인 마켓을 실험하고, 온라인 서점에 이어 현실 공간에 이와 유사한 인터페이스를 차용한 오프라인 서점을 개점하는 등 자사의 독특한 플랫폼 밈 문화를 온·오프라인 양쪽에서 공격적으로 이식해나갔다.

전통의 오프라인 기업에 특정 기능의 플랫폼 업체가 제휴하는 경우도 흔하다. 일례로, 글로벌 가구 조립업체 이케아에 태스크래빗 플랫폼이 시급 노동력을 배당해 배달과 조립 업무를 담당하게 하는 식이다. 앞서 디어앤드컴퍼니와 같이 전통 제조업체가 플랫폼 기업으로 체질 전환하는 흐름과 마찬가지로, 플랫폼의 제휴나 협력 관계 또한 플랫폼 문화를 물리적으로 확산시키는 중요한 계기라 볼 수 있다. 플랫폼 기업은 이렇듯 자신과 경쟁을 하지 않는다고 판단되면 타 플랫폼 업체나 일반 기업과 특정한 기능을 통해 상호 기술적으로 제휴해 접붙거나(가령, 우버 회사의 구글맵 활용), 보다 적극적으로는 자신의 플랫폼 밈을 끊임없이 계열사에 이식하거나(아마존의 온·오프라인 플랫폼 확장 방식), 모체 플랫폼 기업으로 다른 플랫폼 서비스 기능을 병합(페이스북의 인스턴트 메신저 왓츠앱 합병)하는 경향을 띤다.

세 번째, 빅테크 플랫폼 기업이 대중의 의식을 독점해가는 양상은 전통 산업 자본에 비해 국경을 초월하고 쉽게 현지에 맞춰 모듈화하는 경향을 보인다. 국내 소셜웹 시장에서 트위터, 페이스북, 유튜브가 우리의 의식과 소통을 독점하게 된 것은 불과 몇 년 사이의 일이다. 플랫폼 의식 독점은 '네트워크 효과'에 정비례하는데, 이용자가 늘어날수록 생산되는 콘텐츠나 상호 교류로 인한 정보의 누적이나 트래픽 주목도가 기하급수적으로 증대하기 때문이다. 보통 전통의 문화자본은 언어·문화·인종이나 국가 사이의 지리적 경계나 장벽으로 인해 문화제국주의나 글로벌 영향력이 대개 한시성을 지닌다면, 플랫폼 장치에 실린 문화자본은 콘텐츠 수출 능력뿐만 아니라 모국의 플랫폼 비즈니스 모델 전체를 복제해 다른 영토에 착근시키는 능력이 더욱 탁월하다.

플랫폼 자본은 해당 수출국에 일종의 플랫폼 모듈을 패키지로 만들어 수출하면서 토착화를 빠르고 쉽게 이룬다. 게다가 특정 플랫폼에 이용자 주목과 의식이 고정되는 경로의존성까지 만들어내기 때문에 국경을 넘어서도 꽤 질긴 성향을 갖고있다. 가령, 네이버와 카카오 등 웹툰 플랫폼의 글로벌 운동과 진출 방식은 이런 특성을 잘 방증한다. 웹툰 플랫폼은 일본, 중국, 미국 등지에 K-컨텐츠를 국제 수출하는 데 머무는 것이 아니라, 그들 고유의 플랫폼 모델을 아시아, 북미 등 글로벌 시장에 이식하는 경향이 크다. 웹툰 플랫폼 패키지 수출은 K-플랫폼 노동문화에서 특히 두드러진다. 이를테면, 노동문화의 수출은 대개 국내에서 통용되던 스타-프로-예비-아마추어-일반 웹툰 문화노동자로 이어지는 계층 사다리 등용문과 흡사한 플랫폼 노동 모델을 해외 현지 사정에 맞춰 곧바로 이식한다. 즉 해당국 플랫폼에서도 똑같이 스타급 노동 작가군을 모집하면서 동시에 후보 혹은 아마추어 작가의 인력 풀을 문화노동의 예비 상비군으로 모집한다. 더불어 웹툰 소비자가 직접 즐거이 수행하는 댓글과 번역 등 자발적 참여 활동까지도 플랫폼 노동 장치로 포획한다. 이와 같은 K-플랫폼 노동문화는 해당국 특성에 맞춰 마치 모듈처럼 제작되면서 해당 지역 이용자의 창의력과 데이터 활동을 조직적으로 포획하는 데 복무한다.

네 번째, 플랫폼은 기술 조직과 설계에 있어 탄력성과 개방성을 장점으로 삼기에 외부에 흩어진 노동과 자원을 쉽게 이윤의 원천으로 끌어들일 수 있다. 예를 들어, 소셜 플랫폼은 오늘날 웹 양식의 일반적 기술 모델이 되었는데, 무엇보다 이는 애플리케이션 프로그래밍 인터페이스API 기술 덕이다. API는 정부나 특정 기업의 내부 데이터베이스 데이터 흐름의 일부 혹은 거의 대부분에 대한 접근을 제3자the third party(주로 부가 앱 플랫폼 사업자나 일반 시민 개발자)가 요청할 시에 허용하는 개방형 인터페이스를 지칭한다. 플랫폼들에게 API 네트워크가 가지는 효과는 대단히 크다. 왜냐하면 거대 플랫폼의 데이터 자원 서비스에 매달린 이들이 늘수록 빅테크 중심의 네트워크 외부효과를 키울 수 있기 때문이다. 빅테크 플랫폼 데이터의 부분적인 외부 개방은, 더욱더 그 '플랫폼을 위해 준비된'platform ready(빅)데이터, 연계 응용 앱 사업자, 연동 프로그램 공급업자, 일반충성 이용자 등으로 구성된 시장 생태계를 활성화한다.[10] 이는 오늘날 영세 사업자들이 소수의 플랫폼 빅테크에 종속되어 있는 까닭이기도 하다.

이제까지의 플랫폼 논의를 정리해보자. 플랫폼 자체의 기본 요소로서, 인간의 모든 활동과 자원이 표준화된 '(빅)데이터' 혹은 신체 활동이 데이터 추상노동으로 전환된 '가분체', 데이터를 자동 분석하고 계측하고 저장하는 인공지능 '알고리즘' 기술과 '데이터 뱅크', 데이터 노동과 자원 중개의 가상 데이터 공장인 '플랫폼' 그 자체, 그리고 플랫폼 운영 전체를 관장하고 통제하는 '브로커'가 존재한다는 점을 확인했다. 이들 각 기술 요소가 하나로 합쳐져 통합돼 자본주의 가치 증식을 위한 질적 도약물이 되는 '개체화'individuation 단계에 이를 때, 우리는 이를 '플랫폼 장치'라 부를 수 있다. 플랫폼 장치는 거의 모든 물질·비물질 자원과 노동을 다면적으로 배치하고 효율적으로 매개하면서 자본주의 시장의 구심점이 된다. '플랫폼자본주의'는 이 복수의 플랫폼 장치를 주축으로 다중의 일반지성과 자발적 참여를 사적으로 포획하는 신생 자본주의 질서라 할 수 있다.

다른 무엇보다 데이터(뱅크), 알고리즘, 인공지능, API 개방형 플랫폼 조직은 이제껏 물질재 생산에 기초한 산업 자본주의 생산양식이나 공식과는 상당히 다른 동시대 자본의 기술적 구

---

10. Anne Helmond, "The Platformization of the Web", *Social Media & Society*, vol. 1, no. 2, 2015, pp. 1~11.

성 요소라 할 수 있다. 이는 플랫폼을 자본운동의 보편적 실체로 부양하는 세련된 무기이자 장치로 기능한다.

플랫폼자본주의와 신생 인클로저

플랫폼 장치가 효율과 편리를 가장하고 있지만 사실상 인간 산노동의 지위를 더욱더 나락에 빠뜨리고 있다. 거의 대부분의 인간 활동과 자원을 자본의 가치 실현을 위한 재물로 삼으면서 인클로저를 가속화한다는 점에서 문제의 심각성은 크다. 이제 플랫폼자본주의에 대한 비판적 지점들을 좀 더 드러내고 짚어봐야 할 대목이다. 우선 플랫폼자본주의는 알고리즘이라는 지능 자동화 기계를 기업 이윤을 위해서 기업 내부에는 물론이고, 사회 조직 안팎에도 함께 배치함으로써 점점 '사회적인 것'the social을 오염시키고 있다. 여기서 '사회적인 것'이 개별 주체를 넘어서서 타자들과 함께 논쟁과 숙의 과정을 통해 공존하며 풀어가야 할 관심사나 의제라고 본다면, 현대 사회가 극도로 '소프트웨어화'softwarization되면서 문제가 발생한다.[11]

이미 산업화 기계 시대나 그 이전에도 인류 문명은 현실의 관습이나 특정 규칙·기능을 기계장치에 이전하고 위임하는 일을 계속해왔다. 하지만 데이터사회 국면의 '소프트웨어화'는 인

---

11. David M. Berry, *Critical Theory and the Digital* (Bloomsbury, 2014).

간의 대중지성과 사회 논쟁의 과정, 특히 좀 더 복잡한 가치 판단과 사회적 협의가 요구되는 사안까지도 이전보다 훨씬 쉽게 인공지능 코딩 기계에 이관하거나 위임한다는 점에서 문제를 안고 있다.

아주 간단한 예를 들어보자. 이미 우리는 구글이나 네이버 교통지도가 실시간으로 도로 교통 상황을 운전자에게 알려주는 현실 속에 산다. 이제 교통 예측 알고리즘의 빠른 경로 추천에 대한 영리한 제안을 무시하고 운전자 멋대로 행선지를 선택하는 일이 심리적으로 점점 어려워지고 있다. 더욱이 상업적 알고리즘의 기계적 판단이 우리의 일상을 좌우한다. 알고리즘이 우리의 흔한 심리적 판단이나 직관에서 보편적인 결정 기제가 될 공산이 커지고 있다. 사회의 중요한 의견 교류나 갈등 상황에서도 물리적으로 지난한 조정 과정이 점차 불필요해지고 쉽고 빠른 알고리즘 판단에 의탁하게 될 공산이 크다. 플랫폼 문화가 사회 보편의 질서로 등극하면, 사회 갈등 조정이나 숙의 과정을 더욱더 지능 기계에 위임하면서 합의 과정을 포기하거나 생략하는 '자동화 사회'automatic society로 급격히 전환될 수 있다. 이는 스티글레르가 이미 예견했던 일이기도 하다.[12] 코로나19 충격 이후 비대면 상황이 강조되는 현실에서는 우리의 판단과 결정을 물리적 조정 과정보다는 플랫폼 알고리즘 기계가

---

12. Bernard Stiegler, *Automatic Society*, vol. 1 (Cambridge, UK: Polity, 2015).

대신하고 닷컴의 '소셜'미디어가 관계 소통의 주요 창구가 되면서 실상 '사회적인 것'의 존재 의미가 미약해질 수밖에 없다.

플랫폼 알고리즘은 '사회적인 것'을 의도적으로 오염시키거나 특정의 편견을 갖고 전산 통계를 빌려 잘못된 현실 재현을 보여줌으로써, 시민 다중의 판단을 오도하고 사안의 진실에 대한 접근이나 소통을 더 어렵게 만들고 있다. 알고리즘 자동화는 그 치밀하고 정확한 산술 통계와 예측만큼이나 진짜 같은 가짜 혹은 가짜 같은 진짜 세상의 혼돈된 구상을 아주 매끄럽게 구성하면서, 현대인의 성찰과 판단 자체를 유보시키거나 사회 편견을 투명한 듯 보이게 하는 연막을 피운다. 가령, 네이버 뉴스 기사 배치의 랭킹 알고리즘의 인위적인 조작이라는 사안은, 알고리즘 자동기계의 투명성과 객관성의 과학이 플랫폼 관리자의 필요에 의해 언제든 오염될 수 있다는 점을 우리에게 상기시켰다. 오늘날 플랫폼 자동화 기제의 핵심인 인공지능 알고리즘 기술은 마치 오류 없는 객관성을 상징하는 듯하지만, 인간 사회의 편견을 자동 학습한 지능체이거나 사회를 통제하는 자의 의지를 지속적으로 반영할 수밖에 없다. 플랫폼자본주의는 사회적 숙의 과정을 자동 처리해 생략하고, 가짜뉴스 등 주조된 데이터 표상에 흔들리며 자동 알고리즘으로 연결된 극단의 정치 '부족주의'tribalism를 후원하고, 또래 취향과 감정 교류에 집중해 웅크린 일벌 무리의 시끄러운 윙윙거림만을 더 키운다. 즉 타자와의 호혜 감각과 타자와 연결된 '사회적인 것'이 희미해

지는 가상세계의 모습이 일반화한다.

두 번째, 플랫폼 자본주의는 데이터 소외와 가분체의 가치 전유와 포획을 안정적으로 이끄는 데 정치·제도·법률·기술·미디어·사회·문화 등 제반 환경을 동원한다. 플랫폼 가치 추출은, 이에 참여하는 이용자와 자원을 어떻게 효과적으로 연결하고 그 속에서 자발적으로 그리고 공동으로 일궈낸 다중의 데이터를 다면적으로 흐르게 하면서 이를 포획해 브로커 자신의 이익으로 회로화하는가에 달려 있다.[13] 특히 '소셜' 플랫폼 장치는 이용자의 데이터 활동을 '의식산업'consciousness industry의 필수 자원으로 보고 이를 포획하는 것을 주된 동력으로 삼는다.[14] 이곳에서는 개별 생체정보, 생각, 감정, 정서, 정동, 비언어적 상징, 상업 이미지와 콘텐츠 등이 플랫폼에 각인되고 그 결과 플랫폼은 온갖 데이터로 넘쳐흐른다. 소셜웹 데이터에는 복제와 창작·제작 과정을 통해 만들어진 완성품 형태의 상업 콘텐츠에서부터 다양한 감정과 정서, 창의적 활동의 콘텐츠 등 정제되지 않은 데이터 자원이 뒤섞여 있다. 스마트폰, 스마트워치, 태블릿 피시 등이 오늘날 대표적 데이터 수집 센서라면, '클라우딩' 기술이 이들을 통합해주는 연결고리가 되고 있다.[15] 데이터 수

13. Paul Langley, and Andrew Leyshon, "Platform capitalism", *Finance and Society*, vol. 3, no. 1, 2017, pp. 1~21.

14. Hans. M. Enzensberger, *The Consciousness Industry* (Continuum Books, 1974).

15. Bruce Schneier, *Data and Goliath* (W. W. Norton & Company, 2015).

집 센서로 수집된 가분체는 알고리즘 장치를 통해 분석되는데, 이 가치 공정에서 '데이터 소외'data alienation가 발생한다. 데이터 소외는 각자의 생체 정보와 데이터 활동이 가상의 플랫폼 클라우드로 흡수되고, 추출된 가분체에 대한 '데이터 주권'이 소멸하는 상황에서 발생한다. 플랫폼에서는 감정 상태, 소극적 '눈팅', 동선과 위치정보 등은 물론이고, 쓰고 찍고 '뽀샵'하고 편집하고 갈무리하고 이용자 자신이 적극적으로 생산해 올린 데이터나 정보의 콘텐츠 데이터 창작까지도 플랫폼 브로커가 대행하고 전유하는 경우가 흔하다. 거의 모든 신체 데이터(가분체)와 자원이 자본의 가치화 기제로 포획되는 것이다.

브로커는 마치 중세 봉건 영주처럼 시민 다중을 보호하고 각종 서비스를 제공해준다는 명목하에 우리의 데이터 활동을 소출所出해 저 멀리 알 수 없는 클라우드 속 데이터 은행으로 가져간다. 개인 이용자가 지닌 권리이자 책임은 고작 플랫폼 경작지 점유와 소작 지대를 꼬박꼬박 내는 일이다. 이는 앞서 봤던 양봉업자와 꿀벌의 비유와 흡사하다. 플랫폼 장치에서는 가분체 데이터에 대한 실제 통제권이 이미 브로커에게 넘어가 있다. 봉건 영주–소작농 혹은 양봉꾼–꿀벌과 유사한 브로커–이용자 관계는, 신기하게도 자발적이고 반강제적인 관계로 이뤄진다. 최신 스마트 기기를 개인 돈으로 구입하고 플랫폼 앱 계정에 가입해 데이터 활동을 즐거이 행하는 이용자의 데이터 활동 또한 자발성의 소산이다. 이는 소작농의 밭일, 꿀벌의 화분 활동과 유사한 자발성이다. 플랫폼 장치에서 매번 데이터 주권 혹은 통제권의 상실로 이용자는 주로 불안과 박탈을 느끼지만, 어느새 스스로가 다른 이용자와 무엇인가 함께 참여하고 즐기고 목적한 바를 이루고 있다는 심리적 보상감에 의해 쉽게 망각의 늪에 빠진다. 이렇게 이용자가 플랫폼에서 발산하는 일상의 정서(비)언어가 쌓이고 자신만의 또 다른 알고리즘 맞춤형 콘텐츠와 이야기 타래를 생산하고 '소셜'하게 소통을 주고받으면서, 플랫폼 매개 환경은 이용자를 대단히 주기적이고 규칙적이고 습관적으로 끌어들이는 심리 유인책을 갖는다. 예컨대, 구글·유튜브 등 사적 플랫폼은 재미, 참여, 보상, 명예 등에 의해 움직이는 다이어그램 장치를 마련해 이용자를 유인한다. 구체적으로, 이들은 창의적 활동 결과에 대해, 조회수·선호·평판·리뷰·평점·좋아요 등 정동 측정의 표준 장치를 마련하고 이로부터 '소셜' 랭킹을 매기고 온라인 명성을 지닌 스타급 인플루언서에게 직접적인 금전 포상을 행하거나 또래 이용자에게 '추천'과 '별풍선' 등 선행을 유도한다. 플랫폼은 이용자의 내적 동기와 참여를 독려하고 중개하면서 누리꾼 다중의 광범위한 '부불 노동'을, 그리고 아주 일부분이지만 보상노동을 혼합해 의식산업의 의미와 범위를 확장하려 한다.

이용자 대부분은 고용계약 관계에 있지 않으며 누가 억지로 시키지 않는데도 불구하고, 플랫폼에서 꽤 습관적으로 조회수와 주목도를 높이기 위해 데이터와 콘텐츠를 끊임없이 생산하면서 스스로 알고리즘 가치 공정의 제물이 되는 길을 택한다. 때로는 플랫폼 자본이 데이터 소외와 정보인권 침해 소지로 인해 시민 다중의 저항에 직면하기도 한다. 대체로 플랫폼 자본의 방어 논리는 데이터 소외와 침해 과정을 성장과 혁신의 대의로 덮거나, 기술적으로 이를 일으키는 핵심 알고리즘이 기업 영업 비밀임을 강조하며 기술 공개를 회피한다.

세 번째, 플랫폼자본주의는 가상과 현실 세계의 거의 모든 인간 활동을 표준 데이터로 치환하려는 기계의 폭력성만큼이나, 자본의 시장 저항적인 외곽에 머물던 거의 모든 다중 자율의 문화와 자원을 자신의 내부로 무차별적으로 끌어들이는 유인력과 흡입력을 발휘한다. 마치 현대 화폐가 모든 것의 추상적 등가물로 등장해 거의 대부분을 자본주의 시장 내부로 끌어들이는 것처럼, 플랫폼은 시장 논리로부터 면역되거나 탈각되었다고 여겨져 이제껏 이와 무관해 보였던 것까지도 데이터 용광로 안으로 우격다짐해 넣는다. 플랫폼 참여자의 (비)물질 활동과 시장 자원을 가치화해 포획하는 일은 물론이고, 다중 공통의 호혜적인 전통조차 무차별적으로 흡착하려 한다. 물리에-부탕은 자본주의 외부 자원과 노동의 유인과 배치가 '긍정적인 외부 효과의 포획'capturing positive externalities에 해당한다고 본다.[16] 즉 플랫폼자본주의는 전통적인 생산 과정뿐만 아니라 외부의 노

16. Yann Moulier-Boutang, *Cognitive Capitalism* (Polity, 2011), p. 53.

동과 유·무형 자원을 디지털 플랫폼 장치를 매개 삼아 내부 가
치화 기제로 적극적으로 끌어들이는 '포괄적인'inclusive 전략을
취한다.[17] 예컨대, 누리꾼 문화의 특징들, 인용, 트랙백, 혼성모
방, 변용, 샘플링, 콜라주의 디지털 자유 문화가 불과 얼마 전까
지만 해도 창작자의 권리를 침해하는 '불법'과 '해적'으로 낙인찍
혔으나, 플랫폼자본주의 단계에 이르면 플랫폼 장치의 활성화
를 돕는 '포괄적'이고 '긍정적'인 외부 자원으로 독려된다. 플랫
폼 안에서 자주 일어나는 디지털 복제와 자유 문화는 이용자
대중의 데이터 활동을 추동하는 한 크게 억제받지 않는다. 오히
려 플랫폼의 전체 콘텐츠 자원을 증대하고 '주목'을 끌 수 있다
면 저작권 위반이나 매우 자극적인 소재조차 묵인되거나 장려
되기도 한다.

플랫폼 장치의 기능은, 가상계의 비물질 노동, 문화, 지식,
데이터 자원을 효율적으로 흡수하는 것은 물론이고 현실계의
물질 자원을 디지털 플랫폼 앱에 연계해 적정 배치하는 것까지
포괄한다. 그러다 보니 플랫폼은 현실계 물리적 자원의 관계적
위상이나 실물 가치, 심지어 인간 내면의 심리적 속성까지도 플
랫폼에 의존하는 방식으로 바꿔나간다. 이를테면 구글맵이나
카카오맵에서 상점과 식당에, 혹은 옐프의 맛집에, 혹은 트립어

---

17. Hamid R. Ekbia & Bonnie Nardi, *Heteromation, and Other Stories of Computing and Capitalism* (MIT Press, 2017), pp. 54~5.

드바이저와 야놀자의 호텔에 이용자가 매긴 별점과 추천으로 구성되는 온라인 평점은 가히 절대적인 위력을 발휘한다. 그것은 물질계의 흔한 시장 우위나 소문만큼이나 혹은 그 이상의 주목 효과를 발휘한다. 플랫폼 앱의 매칭·추천·패턴·계열체·가중치 등이 중요해지면서, 물질계에서도 이에 따라 자원에 대한 실물 가치와 평가가 달라진다. 디지털에 매긴 우리의 별점이 물리적 현실에 흘러내리며 실물 자산에 거꾸로 영향을 미치는 형세다. 더불어 가상 플랫폼의 유인력이 과도하게 작용하면 현실에서까지 가상의 플랫폼 문화를 닮은꼴로 복제하려는 경향 또한 키운다. 아마존을 보자. 이들은 인터넷 서점으로 성공하면서 '긴꼬리long-tail 법칙', 즉 주목도가 낮은 자원의 성공적인 유통과 물류 과학의 새로운 역사를 쓴 데 이어서, 최근에는 대도시를 중심으로 오프라인 서점들을 개점해 온라인 서가를 그대로 모사해 옮겨놓고 있다. 그들은 인터넷 서점의 성공 요인 대부분을 현실로 재배치해 옮겨놓았다. 독자 평판, 알고리즘 추천, 유관 검색 도서 등의 온라인 플랫폼 기제를 현실 책방 서가의 배열에 끌어들였다. 이는 일반 대형서점이 장르별 혹은 판매 순위로 랭킹을 매겨 서가를 큐레이팅하는 구래의 방식과는 확연히 다른 구조다. 현실계 논리에까지 미치는 빅테크 플랫폼 자본의 역류 효과다. 이러한 흐름은 플랫폼 문화가 가상계의 지배 정서가 될수록 현실계의 사회·문화 구성이나 배치 또한 이와 빼닮는 경향을 보여준다.

네 번째, 플랫폼자본주의는 이데올로기적으로 그리고 현실적으로 '공유경제'의 주요 덕목과 운동 방식을 일반화된 조직 원리로 삼는다. 오늘날 플랫폼 자본주의 기획은 '디지털 자유주의' 덕목들의 흡수를 통한 조직 유연화 방식과 밀접히 연결되어 있다. 과잉 생산, 사적 소유, 불안정 고용이라는 전통적 자본주의의 논리에 더해, 신자유주의 질서는 중개·효율·개방·프리랜싱 등 세련된 시장 합리화의 덕목을 끌어들인다. 한때 네트의 슬로건이기도 했던 공유·협업·자발성·평판·명예 등 디지털 자유주의의 가치는 이제 '공유경제'라는 새로운 형태의 실리콘밸리 닷컴 이데올로기로 변형되어 안착했다. 가치 실현 측면에서 공유경제는 아직 플랫폼자본주의의 극히 일부분을 맡고 있지만, 플랫폼 담론 질서를 축조하는 명분을 제공한다. 플랫폼의 당위나 혁신의 연금술은 공유경제론의 연막과 함께 작동해왔다. 실제 자원 중개경제 정도로 취급되는 것이 맞는 '공유경제'의 허상이 무엇인지에 대한 논의는 일단 여기서 멈추고, 이 책의 4장 '도시 커먼즈' 논의에서 좀 더 집중해 살피기로 하겠다.

이어서 플랫폼자본주의의 다섯 번째 특징을 살펴보자. 플랫폼 장치는 일상의 다중 참여자가 수행하는 물질·비물질 '활동'을 무임의 대가 없는 혹은 최소 보상 수준에서 '노동'으로 흡수하는 동시에, 노동의 가치 또한 지속적으로 파편화하고 가치 절하한다.[18] 플랫폼 안에서 모두가 평등한 '만인 프리랜서'라는 자유노동의 공식은 신화일 뿐, 사실상 또 다른 신자유주의 노동

유연화라고 볼 수 있다. 겉보기에 플랫폼에서 직접적인 노동통제란 존재하지 않고 각자 자유롭게 노동하며 그에 응당한 보상을 제공하고 받는 듯 보인다. 하지만 데이터 이용자와 노동 제공자는 유·무형의 노동·시간·자산·지식을 플랫폼에 위탁하면서도 플랫폼 이익의 정당한 보상을 받기는커녕 브로커의 이윤 독식 논리에 몸과 마음이 압도되고 예속된다.

플랫폼 노동 현실은 자유 프리랜서 노동 이데올로기의 최면을 깨우는 각성제다. 그만큼 오늘날 플랫폼 노동 상황은 생각보다 암울하다. 아마존 인력시장 플랫폼 미케니컬 터크Mechanical Turk(엠터크)를 보라. 엠터크라 불리는 이 아마존 크라우드워크crowdwork 플랫폼은 프리랜서 노동자를 흡수해 의뢰인들에게 중개하는 온라인 인력시장 역할을 한다. 엠터크는 일손이 필요한 의뢰인이 원하는 다양한 업무를 플랫폼에 등록하면 구직자가 엠터크 플랫폼에 분·시간 단위로 쪼개진 건당 단기 일자리를 얻는 수요 기반 온라인 노동시장이다. 하루에 45만 개 정도의 일거리가 게시글에 오르고, 인간 노동이 분 단위로 분절되어 1센트 단위 교환가치를 시작으로 산노동이 팔리고 거래된다. 아마존은 엠터크에서 거래되는 노동의 형태를 공식적으로 '인

---

18. 예를 들어, Nick Srnicek, *Platform Capitalism* (Polity, 2017) [닉 서르닉, 『플랫폼 자본주의』, 심성보 옮김, 킹콩북, 2020]; Trebor Scholz, *Uberworked and Underpaid* (Polity, 2017); Trebor Scholz, (ed.), *Digital Labor* (Routledge, 2013) 참고.

간지능업무'HITs라 포장해 말한다. 하지만 엠터크를 통해 크라우드워커는 마케팅 조사, 이미지 태깅 및 분류 등의 이미지 레이블링 작업, 데이터베이스 구축 작업, 온라인 상품 게시 내용 점검, 온라인 고객 응대 등 첨단 신기술에 복무하는 단순 반복의 저임금 노동을 주로 한다. 우울한 SF영화의 한 대목을 연상케 하는 플랫폼 노동 설계는 이렇게 이용자 혹은 노동자의 신분을 파편화하고 그/그녀의 노동시간을 최소 분 단위까지 쪼개어 최소 노동비용으로 거래가 가능하도록 알고리즘 자동화한다. 플랫폼 노동 계약, 절차 및 공정은 대체로 브로커의 책임과 연계돼 있지만, 실제로 플랫폼 노동을 제공하는 이의 노동 외 시간과 비용으로 주로 전가된다. 예컨대 플랫폼 노동 시작 전 가입 신청, 등록, 주문, 배송 넣기, 배달 확인, 피드백, 평가 작성 등은 플랫폼 크라우드워커의 노동 시간 외 추가 일거리가 된다.

엠터크와 같은 인력 시장 플랫폼에 매달린 크라우드워커는 살아있는 사람으로 관리되기보다는 개별 특성이 사라진 아이디로 보통 식별된다. 배당된 업무는 비숙련의 일인 경우가 많다. 그래서 유사 과업을 하려는 노동자들이 늘 대기 상태다. 누군가의 노동은 다른 누군가에 의해 언제든 쉽게 대체 가능하다. 그러다 보니 보수는 대체로 최저 임금이거나 그보다 낮은 수준에서 지급된다. 많은 경우 일의 실시간 수행 과정이 데이터 기록으로 남고 알고리즘으로 통제된다. 일은 자유롭지만 경력 개발 기회와는 단절된 일거리인 경우가 흔하다. 누가 노동을 내게 제공했는지 알기 어렵고 굳이 알 필요가 없는 구조적 특징을 갖고 있다. 특히 크라우드워커의 일은 자주 국경을 넘어 저임금의 시간당 산출물이 좋은 누군가에게 맡겨진다. 장점도 있다. 각자가 독립된 시공간의 효율성 속에서 일감을 수행할 수 있는 자유를 누린다. 각자는 서로를 대면할 필요 없이 분절된 상태에서 업무가 이뤄진다.

플랫폼 자동화와 지능화는 주로 인간의 활동과 노동시간을 이렇게 파편화하고 데이터 생산 공정을 효과적으로 통제할 뿐만 아니라 발생할 수 있는 추가 비용을 플랫폼 참여 노동자에게 자연스레 전가하는 것으로 기능한다. 플랫폼은 이용자의 데이터 활동과 노동자의 노동 수행을 더 촘촘히 관리하고 예측하기 위한 유연화 전략으로서 소셜봇, 추천엔진, 자동 소프트웨어, 업무 배당과 평가 알고리즘 등을 적절히 배합한다. 산노동을 지능로봇으로 대체하는 것보다 노동통제에 뛰어난 플랫폼 장치를 산노동에 보완적으로 결합할 가능성이 커지는 것이다.[19] 따라서 인공지능 자동화 알고리즘에 의한 '노동의 종말'이라는 성급한 전망은 유보할 필요가 있다. 인공지능 자동화가 인간의 일을 대체하는 동시에, 그 일을 저렴하고 단순 반복적인 노동으로 만들어 노동의 불안정성을 가져올 것이라는 예측이

---

19. Robert W. Gehl & Maria Bakardjieva (eds.), *Socialbots and Their Friends* (Routledge, 2017).

현실적이다. 오늘날 플랫폼에 매달린 긱 노동의 양산에서 보듯, 미래에는 '기술 실업'과 대량 해고보다는 매우 척박한 불안정 노동 즉 '고용 없는 일자리'가 증식할 것이다.

플랫폼의 내적 동학에 의한 위태로운 노동의 증가뿐만 아니라, 유사 업종 사이의 플랫폼 경쟁이나 신생 플랫폼 인력 대행업체의 시장 진입에도 프리랜서 노동환경은 급속히 경색한다. 자본주의 불경기와 코로나19로 인해 이미 과포화 상태가 된 플랫폼 노동시장과 이윤 수취 구도에 새로운 브로커가 들어와 경쟁을 확대하면 플랫폼에 연계된 노동자의 지위가 악화될 것은 불을 보듯 뻔하다. 플랫폼 노동이 개별 사업자 지위로 수행되면서 프리랜서 사업자 스스로 거의 모든 업무상 과실이나 비용 발생에 대한 부담을 지게 되는 구조도 고용 악화를 부채질한다.

마지막으로, 플랫폼 장치는 새로운 자본주의 시장 기제이기도 하지만, 사회와 문화의 풍광을 크게 바꿔내고 있기도 하다. 구글, 페이스북, 네이버 등 빅테크 플랫폼은 일상적으로 다중의 사회 판단과 타인과의 소통을 특정의 방식으로 회로화하는 장치로 기능하고 있다. 플랫폼 알고리즘은 이미 플랫폼에서 생성되는 데이터와 가분체를 처리하는 자동화 기계를 넘어서 플랫폼 영향력을 현실 사회 구조로 확장하는 '사회적 대리자'social agent 구실을 한다.[20] 플랫폼의 논리가 일종의 시장 설계일 뿐만 아니라 사회 구조와 관계 구성의 주요 기제로 떠오르는 것이다. 플랫폼의 존재 근거인 알고리즘은 겉보기에 단순히 기술 정밀도나 데이터 공정 자동화를 다루지만, 실제로는 새로운 경제 불평등의 기제를 일상 안에 기입하고 현실 사회의 모순과 병리를 조성하는 능력을 지닌다. 플랫폼에 쉽게 의존하는 시민의 사회적 감각은 기업 알고리즘에 의해 통제되고 그것의 조절과 배치에 따라 사회 정서가 쉽게 일렁이게 된다. 테라노바는, 빅테크의 플랫폼 자동화 기술에 의한 사회의 질적 변화를 '테크노소셜'technosocial 개념을 통해 이와 유사하게 설명해내고 있다. 그가 말하는 '테크노소셜' 국면이 되면, "사회적인 것이 직접적으로 (디지털) 코드화되고, 디지털 커뮤니케이션 기술에 의해 재귀적으로 재구성되고 변형"된다.[21] 한마디로 플랫폼 알고리즘 경제 논리가 사회까지 뒤덮으면서 우리 사회 현실 전체가 빅테크의 지능형 기술 네트워크 질서에 의해 재구축된다는 이야기다. 플랫폼 권력은 시장의 논리 위에 서 있으나 그 지반을 넘어서 이미 사회 저변으로 더 멀리 확장한다. 플랫폼 질서 아래에서 '사회적인 것'은 '소셜'미디어적인 것으로 대체된다.

초창기 플랫폼 기술의 잠재적 가능성이 열려있던 시절에 소셜 플랫폼은 다중 저항의식이 부딪히고 흐르고 물결치는 테크

---

20. Elena Esposito, "Artificial Communication?", *Zeitschrift für Soziologie,* vol. 46, no. 4, 2017, pp. 249~65.

21. Tiziana Terranova, "The city is a technosocial medium", 〈2021 서울시립대 도시인문학연구소 제18회 국제학술대회〉, 2021년 5월, p. 42.

노 문화정치의 근원지이기도 했다. '아랍의 봄'에서처럼 트위터 등 '소셜' 플랫폼은 한 나라와 한 사회의 정치를 바꾸고 체제 혁명의 동학에 중요한 소통의 매개체였다. 다중의 정동을 실어 나르는 플랫폼은 사회적으로 억눌리고 배제된 이들을 모으고 그들의 목소리를 들리게 하는 기술 문화정치 역능을 발휘했다. 물론 정반대의 경향이 오늘 플랫폼의 사회적 역할과 관련한 회의론을 증폭시킨다. 예컨대, 미국 대선 판도를 바꾸기 위해 러시아가 페이스북 뉴스피드에 조직적으로 개입했던 의혹, 국내 선거 시기 댓글 알바 부대 동원 가짜뉴스 제조 사건 등은 플랫폼이 대중 여론 호도의 장이기도 하다는 점을 크게 일깨웠다. 무엇보다 '메타버스'metaverse와 가상화폐를 동원한 플랫폼의 사유화된 시장 질서의 확장 플랜, 그리고 기술권력의 논리와 배치가 조밀해지고 구체적이 되어간다는 점도 우려할 만하다. 향후 사적 기업의 플랫폼을 통해서 시민 다중이 무언가 데이터 문화정치 역능을 발휘하기에는 점점 척박한 토양이 될 공산이 크다. 장기적으로 사적 플랫폼 내에서 담론과 재현의 문화정치를 반복하기보다는 이들 영향력 바깥에서 어떤 호혜의 대안 플랫폼을 구상할 수 있는지에 대해 역발상을 할 때다.

플랫폼 시대 커먼즈의 구상

플랫폼 지대를 통한 비정규 단기 노동과 창의적 다중의 유·

무형 자원에 대한 수탈은 꽤 심각한 수준에 도달해 있다. 신생 플랫폼 질서는 전통적으로 노동력 착취에 의존하는 생산관계와 공장 자동화를 넘어서는, 사회적 차원의 지능 공장 체제 구상에 가깝다. 우리의 경우 플랫폼 질서의 퇴행성이 더욱 두드러진다. 열악한 플랫폼 노동 조건과 플랫폼 문화의 과열이 두드러진 것도 이를 일부 설명한다. 가령, 플랫폼을 통한 창작노동의 대규모 흡수 및 계급 사다리 격차 심화, 위태로운 플랫폼 배달 노동과 다발성 산업재해, 플랫폼 수수료 독과점 및 자영업자 수탈 문제, 플랫폼 앱 개발 폭증 및 옥상옥 지대 수탈 구조 등 사회 문제가 부상하고 있다. 사회적으로 한껏 부풀려진 '4차 산업 혁명'과 '디지털 뉴딜' 등 기술 정책의 세련된 논의에 비해서, 실제 그 중심에 있는 플랫폼 자본의 사회적 착근 방식은 크게 퇴행적인 모습을 보이고 있다. 적어도 우리에게 플랫폼자본주의는 플랫폼과 알고리즘 장치를 경유해 노동과 고용관계를 피폐화(고용 노동자에서 독립 프리랜서 계약자로)하고, 자본주의 생산 공정의 외연을 사회로 확장(이용자 데이터 활동과 노동의 다면적 가치 흡수)하며, 유통과 물류 혁신(시장 안팎 유·무형 자원의 흡수와 효율적인 재배치)을 꾀하려는 퇴행적인 경향으로 파악된다.

20세기 말 디지털 혁명으로 번성한 복제와 공유 문화를 떠올려 보면 격세지감이다. 동시대 플랫폼 질서는 무한 복제, 비경합성, 한계비용 제로, 익명성 등 아이디어와 지식 공유의 디지털 전통과 크게 배치된다. 영원히 "자유롭고자 하는" 디지털 정보의 본성은, 인류의 잠재적 창작의 원천이 되고 복제와 공유를 독려하면서 디지털 '자유문화'를 확장하지 않았던가. 3부에서 자세히 논의하게 될 매시업, 리믹스, 샘플링, 콜라주 등 디지털 복제문화는 인류의 지적 창발성과 공유 문화를 크게 신장해왔다. 거기에다 인터넷의 패킷 스위칭 데이터 전송, 익명성의 소통 방식, 분산형 네트워킹 시스템, 자유-오픈소스 소프트웨어 철학, 중심 없는 피어(또래)간peer-to-peer 네트워킹 등 인터넷 혁신 기술은 이에 활력을 키우는 주요 동력이 됐다. 플랫폼 자본주의 국면에 이르러 이 모든 공유 자원의 풍요를 인간 해방의 징후로 단정하기 어렵게 됐다. 초창기 디지털 커먼즈의 호혜적 가치에 열광하고 희열을 느끼던 바로 그 지점을 오늘 데이터 권력의 플랫폼 장치가 대신하고 있다.

플랫폼자본주의에 대항해 공통의 가치를 모으고 대안을 고민할 필요가 있다. 그 저항은 비록 설익을 수도 있지만 다음과 같은 실천에서 시작될 수 있다. 먼저 정부와 기업의 과도한 대민 데이터 수집, 특히 무차별적인 국민 데이터 수집과 활용에 관한 불법 관행을 제한하는 시민사회의 요구와 감독이 필요하다. 데이터 기술이 감정, 표정, 생체 리듬 모두를 실시간으로 취합해 상업화하는 단계에 이르렀으나 국내 개인 데이터 보호 정책은 유명무실한 채 기업 활용론만이 우세하다. 비정상적인 정보인권 상황을 개선하기 위해서는 시민사회의 감독과 기업의 데이터 오·남용을 더욱더 엄격히 제한할 필요가 있다. 반대로 개개인이 데이터에 대한 자기 통제권을 부여한다는 명분 아래 데이터의 상업적 거래를 활성화하려는 '마이데이터'와 같은 데이터 산업 진흥 정책은, 결국 신체 데이터를 사고파는 개인 데이터 신용 브로커나 플랫폼까지 양산할 공산이 크다. 자기정보 결정권이 데이터 거래의 무조건적 자유를 의미하는 것은 아니어야 할 것이다.

수집된 데이터에 대한 오·남용을 막기 위해 다중 스스로 펼치는 문화정치 전술 또한 중요하다. 데이터 권력의 내밀한 '알고리즘의 작동'을 막으려는 데이터 간섭'algorithmically data jamming과 같은 적극적인 데이터 시민 저항이 필요하다. 알고리즘 저항의 목표는 우리를 이해하고 분류하려 들고 데이터로 쪼개어 분석하려는 알고리즘 자동 장치의 작동을 방해하거나 교란하는 실천과 전술을 개발하는 것이다.[22] 궁극적으로 이는 암흑상자 속에 거하는 억압의 데이터 알고리즘의 허상을 드러내는 '역설계'reverse engineering와 맥이 닿아있다. 역설계는 권력이 된 기술 설계와 다이어그램을 다중 주체의 의도에 맞도록 뜯어내어 재설계하는 기술 민주주의적 과정을 지칭한다. 이는 우리에게 그저 '읽기 문화'Read-Only Culture만을 강요하는 재산권 문화와 기술 시장논리를 우회하려는 '데이터 행동주의'data hacktivism를 추

---

22. 도멜, 『만물의 공식』, 292~3쪽.

동한다는 점에서 급진적이다.

플랫폼 권력이 훔쳐간 시민 데이터의 탈환과 이를 사회적으로 공유하는 방식인 '데이터 행동주의'(핵티비즘)의 전술 또한 향후 점차 중요해질 것이다. 데이터사회에서 기업이 축적하고 관리하는 시민 데이터의 사회 공통적 접근을 가능하게 만들기 위해서는, 데이터 행동주의와 같은 게릴라식 정보 공개와 내부자 폭로가 단기적으로는 효과적인 저항 기제라 할 수 있다. 가령, 위키리크스WikiLeaks는 25만 건이 넘는 미국 대사관 외교 문서를 온라인을 통해 전 세계에 폭로한 것으로 알려져 있다. 위키리크스는 미국 정부의 비밀 기록을 만천하에 공개하면서 권력의 은폐된 기록을 효과적으로 공유하는 하나의 방법을 우리에게 알려줬다. 글로벌 수준의 폭넓은 데이터 수집과 감시에 대항한 핵티비즘은, "사실상 공식적으로 인정된 정보공개 방법들에 대한 실제적인 대안이자 정보공개의 공식적인 방법이 존재하지 않는 기업 세계에서 정보공개를 확장하는 대안"[23]이라 할 수 있다. 데이터 독점과 장악에 대항한 아카이빙도 유사한 효과를 발휘한다. 가령, '스노우든 아카이브'snowdenarchive.cjfe.org는, 에드워드 스노우든Edward Snowden이 미국 정보보안국의 '프리즘'Prism 온라인 감시 기제를 폭로한 것과 관련해 뉴스, 통계, 인

---

23. Cassie Findlay, "people, records, and power", *Archives and Manuscripts*, vol.40, no.1, 2013, pp. 7~22.

터뷰, 보고서, 기밀문서 등 내부 문건을 아카이브로 만든 공개 사이트이다. '스노우든 아카이브'는 캐나다 기자, 대학, 시민단체의 공동 연대에 의해 만들어졌는데, 이는 글로벌 시민 다중이 언제든 권력의 기록에 접근해 검색하고 데이터를 이용할 수 있도록 만든 공통의 지식 커먼즈가 되었다.

데이터 권력은 대체로 개별 신체의 기록이 지니는 차이와 맥락을 삭제하는 데도 열심이다. 그 대신 집단 욕망과 소비에 관한 패턴 인식의 후기자본주의 경제학을 구축하려 한다. 우리가 이에 대항해 다르게 행해야 할 일은, 시민 개개인이 분출하는 정동의 데이터를 통해 시대 정서를 읽고 이들이 구성하는 협력과 연대의 가치를 주의 깊게 바라보는 것이다. 역사적 기록의 확장이라는 측면에서 '떼' 다중이 만들어내는 정동 데이터에 더욱 주목해야 한다. 예컨대, 강남역 여성혐오 살인사건, 지하철 구의역 청년노동자의 사망, 소셜미디어를 가로질렀던 미투#MeToo 운동은, 사회사적 사건을 둘러싼 중요한 정동의 흐름이다. 동시대 디지털 속성은 권력의 알고리즘 저인망에 걸려 박제화된 데이터 군집을 양산하기도 하지만, 시대정신을 담지한 무수한 다중의 역동 데이터를 생성하기도 한다. 사회적 감수성을 담지한 데이터 발화가 중요한 까닭은 공식화된 역사 작업이 방관할 수 있는 다중의 대항 기억과 공통의 데이터 기록을 구성한다는 데 있다. 역사·사회사적 기억의 은폐와 허구적 기록이 공적 현실을 잠식하는 때일수록 이 같은 사회적 감응의 '떼'

정동 데이터는 더욱 빛을 발한다. 결국 우리가 온라인 '떼' 다중 생성의 데이터를 유의미하게 이끌기 위해서는 플랫폼자본주의 국면에서 활개 치는 '죽은' 데이터의 알고리즘 장치로부터 자율의 다중 데이터 기억과 기록을 추려내서 공통의 '사회적인 것'으로 삼는 과정이 필요하다.

결국 자본에 의한 데이터 독과점을 차단하고 자율의 시민 다중이 만들어내는 데이터를 시민 자신의 것으로 공동자산화 혹은 사회화하는 '디지털 커먼즈'digital commons 운동이 활성화되어야 한다. 데이터에 관한 지식 재산 논리나 데이터 지대는 플랫폼 자본이 주도하는 '인클로저'의 논리이다. 시민 대안의 데이터 플랫폼을 구성하고 그들 스스로 데이터의 일반지성을 사회 공통의 자산으로 만들고 상호 증여가 가능한 공통재로 만드는 적극적 실천이 요구된다. 거대한 웹과 연결된 가분체 데이터가 자본주의 플랫폼 통제에 의해서 공통의 집합지성 혹은 사회적 공유재로 나아가지 못하고 플랫폼 임대인에게 독점적으로 사유화되는 것은 오늘날 플랫폼자본주의의 크나큰 모순 상황이라 아니할 수 없다. 다중의 데이터 생산과 활동에 대한 적절한 사회적 증여 방안을 마련해야 한다. 이어지는 2부는 '디지털 커먼즈'의 실제 위상을 살피고 이와 관련하여 좀 더 다른 대안을 모색하려는 다중 실천의 구상을 담고 있다.

이제 자본주의의 대안 프레임을 짜는 일은, 오늘날 플랫폼 자본주의와 기술지상주의를 추동하며 발생하는 우리 개별 신체의 인클로저를 막는 급박한 과업이 됐다. 과학기술의 무모한 성장과 발전 지상주의라는 욕망을 깨치고 공생의 지속가능한 발전의 틀에서 데이터사회를 재규정해야 한다. 플랫폼 권력이 지향하는 가치화 기제를 주목하고, 권력이 빠르게 흡수하고 선점해 가는 기술의 도구화와 모든 자원의 사유화에 적극적으로 대응해야 한다. 일상에서는 저항의 다층적 연결과 동시다발적인 진지전을 통해 데이터 권력에 균열을 일으켜야 한다. 권력이 쳐놓은 그물 하나하나에서 저항과 반대의 결절과 고리를 발견해야 한다. 궁극에는 희망과 가치를 실은 '저항되기'를 구상해야 한다. 데이터 수탈의 자본주의와 다른 삶의 지향을 세우고, '대안이 부재하다'there is no alternative;TINA는 역사적 패배의식을 벗어날 필요가 있다. 시민 다중이 기획하는 '공통적인 것'의 확장과 심화를 구상하는 쪽으로 나아가야 한다. 여기저기 흩어져 있지만 뾰족이 솟아난 저항의 송곳을 모아 다중 공통의 자산으로 삼고, 이로부터 새로운 희망의 정치학을 모색해야 할 것이다.

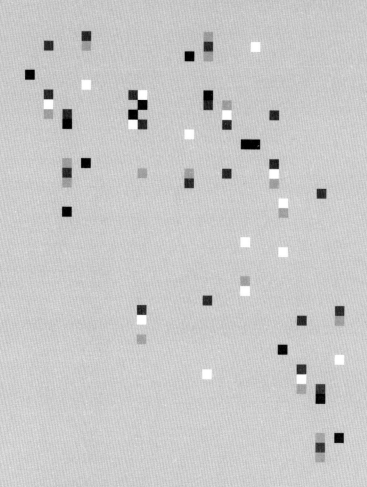

2부   디지털 커먼즈의 조건

3장

커먼즈, 다른 삶의 직조

오늘날 자본은 물질 형태의 부와 자원에 대한 배치뿐만 아니라 비물질 정보·지식 영역으로까지 내밀하게 그 영향력을 확장하고 있다. 물질계만 하더라도, 인공적으로 설계되고 잘 꾸며진 도시에 자본주의 지대地代 욕망은 늘 도사렸다. 대도시 속 재개발과 막개발, 도시재생, 환경 파괴, 슬럼화와 식민지화, 젠트리피케이션, 계획과 스펙터클의 도시 설계가 그것이다. 이렇게 탄생한 정제되고 구획된 대도시는 안전의 도시, 자본의 도시라 할 수 있다. 약자의 안전은 사라지고 불평등이 조장되는 공간 구상이다. 역사적으로도, 물질적 부로서 토지 등 자연자원을 사유화해 이로부터 독점적 이득을 취하거나 반영구적으로 이를 통제하려는 내·외부의 약탈자와 침입자는 늘 득시글거렸다. 반대로 비자본주의적 삶을 이끌거나 공통의 가치를 추구하던 다중의 경향이나 흐름은 무차별적 사유화 논리인 '인클로저'에 의해 철저히 무너져갔다.

물질계의 사유화 논리는, 디지털 국면이 열리면서 또 한 번 비물질 형태의 정보와 지식이라는 인류 공통의 부를 다시 '인클로저'하는 것으로 확대해갔다. 정보와 지식은 무한복제와 '한계 비용 제로'의 비경합 재화라는 특징을 지녔기에 이의 사유화 과정이 현실적으로 불가할 것이라는 예측과 달리, 현대 데이터 자본주의 권력은 '지식 재산권'(법)과 '코드'(기술)를 함께 동원해 가상 자산의 보호 지위를 강제하고 있다. 지식 재산권은 특허권, 상표권, 저작권 등으로 분화되고 권리자 중심 논리로 개정되고 촘촘해지면서 비물질 공통자원에 대한 재산권 강제를 수행하는 인클로저 장치가 되었다. 더구나 정보와 지식에 대한 재산권이 기술 코드라는 잠금장치와 함께 작동하면서, 인간 고유의 창제작 활동과 표현의 자유를 크게 위축시키고 있다.

'메타버스'는 가상의 디지털 사물들을 모두 실물 자산처럼 사고파는 미래 디지털 문화산업 시장으로 등장하고 있다. 자본주의의 지식 재산권이 새롭게 지식과 데이터를 사유화하는 강제의 법체계로 이미 굳건히 작동해왔음에도 불구하고, 메타버스 추종자들은 이도 부족해 디지털 사물에 화폐 가치를 매겨 분양하고 거래하려 한다. 가상의 복제물에 고유의 블록체인 암호 화폐 기술을 삽입해 마치 실물의 진본성authenticity을 지닌 것과 같은 '디지털 아우라'를 부활하고자 시도한다.

효율, 능률, 편리라는 기술주의 수사학을 등에 업고 유·무형의 자원을 (재)배치하는 '플랫폼' 장치가 중심이 된 동시대 자본주의 국면에서, 물질과 비물질 양계兩界 모두에 일대 전환이 일어나고 있다. 현실의 자원과 서비스를 중개하는 플랫폼 질서로 인해 물질과 비물질 '계' 사이의 상호 의존성이 점점 더 강력해지는 중이다. 우리는 비물질의 '디지털'digital 세계와 물질의 '물리적'physical 세계가 끊임없이 상호 연결되고 서로의 필요에 따라 상호 교직이 일어나 혼합되는 세계, '피지털'phygital계의 탄생을 마주하고 있다.[1] '피지털'은 우리의 육안으로는 잘 보이지 않으면서 실재와 가상이 혼재하는 혼합현실mixed reality과 흡사한데, 특히 디지털 플랫폼 기술에 의해 주로 중개된 물질계와 비물질계를 잇는 경계 지대라 할 수 있다. 서울 같은 대도시들이 전자 네트워크 인프라의 편재로 인해 피지털계가 왕성하게 형성되는 물리적 장소라 볼 수 있다. 현재까지 피지털계는 다중의 역동적인 전자 맥박과 의식의 정동 흐름보다는 구글, 페이스북, 인스타그램, 우버 등 주로 빅테크의 충동(코나투스)이 주도한다고 볼 수 있다. 이를테면, 메타버스라는 신흥 디지털 아바

---

1. 원래 '피지털'이라는 말은 온·오프라인 소비 경험 차이를 줄이려는 소위 브랜딩 마케팅 용어로 쓰였다. 이 글에서는 바우웬스의 용법을 빌려 비물질의 '디지털' 세계와 '물질' 세계가 부딪치는 교접 영역으로 일반화한다. Michel Bauwens, "The History and Evolution of the Commons", P2P Foundation blog, 2017년 9월 28일 입력, 2021년 8월 10일 접속, https://blog.p2pfoundation. net/the-history-and-evolution-of-the-commons/2017/09/28.

타 세계는 피지털계의 신자유주의 버전이라 할 수 있다. 피지털 국면에서는 플랫폼 논리가 물질계의 질서를 압도하면서 무형의 디지털은 물론이고 물질 자원과 서비스 대부분을 조정하고 통제하는 힘을 점차 얻어나가면서 물질계 위에 올라서는, 새로운 플랫폼자본주의 단계로 진입한다.

이 글은 물질계와 비물질계에 걸친 사유화의 새로운 통합 과정인 또 다른 인클로저에 대항해 자본주의 체제 안팎에서 구축 가능한 유·무형 자원 공유의 자율과 대안 모델을 찾고자 한다. 특히, 동시대에 주목받고 있는 '커먼즈'의 실천적 위상과 함께 그것의 경계에서 새롭게 태동한 피지털계의 의미에 집중하고자 한다. 즉 피지털 국면에서 인클로저에 대항하여 어렵사리 피어오르는 새로운 자율과 공생의 협력체인 동시대 '커먼즈'의 실천적 지위를 고찰하고, 이를 통해 과연 '다른 삶'의 기획이 가능한지에 대해 살펴볼까 한다.

커먼즈의 실천적 정의

물질계와 비물질계를 잇는 플랫폼 지배 질서의 도래는 양가적 계기를 함축한다. 즉 한쪽에서 완고한 자본의 가치 확장과 비물질계의 식민화 개척 능력을 보여주기도 하지만, 다른 한쪽에서는 첨단 신기술의 물적 조건은 다른 삶을 도모하고 대안 사회를 촉매하는 잠재성의 계기가 되기도 한다. '커먼즈' 기획은,

자본주의의 지배적 소유 논리인 사유私有와 공유公有의 한계를 넘어서고자 한다. 커먼즈는 배타적 경쟁과 불로소득의 승자 게임이 아닌 시민 협력과 공생 가치를 확대할 수 있는 실천적 상상력을 도모한다. 커먼즈 이론가 제임스 퀼리건이 언급했던 것처럼, 이제 더 이상 "신자유주의 체제에서 '공적'public이라는 말이 사회생태적 요구를 표현하는 공동체적 활동이 아니라 국민이 통제권을 넘겨준 중앙 관리 능력을 의미"하는 무능의 현실에서, 상호부조의 시민력을 강화하는 '공유'共有적 가치의 재고는 더욱 절실하다.[2]

국내에서 '커먼즈'는 '공유', '공유지', '공통적인 것', '공통장', '공동자원(론)', '시민자산', '공유자원', '사회연대경제' 등으로 번역되거나 가족 개념으로 상호 교환해 쓰이고 있다.[3] 이 글에서는 이들 여러 개념 사이에 맥락적 차이가 있음을 인정하나, 아직은 우리의 현실 맥락 속 적절한 번역어가 없는 관계로 일단은 '커먼즈'를 대표어로 사용하고자 한다. 즉 커먼즈는 시장 탐욕의 굴

---

2. James B. Quilligan, "Why Distinguish Common Goods from Public Goods?" in David Bollier & Silke Helfrich (eds.), *The Wealth of the Commons* (Levellers Press, 2013), pp. 73~81.

3. '커먼즈'와 '공통적인 것'이 구분되어야 한다고 보는 입장도 있다(예컨대 마이클 하트·안토니오 네그리, 『다중』, 정남영·서창현·조정환 옮김, 세종서적, 2008, 21쪽). '커먼즈'가 전(前)/비(非)자본주의적이고 문화인류학적인 접근 속 외딴 섬과 같은 공유지들의 향수 속에서 논의되는 방식을 비판하면서, 하트와 네그리는 단순 과거로의 회귀적 개념이 아닌 커먼즈의 새로운 구성주의적 실천을 더 강조하는 맥락에서 '공통적인 것'(the common)을 개념적으로 선호한다.

레로부터 벗어나 시민들 스스로 유·무형의 자원을 함께 생산·관리하는 협력의 관계이자 공동 소유권에 기초한 '반-인클로저'의 실천 운동으로 볼 수 있다.

원래 '커먼즈'는 원시 태초의 상태, 즉 인간의 노동이 투여되기 이전, 인간의 경작 이전, 상업경제 이전, 인간이 재산권 보호를 위해 모든 국가 장치를 동원하는 사유 제도 이전의 원시적 상태를 뜻하기도 했다.[4] 하지만 인클로저 운동 속에서 농민들이 토지를 강탈당했던 유럽의 역사, 그리고 물질과 의식의 그린벨트 지대에 대한 막개발과 지식 사유화와 강제 재산권 적용이라는 자본주의 '박탈'dispossession 과정을 떠올린다면, 현실적으로 외딴 섬이나 밀림 같은 진공의 순수 야생 상태의 낭만주의적 커먼즈는 현실적으로 거의 존재하기 어렵다는 점을 알 수 있다. 미국 생물학자 개릿 하딘의 그 유명한 '공유지의 비극'[5]이라는 결말은, 이와 같은 순백의 주인 없는 커먼즈, 즉 공유지를 각자의 사적 욕망에 의거해 수탈하고 파괴하는 인간의 본성만을 가정하면서 초래한 극한 실험 오류라 볼 수 있다. 실제 커먼즈

---

4. 자연 그대로 순백의 외딴 섬과 같은 '커먼즈' 개념과 유사하게, 서구에서는 인클로저 이전의 자유 공간 혹은 자본으로부터 자유로운 지식 자원을 일컬어 '퍼블릭 도메인'(public domain)이라는 말을 써왔다. 이에 대한 구체적인 논의는 3부 5장 논의 참고.

5. Garrett Hardin, "The Tragedy of the Commons," *Science*, vol. 162, no. 3859 (1968), pp. 1243~8, 그리고 하딘의 '공유지의 비극'을 비판한 엘리너 오스트롬, 『공유의 비극을 넘어』, 윤홍근·안도경 옮김, 랜덤하우스, 2010 참고.

는 지배 자본의 사적 이익이나 국가의 공적 간섭으로부터 독립적으로 존재하면서도 이와 긴장관계 속에 놓인 유·무형 자원을 둘러싸고 시민 구성원들이 협력을 통해 자원을 공동 생산 관리하며 새로운 사회적 가치를 만들어내는 공생적 사회 공동체[6]에 해당한다.

문화인류학자 루이스 하이드 또한 커먼즈를 '함께'라는 의미의 com-과 '의무를 진다'under obligation/duty는 뜻의 '무니스'munis 혹은 '무너스'munus에서 온 '무니아'munia가 어우러진 말로 풀이한다.[7] 커먼즈는 단순히 원시의 물리적 장소 혹은 텅 빈 주인 없는 것이라기보다는 이미 그곳에 특정 구성원들의 사회적 관계가 존재하고, 이들 구성원 공동체의 규칙 개념이 굳게 터 잡고 있는 어떤 것이라고 볼 수 있다. 커먼즈의 구성 요소는 먼저 공통의 유·무형 자원 혹은 '공통의 부'commonwealth가 존재한다. 그리고 이 공통의 부를 둘러싼 책임 있는 구성원, 즉 '커머너'commoner의 역할이 중요하다. 마지막으로, 이 공통의 부를 지속 가능한 형태로 분배하고 확대 재생산하는 성원들 자신의 '공동체'community를 갖춰야 한다. 커먼즈 공동체에서는 공통 부를 매개로 소속 커머너가 맺는 정서적·사회적 관계가 중요하다. 공동체는 공통적인 것을 호혜적인 방식으로 (재)생산하기 위해

---

6. 이노우에 마코토 편저, 『공동자원론의 도전』, 최현·정영신·김자경 옮김, 경인문화사, 2014.

7. Lewis Hyde, *Common as Air* (Farrar, Straus and Giroux, 2010).

상호 '공통감각'Sensus Communis을 기르는 일이 중요하다.[8]

공통적인 것, 즉 커먼즈(공통장)를 점유하는 성원들은 단순히 커뮤니티 내부 유·무형의 재화와 자원의 소비자일 뿐만 아니라 공동생산의 책임과 권리를 지닌 능동적 참여자이기도 하다. 또한 커먼즈의 운영은 한 사람 이상이 협력해 유·무형의 공통 자원을 일구며 공동의 행위와 실천을 행하는 구성원들의 '커머닝'commoning(공통화) 과정이다. '커머닝'은 커머너들의 공통의 의사 결정, 네트워킹, 책무와 프로젝트, 그리고 상호 의견의 조정 등을 포함한다. 커머닝은 커먼즈의 공동 생산에 집중하면서도 조직 안팎으로 호혜적 관계를 구축하는 활동이자 활력이다. 생태학적으로 보면, 이는 공통의 자원을 쉽게 약탈하는 거대 자본과 같은 외부 침입자의 쇼크를 미연에 막는 대응 방안을 마련하고, 공동체의 '지속 가능성'과 '회복력'resilience을 돋우는 활동이라고 할 수 있다.[9] 그래서 커먼즈에서는 공동체 구성원 내부의 공동 자원의 속성만 강조되기보다는 자원을 둘러싸고 구성원이 자율적으로 만드는 내적 규율과 규칙에 의거해 특정 유·무형 자원을 협업해 공동 생산하는 조직 활동인 '커머닝'이 중심에 선다. 이 점에서 커먼즈는 인간의 작위作爲를 기다리는 대상화된 순수 상태의 고정된 '명사'가 아니라 살아 움직이

---

8. Massimo De Angelis, *Omnia Sunt Communia* (Zed Books, 2017), p. 124.
9. 같은 책, p. 122.

는 관계 구축 활동의 '동사' 개념에 가깝다.

요약해보면, 커먼즈는 주인이 없이 방치된, '공유지의 비극'을 유발하는 천연자원만을 지칭하는 것이 아니다. 오히려 공통의 삶을 도모할 수 있는 유·무형 자원과 지식을 매개해 소속 공동체 구성원이 공생과 호혜의 관계를 맺고 적극적으로 자본주의 수탈에 맞서서 다른 삶을 기획하려는 대항의 구체적 방법론에 가깝다. 그래서 커먼즈는 자본주의적 경쟁보다는 '협력'을, 자원의 개발과 수탈을 벗어난 '호혜'의 자원 공동체를 추구한다. 더나아가 단단하게 굳어버린 자연자원을 유지 및 보수하는 수세적 입장보다는 커머너들의 평등주의적 관계 속에서 자본주의의 독점적 소유를 넘어서기 위한 자원의 공동 생산을 도모하며 궁극적으로는 비자본주의적 사회관계를 만들어내기 위한 정치운동에 가깝다. 결국 커먼즈는 사람들이 협력해 유·무형의 공통의 부를 지속 가능한 형태로 공동 생산하면서 다양한 민주적 관계와 가치를 만들어내며, 이를 전 사회적으로 확장하려는 '탈/비'자본주의적 지향의 공동체 운동으로 볼 수 있다.

얼핏 보면 기존의 협동조합 등 사회적 경제나 비영리 모델과 '커먼즈 운동'이 조직 구조상 흡사해 보일 수도 있다. 하지만 커먼즈는 기존 조합 모델에 종종 나타나는 조합(이기)주의나 조합원들 사이의 관료주의적 불평등 구조를 경계한다. 또한 자본주의의 약탈성을 일시 완화하거나 주어진 체제 안에서 공정 시장의 규칙을 세우는 것에 머무르지 않는다는 점에서 전통적인 조합주의와 크게 구분된다. 공통적인 것을 확장해 사유화된 질서 바깥을 사유한다는 점에서 '커먼즈 운동'은 대안 실천적이다. 커머닝은 내부 성원인 커머너들 간의 자원 산출물에 대한 평등주의적 이익 도모는 물론이고, 이로부터 생겨난 이익을 호혜와 증여의 문화로 만들고 각자의 커뮤니티 외부에 공동의 목적을 추구하는 공유 공동체들과 협력적 유대를 맺는 확산의 과정을 중시한다. 거기서 더 나아가 커먼즈 운동은 자본주의적 유·무형 재산권 체제에 대항해 사회 공생의 가치를 급진적으로 추구한다. 다시 말해 커먼즈가 지향하는 진보의 가치 목록은, 커먼즈 내부에서 협력적으로 생산한 자원의 이익을 민주적으로 재분배하는 것은 물론이고, 커먼즈 단위들의 협력 네트워크를 구성하며, 개별 커먼즈들이 외부의 거센 인클로저에 맞서 공생의 대안 실천을 행하는 것을 포함한다.

커먼즈는 자본주의의 야만적인 인클로저 현실에 대항해 일종의 대안적 삶을 구성하고, 이제까지와는 다른 공생의 상상력을 불러일으키는 여러 형태의 투쟁에 촉매 역할을 해왔다. 아직 국내에서 징후적이긴 하지만, 커먼즈의 흐름은 시민 자산화, 지역자치 운동, 스쾃squat(공간 점유 운동), 탈성장 운동, 원주민 생태 운동, 도시 공동자원 운동, 비판적 제작(수리) 운동, 예술 행동주의, 부엔 비비르(반개발주의 운동)[10] 등 다양한 이념적

10. 부엔 비비르(Buen Vivir)는 '좋은 삶'이라는 뜻으로, 개발과 성장을 지양하고

스펙트럼을 지닌 사회운동에 공동의 '반-인클로저'라는 가치를 마련하면서, 일종의 '운동의 운동'이자 '전략'적 구심점이 되고 있다.[11] 자본주의 경제와 사회의 여러 차원에서 이뤄지는 다중 시민의 비/반자본주의적 저항과 실천을 자극하고 포괄하는 공통언어가 되고 있는 것이다. 따져보면 아직은 특별하게 어떤 이념적 정강이나 매뉴얼조차 없는 '커먼즈' 개념은 뭇 사회운동들의 새로운 '전략' 층위로 거론되고 있지만, 사실상 '평등주의적'이고 '생성주의적' 실체인 'n-1'이라는 탈집중의 실천 지향성을 전제한다. 여기서 n이 절대적 통치의 지배력이라 본다면, n-1은 절대 통치권자가 거세된 탈권위주의적 수평 조직론이다.

커먼즈는 자본주의 안에서 자본과 동거하면서 자본주의 외부를 상상하는, 더 나아가 자본주의와는 다른 삶의 가치와 관계, 정동을 생성하는 수많은 관점이자 실천으로 볼 수 있다.[12] 동시대 자본에 틈을 벌리며 다른 삶의 기획을 도모하는 대안

자연과의 조화를 구축하려는 남미 생태운동을 뜻한다. 자세한 내용은 에드아르도 구디나스, 「부엔 비비르」, 자코모 달리사·페데리코 데마리아·요르고스 칼리스, 『탈성장 개념어 사전』, 강이현 옮김, 그물코, 2018, 356~62쪽 참고.

11. 장훈교, 「한국 공동자원 운동의 부상과 그 의미」, 〈2018 커먼즈네트워크 워크숍〉 자료집, 『지금, 여기 커먼즈』, 2018년 5월.

12. Massimo De Angelis, *The Beginning of History* (Pluto, 2007), p. 229 [맛시모 데 안젤리스, 『역사의 시작』, 권범철 옮김, 갈무리, 2019]. 데 안젤리스의 급진적 커먼즈 구상과 달리 볼리어나 바우웬스 등 '커먼즈 전략 그룹' 소속 논자들은 국가의 커먼즈 보호와 지원이라는 공적 기능이나 '파트너십' 역할, 그리고 커먼즈 운동에 포획된 사적 기업과의 조화로운 공존을 가정한다.

구상인 셈이다. 그래서 커먼즈는 좁게는 일종의 공통 부에 대한 동료 시민의 자율적 자원 관리론으로 정의된다. 좀 더 정치 실천적 관점에서 커먼즈 운동은 약탈의 자본주의를 넘어서서 커머너 간의 협력에 기대어 새로운 민주적 관계를 도모하려는 다양한 개별 단위 커먼즈의 공통 실천이자 체제 대안적 급진정치 전망으로 볼 수 있다. 결국, 커먼즈가 '운동의 운동'으로 거듭나려면, 무엇보다 좀 더 강고해진 자본의 인클로저와 약탈의 논리에 맞서 공생공락convivality의 가치를 어떻게 구성할 것인지, 즉 시민 공통의 부를 통해 새로운 사회적 가치와 활력을 어떻게 구체적으로 마련할 수 있는지가 관건으로 보인다.

커먼즈의 층위

커먼즈는 개별 지역의 특수한 사회 구조를 반영하는 구체적 형태의 공통 부와 유·무형 자원들을 둘러싼 자율적인 운동체인 경우가 흔하다. 그 모습이나 형태가 워낙 다종다양해서 일반적인 분류나 유형화가 쉽지 않다. 하지만 일반적으로 가장 손쉬운 커먼즈 유형 분류는, 공통 부나 자원 그 자체의 속성에 의한 구분법이다. 이를테면, 물질과 비물질 자원의 특성 및 속성에 기댄 커먼즈가 보통의 분류법이다. 구체적으로, 하트와 네그리의 경우에는 커먼즈를 (1) 지구와 에코 시스템, (2) 비물질 자원, (3) 물질자원, (4) 도시-지역 사회적 영토, (5) 사회기관·서비스 자원으로 구분하고 있다.13 커먼즈 혁신가들은, 자연자원 커먼즈, 사회 커먼즈(사민주의 노동자 연대 등), 지식 커먼즈(인지자본주의 이후 급증한 빅데이터 등), 도시 커먼즈(팹랩, 공동 제작 공간 등)로 구분하기도 한다.14 비슷한 논의를 주도하는 커먼즈 이론가 데이비드 볼리어David Bolier는 커먼즈의 소유 형태에 따라 원주민 자급의 토지나 어로 커먼즈, 디지털 커먼즈(자유 소프트웨어 라이선스GPL와 크리에이티브커먼즈 라이선스 Creative Commons License ; CCL 등), 사회 커먼즈(시간 은행, 혈액 및 장기 기증 시스템 등), 국가 신탁 혹은 범지구적 커먼즈, 지각과 존재 방식으로서의 커먼즈(세계관, 사회적 태도, 삶의 방식 등)로 세분화하고 있다.15 최근 노동경제학자 가이 스탠딩의 커먼즈 분류에서는 자연 커먼즈, 사회 커먼즈(사회복지 안전망), 시민 커먼즈(시민권 영역), 문화 커먼즈, 지식 커먼즈로 나누기도 한다.16

대체로 이론가나 활동가는 커먼즈를 재화 형태 혹은 유·무형 자원 유형, 범위, 소유 형식에 기초해 범주화한다. 이 글에서

---

13. Michael Hardt and Antonio Negri, *Assembly* (Oxford University Press, 2017) [안토니오 네그리·마이클 하트, 『어셈블리』, 이승준·정유진 옮김, 알렙, 2020].

14. Michel Bauwens and Jose Ramos, "Re-imagining the left through an ecology of the commons," *Global Discourse*, vol. 8, no. 2, 2018, pp. 325~42.

15. 데이비드 볼리어, 『공유인으로 사고하라』, 배수현 옮김, 갈무리, 2015.

16. Guy Standing, *Plunder of the Commons* (Pelican Books, 2019) [가이 스탠딩, 『공유지의 약탈』, 안효상 옮김, 창비, 2021.]

는 단순하게 커먼즈를 공간 차원 혹은 영역 층위에 기초해서 살펴보고자 한다. 데이터 플랫폼 장치가 구상하는 새로운 인클로저의 욕망을 드러내는 데 공간 차원의 접근이 유효하다고 보기 때문이다. 즉 커먼즈를 물질계, 비물질계, 그리고 새롭게 부상하는 피지털계로 나누고 이 세 층위에 걸쳐 폭넓게 존재하는 커먼즈 생태계 특성을 살펴보겠다. 특히, 물질계의 커먼즈 지형보다는 아이디어, 이미지, 코드, 디지털, 정보, 정동, 창작 등을 기반으로 하는 비물질 정보·지식 커먼즈의 증대하는 사회 변혁의 역할을 살피고, 신흥의 물질·비물질 논리가 상호 교직하는 새로운 '피지털계'의 형성으로 바라본 커먼즈적 실천의 가능성을 함께 보려 한다.

오늘날 대부분의 생태 자원이 자본주의 시장 영역으로 끊임없이 흡수되고 '저렴한 자연'으로 수탈되면서 물질계의 자연 자원 커먼즈를 지속가능한 방식으로 유지하는 것조차 대단히 힘든 상황이다. 게다가 서울 같은 메트로폴리탄 도시 공간에서 벌어지는 막개발의 광풍과 젠트리피케이션의 끊임없는 확대로 인해, 우리 자신을 위한 생태 합목적적인 공통 공간을 새롭게 구성하는 일은 더욱더 요원해지고 있다. 이 점에서 시장권력에 의한 그린벨트, 자연 녹지, 산림 등의 생태 커먼즈의 훼손 혹은 잠식을 막을 시민 자산과 협력 생산의 새로운 활력이 절실하다. 당장 이에 대응할 수 있는 것으로 우리 앞에 놓인 길은 두 갈래로 보인다. 하나는, 이미 피폐한 물질 공유지에 대한 제

2, 제3의 인클로저에 대항해 새롭게 부상하는 물질 커먼즈의 실험들을 찾아 그 흐름을 적극적으로 키우는 일이다. 이미 존재했지만 신자유주의 국면 이래 자본에 점차 흡수되거나 외면되어왔던 "비시장적 사회 교환, 즉 선물(증여) 경제, 비공식적 협업, 새로운 형태의 집합행동"[17]을 발굴해 이로부터 새롭게 커먼즈적 가치를 확산하는 일이 중요하다. 가령, 공덕역 경의선 공유지 운동, 민달팽이 유니온 등 청년 주거 공간 실험, 공동체 화폐 은행 빈고, 농지 살림 운동, 인천 배다리 공유지, 을지로와 세운상가 일대 도심 제조업 생태계 운동, 예술가 커뮤니티 자립의 공유성북원탁회의, 약탈적 플랫폼 현실에 대항한 '플랫폼 협동주의'platform cooperativism, 성미산 마을공동체 실험은 이제까지 존재하지 않았지만 시민 다중 스스로 호혜의 가치를 만들기 위해 구성한 커먼즈 단위들이다. 이들 마이크로 운동이 처음부터 커먼즈 기치 아래 '준비, 땅!' 한 것은 아니지만, 자연스레 커먼즈의 결절점이 되었고, 생성적 방식으로 자립·자치·공생공락·호혜·우정 등 비자본주의적 덕목을 인클로저 광풍 속에서도 구현해 냈다.

물질계 커먼즈의 확장을 제고하기 위한 또 다른 시도는, 노벨 경제학상을 받았던 엘리너 오스트롬Elinor Ostrom조차 전통의 물질 커먼즈 모델에 비해 '부차적 관심사'로 취급했던, 비물질

---

17. 볼리어, 『공유인으로 사고하라』, 166쪽.

계 내의 정보와 지식 커먼즈를 좀 더 궁구하고 확장하는 일이다. 아직은 물질계에 비해 자본주의 인클로저의 밀도나 강도가 상대적으로 덜하지만, 비물질계의 상징 질서 안에 커먼즈 구축의 이점을 적극적으로 활용하는 것이 필요하다.

비물질계 커먼즈 다시 읽기

비물질계는 디지털 데이터, 정보와 지식이 주축이자 중심 자원이다. 비물질계 커먼즈의 현재 상황은 어떠한가? 물질자원의 기업 사유화나 정부 통제에 비해, 무형의 정보와 지식은 쉽게 재생산이 가능하고 나눌수록 그 효과가 점점 커지고 확대되는 특성으로 인해 권력이 지식 재산권 관련 법·제도를 갖고 계속해 개입하고 억제하지 않는다면 쉽게 '공통적인 것'으로 가치화하는 경향이 크다. 무형의 자원은 한때 지배적 코드로 닫혔더라도 다른 경로로 탈주할 수 있는, 소위 '해석적 유연성'interpretative flexibility에 크게 열려 있다. 이미 네그리Antonio Negri와 하트Michael Hardt는 매우 탄력적인 비물질계 커먼즈가 갖는 시민 공통자원으로서의 위상이나 가능성을 잘 내다봤다. 잘 알려진 한 대목을 여기에 옮겨보자.

정보·코드·지식·이미지·정동 등을 포함하는 새로운 지배적 생산 형태에서는 생산자들이 공통적인 것 – 특히 그 사회적 형태인 소통 네트워크들, 정보은행들, 문화적 회로들 ─ 에의 자유로운 접근과 함께 더욱 많은 자유를 점점 더 필요로 한다. 예컨대 인터넷 테크놀로지의 혁신은 제한되지 않은 네트워크들 속에서 서로 연결하고 상호 작용하는 능력에, 그리고 공통적인 코드와 정보자원에의 접근에 직접적으로 의존한다. 더 일반적으로 말하자면, 탈중심화된 네트워크에서 이루어지는 생산의 모든 형태는 (컴퓨터 테크놀로지를 수반하든 아니든) 자유와 공통적인 것에의 접근을 요구한다. 더 나아가, 생산되는 것 ─ 아이디어, 이미지, 정동 등 ─ 의 내용은 쉽게 재생산(복제)되기 때문에 이를 사유화하거나 공적 통제 아래 두려는 모든 법적·경제적 노력에 강하게 저항하는 경향, 공통적이 되는 경향이 있다.[18]

'로고스는 모든 인간에게 공통의 것'the logos being common to all이라는 오래된 명제처럼, 정보·지식의 비물질계는 인간에게 근원적인 공동의 지적 자원이자 새로운 문명 축적과 자유로운 의식 교환의 처소로 기능해왔다. 가령, 오래전부터 호모 사피엔스 종에게 의식, 정보, 지식을 함께 나누는 일, 그리고 이를 사회와 후대 인류로 전승하는 지적 증여 행위는 가장 탁월한 문명화 과정으로 봐야 할 것이다. 더군다나 오늘날 누리꾼이 우정과 명

---

18. 안토니오 네그리·마이클 하트, 『공통체』, 정남영·윤영광 옮김, 사월의책, 2014, 19쪽.

성이라는 비화폐적 보상에 기대어 상호 협력을 통해 생산해낸 디지털 결과물을 나누고 공유하는 행위는 범지구적 규모로 부 지불식간에 일어나며 그 사회적 영향력을 빠르게 확산해왔다. 하지만 문제는 비물질계 정보·의식의 공유와 증여 행위 또한 물질계의 자본주의적 사유화 및 인클로저 과정에 묶여 있거나 그것과 비슷해져 간다는 점이다. 즉 인간의 의식 영역을 (빅)데 이터 상품 시장으로 끌어들이면서, 물질 재화와 마찬가지로 자 본주의 체제 내 (지식) 재산권으로 취급하는 약탈의 역사적 과 정이 급속히 진행되어왔다. 자유로이 서로 나누고 공유하는 것 에서 정보와 지식의 가치가 무궁무진하게 확장됨에도 불구하 고, 이를 더 강압적인 방식으로 기술적 장치와 코드 속에 가두 고 법과 제도의 통제 아래 두고자 했다.

실제로는 우리의 예상과 달리 정보와 지식을 실물 자산마 냥 반영구적 재산권으로 취급하기보다는 일시적 점유의 '특권' 으로 보는 급진적 견해가 초창기 재산권 형성의 시기에 이미 여 러 곳에서 발견된다. 예컨대, 18세기 프랑스 정치철학자이자 프 랑스혁명에서 주요한 역할을 했던 콩도르세의 다음 진술을 들 어보자.

그러한 (지적) 재산은 자연의 질서로부터 온 것이 아니라 사회 의 힘에 의해 보호된다. 말하자면 그것은 사회로부터 만들어진 재산이다. 그것은 진정 재산권이 아니라, 특혜privilége에 불과하

다. 이 특혜는 별 큰 폭력 없이 그 원소유자로부터 가로챘을 때 느끼는 배타적인 즐거움과 비슷하다.[19]

비물질 자원(그의 개념으로 지적 재산)은 사회적 원천이자 특혜로서 누군가의 일시적인 점유만이 가능할 뿐이라고 봤던 콩도르세의 공통주의적인 입장은 오늘의 엄혹한 지식 재산권의 세계에서 보자면 격세지감이다. 정보와 지식이 할리우드와 한류 등 창의·문화산업이 주도하는 의식자본의 재산권으로 개념화되면서, 콩도르세가 한때 지적 재산을 일시적 '특혜'로 읽던 시민 커먼즈적 접근은 이제 현대인의 기억 속에서 사라진 지 오래다. 지식과 정보의 특혜에 입각한 콩도르세적 관점이, 비물질계 커먼즈의 구성 논리로 일부 계승된 것이 그나마 다행이라고 할 것이다. 가령, 미국의 법학자 로런스 레시그는 이를 '크리에이티브 커먼즈 라이선스'CCL 개념으로, 퍼블릭 도메인 연구자이자 법학자인 제임스 보일은 이를 '마음 커먼즈'the commons of the mind 개념으로 해석하기도 했다.[20] 레시그나 보일 등 약탈적 시장주의의 개혁을 주장하는 자유주의 혹은 급진 법학자들은 대개 정보와 지식에 대한 '카피레프트'copyleft적 관점에 서 있다. 즉

19. Marquis de Condorcet, "Fragments sur la liberté de la presse," in *Oeuvres de Condorcet* (Didot, 1776), pp. 257~314.
20. Lawrence Lessig, "The Creative Commons," *Montana Law Review*, vol. 65, no. 1, 2004 ; James Boyle, *The Public Domain* (Yale University Press, 2008) 참고.

지식에 대한 특정인의 독과점을 막고 보다 많은 이들이 이를 나누고 사회적으로 증여하는 비물질 커먼즈를 확대하려는 문제의식을 공유한다. 일례로, 레시그가 주도했던 '크리에이티브 커먼즈' 재단은 저작권 강제 체제에 다소 융통성 있는 '이용 허락'의 라이선스 조항을 만들어 전 세계적으로 효과적으로 대중화하며 아마추어 이용자의 저작 권리를 일부 개선하기도 했다. 즉 저자 스스로 저자 권리의 수준이나 범위를 융통성 있게 지정하는 라이선스 모델을 도입한 효과였다. 하지만 오늘날 정보와 지식의 극단적 사유화와 억압적 지식 재산권 현실에서 보자면, CCL 모델은 정보와 지식 커먼즈를 확산하기에 대단히 소극적인 처방이었다. 오히려 강고한 저작권 체제의 존속에 알리바이 효과만을 줬다는 점에서, 시장개혁론자의 노력이 무늬만 '커먼즈'였을 뿐 실상은 주류 질서에 굴복했다는 진단이 우세하다. 이 점에서 아직까지 우리는 제대로 된 자본주의 지식 재산권의 대항 논리를 갖추지 못했다.

역사적으로 보자면 1980년대 극소 전자 혁명과 1990년대 인터넷의 탄생 이래 디지털 정보 가치 생산은 물질계 논리에 맞먹을 정도로 크게 주목받기 시작했다. 무엇보다 "노동과 비물질적 가치 모두를 강력하게 비상업화"하고 이용자 모두의 공통 자원이 되는 성격으로 인해, 비물질계 커먼즈는 빠르게 확장했다.[21] 하지만 1500년대 영국 인클로저 운동의 폭거로 인해 농민들의 공유지가 무참히 파괴됐던 것처럼, 동시대 자본주의 체제

디지털 인클로저	비물질 커먼즈
대량생산, 소비자본, 통제정치	반권위, 전복, 문화정치
오리지널, 진본, 원본	복제, 카피, 리믹스
진실, 근원, 창조, 불연속성, 단절	변화, 일시성, 연속성
기독교적, 창조, 혁명, 원형	불교적, 파괴(해탈), 반복(윤회), 모듈(재생산 가능)
주관, 배제, 초월의 논리	개방, 포괄, 즉시성의 논리
기념, 박제, 보존, 격리	복제, 잡종, 재생산, 유포
지식 재산권과 기술 코드	또래 간 협력 생산과 공동 소유

표 1. 디지털 인클로저 대 비물질 커먼즈[22]

는 비물질 커먼즈에서 자생하는 누리꾼의 호혜성과 증여의 비물질 가치를 또 다른 '디지털 인클로저'의 틀 아래 또다시 가둬 버렸다.

〈표 1〉에서 보면, 왼쪽 열이 비물질계의 재산권 통제 논리라면 반대 오른쪽 열은 비물질계 커먼즈 확산의 '카피레프트' 문화 특징을 나열하고 있다. 이러한 카피레프트의 전통은 디지털

---

21. 바우웬스·코스타키스, 『네트워크 사회와 협력 경제를 위한 미래 시나리오』, 146쪽.
22. 본문 표의 개념들 일부는 Han Byung Chul, *Shanzhai* (Merve Verlag, 2011) 에서 언급된 '산자이'(山寨) 문화에 관한 해석으로부터 가져왔다.

네트워크를 매개해 지배적 시장 논리를 빗겨 가면서 인간의 창제작을 배양하는 초창기 디지털 문화의 중요한 급진적 출처라 할 수 있다. 하지만 시간이 가면 갈수록 정보와 지식의 자유 문화로 상징되는 공통의 비물질 자원과 풀뿌리 문화는 기술 코드와 각종 법을 통해 많은 부분 자본시장의 새로운 가치 생산과 포획 기제로 빠르게 흡수되어 갔다. 온라인 플랫폼을 매개해 일어나는 대중의 자유로운 (빅)데이터 활동은 자본의 시장 논리 아래서 변주되다가 이내 클라우드 서버 저 너머 자본의 가치 사슬에 포획되는 형국이다. 창작과 지식을 사유화하는 과도한 지식 재산권 질서에 대항해 지식 혁명과 디지털 저항을 주도하던 디지털 자유 문화 또한 닷컴 자본의 가치 순환 회로로 포획되는 상황까지 이르렀다.

모든 이에게 득이 되고 지식 사유화의 탐욕을 막을 안전판이 될 수 있다는 카피레프트의 평범한 정보 자유의 메시지조차 동시대 디지털 권력의 재산권 질서 속에서는 쉽게 통용되기 어려워졌다. 찬찬히 따져보면, 오늘날 비물질계 커먼즈 상황이 급격히 악화한 것은 비물질계 저항이 물질계만큼 크지 않았다는 것과 시민사회에 디지털 커먼즈 문화가 착근되지 못한 가운데 빠르게 닷컴 질서가 안착했던 것과 관련이 있다. 실제로 비물질 커먼즈 구성에 있어서 1990년대 중반 「사이버스페이스 독립선언」으로 상징되는 몇몇 '자유주의자'들이 추동한 인클로저 저항 외에는 어떠한 반-인클로저의 급진정치 기획도 본격적으로 이뤄지지 못했던 것이 사실이다. 언더그라운드 해커의 정치 선언이나 아나키스트 선언은 뉴스거리가 될지언정 주류 인클로저 질서에 그리 타격이 되질 못했다. 디지털계의 출현과 함께 카피레프트의 전통에 속한 사람들은 정보와 지식이 사회 변화와 혁신의 기제가 되리라는 막연한 기대감을 갖고 있었을 뿐, 그들 스스로 협력해 자유로운 의식의 자율적 공통장을 구축하는 조직적 움직임은 턱없이 부족했다.

수많은 비물질 공통 자원들이 이미 빅테크와 닷컴 자본의 가치 기제로 포획되고 있기는 하지만, 〈표 2〉에서 보는 바처럼 여전히 비물질계는 정보와 지식이 지닌 고유의 디지털 혁신의 확산적 성격으로 말미암아 다종다양한 자유 문화를 끊임없이

기술 혁신 코드	패킷 스위칭, 분산형 모델, 한계비용 0, API, 모질라 프로젝트, 애드호키즘, 토렌트, 메시 네트워크, 블록체인, 리눅스 커널, 아파치 웹서버, 우분투 등
디지털 복제 문화	복제, 산자이, 전유, 혼성 모방(미메시스), 시뮬라크르, 문화 번역, 전용, 패러디, 리믹스, 매시업, 콜라주, 브리콜라주 등
협력과 공유 문화	동료협력(peer-to-peer), p2p 생산, 셰어링, 위키피디아 모델, 자유/오픈소스 운동 등
카피레프트 운동과 문화정치	카피레프트, 오픈엑세스, 해커 행동주의, 해적당, 문화 간섭과 문화행동, 전술 미디어, 적정기술 운동, 비판적 제작 문화 등

표 2. 비물질 커먼즈의 가치 레이어

만들어내고 변주하면서 상대적으로 풍요로운 디지털 커먼즈 생성의 여지를 동시에 열어놓고 있다. 기술혁신 코드, 디지털 복제문화의 전통, 협력과 공유 문화, 카피레프트 운동과 문화정치의 역사 등에서 볼 수 있는 것처럼, 시민 공통의 비물질 자원과 이에 기댄 자유 문화는 일부 자본에 의해 포획당하면서도 동시에 수탈적 관계에 끊임없이 틈을 벌리며 탈주하는 자생력을 만들어냈다. 다시 말해 플랫폼자본주의 체제는 물질계에 이어서 비물질계 정보와 지식 자원에 의존해 사적 축적을 공고히 하고 있지만, 비물질 자원 생산 자체의 사회적이고 협력적 성향 자체를 완전히 통제하기란 쉽지 않은 일이었다.[23] 이러한 공통의 디지털 문화 자원에 기반한 정보·지식 커먼즈의 사례로는, 자유·오픈소스 소프트웨어Free & Open Source Software 커뮤니티, 프로젝트 구텐베르그, 위키피디아, 지식 저장소The Knowledge Conservancy, 인터넷 아카이브, 과학 퍼블릭 라이브러리, 사이언스 커먼즈, 뉴로커먼즈 프로젝트, 스노우든 아카이브 등 시민 공통의 대규모 데이터·지식 아카이브 구축 실험을 꼽을 수 있다.

사실상 비물질계 커먼즈 사례는 물질계 커먼즈와 유사하게 커머너, 커뮤니티, 커머닝이라는 커먼즈의 3대 구성 요소를 모두 갖추고 있지만, 상대적으로 소속 커머너 간 물리적 결속력이

---

23. 마이클 하트, 「묵시록의 두 얼굴」, 『자본의 코뮤니즘, 우리의 코뮤니즘』, 연구공간L 옮김, 난장, 2012, 146~7쪽.

느슨한 특징을 지닌다. 물리적 조건에 묶여 있지 않은 디지털의 자유로운 기술적 속성은 상대적으로 성원의 내적 결속력을 떨어뜨리는 듯 보일 수도 있다. 하지만 비물질 커먼즈는 명예와 명성을 위해 정보와 지식을 공동 생산하면서 이를 커뮤니티 내부는 물론이고 전자적으로 연결된 바깥에 복제해 퍼뜨리는 사회적 '증여'gift 효과라는 측면에서는 탁월하다고 할 수 있다. 일반적으로 물질 재화의 공유는 개별 커머너 구성원들 내부 자원이 얼마나 평등하고 균형 잡힌 방식으로 소유되고 분배되는가에 의해 평가된다. 물질 커먼즈에서는 자원의 이익이나 가치가 주로 내부에 머물러 그 성과가 외부로 흘러나가는 경로가 상대적으로 희박하다. 이는 주로 물리적 장소성이 주는 환경 제약과 자원의 희소성 때문이다. 반면 정보와 지식의 공유는 마치 물·공기·불과 같아서, 플랫폼이나 데이터 저장소 등 지식 커먼즈 안에서 잘 배양된 무형의 정보·지식 자원이 익명의 또 다른 향유자와 창작자에게 확산되거나 사회적으로 개방되는 것에 최적화되어 있다.

인류학자 마르셀 모스Marcel Mauss가 자본주의 경제의 예외 상황으로 보았던 부족민 사이의 증여 문화는 오늘날 비물질 커먼즈 사례에도 곧잘 들어맞는다.[24] 모스는 문화인류학적 '증여'의 과정이 주기, 받기, 답례라는 3중의 의무와 규칙에 의해 구성

---

24. 마르셀 모스, 『증여론』, 이상률 옮김, 한길사, 2002.

된다고 보았다. 즉 증여자는 인정, 명예, 권위, 신용, 자발성 등의 동기로 자신을 방문한 수증자에게 '환대'를 베푼다. 환대의 수증자는 언제든 증여자에게 '감사'와 '답례'의 거부할 수 없는 의무를 진다. 수증자가 '유대', '호혜', '사랑' 등에 이끌린 감사와 답례를 동반할 때 그 둘 사이에는 상호 존중관계가 완성된다. 이 문화인류학적 증여 문화는 실제 비물질계의 호혜 감각으로 작동해왔다.

닷컴의 광풍에도 불구하고 여전히 살아남은, 리처드 스톨먼Richard Stallman이 이끄는 자유소프트웨어재단Free Software Foundation의 라이선스 규약 체계인 'GNU 일반 공중 사용 허가서'GNU General Public License, GNU GPL 또는 GPL를 보자. 우리는 자유 소프트웨어 공동체의 커머너들이 관리하는 비물질 자원인 커먼즈 라이선스 모델에서 오래전 부족민들의 증여-수증-답례로 이어지는 선순환의 증여문화와 꽤 유사한 특성을 발견할 수 있다. GPL은 소프트웨어의 실행, 연구, 공유, 수정의 자유를 최종적으로 공동체 사용자인 커머너에게 보장한다. 대신 이 공동체의 성원인 커머너는 명예를 위해 자발적으로 코드를 짜고 수정하고 갱신하며, 최초 코드 작성자의 개방과 증여에 대한 감사와 답례로 수증자(다른 개발자이자 성원인 커머너)는 개인적으로 이를 사유화하지 않으면서 비물질 자원을 공유하고 증식한다는 책무를 받아들인다. 더불어 GNU GPL 커먼즈 바깥에 머무르는 누군가 이 협력 생산의 원칙과 조건을 담은 라이선스 규약을 받아들인다면, 자유 소프트웨어 프로그램을 수정해 쓸 수 있고 또한 누군가에게 답례의 책무를 지는 사회적 환대와 증여의 굳건한 커뮤니티를 구축하게 된다. 여기서 GPL은 소프트웨어 공동체 내부 공동 생산과 증여 과정을 끊임없이 확장하게 하는 공통의 커먼즈 자원이자 커머닝 규약인 셈이다. 물론 커머너는 최초 프로그램의 버그를 잡거나 새로운 코드를 덧대거나 하면서 좀 더 향상된 기능을 갖춘 소프트웨어를 만들어 최초 증여 행위에 답례하는 동시에, 자신의 기여도에 따라 공동체 성원에게서 명예와 동료애를 얻음으로써 보상받는다.

비물질계 커먼즈는 이렇듯 본성상 단순한 "상품이 아니며 소유의 언어로 환원될 수 없다."[25] 하지만 언제든 비물질 커먼즈 또한 물질계에서처럼 닷컴 자본의 인클로저라는 폭력 앞에 제물이 될 공산이 크다. 집합적 주체에 의한 비물질 자원 생산의 사회적 협력 관계와 호혜의 적극적 구상 없이는, 한때 혁명의 가치를 담지하는 듯 보였던 비물질계 정보·지식 자원이 쉽게 닷컴의 지적 재산이나 플랫폼 장치로 언제든 쉽게 포획당할 수 있다. 디지털 자원은 이를 협력적으로 운용하는 커머너 집단과 호혜적 관계의 맥락에 굳건히 서 있을 때만 반인클로저의 구체적 계기를 획득할 수 있다. 비물질계 커먼즈가 물질계 커먼즈에 비해 느슨한 결속력을 갖고 있지만, 커머너 사이에서 사회적 증여

---

25. 피터 라인보우, 『마그나카르타 선언』, 정남영 옮김, 갈무리, 2012, 22쪽.

와 호혜적 가치를 가동하면서 우리 자신이 생산한 정보·지식의 공동 지식 재산권 체제를 만들고 협력 네트워크를 구축한다면 물질계 이상의 자율적 논리가 가동하는 디지털 커먼즈가 충분히 탄생할 수 있다. 더군다나 비물질계 커먼즈는 과거 물질계 증여 문화의 전통과 많은 부분 빼닮았으면서, 공통 자원의 환경 영향력이나 가치 확산의 글로벌한 능력에서 보자면 국지적 호혜성에 기초한 전통적인 선물경제 모델을 크게 압도한다고도 볼 수 있다.

이제 우리에게 요구되는 과업은, 동시대 지식 재산권에 기생하거나 지식 사유 논리 사이에서 간신히 숨통만을 틔우는 CCL 등 저작권 라이선스 모델 같은 임시처방보다는 시민 커머너들이 지식 재산권의 끝 모를 종획 질서에 맞서 자율의 대항력을 북돋울 수 있는 정보·지식 커먼즈 모델을 구축하는 것이다. 가령, GPL 같은 '커먼즈 기반 동료생산'commons-based peer production, CBPP의 다양한 디지털 커먼즈 모델이 끊임없이 개발되고 실험되어야 한다.[26] '동료 협력p2p생산'의 본질은 누군가의 경영과 소유 독식을 막고 특정 자원의 공유와 생산에 있어서 구성원 사이에서 평등주의적 협력 관계를 구축하는 데 있다. 기술적으로는 커머너들의 민주주의적 소통과 정보와 지식 교환을 수

---

26. Michel Bauwens & Alekos Pantazis, "The ecosystem of commons-based peer production and its transformative dynamics," *Sociological Review*, vol. 66, no. 2, 2018, pp. 302~19.

행할 수 있도록 분권화하고 비위계적 네트워크를 구축해 안정적인 관계 기반을 마련해야 한다. 커먼즈 기반 동료 협력 생산은 흩어진 개인들이 아니라 집합적이고 관계적인 존재에 기초한다. 이는 해당 테크놀로지 사용자와 생산자 모두가 온라인 커뮤니티의 협력적 구성원이 되는 조직 인프라에 기초한다. 더불어 비물질계 커먼즈의 협력 주체이자 성원인 커머너 스스로 공통의 기술이나 지식 자산 목록을 가지고, 이를테면 '사회적' 특허 방식이나 공용 라이선스 모델을 도입해 자본가의 디지털 자원 강제 탈취로부터 그들만의 공통 지식 매뉴얼을 법적으로 보호함으로써 공유 문화의 안정적인 재생산을 도모해야 한다. 결국 비물질계 커먼즈 구상은 닷컴 자본의 지식 인클로저를 차단하는 기획이자 온라인 동료 협력 생산과 공유 문화를 사회 변혁적으로 재생산하는 공통의 근거지를 마련하는 일이다.

피지털 커먼즈의 신생 조건

급속한 기술 변화에 발맞춘 시장 자본의 적응과 응용 감각과 달리, 시민사회는 여전히 물질 재화에 비해 무형 혹은 비물질 자원 커먼즈를 부차적인 관심사로 제쳐둔다. 실제 커먼즈 운동 의제에서도 토지, 부동산, 주거, 임대, 재개발 등 물질계 내부 문제에 상대적으로 쏠림 현상이 존재한다. 이 첨예한 도시 자본의 지대 수탈지에서조차 물질 재화들이 비물질계와의 직·간접적 관계 속에 놓이거나 때로는 비물질 자원을 통제하는 플랫폼의 영향 아래에서 현실 재화나 자원이 (재)배치되는데도 말이다. 일례로, 우리는 인스타그램이나 카카오맵 혹은 배달 앱에 매기는 별점, 평판, 후기, 댓글, 좋아요 등 알고리즘 통곗값에 의해서 부동산 시세나 가게 프리미엄 등락이 쉽게 좌우되는 상황을 목도하고 있다. 그럼에도 우리 대부분은 물질계와 비물질계 생산과 재화가 지닌 고유의 논리 밖에서 이 양계가 상호 마주치거나 효과를 주고받는 새로운 경계 지점을 잘 포착해내지 못한다. 물질계 인클로저에 좀 더 깊게 관여하는 비물질계의 논리 혹은 양계의 경계가 허물어지거나 섞이면서 나타나는 동시대 자본주의의 신종 운동 방식에 착목할 필요가 있다. 이에 대응해 커먼즈의 대항력도 좀 더 새로워져야 함은 물론이다.

플랫폼 기술 장치의 등장과 함께 무형의 디지털 효율성 논리가 유형의 재화나 환경이 구성되고 배치되는 방식에 영향을 미치는 일이 점점 흔하다면, 이제 물질과 비물질 양계를 서로 떼놓고 논의하기에는 서로의 긴밀도가 우리의 상상 이상에 이르렀다고 할 수 있다. 그렇다면, 물질계와 비물질계, 이 둘의 관계 밀도를 어떻게 좀 더 구체화해 탐색할 수 있을까? 앞서 잠시 언급했던 '피지털계'라는 신생의 추상 공간 개념을 가지고 이를 탐색해보자. 피지털계는 물질 커먼즈와 비물질 커먼즈 사이 관계 밀도가 높아진 상황을 설명하기 위한 과도기적 용어법으로 보면 좋겠다. 피지털계는 물질과 비물질 사이에 '끼인' 무수한 상호 관계 흐름이 교직하며 구성하는 혼성의 접경지이며, 기술적으로 표현하자면 '혼합현실'처럼 가상이 물질계와 포개져 있으면서 증강된 현실을 지각할 기술적인 매개 장비 없이는 이 끼인 영역을 잘 파악하기 어려운 비가시 영역에 해당한다. 주류 닷컴 질서는 이를 '메타버스'라는 혼합현실로 구현하려 한다. 필자는 이 상호 교직의 접경을 매개하고 연결하는 주된 자본주의 지능 기계가 바로 '플랫폼' 장치라고 본다. 오늘날 플랫폼 자본은 다양한 유·무형의 자원(노동, 주거, 집기, 공간, 기계, 시간 등)을 이 피지털이라는 접경지로 끌어들여 시장 잉여가치 증식과 연결하는 데 골몰한다.

피지털계에서는 비물질의 디지털 논리가 물질에 대해 우위에 선다. 우리는 기존 물질계 논리와 달리 피지털 장 안에서 물질·비물질계의 관계 역전이나 전도된 효과와 꽤 자주 마주치게 된다. 비물질계의 새로운 닷컴 질서의 규칙이나 문화가 현실의 물질계로 강림하거나 새로운 규정력을 행사하는 일이 비일비재하다. 이를테면, 배달 앱 알고리즘이 현실의 치킨집 점주와 배달 라이더의 운명을 틀어쥐거나, 주문 앱의 맛집 평점과 사무실 공유 앱이 지역 부동산 가치의 등락을 좌우하거나, 카풀 앱이 택시 기사와 프리랜서의 생계 줄을 쥐고 뒤흔들며, 인스타그램의 인증샷이 젠트리피케이션을 조장하는 등 비물질계의 디지털 편리와 효율의 논리가 물질계로 오면 자본의 시장 재구조화와 모든 물질자원의 흡수와 재배치라는 좌충우돌을 야기한다. 비물질 세계의 닷컴 문화가 거꾸로 물질자원의 배치와 교환의 통제력을 강화하는 새로운 접경지인 피지털계가 열리고 있는 것이다. 이렇게 물질·비물질계를 가로지르는 연결 통로에 재빠르게 먼저 터를 잡은 플랫폼 자본은 무형의 유연한 플랫폼 기술 논리를 가지고 유형의 물질자원을 조정하면서 새로운 형태의 인클로저 질서를 만들어내고 있다.

동시대 자본주의는 플랫폼 알고리즘 테크놀로지에 기대어 자본의 운동 방식과 가치 생산에서 새로운 질적 도약을 모색하려 한다. 데이터, 인공지능과 알고리즘 기술에 기댄 플랫폼 자본은 이제까지 자본주의의 가치화 과정에서 간과했거나 고려하지 않았던, 여기저기 흩어지고 방기된 물질·비물질 노동과 자원을 전격 흡수해 이를 탄력적으로 연결하고 효율적으로 (재)배치하면서 그로부터 가치를 '포획'하는 사유화된 피지털 체제를 구축한다.

동시대 자본의 재영토화 과정에서, 자본주의 시장 바깥에 머물던 선물과 증여의 물질계 커먼즈 유형과 자원 활용의 전통은 아주 간단히 그리고 빠르게 플랫폼 경제의 일부로 재배치되거나 흡수되는 형국에 있다. 플랫폼에 참여하는 이들의 (비)물질 활동과 시장 자원을 가치화해 포획함은 물론이고, 역사적 전통을 지녔던 호혜의 유·무형 비자본주의적 커먼즈 자원조차 무차별적으로 흡착해 시장 교환의 논리로 흡수한다. 가령, 플랫폼 기업들은 우리에게 한때 익숙했던 상호부조와 품앗이 전통, 아는 친구와 이웃 간의 숙박 공유, 하숙이나 공동 주거의 마을공동체 문화 등을 그들이 만든 각종 상업용 앱으로 흡수하거나 대체한다. 플랫폼 장치는 생명종의 지구 멸종만큼이나 빠르게, 시장 바깥과 주위에서 호혜에 기반을 두고 벼려온 비자본주의적 경제 형식과 커먼즈 자원을 사유화의 블랙홀로 흡착해 재전유reappropriation한다.

피지털계에서 플랫폼의 지배력은, 사실상 물질계 안에서 삶을 영위하는 인간 활동과 노동은 물론이고 다양한 유·무형 자원을 연계해 배치하는 능력을 독점하는 것에 다름 아니다. 플랫폼 질서는 현실 사회에서 물리적 자원들의 관계적 위상이나 심지어 인간 내면의 심리적 속성까지도 비슷하게 바꿔나간다. 이는 디지털 논리가 물리적 현실에 흘러내려 그 가치와 구성을 재배치하고 현실 조건을 예속하는 형세다. 플랫폼 자본이 피지털계의 지배 세력이자 구성의 지배 논리가 되면서, 물질계의 시장 밖 거의 모든 유·무형 자원들에 미치는 인클로저의 강렬도는 극한에 이르고 있다.

신생의 피지털계를 장악하려는 플랫폼 자본의 지배적 후광 효과에 제대로 대응할 수 없다면 이미 존재하거나 부상하고 있는 수많은 물질·비물질계 자율 커먼즈들이 큰 타격을 입을 공산이 크다. 피지털계에서의 경합과 역학관계에 따라, 현실의 자원 배치는 물론이고 커먼즈 운동 자체의 향방이 크게 바뀔 수도 있을 것이다. 그래서 전통적인 커머닝 방식들에 기댄 자율

운동의 확장은 물론이고 피지털계의 속성을 담보한 커먼즈의 대항력 구성이 중요하다. P2P 재단 창립자 미셸 바우웬스가 점 쳤던 것처럼, 대도시는 피지털계를 둘러싼 경합이 가장 첨예하게 벌어질 미래 전장이다.[27] 우리의 경우, 서울은 개발과 계획의 도시 사유화에 피지털 논리가 마치 증강현실처럼 곳곳에 스며들고 있는 장소다. 서울이라는 도시가 커먼즈의 사회공학 실험실이 될지 아니면 플랫폼 자본으로 더욱 얼룩진 모습이 될지는 아직 불투명하다.

메타버스로 상징되는 피지털계의 빠른 사유화 과정을 목도하면서, 우리의 우울한 미래를 저지할 기술 개입이 필요하다. 시민 커머너의 주도로 물질·비물질 커먼즈를 실험하면서도, 피지털계의 특성을 파악하고 이를 선점한 플랫폼 자본의 운동 방식을 미리 계산하면서 기술 미래를 대비해야 한다. 가령, 청(소)년, 여성, 취약 노동자가 중심인 청소와 돌봄 노동, 배달 라이더, 대리운전, 퀵서비스, AI 허드렛일 유령노동자 등 플랫폼 노동 직업군을 보자. 플랫폼 노동을 수행하는 노동자는 명목상 개인사업자이자 프리랜서로 불리지만, '플랫폼 노동'이라는 형태로 산 노동 자원을 플랫폼 자본에 공급하는 위태로운 상황에 처한다. 플랫폼 노동자는 대개 스마트폰 콜에 의지한 채 건당 서비

---

27. Michel Bauwens, "The History and Evolution of the Commons", Commons Transition, 2017년 9월 17일 입력, 2021년 8월 12일 접속, https://commonstransition.org/history-evolution-commons/.

스로 노동을 외주받는 불안한 삶을 이어간다. 피지털계를 지배하는 플랫폼 자본은, 물질계 노동의 형식과 질은 물론이고 이들이 지닌 위태로운 생존과 삶의 조건에 아랑곳하지 않는다. 결국, 우리에게 중요한 과업은 플랫폼 대항 논리의 생성, 즉 현재 플랫폼 브로커 독식 구조에 맞서거나 이제의 약탈 구조와는 다른 기술의 공생 지향을 제시할 수 있는 플랫폼 기술 기반 대안 커먼즈들의 체계적 구상이다.

다행히 커먼즈 현장 실천가들을 중심으로 플랫폼 자본에 의한 피지털계의 인클로저를 막기 위한 대항력이 새롭게 구성되기도 한다. 이는 플랫폼을 매개로 한 수탈을 공통적인 방식으로 재전유해 민주적으로 용도 변경하는, 즉 '개방형 협력주의'open cooperativism 방식을 고민하는 일이기도 하다.[28] 구체적으로, 주류 노동 플랫폼의 억압적 속성을 바꾸려는 시민 대항력의 구성과 함께 개방형 플랫폼을 아예 시민 스스로 직접 구축하려는 자율 흐름이 감지된다. 처음부터 사업자(브로커)가 존재하지 않은 상태로 플랫폼의 구성원들 스스로 자원을 공동 생산하고 관리하는 '플랫폼 협동조합'platform cooperatives이나 플랫폼 커먼즈 결사체 모델을 모색함으로써 피지털계의 민주적이고 개방적인 소통관계를 확대하는 사례가 크게 눈에 띈다.

---

28. Alex Pazaitis, Vasilis Kostakis and Michel Bauwens, "Digital economy and the rise of open cooperativism", *Transfer*, vol. 23, no. 2, 2017, 177~92 참고.

이른바 '플랫폼 협동주의'platform cooperativism는 플랫폼 노동 참여자들의 공동 자산 운영과 이익의 평등한 재분배 방식을 고민하면서 피지털계의 인클로저를 일정 부분 저지할 대항력으로 볼 수 있다. 뉴욕 뉴스쿨 대학교수 트레버 숄츠Trebor Scholz와 콜로라도 대학교수 네이선 슈나이더Nathan Schneider가 주축이 되어 만든 '플랫폼 협동조합 컨소시엄'Platform Cooperativism Consortium의 웹사이트platform.coop는 플랫폼 협동주의의 국제 추이를 확인할 수 있는 중요한 아카이브가 되고 있다. 현재 이 컨소시엄에는 북미와 유럽, 호주를 중심으로 전 세계 280여 개 협력 플랫폼 협동조합이 등재되어 사례 공유 등 연대 방안을 모색하고 있다. 이들이 원하는 단 하나의 목표는 플랫폼을 매개로 한 자율 커먼즈 결사체의 구성과 이를 통한 공생공락의 가치 확산이다. 아직은 플랫폼 협동조합 운동이 무르익진 않았다. 서서히 아래로부터 증가하는 추세다. 폴란드 경제학자 얀 지그문트스키의 논문29이나 영국 협동조합연합Co-operatives UK의 2019년 2월 발간 보고서를 들여다보면,30 플랫폼 노동조합 운동의 굵고 선명한 흐름이 발견된다. 우선 특수고용직 노동자들이 직접 운영하고 소유하는 노동중개 플랫폼 협동조합 유형이 늘고 있다. 가령 뉴욕 업앤드고Up&Go(돌봄과 청소 노동)나 독일의 페어몬

29. Jan J. Zygmuntowski, "Commoning in the Digital Era", *Praktyka Teoretyczna*. vol. 27, no. 1, 2018, pp. 168~92.

30. Simon Borkin, *Platform co-operatives*, NESTA & Cooperative UK, Febru-

도Fairmondo(공정무역 및 유통)가 대표적이다. 대도시 지자체 소유 자원의 플랫폼 협동조합 유형도 활발히 움직인다. 시 소유 유휴 공간이나 대중교통 수단과 같은 공공자원을 시민사회에 임대하는 모델로, 암스테르담 소재 공유도시연합Sharing Cities Alliance의 활동을 꼽을 수 있다. 생산자와 소비자 공동 소유의 플랫폼 노동조합 유형도 주목할 만하다. 아이슬란드의 레즈네이트Resonate(인디 음원유통)와 캐나다의 스톡시Stocksy(사진유통)는 콘텐츠 생산자 연합과 이를 소비하는 고객 집단의 신뢰 연결에 초점을 둔다. 그리고 기존 노조의 조직력이나 자원 조건을 그대로 플랫폼 모델로 확장한 플랫폼 노동조합 유형이 있다. 이와 관련해서는 미국 덴버 택시 영업의 3할 이상을 점유하고 있는 그린택시 플랫폼 노조Green Taxi Cooperative의 사례를 들 수 있다.

플랫폼 애플리케이션 자체를 노동자 자신이 직접 제작하려는 움직임 또한 포착된다. 독일과 프랑스의 라이더유니언 조합원들은 각자 배달노동 현장에 흩어져 물리적으로 한데 모이기 힘든 까닭으로, 시위나 파업 투표, 안건의 표결, 긴급 메시지 전달 등을 위해 그들 자신의 플랫폼 앱을 구축하는 데 성공했다. 이른바 오픈소스 음식배달 관리 앱 '쿱사이클CoopCycle 소프트웨어'를 제작해 무료 배포하면서, 유럽의 배달라이더는 유럽의

ary 2019, https://www.nesta.org.uk/report/platform-co-operatives/.

배달 플랫폼 딜리버루의 배달대행 독점에 맞서 이를 노동권 방어의 창이자 방패로 삼고 있다.

'플랫폼 협동조합'에서는 이제까지 불로소득을 취하던 중개인(브로커)의 역할이 사라진다. 이는 주주로 이뤄진 일반 기업과 달리 조합원의 공동선을 추구하는 사회적 연대 경제 모델을 지향한다. 그 구조는 전통적인 협동조합의 특징을 가져오되 동시대 기술 변동 상황을 반영해 플랫폼 알고리즘 기술을 적극적으로 조직의 소통 과정에 반영한다. 내적으로 조합원의 공동 소유권과 민주적 의사 결정 및 참여를 진작하는 평등주의적 조직 문화를 선호한다. 구체적으로 플랫폼 협동조합은 조합원 모두의 공동 소유를 통한 이윤의 재분배, 보상 시스템의 합리적 구축, 조합원 의사 결정의 민주적 거버넌스 체제와 책임, 플랫폼 생성 데이터와 배달노동 알고리즘 업무의 투명성, 생산자와 소비자의 상호 연대 가능성 등 호혜의 노동 문화에 기초한다는 점에서 매력적이다.

오늘날 부상하는 플랫폼 협동조합 운동에 문제가 없는 것은 아니다. 조합의 조직 특성상 크기를 불리는 것(스케일 업 scale up)이 쉽게 이뤄지지 않고 내부 폐쇄적이며 내적 결속에 비해 외부 개방과 호혜의 전파에 무심한 경향이 존재한다. 이는 앞서 잠시 지적했던 커머닝 조직체에 비해 전통적인 협동조합 조직 모델의 제한적 조합(이기)주의 시각과 연결된다. 현실적으로, 피지털계를 쥐락펴락하는 이윤 추구형 플랫폼 자본에 맞서 협동조합의 움직임이 제대로 된 대항마가 되려면, 바우웬스의 플랫폼 조합 모델에 대한 비판 지점을 기억할 필요가 있다.[31] 그는 현재 플랫폼 조합이 사회의 공공선보다는 내부 회원의 이익만을 위해 작동하거나, 지역이나 일국으로 자격 조건이 제한되어 있어서 플랫폼 공동의 자원 구축 노력이 상대적으로 제한적이라 꼬집는다. 왜 바우웬스가 유독 커머닝 방식에 있어서 '개방형 협력주의' 모델을 강조하는지 이해할 수 있는 대목이다. 그의 타당한 지적처럼, 플랫폼 협동조합은 기존 조합 운동의 전통처럼 단순히 조합원 집단의 이해에 집중하는 것을 넘어서서 사회적으로 공적 증여와 공생의 가치가 넘쳐흐르는 개방적이고 확장적인 조직 전망을 마련하는 것에 성패가 달려 있다고 할 것이다.

플랫폼 협동조합 실험은 조합원 공동 소유와 운영권에 초점을 맞추면서 플랫폼 조직 운영의 민주화와 이익 분배 개선 효과를 일정 정도 얻으리라 본다. 피지털계에서 플랫폼 장치를 재전유해 협력 가치를 도모하는 일은 그 자체로 혁신적이라 할 만하다. 하지만 다른 삶을 위한 구상이라면 현재 지형에서 좀 더 호혜적 가치에 기반한 질적 도약이 필요하다. 플랫폼 노동조합의 '조합원 이기주의'나 '가입자 폐쇄형gated' 커먼즈 모델을 넘어

31. Michel Bauwens, "Open Cooperativism for the P2P Age", P2P Foundation blog, 2014년 6월 16일 입력, 2021년 8월 12일 접속, https://blog.p2pfoundation.net/open-cooperativism-for-the-p2p-age/2014/06/16.

외부 개방성을 획득하려면,[32] 범사회 차원에서 민주적 소유와 수평적 조직 관계를 다질 '피지털'계를 아우르는 커먼즈 플랫폼, 즉 '피지털 커먼즈'를 어떻게 복제 증식할 것인가의 문제를 고민해야 한다. 궁극에는 피지털계의 주도력을 행사하는 약탈적 플랫폼 시장을 어떻게 민주적으로 재배치해 사회 공동선의 가치로 바꿔낼 것인가라는, 좀 더 어려운 실천 과제까지도 함께 풀어야 한다.

지금까지 우리는 동시대 자본주의의 끝 모를 인클로저 욕망에 대항할 중요 거점인 동시대 커먼즈의 특징 및 활력에 대해 살펴봤다. 커먼즈가 지닐 수 있는 새로운 '운동의 운동'적 성격을 강조하면서, 주로 피지털계의 생성과 이를 매개한 커먼즈적 위상을 중요하게 봤다. 또한 커먼즈를 명사로, 즉 제한된 공유자원으로 보는 것에서 벗어나 지속적인 생성의 동사로서의 '커머닝(공통화)'을 어떻게 수행해나갈 것인가, 즉 공통의 자원을 둘러싸고 커머너(공통인) 사이에서 평등주의적 협력관계를 어떻게 구축해갈 것인가에 주로 강조점을 두었다.[33] 이는 달리 말하면 '자원으로서의 커먼즈'에서 좀 더 '관계-사회적 설계로서의 커먼즈'로의 시각 전환이 요구된다고 할 수 있다.[34] 따라서 커먼

32. 실비아 페데리치·조지 카펜치스, 「자본주의에 맞선 그리고 넘어선 커먼즈」, 권범철 옮김, 『문화/과학』, 101호, 2020, 173~90쪽 참조.

33. Guido Ruivenkamp & Andy Hilton (eds.), *Perspectives on Commoning* (Zed Books, 2017), p. 1.

34. David Bollier and Silke helfrich, *Patterns of Commoning* (Common Strate-

즈란 이미 존재하는 추상의 이론이나 어떤 개념적 대상이라기보다는 유·무형 자원을 매개로 시민이 협력적 관계를 물질·비물질 현장 속에서 만들어나가는 반–인클로저 운동 지향을 갖는 구성주의적 실천 행위라고 볼 수 있을 것이다.

커먼즈 운동이 인클로저의 변방으로 밀려나지 않기 위해서는 생산자나 소비자 조합 모델의 관심사를 넘어서서 협력과 공생의 내적 가치를 어떻게 사회적 규모로 확장할 수 있는지 또한 관건이라 본다. 커뮤니티 내부 결속만을 위한 공동자원 관리 방식인 '즉자적 커먼즈'commons-in-itself를 넘어서서 사회 공동선과 공생공락의 개방 가치를 확산하려는 커머닝 조직론인 '대자적 커먼즈'commons-for-itself 구축으로 나아가야 한다.[35] 여기서 대자적 커먼즈는 서로 다른 맥락에 놓여 있는 자원 공동체라 하더라도 호혜와 공생의 가치를 함께 지향하며, 단위 조직이나 지역의 범위를 넘어 전 사회적 규모에서 물질·비물질 커먼즈의 연대와 협력의 네트워킹을 통해 서로 다른 커먼즈적 가치를 확산하고 개방하면서 궁극에 인클로저에 맞서려는 커머닝의 실천 행위라 할 수 있다.

커먼즈는 미래 대안사회를 그리기 위한 만능키는 아니더라도 자본주의의 무차별 포식 행위에 대항해 호혜적인 방식으로

---

gies Group in cooperation with Off the Common Books, 2015).

35. Bauwens & Ramos, "Re-imagining the left through an ecology of the commons", pp. 325~42.

유·무형 자원을 조직하고 그로부터 사회적 가치를 확산하는 일종의 크고 작은 '어소시에이션' 집합이자 결절結節이다. 즉 커먼즈는 "자본주의의 경계와 본질을 드러내고, 다양한 '반신자유주의와 대안사회 운동들이 연대할 수 있는 탈구적dislocatory 운동"이 되어야 한다.[36] 커먼즈 기획이라는 새로운 실천의 화두를 통해, 오래된 '티나'TINA의 정치적 무력감을 훌훌 털어내야 할 시점이다. 당장 우리의 삶을 조건화하는 거대 도시 서울만 보더라도, 타다 공유차량 도입 논쟁, 배달의 민족 앱의 해외 자본 인수, 쿠팡 물류 노동자 과로사, 배달라이더의 알고리즘 노동통제 등 플랫폼 노동 인권 문제, 지대 등락에 미치는 피지털 효과나 알고리즘 '평점'사회에 대한 비판적 분석과 대응이 요구된다. 이는 민주화 기술로 매개된 유·무형 커먼즈의 대안 구상과 연계된 활력의 일환이어야 할 것이다.

다른 한편으로, '도시 커먼즈'의 자생적 생태계를 분석하며 대항 실험을 발굴하거나 약탈의 도시 프레임을 벗어나 공생의 도시를 새롭게 기획하는 일 또한 중요하다.[37] 물론 커먼즈의 구성을 후원하고 지원하는 '파트너 국가'partner state 시나리오[38] 구

---

36. 이승원, 「한국 커먼즈 운동의 방향과 과제 연구를 위한 초고」, 〈한국연구재단 SSK 센터중심 심포지엄〉 발표문, 2018 참고.

37. 커먼즈의 시각에서 스쾃(공간 점유) 행동주의를 통한 도시 커먼즈의 구축 사례를 살핀 중요한 글로는 권범철, 「도시공통계의 생산과 전유」, 서울시립대학교 도시사회학과 박사논문, 2019 참고.

38. '파트너 국가'는 시민사회가 커먼즈 구성의 적극적 주체가 되고 국가가 커먼

상 또한 함께 이뤄져야 한다. 무엇보다 임박한 지구 생태 절멸의 현실을 고려한다면, 커먼즈를 매개해 자본의 인클로저를 저지하고 생태 회복력을 도모해 공생의 거버넌스 체제를 마련하는 일은 화급한 과제다. 이에 더해 디지털 신기술 자원의 생태 합목적적 미래 기획에 대한 고민까지도 포괄해야 한다. 궁극에는 생태, 기술, 사회를 횡단하는 커머닝이 되어야 한다. 시민 다중이 '커먼즈'를 추동하는 구심력이 되어야 한다. 그럴 때 다른 삶을 원했으나 그 실천의 방도를 몰라 무기력과 우울증에 시달렸던 수많은 '나들'의 심장을 제대로 들뜨게 만들 것이다.

즈를 측면 지원하고 조력하는 모델이다. 현실적으로 정부와 시민 커먼즈 사이의 협치 범위와 방식에 따라 커먼즈의 명운이 크게 좌우되는 경우가 흔하다.

4장

공유경제 비판과 도시 커먼즈

2010년대 들어 플랫폼 기술로 매개된 유휴 자원의 중개仲介경제, 소위 '공유경제'sharing economies가 크게 부상했다. 공유경제는 플랫폼 중개인(브로커)이 데이터, 노동, 집, 차, 서비스, 문화 등 남아도는 유·무형 자원을 시장의 유통 거래 대상으로 놓고, 이에 참여하는 수요자와 공급자를 중개해 유통 편리와 물류비용 효율을 증대하며 시장 수익을 꾀하는 경제 유형이다. 공유경제의 중개 플랫폼은 직접적으로 자본주의 시장경제의 패러다임 변화와 연결된다. 동시대 '플랫폼자본주의'라 불리는 자본주의 사회의 구조 변화를 가속화하는 중요한 시장 기제로 자리잡고 있다.

서울시 정책에 상당한 영향력을 발휘했던 제레미 리프킨 같은 사회학자는 초기 공유경제의 등장을 지켜보면서 이를 '반-

자본주의anti-capitalism의 도래'로 성마르게 추켜세우기도 했다.[1] 소위 주류 지식인까지 유·무형 자원 중개 모델을 자본주의 시장 혁신의 등가물로 추앙하면서 우리가 익히 몸에 체득했던 경쟁과 약탈의 자본주의적 속성에 장차 이별을 고할 순간이 다가온 듯 낙관의 미래를 점쳤다. 실제 많은 이들에게 초창기 공유경제의 등장은 야만의 자본주의를 벗어나 자원 공유에 기초한 '탈자본주의'post-capitalism [2] 혹은 '대중 자본주의'crowd based capitalism [3]의 새로운 이상 사회로의 전환 잠재력을 지닌 것으로 평가됐다. 초기 공유경제 기업은 수많은 중간 도·소매 거래비용을 감소시켜 유휴 자원 낭비를 막고 자원 중개와 배달을 돕기 위한 플랫폼 노동 고용을 확대하고 촉진하고 있는 듯했다. 거기에 더해 '4차 산업혁명'에 대한 논의가 도화선에 오르면서, 관련 핵심 산업인 공유경제와 플랫폼 비즈니스에 대한 열광을 더 부채질했다.

---

1. 제레미 리프킨은 그의 칼럼에서 공유경제 생태계 또한 독점 자본의 논리와 사유화의 논리로 인해 인클로저가 확장되고 있다는 점을 알면서도 이를 애써 무시하고 공유경제를 '반자본주의적'으로 추켜세웠다. Jeremy Rifkin. "The Rise of Anti-Capitalism," *The New York Times*, 2014년 3월 15일 입력, 2021년 8월 13일 접속, https://www.nytimes.com/2014/03/16/opinion/sunday/the-rise-of-anti-capitalism.html.

2. Paul Mason, "The end of capitalism has begun", *The Guardian*, 2015년 7월 17일 입력, 2021년 8월 13일 접속, https://www.theguardian.com/books/2015/jul/17/postcapitalism-end-of-capitalism-begun.

3. 아룬 순다라라잔, 『4차 산업혁명 시대의 공유 경제』, 이은주 옮김. 교보문고, 2018.

공유경제는 시장경제 안에서 이뤄지는 유·무형 자원 배치에 미치는 영향력을 크게 넘어섰다. 공유경제의 동학을 도시 자원 정책 수단과 결합하려 하면서 주요 국제 도시 정책 지형에서 변화가 일어나기도 했다. 특히, 공유경제의 성장은 샌프란시스코, 암스테르담, 코펜하겐, 서울 등 '시민력'市民力을 주로 강조하는 주요 국제 대도시의 도시 자원관리 정책에 큰 영향을 미쳤다. 이들 대도시는 환경, 주거, 주차, 교통, 복지, 범죄 등에 공유경제의 자원 배치와 중개 모델을 적극적으로 응용하고 지원하면서, 이를 도시 정책 혁신과 시민 역량(시민력) 증대와 연결하려 했다.[4]

문제는 오늘날 공유경제의 논리는 플랫폼 기술을 응용해 시장 내 노동과 재화 등 유휴 자원을 필요한 이에게 연결하는 효율적 중개 행위 그 이상도 이하도 아니라는 데 있다. 유·무형 자원 중개의 효율성과 편리를 극대화하려는 공유경제의 전망 아래서 노동은 수많은 유통 자원의 하나로만 간주된다. 살아 숨 쉬는 생체리듬을 지닌 인간 노동의 의미는 여기에서는 물질 자원 이상의 고려대상이 아니다. 그저 "다른 상품처럼 사고 팔리는 '서비스로서의 인간'Humans as a Service"만이 존재한다.[5] 물류 로지스틱스와 플랫폼 장치가 대부분의 인적 관계와 소통을 좌

4. Duncan McLaren & Julian Agyeman, *Sharing Cities* (The MIT Press, 2015).
5. 제레미아스 아담스-프라슬, 『플랫폼노동은 상품이 아니다』, 이영주 옮김, 숨쉬는책공장, 2020, 21쪽.

우하면서, 우리에게 익숙한 개념인 '공유'共有(커먼즈)와는 전혀 무관한 자원 중개역intermediaries for relaying의 시장 논리만이 중심에 선다.

'공유'sharing(중개)경제에서는 시장 참여 주체 간의 호혜적 관계 구축은 애초부터 논외였다고 볼 수 있다. 우버(운전), 태스크래빗(가사, 심부름), 딜리버루(음식배달), 쿠팡(택배/배송) 등 글로벌 플랫폼 중개인(브로커)은, 자원 중개의 효율 극대화라는 목표 속에서 움직인다. 그러면서 사모펀드나 벤처캐피탈에서 거액의 투자 지원을 받아 초기에 공격적인 공짜 혹은 할인 서비스 전략을 통해 이용자를 끌어모으고 시장 독점 지배력을 높이면 그때부터 그들의 약탈적 면모를 쉽게 드러냈다.[6] 즉 유·무형 자원을 중개한 대가로 입점 업체와 노동자로부터 턱없이 높은 중개 수수료를 취하거나 고도의 알고리즘 기술을 통해 플랫폼 노동 통제와 강도를 높이면서 과로사 등 산업재해만을 크게 유발해왔다. 사실상 플랫폼 기업이 늘상 주장하는 '혁신'의 끝이 무엇인지 의심받는 상황에 이르렀다. 무엇보다 플랫폼 중개인은 효율과 편리를 담보로 해 플랫폼 노동자의 기존 고용 관계와 노동 기본권을 거의 파괴하고 산업재해 등 위험 비용을 개별 노동자에게 외주화하면서 공공의 적이 된 지 오래다. 다시 말해, 오늘날 '공유'(중개)경제는 플랫폼 알고리즘 기술을 기

---

6. 가이 스탠딩, 『불로소득 자본주의』, 김병순 옮김, 여문책, 2019.

업 경영의 핵심 기제로 삼아 자원을 효율적으로 배치하는 능력을 자신의 장기로 삼는 반면, 노동인권, 이익 배분, 소유권, 의사 결정 구조 등 대부분의 민감한 질문에 침묵하면서 실제 공생적 가치를 강조하는 커먼즈적 지향, 즉 '공유'(호혜)의 용어법과는 사뭇 다른 경로를 걷고 있다.

자원 중개 시장의 탄생

플랫폼자본주의 체제 속 '공유경제'의 급성장은, 무엇보다 직접적인 '소유'ownership 없이 '접근'access과 '중개'relaying 행위만으로 유·무형의 자원, 특히 유휴 노동력과 재화를 효율적으로 배치하여 비용을 절감하고 중개 이윤을 취할 수 있다는 아주 단순한 시장 논리로부터 이뤄졌다.[7] 공유경제는 노동자의 직접 고용이나 기업 자산의 직접 소유로부터 생길 수 있는 구입 및 관리 비용과 산업재해 등 위험 부담 없이도 서로 남는 유휴 자원을 저렴하고 합리적으로 이용할 수 있는 중개 플랫폼 시장을 열었다. "내 것이 네 것이고, 네 것이 내 것"이라는 말을 슬로건 삼을 정도로, 공유경제는 잉여로 남아도는 유휴 자원과 재화의 합리적인 적재적소 배치를 이룰 것이라는 낙관론에 근거한다.[8]

---

7. Bryan Walsh, "Today's Smart Choice", *TIME*, 2011년 3월 17일 입력, 2021년 8월 13일 접속, http://content.time.com/time/specials/packages/article/0,28804,2059521_2059717,00.html.

전통적인 제조 산업 경제 유형에서 공급자와 소비자의 역할이 엄격히 분리되는 경우가 흔하다면, 공유경제에서는 자원의 공급자와 이용자 역할이 쉽게 교환 가능하다는 특성을 지닌다. 보통 유·무형 자원의 거래를 원하는 이들은 플랫폼 사업자의 중개 플랫폼 장마당을 이용하기 위해 계약을 맺은 입점 공급자이거나 그로부터 필요한 물건을 구입하는 소비자 신분이 된다. 가령, 글로벌 숙박 공유기업 에어비앤비Airbnb 플랫폼에 방을 빌려주는 개인 잠자리 공급업자 자격으로 가입한 누군가는 그 자신이 다른 여행지에서 이 숙박 앱 서비스 이용 고객이 되기도 한다. 공유경제 플랫폼에서는 대개 이렇듯 공급과 소비 역할 교환이 쉽게 이뤄지는 경향을 지닌다. 이는 시장의 자원 유통 효율을 극대화하도록 돕는 공유경제의 탄력적 측면이기도 하다. 물론 공유경제 모델의 탄력성은 바로 플랫폼 중개 알고리즘 기술의 탄생에 힘입은 바 컸다. 한편 개별 공유기업의 수익 모델에 맞춰 관련 플랫폼 장치를 기획 설계하면서, 잠자리·택시·돌봄·배달·청소 등 다종다양한 유·무형 자원의 접근과 유휴 자원 교환을 조절하는 브로커의 중개 능력에 독점적 지위를 부여하는 구조가 됐다.

---

8. "내 것이 곧 네 것이다"(What's mine is yours)라는 말은 공유경제의 가장 특징적인 슬로건이 됐다. 자원 중개형 공유경제는 이 슬로건을 통해 마치 호혜의 과정이 작동하는 듯 말하지만, 실지 이는 자원이 필요한 고객과 특정 자원의 소유자 사이에 이뤄지는 사적 거래의 효율성을 자화자찬하는 용어가 된 지 오래다.

공유경제의 고속 성장을 둘러싸고 다양한 기대감의 표현들이 있었지만, 실상은 시간이 갈수록 이 새로운 자원 중개의 시장 기제는 우리 대부분을 비정규직 프리랜서로 평등화하고 '긱 경제'gig economy(임시직 경제)의 새로운 노동유연화 전략에 편입시키며 플랫폼 중개인의 독점적 수수료의 과잉 수탈에 참여자 대부분을 무방비 상태로 내몰고 있다. 실제로 거래자 사이의 호혜적 나눔은 없고, "네 것이 모두 다 내 것"What's yours is mine인 브로커 중심의 시장 구조로 돌변하는 양상,9 즉 플랫폼 사업자의 신종 독과점 질서가 확대되는 양상을 보이고 있다. 더군다나 자본주의 경제의 지속된 장기 침체로 인한 실업자와 비정규직 양산은, 공유경제로의 비정규직 노동 유입을 크게 부채질하고 있다. 특히 코로나19 바이러스 감염병의 장기화 상황이 맞물린 경기 침체 현실은 수많은 이를 실업자로 내몰고 기후재난 상태의 실직자로 만들어 공유경제의 (초)단기 일자리인 택배와 배달 노동자로 대거 흡수하는 지경에 이르렀다. 즉 포스트 팬데믹 현실에서 공유경제 플랫폼은 '비대면'(언택트) 자원 배송과 중개 과정을 강화하고 동시에 일자리를 잃은 위태로운 노동 인구 대부분을 저렴한 플랫폼 '필수노동자이자 플랫폼의 충성스러운 소비 고객들로 흡수하고 유치할 수 있는 절호의 기회가 되고 있다.

---

9. Tom Slee, *What's Yours Is Mine* (OR Books, 2016).

비정규직 노동자의 공유경제 플랫폼 시장으로의 대거 유입에 따른 문제는, 공유경제가 기존의 정규직 직장 노동 계약을 무너뜨리고 노동자를 개별사업자(비정규 프리랜서)의 지위로 형질전환하면서 발생한다. 플랫폼 노동자는 더는 전통적 '노동자성'의 지위를 인정받지 못하는 위태로운 노동자로 전락한다. 플랫폼 업체에 직접 고용된 노동자가 아닌 프리랜서가 되고, '노동이 아닌 서비스'를 제공하는 '개인 사업자'로서 업무 계약에 응해야만 생존한다. 이 새로운 특수 계약 관계에 따라, 신생 플랫폼 노동자는 스스로의 노동자성을 인정받지 못하고 플랫폼 노동 과정 중 발생하는 모든 위험을 스스로 떠안아야 하는 개인 사업자의 위치로 떠밀린다. 노동권 관련 쟁점이 이들 프리랜서 노동자 자신에게 외주화되는 반면, 법적으로 고용 계약이 아니라는 이유로 플랫폼 사업자는 대부분의 고용 책임 의무를 벗어나게 된다. 무엇보다 배달, 청소, 돌봄, 임상실험, 감정노동 등 산노동을 중개 자원으로 삼는 인력 중개 플랫폼 시장의 경우에는, 프리랜서 노동자를 스마트폰 앱 등에 연결하는 무인 자동화 알고리즘 기술을 통해 동선을 관리하고 노동과정을 통제하는 등 노동 인권을 심각하게 유린하는 일이 흔히 벌어지고 있다.

공유경제의 확대는 도시 자원의 효율적 배치라는 명목 아래 비자본주의적 유·무형 자원과 공유문화를 무차별적으로 인클로저 과정에 흡수하는 것은 물론이고, 이렇듯 몸을 움직여 물리적으로 도심 속 재화를 운송하거나 '산노동'의 형태로 청소

나 감정 서비스를 제공하는 플랫폼 노동자의 생존 조건을 극한
으로 이끌고 있다.[10] 열렬한 시장주의자조차도 이젠 '공유'경제라
는 용어 자체를 쓰기가 민망해 이를 버리고 열악한 시장 현실
을 지칭하는 용어들, 아예 '자원 중개 경제'나 '긱 경제'로 솔직하
게 기술하자고 말하기도 한다.[11]

　공유경제 체제에서 자유 계약으로 인해 노동권 교섭 권한
이 상실된 프리랜서 노동자는 근로기준법 사각지대에 놓이면서
거꾸로 자신의 '노동자성'을 증명해야 하는 입장에 처한다. 고용
노동이 플랫폼 장치에 매이면서, 플랫폼 사업자가 책임질 노동
자가 사라지고 중개 수수료 이윤과 조직 경영권 등이 크게 독
점화하는 구조가 만들어진다. 즉 공유경제 중개 사업자의 승자
독식 구조가 그 어느 산업 분야보다 뒤틀린 방식으로 자리한
다. 턱없이 높은 플랫폼 거래 수수료가 중개인에게 몰리면서 승

---

10. 해외 주류 IT업계 논평 기사들(예컨대, Suzanne Bearne, "Is the 'gig economy' turning us all into freelancers?" *BBC News*, 2016년 5월 20일 입력, http://www.bbc.com/news/business-36321826 ; Jessi Hempel, "Gig economy workers need benefits and job protections," *Wired*, 2016년 1월 4일 입력, https://www.wired.com/2016/01/gig-economy-workers ; Natasha Singer, "In the Sharing Economy, Workers Find Both Freedom and Uncertainty", *New York Times*, 2014년 8월 16일 입력, https://nyti.ms/3mZkSI4, 위 자료 공히 2021년 8월 13일 접속)에서 볼 수 있는 것처럼, 공유경제로 인한 노동 시장 악화 상황에 대한 비판적 논평들은 이제 어디서든 흔하다.
11. Adam Chandler, "What Should the 'Sharing Economy' Really Be Called?", *The Atlantic*, 2016년 5월 27일 입력, 2021년 8월 13일 접속, https://bit.ly/3pfDPZS.

자 독식으로 이어진다.

플랫폼 시장에서는 자원의 순환과 작동이 겉보기에 선명해 보이고 참여 구성원 사이의 자원 교환 과정은 분산성과 상호 평등주의를 띠며 투명하게 거래가 성사되는 듯 보인다. 하지만 유·무형 자원의 다자간 거래 이면에는, 플랫폼 중개인에 의한 거래 통제와 이윤의 집중과 독점화가 진행되고, 그가 조작하는 알고리즘에 선택된 자원과 서비스에 과잉 '주목'하게 만드는 경우가 흔하다. 주목 경제의 효과는 시장 의사결정과 소비자 판단에 장애를 일으키는 상황을 일상화한다는 데 있다. 플랫폼 브로커이자 중개인은 플랫폼 이용 수수료 징수 등으로 중개 이익을 독점적으로 전유하고 데이터를 총괄적으로 관제할 수 있는 반면에, 플랫폼 노동 과정이나 자원 거래에 참여하는 일반 구성원은 거의 대부분 플랫폼 운영에 대한 접근권, 조직 과정 참여와 결사권, 이익의 배분, 피드백을 통한 의사결정, 내부 플랫폼 알고리즘 운영 등의 불투명성으로 인해 플랫폼 장치에 전혀 개입의 여지가 없다.

지금 우리가 아는 공유경제는 결국 호혜적 '공유'와 거리가 먼 순수 '중개' 경제일 뿐이다. 플랫폼 구성원의 호혜적이고 협력적인 관계 구축은 멀리한 채 시장 행위자의 자원 '중개' 기능과 효율을 강조하는 기능주의적 경제 활동에 초점을 두고 있다. 실제 공유경제의 출현은 많은 부분 '디지털 (신)자유주의' 덕목들의 흡수를 통한 기업 조직 유연화 방식과 밀접히 연결되어 있다고 볼 수 있다. 즉 자동화와 불안정 고용이라는 전통적인 자본주의의 착취 논리에 더해, 합리적 자원 중개(합리화), 물류 자동화 및 알고리즘 노동 통제(최적화), 프리랜서 노동(유연화) 등 시장 효율의 신자유주의적 기제를 적절히 구사하고 있다.

공유경제만의 신자유주의 덕목은 줄곧 플랫폼 자본주의 운동 방식의 수탈적 본성을 은폐하는 일종의 알리바이로 기능해왔다. 예를 들어, 오피스 공유 플랫폼의 글로벌 대표 주자인 '위워크'WeWork를 보자. 위워크는 경영 부실로 크게 고전한 적도 있지만, 초창기 공유경제의 빠른 번식력을 보여주는 대표 기업 사례로 볼 수 있다. 위워크 플랫폼은 뉴욕 대도시를 거점 삼아 사업 초기 급성장해, 전 세계 주요 대도시 건물을 임대해 점유하며 오피스 공간 브로커 역할을 자임했다. 국내에서는 서울역 등 중심 지역과 강남 일대 업무용 빌딩들을 무섭게 접수하기도 했다. 위워크는 주로 오피스 빌딩 자원을 점유해 효율 높은 공간으로 재영토화하고 건물 관리와 중개 수수료 등에서 수익을 내는 공유경제 모델이다. 위워크는 세련되고 효율성을 높인 공용 휴식공간과 다운타운 도시 조망의 사무실 입지, 상호 개방적 스케줄로 운영되는 공동 세미나 공간에 주로 젊은 나이대의 스타트업 창업자나 기업가 등이 상주하며 비슷한 정서를 교류하고 매개하는 오피스 임대문화를 내세운다. 하지만 생각보다 위워크에서 공유경제의 효율성이나 임대비용 절감 효과는 그리 크지 않다. 빌딩 건물주에 대한 기존의 지대 수익을 보장해야 하는 것은 물론이고, 중개 건물관리자로 새롭게 등장한 위워크 사업자가 자신의 추가 지대 이윤을 수취하려 들기에 그렇다. 이전에 없던 신흥 지대 수취 계급인 오피스 공유 브로커는 사실상 빌딩 건물주와 사무실 임대인 사이에 새롭게 끼어든 옥상옥의 지대 수탈자인 셈이다. 그럼에도 위워크의 지대 활동은 오피스 공유로 자원의 효율성을 높인다는 이유로 공유경제의 미덕으로 포장되거나 임대문화의 혁신으로 묘사된다.

위워크 같은 공유경제 플랫폼의 가치화 과정의 내면을 들여다보면 대단히 퇴행적이지만, 이에 비해 그 외양은 세련되고 번지르르하며 심지어 정치적·사회적으로 혁신을 주도하는 기업 모델로 쉽게 격상된다. 특히 기존 구재벌을 자본주의 시장 진화의 이전 단계로 취급하며 마치 자신을 구습을 넘어선 혁신의 세련된 기업 주체로 홍보하는 일은 공유경제의 핵심 이미지 메이킹 방식이라 할 수 있다. 안타깝게도 이들 공유경제 플랫폼의 신자유주의 이데올로기적 포장은 대중에게 그리 확신을 주지도 안정적이지도 못하다. 공유경제는 그 장밋빛 슬로건과 달리, 극대화된 공간 효율성 대 옥상옥의 지대 수탈, 이용자의 자유 계약과 참여 대 데이터 활동의 포획, 플랫폼 앱의 편리와 효율 대 알고리즘의 통제 논리, 노동 유연성 대 위태로운 플랫폼 노동이라는 이항 대립의 등식을 층층이 양산하고 있다. 현실에서는 전자의 슬로건과 달리 매번 후자의 사회 사건과 의제가 대두되며 그 민낯을 자주 노출해왔다.[12] 공유경제는 노동 착취에 기댄 이전의 자본주의 가치화 방식과 달리 개방과 효율의 가치에 많은 부분을 의탁하는 듯 보이지만, 생산과정 외부에서의 다양한 수탈 기제를 동원하고 있다. 그럴수록 내적 모순 또한 쉽게 불거져 터질 수 있는 불안한 지위에 처해 있다고 하겠다.

무엇보다 공유경제의 '공유' 개념에서 누군가 낭만적 의미의 나눔이나 호혜를 기대한다면 오산이다. 왜냐하면 여기에서 공유는 단순히 서로 남는 유·무형의 자산을 최적화하는 행위, 즉 자본주의 체제로 흡수된 유휴 자원의 효율적 유통의 로지스틱스와 적재적소의 배치라는 점이 보다 분명해지는 까닭이다. 달리 말해 우리의 기대치와 달리, 공유경제의 '공유'란 시민 공통의 자원 운영을 통한 가치 생산과 이의 공정 배분, 그리고 더 나아가 사회적 증여 행위를 행하는 '커먼즈' 철학과는 무관한, 플랫폼 자원 중개형 경제 활동에 다름 아님을 확인하게 된다.

공유경제에서 도시 커먼즈로

역사적으로 배타적인 사적 소유 기반의 자본주의 인클로저 질서가 현실의 불평등과 삶의 질곡을 더욱 확대 재생산해 왔음은 주지의 사실이다. 정부 또한 환경, 토지, 건물, 유휴부지, 노동

---

12. Frank Pasquale, "Two Narratives of Platform Capitalism", *Yale Law & Policy Review*, no. 35, 2016, pp. 309~19.

고용, 공공데이터 등 유·무형 자원의 공적 운영과 관리에 있어서 관료주의적 한계를 보여 왔다. 우리는 보통 중앙 정부, 시 정부, 지방자치단체 소유의 공적 자원 관리 시스템을 '공유'公有 체제로 명명해왔다. 그와 더불어 유·무형 자원의 자본주의 사적 생산과 거래 시장 대부분을 '사유'私有화된 기업 소유 체제로 여겨왔다. 이제 자본주의 체제에서 이 두 가지 소유와 운영 방식에 대한 한계가 더욱 분명해졌다. 시민 다중 스스로 도시 자원과 부를 공동 생산하고 함께 관리하며 그로부터 발생한 이익을 평등주의적으로 나눠 '공유'共有하는 '비소유적' 관계 혹은 공동소유 관계의 대안 실천 운동이 존재하는 까닭이다.

앞서 3장에서 살핀 것처럼, '커먼즈'는 국가나 사기업의 소유권 대신 시민사회의 주도와 구상 속에서 시민 자신이 도시와 지역 자원을 공동 생산해 관리하며 그 가치를 사회 전체로 확산하려는 일종의 시민 코뮌적 자치 구상이다. 시민 다중이 더불어 함께 구성하고 나누는 '공유' 운동은 바로 커먼즈와 일맥상통한다. 커먼즈는 엘리트 관료주의적 행정이나 사유화된 수탈의 신흥 인클로저 논리에 피로도가 높아진 시민 공동체가 스스로 국가와 기업 의존도를 낮추고 자립과 자치에 의해 유·무형 자원을 관리하고 운영하려는 실천 운동이다. 즉 오늘날 커먼즈 운동은 정부의 공적 지원 체제와 기업들의 사유 질서가 지닌 구조적 한계를 인식하고, 시민 스스로 자원의 공동 소유와 공동 생산의 자치 활동을 통해 공공과 사유의 관할권을 넘어서려는 시도이다. 더불어 커먼즈는 플랫폼에 기댄 신생 공유 경제의 속 빈 '셰어링'(공유 형식)의 자원 중개를 통한 지대 추구와 인클로저 욕망을 경계하면서도, 유·무형 자원을 매개해 시민 스스로 연대와 결속의 '커머닝'(공유 내용) 감각을 되찾는 데 주목적이 있다.

온라인 플랫폼 장치를 주축으로 하는 자원 물류와 유통 체제인 주류 공유경제는, 겉으로만 나눌 뿐 나눈 것의 사회적 분배와 증여 효과가 거의 없고 이전에 비자본주의적이라 봤던 사회문화적 덕목들(카풀, 잠자리 제공, 식사 나눔, 공동육아 노동 등)까지도 새로운 사적인 자원 수탈 구조로 대거 흡수하거나 포획하는 폭력의 시장 기제임이 확인된다. 반면 커먼즈는 자본의 사적 이익이나 국가의 공적 간섭으로부터 자율성을 띠면서, 다원적 시민이 유·무형 자원을 통해 새로운 사회적 유대의 조건인 공생의 가치를 확장하고 공통의 호혜 관계를 구축하는 행위이자 실천에 해당한다. 다시 상기해보면, 커먼즈는 (1) 평등하고 열려 있는 물질·비물질 자원 혹은 '공통의 부', (2) 공통의 부를 나누고 협력해 나눠 쓰고 생산하는 커머너의 자율 '공동체', (3) 특수한 다면적 사회 노동(행위, 실천)으로서의 공통 행위이자 자원의 공동생산 방식으로서의 '커머닝'으로 이뤄진다.[13] 여기서 커먼즈는 국가와 자본에서 분리된 물질·비물질의 시민 공

---

13. De Angelis, *Omnia Sunt Communia*, p. 119.

통 '자원 혹은 부' 그 자체를 일컫기도 하지만, 더불어 이 자원을 공동 생산하고 접근을 관리하며 규율하는 자율 조직의 성원들인 '커머너', 그리고 자치 규범과 관계 방식을 규정하는 '커머닝' 모두를 포괄하는 개념으로 봐야 한다. 그래서 플랫폼에서 단순히 '셰어링'(중개) 행위를 통해 자원의 효율적 배치와 유통의 합리성을 획득하려 한 공유기업의 형식적 지향은 그 어떤 커머닝 행위와도 무관하다. 커먼즈 운동은 중개인의 독점적 지위를 제거하고 평등한 관계의 커머너들 스스로 자율적으로 자원의 협력 생산을 행하고, 이로부터 산출된 결과물을 서로 나누고 자치 규범을 만들어나가는 '커머닝' 활동을 통해 다른 삶의 가치를 생성하는 실천임이 재차 강조되어야 할 것이다.

동시대 커먼즈 운동은 주류 자본주의 질서에 크게 위협이 되지 못하는 채로 아직은 미시적인 공간 실천에만 머물러 있다. 하지만 커먼즈 운동은 사회적 경제, 증여(선물)경제, 지역 자치 운동, 환경운동, 도시 코뮌 등의 깃발을 달고, 사회의 여러 차원과 층위에서 인클로저와 강탈에 의해 축적을 이룬 구조화된 자본주의 도시 공간 내부로부터 시민 스스로의 자치권을 탈환하려는 이른바 '반란도시'rebel cities 생성의 자극제 구실을 하고 있다.[14] 실천 개념으로 보자면, 이는 일종의 '도시 커먼즈'urban commons적 전회라 규정할 수 있겠다. 도시 커먼즈의 양상은, 이를테

---

14. 데이비드 하비, 『반란의 도시』, 한상연 옮김, 에이도스, 2014.

면 건물 점유 스쾃, 도시 텃밭, 도시 생태 공동체, 플랫폼 노조와 협동조합, 마을공동체, 도시공유지 운동, 지역 화폐 운동, 지식 재산권에 대항하는 오픈소스 라이선스 커뮤니티, 카피레프트 운동 등 신자유주의 인클로저 질서에 틈을 벌리고 이질의 자율적 '헤테로토피아'heterotopia 공간을 생성하는 실천 행위들을 아우른다.[15] 궁극에 이는 체제 안팎에서 비자본주의적 삶을 도모하기 위한 전진 기지, 즉 '문지방 경계지'threshold spatiality 실천의 장을 구축하려는 시도라 할 수 있다.[16]

결국 '도시 커먼즈'는 기업(사유)과 정부(공공) 주도의 도시 자원 통제를 넘어서서 시민 공동체 자율에 의한 유·무형 자원의 지속가능한 공동 생산(커머닝)을 모색하는 운동이다. 달리 말해 도시 커먼즈는 도시 안팎에 반-인클로저의 대항력을 키우는, 즉 줄 그어진 체제 경계를 넘나드는 '문지방 정치'의 시민 주체화 과정이라 할 수 있다. 자본주의 도시 속 다른 삶을 구축하려는 도시 커먼즈 기획은 공통의 부를 시민 자신이 자치적으로 운영하며 전통적인 공동체적 호혜 가치를 되살리고 새로운 공생 관계를 모색하려는 시민 도시권 확장의 정치학으로 볼 수 있다.

계획, 개발, 약탈 지대, 폐쇄, 안전, 통제 등 물리적 인클로저

---

15. 미셸 푸코, 『헤테로토피아』. 이상길 옮김. 문학과지성사, 2014.

16. Stavros Stavrides, *Towards the City of Thresholds* (Common Notions, 2010).

질서에 기댄 오늘날 자본주의 도시 정책은, 그 어떤 다른 삶을 위한 도시정의나 시민 협력적 관계를 확장할 수 있는 도시 커먼즈에 기댄 실천 구상이나 전망을 주지 못하고 있다. 그 와중에 일부 대도시 자치 정부는 플랫폼 기반형 공유경제 시장을 통한 도시 자원의 효율적 사용을 정책 의제로 삼으면서 도시 전환의 정책 효과를 얻으려는 시도를 계속해왔다. 마치 공유경제의 자원 중개 모델을 도시 '혁신'의 근본 기제인 것처럼 호도해왔다. 불행히도 서울시를 포함하여 혁신을 내세우는 해외의 도시 정부들 또한 호혜의 도시 커머닝적 실천과 무관하게 주류화된 '공유경제'의 흔한 작동 경로를 따라 플랫폼 시장을 지원하고 홍보하는 전략을 그대로 가져와 취하는 오류를 보였다. 이는 자본주의 인클로저 질서를 긴장하게 할 만한 어떤 도시 속 시민 대항력이나 자율성의 계기도 충분히 만들어내지 못하고 있다.

다만 일부 도시 커먼즈 이론가와 시민 활동가 집단을 중심으로 벌어지는 플랫폼 소유권과 분배, 시민 자원의 공동 생산, 공생의 관계 가치 형성에 기초한 커먼즈형 도시 전환 실험은 주목할 만하다.[17] 이들 지형은 인클로저 질서에 대항해 자본주의 체제 '바깥'에서 자율과 대안 커먼즈를 구축하려는 이론적 실천 논의들[18]에서부터, 체제 '안'에서 커머너 스스로가 커먼즈와

---

17. 예를 들어, 이의 이론적 자원과 실험은 P2P Foundation, *Commons Transition and P2P*, The Transnational Institute, 2017 참고.
18. 예를 들어, 체제 '밖'의 이론적 실천 제안은 맛시모 데 안젤리스, 『역사의 시

시장의 협력 속에서 플랫폼 성과와 분배에 대한 '지속가능한 화해 지점'을 찾으려는 현장 실험 논의에까지 걸쳐 있다.[19] 후자의 시각은 자본주의 시장을 직접적으로 지양하는 대안 구상보다는, "시장도 공동체에 사회적으로 융화되고 지역의 필요에 부응하는 방식"으로 여기면서 시장과 함께하는 사회 전환적인 실천 구상을 도모하려 한다.[20] 이들 현실 개혁주의에 기댄 도시 커먼즈 이론 및 실천가 그룹은 대체로 커먼즈의 구성을 후원하고 지원하는 중앙 정부와 지자체 정부의 '파트너 국가' 역할과 시민과의 평등주의적 '협치' 관계를 긍정적으로 본다.[21] 결국 그것이 체제 '밖'이건 '안'이건, 도시 커먼즈는 공유경제의 껍데기뿐인 '공유' 이데올로기의 신화를 걷어내고 신생 인클로저 질서의 폐해에 대항하기 위한 실천력이 되어야 한다. 즉 도시 커먼즈는 도시 속 자원 순환 과정에 어떻게 시민이 유기적으로 연결되고, 이들 자원 운영을 어떻게 시민 협력적인 방식으로 일궈낼 수 있을 것인가에 대한 비판적 질문을 제기한다.

이어지는 논의에서는 시민 다중 중심의 '도시 커먼즈'와 다

작』, 권범철 옮김, 갈무리, 2019, 그리고 권범철, 「현대 도시의 공통재와 재생산의 문제」, 『공간과 사회』, 제27권 2호, 2017, 119~49쪽 참고.

19. 체제 '안' 커먼즈 구상에 대해서는 Bauwens, "Open Cooperativism for the P2P Age", 그리고 이승원, 「포퓰리즘 시대, 도시 커먼즈 운동과 정치의 재구성」, 『문화/과학』 101호, 2020, 79~97쪽 참고.

20. 볼리어, 『공유인으로 사고하라』 참고.

21. '파트너 국가'에 대한 구체적인 논의는, 바우웬스·코스타키스, 『네트워크 사회와 협력 경제를 위한 미래 시나리오』 참고.

르게 자기모순적 지위에 놓였던 '공유도시 서울' 정책 도입 과정과 맥락을 하나의 특징적 사례로 살피고자 한다. 정책 입안 초기에 해외에서의 공유경제 열풍이 서울시 도시 정책에 미친 시대 상황을 되짚어보고, '공유도시 서울'이 봉착했던 한계를 넘어서서 이 서울시 정책을 시민력에 기댄 도시 커먼즈로 재구축할 수 있을지 그 가능성을 엿보고자 한다.

'공유도시 서울'의 딜레마

서울시 '공유도시 서울'Sharing City Seoul 정책은 자본주의 공유경제의 자원관리 시장 모델에 크게 자극받아 도시 경기 침체와 고용 문제를 풀고 도시 자원의 효율성을 극대화하려는 목표를 갖고 출발했다. 하지만 무엇이든 나누고 함께 사회 가치를 키운다는 공유도시의 슬로건은 풀뿌리 시민 스스로 도시 자원을 매개해 공생공락의 관계를 확대하는 것과는 질적으로 거리가 멀었다. 도시 유·무형 자원의 '인클로저' 질서에 기댄 주류 플랫폼자본주의와 유사한 논리라는 점만을 확인해줬다. 고 박원순 시장 시절 '공유도시 서울'의 지난 1, 2기 사업 (2013~2020) 기조와 내용을 되돌아보면, '공유도시 서울'은 시민사회의 공생적 자원 생산과 협력 방식을 마련하기보다는 닷컴 경제 이후 부각된 도시 유휴 자원 중개를 통한 가치 전유와 포획의 공유경제 시장 질서로부터 크게 영향을 받았고 시 정부

정책에서도 이를 거의 유사하게 답습하는 양상을 보였다. 시민 커머너의 자율적 자원 공동생산을 독려하는 '도시 커먼즈'와 달리, '공유도시 서울'은 처음부터 자원 중개 효율에 주로 집중했던 공유경제형 모델이었다.

2012년 9월, 박원순 서울 시장은 '공유도시 서울'을 최초로 선언했다. 서울시는 '공유도시 서울' 정책을 추진하게 된 배경을 다음과 같이 제시한다.

(공유도시 서울은) 시간, 공간, 재능, 물건, 정보 등 누구나 소유하고 있는 것을 함께 나누어 활용함으로써 쓰지 않고 놀리는 자원을 효율적으로 활용하고, 지역경제를 활성화하며, 이웃과 공동체 의식도 형성하고, 환경에도 이로운 활동인 '공유'共有가 활성화된 도시입니다.

같은 해 12월 서울시는 이의 구체적 실행을 위한 「서울시 공유 촉진 조례」를 제정한다. 이 조례에 따르면 공유도시 서울의 목표는 "쓰지 않고 놀리는 자원(시공간, 재능, 물건, 정보 등)을 효율적으로 활용"해 당면한 경제, 복지, 환경 등 시정 과제를 개선하려는 데 있다. 서울시는 당시 서구에서 유행하고 국내에서 시작된 공유경제의 '공유(중개) 개념 정의를 채택했다. 서울시는 플랫폼 시장주의자의 '공유' 개념을 도시 정책에 적용하려 했다. 공식적으로 서울시는 "복지, 환경, 일자리 등에서 사회적 수요는 급증하고 있으나 한정된 예산과 자원으로 이를 해결하는 데 어려움"을 겪고 있는 메트로폴리탄 도시 서울의 문제를 자원 '공유'의 방법으로 완화하려는 정책 구상을 제시했다.

공유도시 서울 사업은 2013년 시작해 2020년까지 4년 단위로 제1, 2기 사업을 마무리했다. 여기서는 현재 진행형이지만 정책의 향방이 불투명해진 마지막 제3기 사업 논의(2021~2024)는 분석에서 제외한다. 그 까닭은 우선 2020년 7월 박원순 전 시장의 갑작스러운 사망과 함께 '공유도시 서울'의 상징 인물이자 사업 추진 핵심 주체가 사라졌다는 데 있다. 더군다나 오세훈 보궐 시장 체제에서 그간의 시민사회 '협치' 의제를 지우려 했고, 그 일환으로 공유도시 서울의 정책 업무 주관 기관이자 사업 전담 부서였던 '서울혁신기획관'이 사라진 것도 결정적이다. 이와 같은 정황에서 실제 '공유도시 서울' 정책 사업의 출발과 그 연장선상에 있었던 정책 내용에서 핵심은 제 1, 2기 사업이라고 할 수 있다.

구체적으로 보면, '공유도시 서울'의 제1기(2013~2016) 사업은 도시 유휴자원의 활용을 극대화하고, 도시 자원 공유를 통해 시민들 사이의 사회관계망을 형성하고 나눔과 연대의 공동체를 복원하며, 공유경제와 '협력적 소비'를 통한 일자리를 창출하여 도시경제를 활성화하는 나름대로 중요한 공공 정책 추진 방향을 제시하고 있었다. 공유도시의 정책 슬로건을 옮기자면, '도시 자원 활용 극대화', '공동체 의식 회복', '지역경제 활성화'가

1기 공유도시 정책의 핵심 추진 방향이라 볼 수 있다.[22] 공유도시 제2기(2017~2020)는 1기와 크게 다르지 않았다. 기존의 도시문제 해결 방향 및 해법을 계속해 유지하면서 '행복한 시민의 삶'이라는 새로운 정책 목표를 추가하고 있을 따름이다. 구체적으로 도시 자원 공유나 공유 인프라를 통해, 교통, 주거, 환경, 경제(일자리, 생활비 절감 등) 영역에서 시민의 생활 문제를 해결하고 이들 공유도시 정책 사업을 적극 시민에게 알려 좀 더 많은 시민이 공적 수혜를 얻게 하겠다는 정책 목표를 세웠다.[23]

서울시 전체의 방대한 예산 집행에 비하면 공유도시 사업비 지출은 사업 시작 이래 1, 2기 통틀어 약 20억 원 정도였으니 규모가 그리 크진 않았다. 그럼에도 출발선에서 따져 보자면 공유도시 사업 자체가 시 정부의 혁신 정책이자 민관 협치 사업이라는 점에서 상징적인 의미는 충분했다. 공유도시 사업은 주로 혁신기획관이 주요 기본 계획을 짜고 지원 행정 업무를 다루었지만, 공유도시 사업 내용에 따라 서울시의 다른 부서나 서울 지역 자치구가 주관 업무부서가 되거나 협력 관계로 참여하는 경우가 많았다. 더불어 서울시는 '공유' 개념의 확산 및 관련 사업에 대한 시민의 주목도를 높이기 위해서 오픈 플랫폼 '공유허브'sharehub.kr를 통해 공유 사업 및 사례 소식을 알리고, 공유도

---

22. 서울특별시, 「공유도시 서울 추진계획」, 서울시 혁신기획관, 2012. 10.
23. 서울특별시, 「공유도시 2기 추진계획」, 서울시 혁신기획관, 2015. 4.

시 사업의 시민 인지도를 높이는 일을 도모했다.

「서울시 공유촉진 조례」(특히 8~10조) 및 「지방보조금 관리 조례」에 따라, 공유도시 사업은 크게 두 가지 영역에 집중했다. 하나는 공유기업 단체 지정 및 공유촉진사업비 지원 정책, 그리고 다른 하나는 자치구 공유촉진 사업 정책이다. 공모로 진행하는 사업들이나 주요 정책 사안을 다루기 위해 '공유촉진 위원회'가 유지되었고, 이들은 주로 공유 기업과 단체를 선별해 지정하고 지원하는 업무를 수행했다. 공유기업이나 단체로 지정되는 단위에게 주어지는 혜택은 재정 지원을 제외하면 주로 '공유도시 서울' 디자인 로고 사용권 부여 및 홍보 혜택, 서울시 및 자치구와의 협업과 제도개선 등 행정지원, 컨설팅 투자유치 지원 등이었다.

〈표 3〉에서 보듯 제1기 공유도시 사업은 자원 유형에 따라 물건, 공간, 사람, 시간, 정[補] 다섯 가지 공유 범주로 나눠 총 20개의 공유 사업을 추진했다.[24] 제2기 공유도시 사업은 물건, 공간, 재능·정보, 기반 조성이라는 네 가지 공유 유형으로 재분류하고, 1기에서 나름 성공적이었던 5개 사업(나눔카, 아이옷·장난감 공유, 주차장 공유, 도시형 민박, 한지붕 세대공감)을 포함해 총 19개 사업을 수행했다.[25]

---

24. 서울특별시, 「공유도시 서울 추진계획」 참고.
25. 서울특별시, 「공유도시 2기 추진계획」 참고.

시기	자원 유형	주요 지원 기관명	중개 자원 항목
1기 (2013~16)	물건, 공간, 사람, 시간, 정	페어스페이스, 아이들랏, 홈스테이코리아, 코자자, 모두의주차장, 셰어하우스 우주, 처치플러스, 쏘카, 집밥, 위즈돔, 위시켓, 외국인관광도시민박협회, 플레이플래닛 등	빈 사무실, 잠자리, 주차장, 한옥, 셰어하우스, 빈 교회(예식장화), 자동차, 소셜다이닝, 경험·재능, 전문직종 일자리, 도시형 민박, 현지 여행안내 서비스 등
2기 (2017~20)	물건, 공간, 재능·정보, 기반 조성	홍합밸리, 버스킹티비, 아트립, 히든북, 셰어잇(주), ㈜공독, 열린옷장, 씨엘인포넷, 어픽스, 은평e품앗이, 마지막삼십분, 매스아시아, 조인어스코리아, 에이유디, ㈜블렉시트, 아이랑놀기짱, ㈜허밍비 등	스타트업 사무실, 거리공연 공간, 숙박지(전시공간화), 돗자리 도서관, 학교 체육시설, 독서실 공유석, 취업 정장 대여, 아이(중고)용품, 재능기부/공구대여, 일자리, 민간 자전거대여, 국내체류외국인다문화 지식공유, 청각장애인 문자공유, 버킷리스트 공동실현 플랫폼, 아이돌봄, 시니어일자리 등

표 3. '공유도시 서울' 정책 기업·단체 지원 세부 내용[26]

서울시는 '공유도시 서울'을 통해 도시 공유자원 정책의 입지를 국내외 도시 혁신 브랜딩 이미지로 확대하는 활동을 앞장서서 벌여왔다. 예컨대, 공유도시 사업의 일환으로 국내 '공유경제 도시협의체'를 구성해 주요 지역 도시 간 협력 사업, 국제 컨

---

26. 122개 공유기업·단체 지정 및 사업비 지원 상세 내역에서 주요 지원 기업과 단체 항목들만 추려 정리하였다(서울특별시, 「서울시 공유서울 3기 기본계획 수립 기초조사 최종보고서」, 서울시 혁신기획관, 2019. 12. 참고).

퍼런스 개최, '공유경제 국제자문단' 운영, '공유도시 어워드' 시상 등을 주도하며 서울시를 공유경제의 글로벌 거점으로 브랜딩하고자 했다. 해외 언론이나 관련 주요 해외 연구자, 시민 정책가, 활동가 일부가 '공유도시 서울' 정책을 중요한 도시 혁신 사례로 언급하면서, 오히려 국내보다는 해외에서 '공유도시 서울'의 위상이나 인지도 효과를 높였다.[27] 10여 년 세월이 흘렀으나 시민의 공유도시 인지도는 상당히 떨어지는 편이다. 서울시는 공유사업 성과를 확인할 요량으로 사업 시작 후 매년 「공유도시 시민인식 조사」를 실시하기도 했지만 인지도가 크게 늘진 않았다.[28] 그나마 '공공자전거 따릉이', '나눔카'(카셰어링), 주차장 공유(거주자우선주차장, 부설주차장), 공공데이터 개방, 공공 공간 및 체육 시설 공유 정도가 좀 알려진 자원 공유에 해당한다.[29]

유럽과 미국 등 국제 혁신도시들이 서울시 '공유도시' 정책 실험을 참조하고 이들 사이의 상호 공조와 협력이 확대된 것은 긍정적이라 할 만하다. 하지만 '공유도시 서울'의 국제 브랜딩 파워와 '공유' 문화에 대한 시민 인지도를 확산하려는 노력에도 불구하고, 서울시의 공유 정책 내용은 출발부터 그 방향과 내용에

27. 예를 들어, 예를 들어, 샌프란시스코 소재 공유 시민단체가 발행한 Shareable (ed.), *Sharing Cities* (Shareable, 2017) ; Duncan McLaren & Julian Agyeman, *Sharing Cities* (The MIT Press, 2015) 참고.
28. 서울특별시, 「공유도시 인지도 조사결과 보고서」, 2019. 12.
29. 서울특별시, 「공유서울 3기 기본계획 수립 보고서」 참고.

서 여러 한계를 안고 있었다. 우선 '공유도시 서울'의 역사적 탄생 배경에서 근본적인 딜레마가 관찰된다. 미리 이야기하면 '공유도시 서울'은 서구 공유경제 시장 기조를 시 단위 공공사업에 가져와 응용한 꽤 흔치 않은 정책 모델이다. '공유도시 서울' 정책은, 사실상 미국 실리콘밸리에서 태동한 공유경제의 작동 기제를 본떠 도시 혁신 정책으로 벤치마킹한 사례로 볼 수 있다. 2010년대 초 자본주의 경기 침체 속에서 부상한 신흥 공유경제 시장의 자원 교환과 물류 효율화 방식을 서울시 도시 자원의 관리와 혁신 정책의 논리로 가져왔던 것이다. 실제 미국에서는 주로 빅테크 플랫폼 기업이 관련 시장을 선도하고 실물 경제 저변에 공유경제 논리를 확대하는 모양새를 취하고 있다면, '공유도시 서울' 정책의 경우에는 초기 공유경제 시장 논리를 시장 역할자가 아닌 서울시 정책 당국자가 이를 도시 공공 혁신 정책의 의제로 받아들였다는 점에서 꽤 독특하다고 볼 수 있다.

2012년 '공유도시 서울' 선언 당시는 이미 국제적으로 미국식 공유경제가 성장 중이었고 우리 사회에 영향력을 미치던 시점이라는 점을 기억해야 한다. 더욱이 비슷한 시점에 규모나 집중도 측면에서 서울시의 핵심 사업이던 '마을공동체 만들기' 정책이 공표됐다는 점 또한 상기할 필요가 있다. 즉 삭막한 도시 삶 속에서 사라져가는 풀뿌리 지역 주민 공동체 단위를 복원하고, 이를 통해 공동육아·교육·마을미디어·주거·자치 등 생활의 필요를 지역 주민이 함께 해결해나가는 현대적인 의미의 '마을공동체'를 구성하려는 박원순 시장의 사뭇 '낭만주의'적인 정책 지향이 상승세를 타던 때였다.[30] 당시 공유경제의 자원 '공유' 개념은 도시공동체 복원 의제와 공명했고 이를 구현하는 하위 혁신 의제로 여겨질 만했다. 즉 '공유도시' 사업은 도시 속 '마을공동체 만들기'와 기본적으로 동일한 정책 계열 안에 있었다고 볼 수 있다. 공유도시 선언 시점만 하더라도, '공유경제' 모델을 도시 문제 해결이나 사회혁신 방식으로 끌어오려는 서울시의 의도 자체는 꽤 참신한 기획으로 비칠 수 있었다. 하지만 2010년대 중후반경에 이르면 플랫폼 기업의 이윤 독식 구조와 이에 기댄 플랫폼 노동 위험의 외주화, 그리고 이에 매달린 취약 노동자의 노동인권 문제가 세계 곳곳에서 동시에 터져 나오기 시작한다. 국내에서 공유경제의 실체가 자원의 효과적 배치와 중개에 의한 '합리적 소비'에 불과하다는 사실이 점점 드러나게 되면서, 공유도시 정책의 위상도 함께 흔들렸다.

'공유도시 서울' 정책은 공유경제의 사실상의 '시장실패'와 약탈성에 대해 그동안 이렇다 할 성찰이나 현실의 정책 대안을 제시하지 못했다. 애초 정책 슬로건으로 삼았던 도시 자원의 '공유'와 '마을공동체 호혜와 상생'의 슬로건과는 크게 거리감이 있는, 공유 시장 활성화를 위한 소모적인 정책 사업만을 집행했다는 비판을 마주하게 됐다. 게다가 '공유도시 서울' 정책을

---

30. 박주형, 「도구화되는 '공동체'」, 『공간과 사회』, 제23권 1호, 2013, 4~43쪽.

몇몇 소규모 공유 기업과 단체를 지정하고 소액 지원하는 공공 서비스 정책으로 좁혀 정의하면서, 도시 거주 시민과 서울이라는 광역지자체의 유·무형 도시 자원의 호혜적 가치를 읽는 '커먼즈로서의 서울'이라는 거시 접근의 맥락까지도 놓치는 우를 낳았다.[31] '공유도시 서울' 사업은 공유경제의 자원 중개 모델을 통해 사회혁신을 이루려던 서울시의 초기 의욕과 달리 자원 배치와 자원 중개의 기계적 능률만을 앞세운 주류 공유경제 모델과 흡사해져 갔다. 자연스레 시민 주도의 자원 공동 생산이나 "나눔과 연대의 공동체 복원"이라는 이상적 목표 설정과도 크게 멀어져갔다. 요약건대, '공유도시 서울'은 서구 공유경제의 비즈니스 모델이 서울시 '공공' 사업 모델로 정착하면서, 이도 저도 아닌 엉거주춤한 상태에서 서울시 지원 형태의 '공유'(중개) 정책 모델이 됐다. 시 정부가 관리하는 공유경제 촉진 사업 정도로 '공유도시 서울'의 위상이 잡히면서, 사실상 '도시 커먼즈'의 목표로 의당 고민했어야 할 시민 주도형 상호 호혜나 공생의 가치나 도시 자원의 공동 생산을 위한 사례 발굴과 지원은 거의 부재했다.

더 근본적으로는 '공유도시 서울' 정책에 '공유' 개념의 국내 번역에서 오는 혼선, 그리고 그 불분명한 개념적 혼동이 도시정

---

31. 곽노완, 「'공유도시 서울'과 글로컬아고라의 공유도시」, 『마르크스주의연구』, 제10권 제3호, 2013, 146~171쪽.

책 지향으로까지 이어진 정황이 존재한다. '공유도시 서울'의 영어식 표기법은 잘 알려진 바처럼 'Sharing City Seoul'이다. 여기에서 우리는 공유경제의 '셰어링(중개)' 시장 논리가 곧바로 도시 정책으로 승계된 이력을 추측할 수 있다. 실제 공유도시 사업을 설명하기 위한 공유허브 사이트의 '공유경제 사용설명서'라는 항목에서도, 남아도는 유휴 자원의 '협력적 소비'Collaborative consumption를 통해 "전통적인 상업경제에서 발생하는 각종 문제와 위기상황을 보완"하는 공유경제 모델을 '공유도시 서울' 정책에 가져와 각종 사회 문제 해결의 계기로 삼겠다는 취지를 분명히 밝히고 있다.[32]

공유도시 서울 선언이나 조례 내용을 보면, 공유경제 '중개' 모델을 차용한 흔적을 보다 분명히 찾을 수 있다. 「서울시 공유 촉진 조례」의 '제2조 공유' 정의를 보자. "공유共有란 공간, 물건, 정보, 재능, 경험 등 자원을 함께 사용함으로써 사회적·경제적·환경적 가치를 창출하는 활동"이라고 적고 있다. 조례의 '공유' 정의 방식은 공유경제의 자원 중개 모델에 대한 설명이나 정의와 완벽하게 일치한다. 그런데 2조의 정의와 다른 곳들에 공유에 '共有'라는 한자어를 괄호 안에 병기하면서부터 혼란이 발생한다. 한자어 '共有'에 가장 적합한 영어는 실지 '셰어링'이 아니

32. 서울특별시, "서울시 공유허브 '공유경제 사용설명서'", 공유허브, 2021년 10월 18일 접속, http://sharehub.kr/shareguid/share Start.do 참고.

라 '커먼즈'인 까닭이다. 보는 이에 따라 서울시의 '공유'가 공유경제로부터 왔다고 여길 수도, 아니면 '커먼즈' 가치를 염두에 둔 뉘앙스로도 오독할 수 있는 혼선을 야기한다. 게다가 제1기 사업 기본계획에서는 "나눔과 연대의 공동체 복원"이라는 커먼즈의 슬로건 또한 함께 쓰이고 있어 혼동은 더욱 커진다.

어찌 보면 혼동의 보다 깊은 근원은 국내에서 'sharing economies'를 애초부터 '공유경제'로 번역해 기술한 데 있다. '셰어링'의 쓰임새로 보자면, 이는 단순히 서로 남는 유휴 자원을 플랫폼이라는 기술 장치를 통해서 최적화해 시장 거래하는 수요와 공급의 효율적인 '중개' 행위에 가깝다. 이 '셰어링'은 역사적으로 우리의 오래된 전통 마을공동체 개념에서 비롯한 서로 나누고 협력하는 공동 소유나 품앗이, 상호 부조나 사회적 증여 행위를 통칭하는 '공유(커먼즈)' 문화와는 정작 거리가 멀다. 처음부터 '셰어링'은 인클로저 질서 속에서 살아남은 비자본주의적 부조나 증여까지도 자본주의 사적 시장의 플랫폼 이윤 활동으로 끌어들이려는 신종 유통 플랫폼 질서라는 점에서, 우리말 번역어를 굳이 찾는다면 '중개'라는 말이 더 잘 어울렸다. 주류 사회의 문화 번역 과정에서 '중개' 대신 '공유'라는 잘못된 개념어 선택이 일어났다고 볼 수 있다. 물론 그 번역은 중개 플랫폼의 약탈성을 은폐하기 위한 의도된 취사선택일 수 있다.

알다시피 우리의 '공유'共有 개념은 서구의 실리콘밸리 공유경제 개념과 거리가 멀고 오히려 상호부조의 전통 관계에 기댄 서구 '커먼즈' 개념에 더 가까운 용어법이다. 한 사회에 착근된 개념과 언어가 특정의 세계관을 불러일으키고 이를 유지한다고 본다면,[33] 우리네 도시정책 입안가는 초창기 수입된 '공유경제'라는 혼돈스러운 용어법에 대한 보다 철저하고 비판적인 해독 과정을 소홀히 했다고 볼 수 있다. 서구 '공유경제' 모델의 국내 도시 정책 도입에 따른 개념에 대한 토론이 생략되면서, 자원 중개(셰어링)경제 개념이 국내에 그리 큰 저항 없이 쉽게 이식되어 우리의 도시혁신 과제로 성마르게 안착됐던 정황이 있다.

공유도시 사업 제2기 막바지에 접어들면 새로운 정책 상황 변수가 등장한다. 서울 시장과 혁신기획관 등 공유 사업 집행 단위들을 중심으로 유럽의 '도시 커먼즈' 개념의 실천적 가치를 새롭게 주목하게 된다.[34] 공유 플랫폼 중개 업체의 거듭되는 시

33. David Bollier & Silke Helfirich, *Free, Fair and Alive* (New Society Publishers, 2019), pp. 60~61.

34. 공유경제에 기댄 도시 자원의 효율 관리론에 대한 비판에 직면해, 도시커먼즈적 가치에 기반한 서울시의 정책 전환 논의가 없었던 것은 아니다. 3기 사업 방향을 앞두고, 2019년 10월 1일 서울혁신파크에서 개최되었던 서울특별시 주관 〈2019 미래혁신포럼 : 공생공락의 도시 커먼즈를 위하여〉라는 주제의 국제 컨퍼런스와 관련 부대 행사가 중대한 전기를 마련했다. 당시 박원순 시장을 비롯해 국내외 대표급 커먼즈 이론가들과 관련 국내외 시민 활동가들이 세션 논의에 함께하면서 '공유도시 서울'에 질적 전환이 실제 가능한 듯 보였다. 당일 행사는 기존의 공유도시 접근법에 대한 정책 한계들을 점검하고 도시 커먼즈에 기초한 대안 기획 구성을 위한 해외 도시의 경험을 공유하며 관련 기본 합의틀을 마련하는 시발점이 됐다. 하지만 이듬해 박 시장의 사망과 함께 그 전환의 계기마저 소멸되었다. 컨퍼런스 논의 내용은, 〈2019 미래혁신포럼〉 공식 사이트(http://www.seoulfif.co.kr) 참고.

장 교란과 국내 플랫폼노동 악화 상황 또한 시민의 의식을 바꾸는 결정적인 계기가 됐다. 우리 사회에서 이는 신종 인클로저 질서의 문제로 점화됐다. 대항 논리로서 '커먼즈' 개념이 시민사회를 중심으로 서서히 논의되고 자생적으로 실험이 이뤄졌다. 서울시는 이로 인해 기존 '공유' 정책 사업의 정책 회의와 방향 제고까지 유도하는 조짐을 보였다. 그럼에도 여전히 '커먼즈'라는 개념은 정책 단위에서 생경하다. 일단 '커먼즈'라는 외래 명칭의 토착화가 쉽사리 이뤄지지 못하고 있다. 기존 '공유 도시'라는 정책 개념어에 새로이 '도시 커먼즈'까지 가세하면서 인지적으로는 더 혼동된 양상을 보인다. 이미 '공유'라는 우리의 고유 언어가 '공유경제'에 의해 선점된 데다가, '커먼즈'라는 말까지 적절한 국내 번역어를 찾지 못하고 표류하는 상황에 있다. 시민력을 추동하려는 커먼즈 개념을 우리 사회의 일부로 만들기 위해서는, 우리 스스로 쉽게 이해할 수 있는 대중적인 개념과 언어를 새롭게 창안하거나 아니면 공유경제 시장에 의해 오염되기 이전 상태로 '공유' 개념을 현장으로 다시 가져와 우리식 도시 커먼즈의 원뜻을 새롭게 구축하는 일이 요구된다.

공유 정책 모델의 모순과 한계

한마디로 '공유도시 서울'은 실리콘밸리 공유경제 모델을 공적 모델로 변형하여 채택한 정책 사례이다. 여기에서는 시장 중개 브로커 대신 도시 혁신가, 즉 서울혁신기획관이 중심이 된다. 어긋난 출발 때문인지 몰라도 서울시는 공유도시 사업을 통해 커먼즈적 시민력을 키우려는 민관 협력 체제인 '협치' 모델을 적극적으로 구상하지 못했다. 공유도시 기본계획에서 문서상으로 서울시가 도시 자원의 시민 자치 구상에 대한 관심사를 일부 내비치긴 했지만 큰 줄기의 사업 내용은 한마디로 공유경제의 시 정부 후원 정책에 가까웠다.[35] 즉 공유경제 업체나 단체를 지정하고 지원하는 것, 그리고 자치구와 협력해 민간에 공적 행정의 수혜를 베푸는 도시 자원 대여, 중개, 상담, 지원 사업 등에 쏠려 있다. 앞서 〈표 3〉을 다시 들여다보면, 드물게 몇 가지 사업이나 단체 활동을 제외하고는 주류 공유경제 조직과 유사한 스타트업이나 단체에 대한 지원 정책이 대부분이다. 서구의 에어비앤비, 우버, 위워크, 태스크래빗 등과 같은 자원 약탈의 공유경제 모델을 반성 없이 한국형 공간, 교통, 물건, 시간, 재능, 지식, 노동 등 자원 중개 모델로 변형해 가져와 관련 단체와 사업체를 지원하는 정책 업무가 대부분이었다.

'공유도시 서울'에는 시민 자율의 자원 공동생산을 독려하거나 사회적 공생공락의 가치 확대를 진작하려는 도시 커먼즈적 접근은 그리 눈에 띄지 않는다. 어찌 보면 도시 커먼즈 이론 및 실천 논의가 거의 일천했던 국내 현실에서 보면 당연한 일인

---

35. 서울특별시, 「공유도시 서울 추진계획」 참고.

지도 모른다. 게다가 서울시 소관 부처 공무원이나 공유촉진위원조차 '셰어링'(중개)과 '커먼즈'(공유) 개념을 구분하지 못하는 정책 현실 조건에 비춰보면, 도시 커먼즈 구상을 통해 혁신 과업을 진행할 능력이나 실천적 전망이 나오기에는 여러모로 역부족이었다고 판단된다. '공유' 정책 개념과 목표가 불분명한 상황에서, 서울시 내부 관련 부서들에서나 자치구에서 공유사업 가치 추구에 있어서 혼선이나 충돌이 야기되기도 했다. 이는 당연한 결과인데, 공유 사업을 담당하거나 협력하는 부서들 간에도 '공유'를 바라보는 관점의 차이나 온도 차가 존재했기 때문이다. 가령, 시민에게 자전거를 무인 대여하는 '따릉이'는 서울혁신기획관의 핵심 공유 정책 사업이었지만, 운영은 서울시 시설공단이 하며 주관부서는 서울시 도시교통실이다. 이 경우 세 군데 부서는 공유 사업에 대한 해석이나 접근이 크게 갈린다. 시설공단이나 도시교통실은 기존의 여러 대민 공적 서비스 가운데 하나로 '따릉이' 사업을 접근한다. 반면 이제는 사라진 부서가 된 혁신기획관은 이를 공유도시 사업의 틀 안에서 접근했다. '공유'라는 정책 개념 그 자체도 불분명한 상황에서, 공유 사업의 부서별 관할 업무분장으로 인한 정책 목표나 가치의 혼선은 충분히 예상 가능한 일이었다.

서울시는 자전거를 일상 도시 환경 개선을 위한 시민 교통수단으로 발전시킨다는 목표를 갖고 2015년 10월부터 서울시 공공자전거 '따릉이' 사업을 운영해왔다. '따릉이'는 서울시의 가장 대중적으로 성공한 대민 서비스 사업 모델이 됐고, 실적 면에서도 '공유도시 서울'의 가장 성공적인 사례로 언급됐다. 하지만 도시 커먼즈를 위한 사회자원 운영의 시각에서 보면 '따릉이'의 한계는 분명하다. 현재 '따릉이' 시민의 위상은 공용 자전거 서비스를 이용만 하는 소비 고객 수준에 머물러 있다. 달리 말해, 서울시가 공급과 관리를 맡아 일방적으로 최적화된 공적 정책 서비스를 제공하고, 시민은 파손과 분실에 대한 윤리적 책임을 지는 공공 서비스 자원의 '소비' 주체로서의 역할만 부여받는다. 이는 시민을 자원의 공동 협업과 협력을 추구하는 커머너로 간주하지 않기 때문에 발생하는 문제 지점이다. 공용 자전거를 도시 커먼즈적 자원으로 보고 접근했다면, 당연히 시 당국은 도시 생태 사이클에 맞춰 시민과 협력해 자전거 안전 도로 지도를 구축하고, 따릉이 자원을 시민 스스로 관리하고 수리하며 분실과 파손 등에 책임과 의무를 공동 부담하는 커머닝 체제를 만들도록 독려할 수 있었을 것이다. 오히려 서울시는 일반 공유 기업과 단체 지정 및 지원 정책에서처럼, '따릉이' 사업에서도 자원의 공적 지원과 '협력적 소비' 정도에 맞춘 공공 정책 지원 서비스를 짰다. 도시 커먼즈의 시민은 도시 자원을 협력해 함께 생산하고 설계하고 관리하는 실질적 행위자가 되어야 함에도 말이다. 그러다 보니 서울시가 공용 자전거를 이용하는 시민에게 바라는 것 또한 크게 제한적이다. 따릉이 인구가 급증하면서 늘어나는 자전거 파손이나 방치 문제에 책임감을 갖고 도시 교통 자원을 이용해달라는 시민 의식에 대한 호소 정도다.

처음부터 서울시는 사회적 '공유' 행위로부터 어떤 특정의 시민 공동 생산의 협력 가치를 추구하기보다는 플랫폼 기능 그 자체, 즉 자원 중개 행위에 주목했던 측면이 컸다. 특히 사회 '공동선'을 추구하기 위한 원칙을 마련하고, 공유문화 확산에 집중하며, 관련 시민들의 도시 커먼즈적 이해도를 높이려는 노력이 소홀했다. 가령, 공유도시 서울 촉진위원이나 국외자문단의 면면을 보더라도 이들의 '공유' 관점이나 전망이 왜 유휴 자원(이를테면, 잠자리, 카풀, 중고물품 등)의 '협력적 소비'에만 주로 머물러 있고, 시민 공동체의 협력적 생산과 상호 연대까지 나아가지 못하는지 쉬 깨달을 수 있다. 국내 촉진위원과 해외 자문단의 구성에서 보면, 주로 플랫폼 공유경제 업체나 단체 대표, 그리고 공유경제 시장을 대변하는 법률 전문가가 주를 이루면서, 시민 주도의 유·무형 자원 공동 생산의 도시 기획을 제시할 만한 국내외 커먼즈 이론가, 현장 실천가, 전문 자문단의 구성과 정책 개입의 여지는 상대적으로 희박했다.[36]

국제자문단 구성의 면면을 보면 서울시가 추구하려 했던 '공유도시'의 접근이나 관점이 확연히 드러난다. 2013년을 시작

---

36. 서울특별시, 「서울특별시 공유촉진위원회 위원 구성 운영계획」, 2013. 2., 서울특별시, 「공유촉진위원회 위원 위촉계획」, 2016. 2, 그리고 서울특별시, 「'공유경제 국제자문단' 위촉 및 운영계획」, 2016. 5 참고.

위촉 자문위원 (2013. 12)	소속	소재
레이첼 보츠만	콜래보레이티브 랩 (Collaborative Lab, 협력적 소비/소장)	미국
조 게비아	에어비앤비 (공동창업자/최고생산책임자)	미국
닐 고렌플로	셰어러블 (Shareable, 공동창립자)	미국
하랄드 하인리히	루파나 대학교 (사회학 교수)	독일
에이프릴 린	콜래보레이티브 랩 (협력적 소비/공유경제 자문)	미국
추가 위촉 자문위원 (2016. 05)	소속	소재
아룬 순다라라잔	뉴욕대 스턴 경영대학원 (공유경제 교수)	미국
피터 반 드 글린드	셰어 네덜란드 (Share NL, 공동대표)	네덜란드
하먼 반 스프랭	셰어 네덜란드 (공동대표)	네덜란드
로빈 체이스	집카 (미국, 설립자)	미국
안토닌 레오나르드	위셰어 (Ouishare, 공동설립자)	프랑스
알렉스 스테파니	저스트파크 (JustPark, 설립자/고문)	영국
크리스티앙 이아이오네	로마 LUISS 대학교수 (커먼즈 도시 거버넌스 랩 [LabGov] 운영)	이탈리아

표 4. '공유경제 서울' 국제자문단 위원 구성 현황[37]

으로 2018년 5월까지 2년 임기로 총 12명이 위촉됐다. 〈표 4〉에서 보듯, 국제자문단 위원으로 당시 유행하던 공유경제와 협력적 소비를 주도하던 에어비앤비, 짚카 등 글로벌 중개 플랫폼 설립자나 대표, 자문이나 고문, 공유경제 관련 경영학 교수가 주로 선임됐다. 커먼즈 논의와 거리가 먼 이들의 면면에서 '공유도시 서울'의 정책 기조를 새삼 확인할 수 있다. 특히 국제자문단은 국내에서 꽤 중요한 대외 활동을 해왔다. 가령, 서울시 공유도시 정책에 수시로 화상과 이메일 등을 통해 자문하거나 국내외 도시정부 사이에 공유 정책 관련 협력 관계를 구축하는 데 촉매 역할을 하거나 자문단 위원이 공유도시 국제 컨퍼런스에 연사들로 참여하는 등 관여 수위가 꽤 높았다. 이탈리아의 도시 커먼즈 정책 이론가인 크리스티앙 이아이오네Christian Iaione 교수가 이들 가운데 이름을 올린 것이 의아스러울 정도이다.[38]

'공유도시 서울' 정책 중 눈에 띄는 사업은 앞서 개괄한 공유자전거 시스템인 '따릉이'도 있지만, 자치구들이 운영하는 공구도서관, 그리고 공유경제 업체나 단체가 운영하는 주차장 공유, 나눔카, 옷·장난감 공유, 시민 체육을 위한 공공시설 개방 서비스 등도 존재한다. 문제는 이 사업들 대부분이 '따릉이' 사

---

37. 서울특별시, 「공유경제 국제자문단' 위촉 및 운영계획」 내용에 근거해 재구성.
38. 커먼즈 정책 이론가 이아이오네 교수와 P2P재단 미셸 바우웬스의 경우에는, '공유도시 서울' 2기 막바지였던 2019년 서울시가 도시 커먼즈 기반 정책으로 방향을 선회하는 흐름에 맞물려 그들의 국내 초청과 자문 역할이 한때 크게 늘었던 적이 있었다.

업처럼 자치구 공공 대여, 렌트, 중고거래 장터 등 공적 시민 서비스이거나 주류 공유경제에서 보이는 특징과 겹치는 지점이 크다. 공유촉진 사업 중에서 아주 드물게 성동구, 은평구, 노원구 등에서 지역 자원의 시민 자치에 기반한 운용 사례도 눈에 띄긴 한다. 예컨대, 지식·기술 공유, 숙박, 임대 공간, 부엌공유 등이 그것인데, 특히 도시 청년을 위한 빈집 '공간' 공유나 '한지붕 다가족', '한지붕 세대공감' 취지의 무주택 청년-노인 돌봄형 셰어하우스 등 나름 거대 도시의 부동산 약탈 지대 논리를 누그러뜨릴 수 있는 도시형 상생의 공동주거 모델을 고안해냈다고 본다. 하지만 이도 일부 자치구에서만 극히 제한적인 효과를 내고 있을 뿐이다. 대체로 서울 주류 공유경제 시장에서는 위워크 등 다국적 플랫폼 기업들과 국내 임대업자들이 오피스·주거 공유라는 이름만 달고 또 다른 형태로 도시 사무용 건물과 주택 시장에 약탈 지대에 기댄 신흥 '옥상옥' 구조를 공고히 하고 있는 실정이다.

또 다른 하나, 서울시 공유도시 정책은 디지털 플랫폼 기술이 중개 기능을 수행하는 온라인 시장 유형에서 유래했으면서도 그에 대한 정책 이해도나 적용이 현저히 떨어진다. 게다가 서울과 같은 첨단의 대도시에서 플랫폼 기업이 자동화 알고리즘과 통신 인프라에 의존해 '피지털계'를 좌우하는 현실에서, '공유도시 서울' 사업은 주로 물질 자원 중심의 교환 및 자원 활용에 초점을 맞추고 있다. 구체적으로, 플랫폼 테크놀로지에 기반하는 혹은 공공 데이터의 시민 공유와 활용 방식을 기존의 도시 자원 정책 지원 모델에 어떻게 연계할 것인가에 대한 체계화된 도시 사회공학 논의가 미약하다. 도시 커먼즈 가치를 구현하려는 커머닝 조직 체계에 어떤 적정한 기술 인프라 시스템과 데이터 공유 정책을 확보할 것인가의 문제가 시간이 갈수록 중요한 쟁점이 되고 있음에도 말이다. 이른바 개방형 플랫폼은 참여 구성원 사이의 민주적인 의사결정 과정, 수익과 분배 등 거래와 소통의 투명성을 보장할 수 있는 호혜의 조직 인프라를 구축하는 데 크게 기여할 수 있다. '공유' 개념의 기술 인프라이자 자원 배치에 중요한, 개방된 플랫폼 테크놀로지 응용에 대한 기본 정책이 마련될 필요가 있었다.

모순적이게도 서울시 도시 정책의 정반대 편에는 '스마트도시'나 '메이커시티' 등에서 보듯 검증되지 않은 기술주의에 기댄 '첨단' 효능에 더욱 의존하는 경향도 존재한다. 다시 말해 시민의 더 나은 삶을 위해 테크놀로지를 어떻게 장착해야 할지에 대한 충분한 숙고 없이 테크노도시 기획이 진행되면서 도시인의 삶에 외려 독이 되는 경우도 흔하다. 테크놀로지 그 자체가 일상 공간의 범용 설계나 구조와 쉽게 합쳐지면서 도시민 생활의 중요한 전제조건이 돼가고 있는 상황도 한몫하고 있다. 당연히 신생 테크놀로지의 가용 잠재력이라는 측면에서 도시민의 더 나은 삶을 위해 기술혁신 효과를 충분히 활용하는 일은 중요하다. 문제는 최근 도시설계 기획들이 그리 검증되지 않은 기술에 기대어 자원의 효율성을 더욱 높이려 한다는 데 있다.

　서울시는 공유경제의 약탈적 시장 독식과 플랫폼 노동 문제가 사회적으로 발생해도 '공유도시 서울'을 통한 해법이나 다른 정책 해결책을 쉽사리 내놓지 못했다. 기술만능주의를 경계하면서도 테크놀로지를 촉매 삼아 도시를 어떻게 민주적으로 설계하거나 배치할 수 있을지에 대한 고민이 부족했다. 예컨대, 국제적으로 '플랫폼 협동주의' 등 신기술로 무장한 커먼즈 조직론이 주류 공유경제에 대한 대안으로 크게 부각되는 현실을 읽어내는 데 무심했다. '누가 도시의 주인인가'라는 출발점에 서서 시민의 테크노 도시권을 어떻게 확대할 수 있을지 곰곰이 따져 물어야 한다.

'공유도시'에서 '커먼즈 도시'로

　논의를 종합해보면, '공유도시 서울'은 자원 중개 행위와 대민 서비스 정책 지원 사업의 효과 측면에 주로 목표를 두면서, 형식적으로는 공용 자전거나 주거지 주차공유 등 시민 편리 서비스 정도의 성과는 얻었으나 시민 자율의 협력 생산과 공생 가치의 축적에 해당하는 커머닝의 중요한 내용을 놓쳐버렸다. 도시 커먼즈 자원 발굴과 시민력 확장보다는 기존 공유경제의 시장 작동 방식을 가져다 공공 대민 지원 정책 사업에 응용하는 데 치중했다. 플랫폼의 형식적 자원 교환과 거래 행위를 강조하다 보니 시민 스스로 생성할 수 있는 사회적 권리 확산의 새로운 조직 문화로서, 협력과 증여, 유대, 호혜, 환대, 답례, 명예, 우정, 사랑 등 우리 사회가 잃어가고 있는 비자본주의적 사회 감각을 공유 정책을 통해 복원하는 구체적 구상에까지 이르지 못했다. 도시 커먼즈 문화 확산을 위해 오히려 서울시는 사회 약자를 위한 '포용도시'적 접근과 도시 자원의 생태 순환 접근을 근간으로 해서 시민 자율의 과제 제안과 정책 참여 방식을 발굴하고 시민 자치 활동을 위한 지원 체제를 마련하는 일에 집중해야 한다고 본다. 이는 도시 커먼즈 생태계의 중요한 세 층위, 즉 시민 자율의 마이크로 커먼즈(공통장)의 자생력 확대, 마이크로 공통장 사이의 연대와 공조, 그리고 이 모든 공통장의 활성화를 통해 호혜의 가치를 사회 전역에 확산하는 외부효과까지, 이러한 것들이 서로 맞물려 시너지를 낼 수 있도록 독려하는 일에 다름 아니다.

서울시가 향후 도시 커먼즈적 전회를 시도하려면, 다음 〈표 5〉에서처럼 정책 관점의 전환이 요구된다. 우선 '공유'의 혼란스러운 정책 개념을 재정의하고, 시민 자율적인 커머닝에 기초한 공유도시 정책 전환이 필수적이다. 도시 커먼즈적 시민 호혜와 협력 관계가 굳건히 반영된 의미로 '공유' 개념이 재정의되어야 한다.

둘째로, 이제까지 서울시 공유사업과 관련되어 지원을 받은 주요 기업과 단체의 범위를 보면, 디지털 플랫폼기업, IT 스타트

구분	공유도시	커먼즈 도시
의미	셰어링	커머닝
추진력	유·무형 자원 할당 및 매칭	시민 자율의 호혜적 협력 관계 구성
가치	효율성, 편리성	협력주의, 공동생산
목표	도시 자원 중개 및 대민 서비스	시민 공동자원 생산 및 관리
주요 추진 주체	디지털 플랫폼기업, IT스타트업, 공유기업, 영리 민간단체	사회적 기업, 플랫폼 협동조합·노동조합, 시민사회 공통체
효과	4차산업혁명 지원 일환 (공유경제 활성화), 도시문제 해결	포용사회, 도시전환, 시민참여
지원 방식	단체·기업 선택 지정 및 지원	시민 주도형 커먼즈 활동 지원
평가	공유 촉진위원의 예비·본 심사	도시 커먼즈 가치 지표 개발 및 측정

표 5. 공유도시 대 커먼즈 도시 정책 비교

업, 공유기업, 비영리단체나 협동조합에 집중된 측면이 컸다. 이들의 혁신 사례를 주목하면서도, 좀 더 시민 자율 공동체를 중심으로 한 공동 생산 활동에 대한 '커먼즈 도시' 지원 정책이 동시에 마련되어야 한다고 본다. 사실상 지역 자치구의 공유 사업도 자원 대여와 공공 대민 서비스 개념에 머물러 있고, 영리 스타트업 기업은 기존의 시장 플랫폼 기업처럼 호혜 없는 공유경제의 시장 생리를 그대로 닮아 있는 경우가 흔하다. 기존의 모범 사례를 갈무리하면서도 동시에 호혜의 덕목을 도모해왔던 시민 자율의 마이크로 공통장을 육성하고 지원하는 양면 전략이 필요해 보인다. 그러기 위해서는 이제까지 공유도시 사업의 논외로 치부했던 자생의 커먼즈 실험 사례에 대한 폭넓은 조사 연구와 지원 방안이 마련돼야 한다. 가령, 이제는 사라진 '경의선 공유지 시민행동'에서부터 '민달팽이유니온'의 청년 주거공간 실험, 공동체 은행 '빈고', 농지 '살림' 운동, '인천 배다리 공유지', 예술가 자립 운동체 '공유성북원탁회의', 사회 혁신 플랫폼 '서울혁신센터', 을지·청계 지역 '구도심 제조업 생태계', 그 외에도 커먼즈 기반 플랫폼 협동조합 결성과 공동토지 자산화 실험 등 도시의 수많은 '문지방 경계지'에 대해 좀 더 주목할 필요가 있다. 더불어 아직은 우리에게 낯설지만 유럽의 급진적 도시 전환 프로그램과 실험 또한 새로운 커먼즈 정책을 기획하기 위한 상상력의 자원으로 끌어와야 할 것이다.

셋째로, 시민이 직접 도시 커먼즈 자원을 갖고 결사체를 만들고자 할 때, 자금 지원은 물론이고 조직의 민주적인 소유와 분배 구조를 마련하고 사회적 증여를 확대하기 위한 자문, 투자 매칭, 기술 및 교육 지원 등을 수행하는 도시 커먼즈 지원 센터의 양성이 중요하다. 풀뿌리 커먼즈 조직체의 자생에 힘이 되는 중간 매개 지원조직 형태의 '도시커먼즈 랩'이나 커먼즈 '인큐베이팅 지원센터'가 구성되어야 한다고 본다. 벨기에 겐트Ghent 시의 도시 커먼즈 사례에서처럼,[39] 공생의 가치 확산과 공유 실험을 위한 전진 기지로서 '커먼즈 지원 연합'이나 '비영리 재단'의 구성 경험이 우리에게 크게 유용할 수 있다. 커먼즈의 가치를 배양하기 위한 중간 조직체는 재정과 공간 지원 여력을 지닌 중앙 혹은 시 정부에 의해 상대적으로 규모가 있는 커먼즈 지원 조직체로 구상되는 것이 효과적이다. 우리와 같이 도시 커먼즈 터전이 미약한 현실에서 메타 지원 조직은, 마이크로 단위의 자원 공동 생산과 지식의 사회화, 커먼즈 플랫폼 투자 매칭과 연대기금 관리, 플랫폼 구축과 기술 지원 서비스, 커뮤니티 도구 개발, 프로그램 지원과 교육, 커먼즈 기반 플랫폼 모델 개발 등 공통의 가치를 배양하는 인큐베이터이자 실험실 역할을 할 수 있을 것이라 본다.

넷째로, 이제까지 공유도시 정책 평가 및 지원 방식은 공유 촉진위원회가 위원 심사를 통해 공유 단체나 기업을 선택적으로 지정하고 지원하는 구조였다. 이는 심사 투명성과 무관하게 어떤 단체나 기업을 지정하고 지원하는지에 대한 객관적 원칙이나 질적 평가 기준을 누락시킬 확률이 높다. 이를테면, 공유 사업 단체들의 협치 모델 수행 능력, 시민 공동 생산 전략 및 목표, 기술 인프라 적용과 소통 방식, 도시 환경에 대한 사회 책임 등을 커먼즈 구성의 질적인 평가 지표로 삼아 판단의 근거로 활용할 수 있을 것이다. 이 지표는 공유도시 사업 단위 간 커먼

---

39. Michel Bauwens & Vasilis Niaros, *Changing Societies through Urban Commons Transitions* (P2P Foundation and Heinrich Böll Foundation, 2017).

즈의 질적 가치를 객관화해 비교하는 데 사용할 수 있고, 참여자 상호 간 도시 커먼즈 지향을 확인하는 준거로 쓸 수 있다고 본다.

마지막으로, 시민들의 실질적인 '도시권'이 방어되려면 '데이터 커먼즈' 시각에서 도시 문제와 자원에 대한 투명한 정보 접근과 공개를 통해 시민 스스로 도시 자원 상태를 파악하고 관여할 수 있는 동기와 유인을 마련하는 일 또한 중요하다고 본다. 시민의 끊임없는 전자 소통은 수많은 닷컴 기업에 의해 흡수되면서도 그리로 쉽사리 통합되지 않는, 시민 공통의 데이터 공유 자원을 만들어내기도 한다. 시민들에게 데이터 공동 관리라는 목적의식이 생기면 이는 이전과 다른 더불어 사는 삶의 자세를 추동한다. 또한 커머닝 자원을 공동 관리할 시스템을 촉진하는 도시 디자인 구성에까지 시민 활동을 확장하게끔 한다. 즉 매일 일상적으로 생성해내는 공동의 데이터와 콘텐츠를 어떻게 우리 모두를 위한 도시 공동자산으로 만들 것인가, 공동 자원의 이용에서 이윤이 발생한다면 이를 어떻게 시민들 스스로 나눌 것인가, 이를 구현할 민주적 플랫폼은 과연 어떤 모습으로 가능할까 등 실천적인 물음을 이끌어낼 수 있다. 서울시는 유·무형 자원과 관련된 오픈소스형 데이터 지식, 이론, 노하우, 사례 등 축적된 경험을 누적해 시민에게 공개하고 시민이 생성한 데이터를 그들 스스로 공동의 가치로 연결하도록 돕는 데이터 플랫폼을 구성해야 한다. 그것이 공유경제에 착안한 '공유도시'가 아닌 시민 호혜의 '커먼즈 도시' 정책으로 나아가는 길이다.

'커먼즈 도시'의 정치 위상학

지금까지와는 다른 '커먼즈 도시'의 정치적 위상이란 무엇일까? 그 구체적 위상을 살피기 위해 도시 자원 관리론을 크게 세 유형, 즉 인클로저 도시, 공유도시, 커먼즈 도시로 나눠보고, 그로부터 '커먼즈 도시'의 지향을 간단히 살필까 한다. 〈표 6〉은 추상적인 수준에서 도시 커먼즈의 관점과 유형에 기초해 그 스펙트럼을 나눠보고 있다. 우선 신자유주의의 시장 확장 논리를 도시 작동 원리에 더 깊게 착근하려는 '인클로저 도시'의 유력한 지배력이 존재한다. 신기술 플랫폼 자동화 기제에 의존해 빅테크 중심의 사유화된 질서를 세우려는 지배 흐름이 이에 해당한다. 지식 재산권의 법제도와 첨단 신기술로 매개된 정보와 지식 인클로저 및 통제 없이는 도시의 체제가 유지되기 어려울 정도로 동시대 권력은 현대인의 신체와 의식의 산물인 데이터 수집과 분석을 통해 통치의 '안전'을 도모하는 데 활용한다. '인클로저 도시'는 사유화된 데이터 신기술을 통해 도시 설계, 유지, 조절, 통제를 효율화하는 '자동화 사회'에 의존하고 있다. 그 속에서 시민은 활력의 주체가 아니라 관리와 통제의 대상이다.

두 번째로 '공유도시' 유형이 존재한다. 공유도시는 여러 관점이 상존해 있다. 먼저 가장 오른쪽의 공유도시 전망은 '공유경제론'에 기초해 있고, 도시 속 공유경제의 안착을 목표로 삼는다. 공유경제를 시 정책에 그대로 복사하려는 판박이 모델이다. 이미 충분히 봤던 것처럼 '공유도시 서울'의 정책 운영이 이의 적절한 사례라 볼 수 있다. 한마디로 이는 커머닝 없는 속 빈 '공유' 혹은 도시 자원 시장의 효율화 논의에 그친다. 대체로 공유경제론은 실리콘밸리 혁신 코드의 국내 이식이 곧 사회 민주화와 연결된다고 보는 신기술 근대화론에 경도돼 있다. 주로 스타트업과 IT업계 일반이 이를 주도한다. 커먼즈 자원의 공생적 가치에 개의치 않고, 단지 신기술 효율의 형식 논리에 집중해 자원 중개 행위 자체를 마치 도시 혁신인 양 포장한다. 여기서 시민은 정책의 수동적 대상이자 고객에 불과하다.

공유도시의 두 번째 유형은 '공유 자원의 사회 확산론'이다. 이는 현실 운용과는 다른 '공유도시 서울'의 이상적 목표 값에 가깝다. 공유 자원의 사회 확산론은, 공유경제의 시장 효율성 논리를 넘어서는 데 목적을 두고 있다. '공유도시 서울'의 경우에 애초의 의도는 도시 자원 관리의 혁신적인 공공 정책을 구상하는 것이었다. 하지만 앞서 본 것처럼 서울시 공유도시 정책은 공유경제 논리에 압도당하고 말았다. 이와 달리 공유의 사회 확산론은 시 정부의 재정 지원과 후원 아래 관련 단체와 기업을 중심으로 자원 공유와 협력 모델을 도시 경제 내에 안착시키는 것을 목표로 한다. 많은 부분 산적한 현실의 도시 문제, 이를테면 청년 고용과 창업, 미세먼지와 교통, 쓰레기 재활용 등에 주목한다. 문제는 커먼즈의 가치나 지향이 불분명하기 때문에 이 접근 또한 공유경제 논리에 좌우되는 경향이 크다는 것이다. 때로는 시 정부가 해야 할 사회 복지의 영역을 공유경제 시장에 의탁하는 측면이 존재한다. 그럼에도 불구하고, 여기에서는 약탈적 재화 생산과 운영의 바깥을 상상할 수 있는 조금은 시민 자율적인 공통 자원 운영이 가능하다.

공유도시 유형의 가장 급진적인 논의이자 커먼즈 도시와도 일부 공명하는 '커먼즈의 인류학적 접근'이 있다. 이는 인류가 이제까지 문화 생산과 보급에서 보였던, 증여 문화, 디지털 복제와 모방, 리믹스 문화 등이 지닌 '문화 커먼즈'적 가치에 주목한다. 이는 도시 커먼즈의 직접적인 정책 응용과 거리감이 있으나, 시민력을 키우는 동력이 될 수 있다. 주로 이를 중요하게 취급하는 이들은 경제인류학, 생태인류학, 문화인류학에서의 공동자원론이나 커먼즈 자원 운영의 실제 '사례' 발굴을 통한 인류학적 비평을 시도한다. 커먼즈 인류학 집단은 인류의 정신적 자산이기도 한 문화 커먼즈의 가치를 어떻게 오늘 인클로저 도시 질서를 뚫고 다시 뿌리내리게 할 수 있을지에 대해 고민한다. 문화 커먼즈 자체가 지식 재산권 등 사유화된 인클로저 질서를 뒤흔드는 촉매가 되리라 보는 것이다. 그래서 이들 접근은 문화 향유자이자 창작자로서의 시민의 문화 권리 신장을 위해 인클로저 질서를 반대하고, 지식 재산권의 제한을 모색한다. 자본주의 소유 질서의 공정성 회복에 주목하면서도, 문화사적으로 인류의 증여 문화, 복제 문화와 풀뿌리 문화를 북돋웠던 전통의 증거를 채집한다. 주로는 사유재산권을 옹호하는 자본주의 역사와 대비되는 문화 커먼즈의 역사, 문화, 예술의 구성 과정에 집중한다.

마지막으로, '공유도시'의 한계를 넘어서 시민 다중이 직접 도시 공유 자원을 운영하며 공생의 가치를 신장하려는 '커먼즈 도시'의 전망이 있다. 크게 두 관점이 상존한다. 보다 급진적인 관점은 '포스트자본주의론'이다. 동시대 인클로저를 주도하는 플랫폼자본주의와 그 아류 공유경제의 약탈성을 온전히 벗어나기 위한 체제 대안을 제시한다. 주로 디지털리즘 비판, 데이터 인지자본 체제 분석, 보편적 기본소득 체계 마련 등 맑스 정치경제학에 기초한 논의에 집중한다. 논의 추상도가 높아 체제 비판론에 가깝고 구체적인 대안 구성의 논리는 상대적으로 취약하다. 커먼즈의 사유화 전략에 맞서 '공통체' 혹은 '공통 부'를 기반으로 한 다른 삶을 추구하지만 상세한 전술 대안 제시는 다소 미약하다. 이 관점에서 볼 때, 국가와 자본은 공통 부를 파괴하고 약탈한 장본인으로 간주되기에 화해 불가능한 극복의 대상이다. '포스트자본주의'라는 급진적 비판과 전망에 비해 시민의 자리가 잘 드러나지 않는다는 것이 약점이다.

마지막으로, 커먼즈 도시 지향의 다른 한 축에는 '시민 자원 공동 생산론'이 있다. 이 책에서 강조하는 커머닝의 가치를 도시 환경 속에서 구체적으로 구축하려는 시민 다중의 실천 운동에 해당한다. '포스트자본주의론'이 보다 거시적인 체제 대안 논의로서 추상도가 높다면, 시민 자립의 도시 커먼즈 자원을 매개한 공동 생산론은 구체적으로 도시 실천적이고 현장 사회운동의 시각을 담지한다. 이 같은 논의의 생산은 주로 커먼즈 연구자, 공동체 활동가 등에 의해 이뤄지고 있다. 이들은 도시 실물자원의 소유권과 분배 불균형에 천착해 인클로저 도시에 대항한 현실적인 대안을 구체화하고 있다. 커먼즈 도시는 데이터 커먼즈로부터 대부분의 이윤을 수취하는 플랫폼경제 혹은 비정규 노동 수탈의 '긱 경제'의 사회 생태 파괴적 본성을 비판적으로 본다. 구체적으로 디지털 플랫폼의 이익과 성과를 브로커 1인이 초과 독식하는 것이 아니라 참여 구성원인 커머너 사이의 호혜적인 분배를 가능케 할 민주주의적인 모델을 고민한다. 커먼즈 도시 모델에서는 '플랫폼 협동주의'에 기댄 플랫폼 신기술 매개형 커머닝 모델 실험이나, '사회적 특허' 방식의 활용 등 커머너 공동 소유에 근거한 라이선스 모델을 도입하는 실험이 왕성하게 이뤄진다.

커먼즈 도시의 '시민 자원 공동생산론'은 자율의 커먼즈 생태계 확대를 위한 커머너 공통의 대안 경제 구상이나 시스템 개혁의 성격이 강하다. 자본주의의 사유화된 질서의 대안을 구상하지만 그렇다고 해서 그것과의 완전한 결별만을 주장하지 않는다. 체제 밖 대안은 물론이고 체제 안에서 일구는 개혁과 실

유형	인클로저 도시	공유도시			커먼즈 도시	
관점	IT닷컴 기업 주도론	공유(sharing) 경제론	공유/혁신의 사회 확산론	커먼즈의 인류학적 접근	커먼즈 공동생산론	포스트자본주의
집단	닷컴경제 행위자와 IT 이데올로그	저널리스트, 디지털 혁신론자, 학계	시민활동가 도시정책가 지역운동가	경제·생태·문화 인류학자 문화 연구자	도시·지역 활동가 커먼즈 이론·정책가	포스트자본 이론·실천가
특징	커먼즈 비용 및 리스크 우려, 주목경제	공유경제 추동, 정부 역할 제한, 스타트업 주도 혁신	시민자산 확대, 지역경제 육성, 후생, 복지기여	증여 문화 복제·모방 문화의 인류 창의성 강조	커먼즈 공동생산 자주관리 플랫폼협동주의	비자본주의적 길 모색, 착취와 지대 비판
주체	중앙정부, 대기업 소비자	스타트업 IT혁신가	지자체, 지역공동체, 창업-제작자	문화 향유자 창제작자	데이터 시민, 커먼즈 공동체, 어소시에이션	시민 다중
사례	애플, 아마존, 구글, 넷플릭스 등 닷컴 경제 유형	에어비앤비, 우버, 위워크 등 자원 중개경제	공유도시 서울, 지역화폐, 카 셰어링, 셰어하우스, 공동주거운동, 마을공동체,		탈성장(Degrowth) 운동 생태주거운동 위키피디아 집합지성	공통체 보편 기본소득
목적	(비)물질 자원의 인클로저	공정 시장과 경제 생태계 복원		문화 권리 확대	시민 공통재 마련	체제 대안 구상
체제	자동화 사회	포용 사회			공생공락 사회	
소유	카피라이트	크리에이티브브커먼스 (CCL)	카피레프트(GPL)		카피파레프트(동료생산라이선스, PPL)[40]	

표 6. 공유도시 대 커먼즈 도시 스펙트럼

험에도 공히 집중한다. 더불어, 약탈적 시장체제를 비껴가는 공생공락의 사회 체제를 구상하는 데 있어서 적어도 시 정부와 시민 커먼즈 사이의 '협치' 관계를 긍정한다. 커먼즈의 자생력이 중앙 정부나 지자체와의 협력 없이는 굳건히 유지되기 쉽지 않다고 본다. 무엇보다 사회 저변의 풀뿌리 커먼즈를 지원할 인프라의 마련을 돕는 시 정부의 공적 역할을 중요하게 본다. 즉 '시민 자원 공동 생산론'에 입각한 '커먼즈 도시'의 전망은, 다양한 도시 유·무형 자원과 의제를 활성화하고 국내외 주요 혁신도시와 커먼즈 경험을 함께 공유하는 시 정부의 허브 역할을 강조하는 모델이다.

〈표 6〉에서 배경색이 짙게 표시된 부분은 주로 공유경제론에 압도된 '공유도시 서울'의 주요 관점, 목표, 주체와 사업 대상 등을 아우르는 경계 범위라 할 수 있다. 이제까지의 도시 지형에서 보자면, 서울시가 그 지향점을 호혜의 전통에 선 '커먼즈 도시'의 관점으로 좀 더 옮겨가는 것이 중요하다. '커먼즈 도시'의 전망 아래로 서울시 공유 정책의 위상을 가져가야 하는 것이다. 유럽을 비롯한 해외의 커먼즈 선진 사례를 참조하고 그들과 협력하면서도 우리 현실에 적합한 도시 커먼즈 기반 인프라를 지원하는 '동반자' 혹은 파트너 역할을 서울시가 스스로 찾아 나가야 한다.

---

40. 이 책의 202~3쪽 참조.

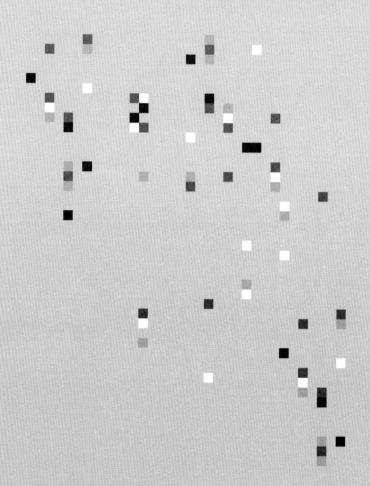

5장

파토스의 문화 커먼즈

3부의 두 개의 장에서는 자본주의 사유화 논리를 지탱하는 저작권 등 지식 재산권 체제에 대항한 인류의 창의적인 문화 전통을 살핀다. 먼저 5장은 자본주의 저작권이라는 의식 독점의 인클로저 기제에 대항해왔던 예술 창작과 디지털 자유 문화의 흐름을 점검한다. 인류 창의력의 원천인 이른바 '문화 커먼즈'를 논의의 중심에 둔다. 이는 인간의 자유로운 창작 예술, 지식, 문화의 원천이자 자원이라 할 수 있다. 문화 커먼즈는 도서관, 미술관, 박물관, 건축물, 경관, 아카이브 등 고정되고 공간 점유를 필요로 하는 유형의 자원을 포함하지만, 더 고유하게는 인간 종 창의력의 원천이라고 할 수 있는 비무형의 공통 자원, 예컨대, 패러디, 복제, 모방, 콜라주 등 수행적인 비물질 가치도 포함한다. 문화 커먼즈는 이 모든 유·무형 자원을 포괄해 지칭한다고 볼 수 있다. 더 나아가, 문화 커먼즈를 단순히 대상화된 유·무형 자원만이 아니라, 커머닝의 문화 운동이나 문화 권리적 실천으로 바라볼 수도 있다. 즉 문화 커먼즈의 핵심에는 자본주의 인클로저에 문제 제기하는 공유 문화와 커머닝의 실천, 즉 '카피레프트'copyleft 정신이 자리하고 있다고 요약해 볼 수 있다.

카피레프트는 "정보는 자유롭길 원한다"는 디지털 자유 문화의 전제를 받아들인다. 무엇보다 인터넷의 출현과 더불어 디지털 무한 복제, 비경합성, 한계비용 제로, 익명성 등은 아이디어와 지식 공유의 활력을 크게 불어넣었다. 구체적으로 매시업, 리믹스, 샘플링 등 디지털 복제문화는 인류의 창작 활동을 크게 신장해왔다. 거기에다 패킷 스위칭 데이터 전송, 익명성의 소통 방식, 분산형 네트워킹 시스템, 자유·오픈소스 소프트웨어 철학, 중심 없는 피어(또래)간 네트워킹 등 혁신의 인터넷 기술은 문화 커먼즈의 활력을 키우는 주요 동력이 됐다. 카피레프트 운동은 이들을 무기 삼아 문화 향유와 창작의 자유를 옹호하며, 저작권 체제에 대항해 인류의 문화 커먼즈 권리를 확장하는 원동력이 됐다.

소유권 측면에서 보자면 문화 커먼즈 실천은 '카피레프트'의 공유문화 전통을 중심에 두면서도, 이보다 더 급진적인 '카피파레프트'copyfarleft 전망까지도 아울러 포괄한다.[1] 보통 카피레프트는 시민 다중의 저작물에 대한 자유로운 이용문화를 강조한다. 그러다 보니 공유문화 전통이 상업 자본의 무단 침입에 취약한 약점을 지닌다. 카피파레프트는 이를 보완하기 위해 외부 문화 커먼즈의 접근과 침입을 아예 차단하는, 커머너 구성원만을 위한 라이선스 규약 방식을 취한다. 즉 카피파레프트는 공통의 가치를 공유하는 커머너 집단에게는 카피파레프트 라이선스 규약에 따라 창작물을 원하는 대로 자유롭게 복제·배포·수정하도록 개방하는 대신, 사적 자본 등 외부 침입자에 대해서는 커먼즈 접근을 최대한 막는 커머너 공통의 소유권을 발동한다. '카피파레프트'는 주로 데이터 커먼즈의 사적 포획을 막기 위한 강력한 커머닝 라이선스 역할을 한다. 물론 사적인 포획을 경계하면서도, 공통의 목표를 지닌 서로 다른 규모의 커먼즈 공통체들은 호혜적인 접근이나 소통에 늘 서로 열려 있다. 이 장에서는 카피레프트와 카피파레프트를 엄격한 구분 없이 쓰고자 한다. 카피레프트를 카피파레프트의 관점까지도 포괄하는 일반 개념으로 파악하고자 한다. 비록 둘의 차이는 있으나, '카피파레프트' 또한 궁극적으로는 '카피레프트' 정신을 구현하려한다고 보는 까닭이다.

전통적으로 지식 생산과 소유에 대한 관점은 크게 저작권 옹호론(카피라이트) 대 정보 공유론(카피레프트) 사이의 대립으로 크게 갈린다. '카피라이트'에서 '저자'란 무에서 유를 만들

---

1. 드미트리 클라이너, 『텔레코뮤니스트 선언』, 권범철 옮김, 갈무리, 2014.

어내는 창제작의 주체이다. 카피라이트 관점은 지식과 창작의 산물을 근본적으로 사적 재산으로 바라보며, 창작자의 동기 부여를 위해서라도 저자에게 적절한 보상 체계를 마련해야 한다는 입장이다. 반면 '카피레프트'는 저작권이란 저자뿐만 아니라 타인(제3자)의 창작 행위를 방해하지 않는 범위 내에서 유효해야 한다고 본다. 카피레프트의 관점은 저자 고유의 창의적인 작업 결과보다는 인류가 공통으로 이뤄낸 창제작 결과물이 개인의 창작 활동에 미치는 외부 효과를 더 강조한다. 달리 말해 카피레프트 관점은 인간은 스스로의 창의력보다는 공통의 창의적 자원에서 더 많은 자극과 혜택을 입고 있기에 자신의 작업만은 절대로 독창적이라 보는 그 어떤 주장도 독선이거나 허구라 본다. 오히려 인간 지식과 창작 대부분은 인류 공통의 상호 영감의 소산이자 유산으로 봐야 한다는 입장이다.

카피라이트가 모두에게 친숙한 시장 논리요 법리적 주장을 뒷받침하는 언술이라면, 카피레프트는 창작물에 대한 이용자와 제3자의 또 다른 창제작 가치를 중심에 놓는 다양성의 문화 커먼즈 논리라 볼 수 있다. 그럼에도 우리는 현실에서 저작권 문화의 전면화와 일상화, 창작자에게 주어지는 직접 보상보다는 창작 소유 기업으로의 권한과 이익 집중, 그리고 저작권 압박에 의한 표현과 창작의 자유 제한 등을 좀 더 흔하게 마주하고 있다. 문화산업과 닷컴이 주도하는 인클로저와 맞물린 저작권의 억압적 경향이 더욱 거세지고 있다. 즉 이들 시장 행위자가 벌이는 지식 재산권 등 입법의 산업주의적 배경과 속성이 카피라이트의 강세에 한몫하고 있다고 볼 수 있다. 이미 미국과 유럽 등 선진국 지식 재산권 체제는 글로벌 문화·지식산업 경제 재편과 권력 이동을 위해 이용자 창작보다는 산업 확장 논리에 집중한 지 오래됐다. 애초에 저작권은 저자에 대한 적절한 보상과 그의 작업을 자유롭게 창작에 쓸 수 있는 이용자의 권리 사이에서 균형을 맞추기 위해 만들어지지 않았던가. 하지만 오늘날 상황은 이와 상당히 무관하게 가고 있다. 저작권은 저작물의 실소유권자인 기업들만을 주로 배불리는 쪽으로 흘러가고 있다.

퍼블릭도메인의 역사와 한계

서구 유럽의 역사를 잠시 되돌아보자. 15세기 중엽 인쇄술의 발달은 새로운 문화와 이념을 전파하고, 인쇄된 책을 통해 의식의 공감대를 형성하며 민족주의가 번성하는 데 일조한다. 인쇄출판의 대중화와 그것의 위력에 직면하여 유럽의 군주들은 검열로써 이를 관리하고자 했다. 16세기에 접어들면 영국에서는 국왕이 친히 인쇄출판업자를 지정하여 통치자의 출판물을 독점하여 내도록 명했다. 당시 몇몇 지정된 인쇄출판업자의 시장 독점 때문에 불만이 크게 제기되었다. 18세기 유럽 출판 시장에 활황이 일면서, 급기야 이에 반기를 든 해적 출판사들이 난립하고 이들과 출판 독점업자들의 길드조합 사이에 대립이

야기된다. 1710년에 제정된 최초의 저작권법인 영국 '앤 여왕법' 은 바로 이들 사이에 맺어진 타협의 산물이었다.[2] 창작물의 재산권을 옹호하는 출판 길드와 지식에 대한 자유로운 접근과 복제권을 외쳤던 해적출판 등 자영업자와 독자 사이의 타협으로 오늘의 저작권이 만들어진 것이다.

동시대 저작권은 유럽에서의 탄생 취지가 무색할 정도로 균형 감각을 크게 잃었다. 저자에 대한 최소한의 보상 권리를 규정한 저작권은 인류에 공헌할 지식의 저장고로서 기능함을 원칙으로 삼아 발전했으나, 현실에서는 지나치게 사적 재산권 행사의 장이 되고 있다. 인류 공통의 지식 재산에 대한 공유보다는 보호에 집중하면서, 저자 사후 70년 혹은 75년의 저작물 보호 법안도 모자라 첨단의 기술코드와 암호화 기법을 통해 인류 문화 커먼즈의 사유화를 강화하는 추세다. 저작권은 문화산업과 닷컴이 지배하는 사적 소유자의 재산권으로 굳어지면서, 시민 창작권 보장과 같은 공통장에 기댄 공유문화적 접근은 이제는 사라진 지 오래다.

우리의 저작권 문화 또한 이와 유사하거나 더 퇴행의 길을 걸었다. 아시아는 물론이고 세계 시장의 지배적인 문화 수출국이 되면서 저작물에 대한 시민의 '공정이용'fair use 권리 자체도

---

2. Carla Hesse, "The Rise of Intellectual Property, 700 B.C.-A.D. 2000", *Daedalus*, vol. 131, no. 2, 2002, pp. 26~45.

거의 잊힌 형국이다. 저작물 이용자의 권리를 보호한다고 마련한, '공정 이용' 혹은 '저작권의 제한' 조항도 실제 법리 해석이나 분쟁에서 항상 수세에 놓여왔다. 1957년에 처음 만들어진 우리 저작권법은 시민의 저작물 이용 권리를 명시적으로 언급하고 있었으나, 점점 글로벌 문화산업과 사유화에 기반을 둔 저작물 소유자의 권리만을 대변하는 방향으로만 질주하고 있다. 저작권은 새로운 닷컴 기업 논리와 결합하면서 그 힘을 배가하는 반면, 저작물을 재창작에 이용하는 시민 다중의 권리를 위축하는 현상을 초래했다.

그동안 인류 창작물의 과도한 사유화에 대한 일종의 사회적 안전판이 없었던 것은 아니다. 우리에게는 익숙하지 않을 수 있지만, 카피레프트의 전통에서 이른바 '퍼블릭도메인'public domain이 과도한 저작권 행사를 막는 중요한 안전장치로 언급되어왔다. 퍼블릭도메인은 공간적 은유를 지닌 서구의 카피레프트 개념 중 하나이다. 원래 퍼블릭도메인은 영국 황실이나 미국 연방정부가 국민에게 제한적으로 빌려줘 쓰게 했던 공적 유휴 토지를 일컫던 말이다. 19세기 유럽에서 쓰이던 비슷한 개념으로는, '공공재'public property 혹은 '공통재'common property 라는 용어가 있다.3 퍼블릭도메인은 1886년 베른협약에서 *do-*

---

3. Tyler Ochoa, "Origins and meanings of the public domain", *University of Dayton Law Review*, vol. 28, no. 2, 2002, pp. 215~67.

*maine publique*라는 프랑스어 용어로 지식 재산권 조항에 처음 삽입되었고, 20세기 시작 무렵 미국 저작권법(1909년 제정)하에서 처음으로 정보와 지식 저작권에 적용되었다. 그 이후 이 개념은 이른바 '저작권으로부터 자유로운 공공 지대'라는 의미로 쓰이게 된다.[4]

퍼블릭도메인은 물질 영역에서 보자면, 국가 토지 등 민간 양도하에 위탁 이용 방식으로 쓰였던 공적 자원을 가리키는 개념이라고 볼 수 있다. 이것이 비물질 영역에 적용되면서, 지식 재산권이 만료되건 지식 소유자가 자신의 저작권을 포기하건 상관없이 법적 권한이 미치지 않아 소유 권리가 면제되어 누구나 접근과 이용이 용이한 비물질 자원 혹은 의식의 자유로운 공간을 지칭하는 개념으로 발전하게 되었다. 즉 퍼블릭도메인은 사유화된 질서로부터 빠져나온, 정보와 지식 이용의 자유로운 공동 공간이자 자원이라는 의미로 자리 잡았다. 국내에서는 진보네트워크와 아이피레프트IPLeft 등 정보운동 단체를 중심으로 이를 한때 '공유(정보)영역'이라는 용어로 옮겨 쓰기도 했다.[5] 즉 저작권의 사유화 권역으로부터 자유로운 지적 산물

---

4. Jessica D. Littman, "The public domain", *Emory Law Journal*, vol. 39, no. 4, 2000, pp. 965~1023.

5. 퍼블릭도메인의 국내 번역어 표현은 2000년대 초반 정보운동 진영에서 몇 차례 언급되다 사라졌는데, 대표적으로는 오병일, 「공유정보영역(public domain)의 사회적 의미」, 2008년 6월 12일 입력, 2021년 9월 1일 접속, http://ipleft.or.kr/?p=2456 참고.

의 독립된 그린벨트 지대를 상징하는 은유로 이용되었던 것이다. 하지만 퍼블릭도메인의 역사에서 확인할 수 있는 것처럼, 이는 유형의 공공 자원이라는 측면에서는 애초 국유 자산의 일시적 양도라는 한계를 갖고 있고 동시에 자본주의의 인클로저 공격에 취약한 구조를 지닌다. 오늘날 무형의 보편 자원이라는 측면에서 보자면, 퍼블릭도메인은 물질세계의 그린벨트 지대처럼 중앙·지자체 정부나 자본의 영향력에 취약하기 때문에 관리되지 않는 자유의 의식 공간에 가깝다. 그러다 보니 언제 어디서든 국가와 기업이 강제로 나서서 이를 다시 사유화하고자 마음먹으면 이를 막을 방법이 크게 없다는 문제가 있다.

비판법학자 제임스 보일의 말을 빌리자면, 13세기에 가진 것 없던 영국 농민이 나눠 경작하던 농경지(퍼블릭도메인이자 공통 관리되지 않은 공유지)를 그 땅의 재산권 소유자인 지주들이 대규모 목축업을 위해 몰수했던 역사적 사건이 '1차 인클로저'에 해당한다면, 닷컴 기업이 또다시 창작과 문화의 퍼블릭도메인을 사적인 이윤의 전쟁터로 만들어 시민 누리꾼을 저작권을 위배한 범죄자로 몰고 있는 현실은 '2차 인클로저'에 해당한다.[6] 보일은 이로부터 퍼블릭도메인의 '환경주의' 운동이 중요하다고 보고 있는데, 마치 공해산업으로부터 자연환경을 보호하듯 시민 창제작 자원인 퍼블릭도메인을 저작권의 공해로부터

---

6. James Boyle, "Fencing off ideas", *Daedalus*, vol. 131, no. 2, 2002, pp. 13~25.

보호하는 '그린벨트화'를 제안한다.[7] 더 나아가 그는 그린피스 Greenpeace 등 글로벌 환경 운동단체처럼 지식과 문화 커먼즈에 미치는 저작권 공해 현상을 사회 공론화하는 대중 캠페인 운동을 확대해야 한다고 봤다.

그린벨트 지대와 같은 지식 환경 보호론을 주장하는 보일의 퍼블릭도메인 전망은 여전히 수세적이다. 왜냐하면 창작과 지식 자산을 둘러싼 '커머닝'의 방법과 전략, 즉 시민 스스로의 자치와 협력을 통한 유·무형 자원의 소유와 운영, 공동 생산을 염두에 두지 못했기 때문이다. 주로 퍼블릭도메인을 옹호하는 쪽은 유·무형 자원 보존 관점의 '환경주의'의 틀에 갇히는 경우가 흔하다. 자연환경 생태계의 보존이라는 수세적 입장에 서는 것과 유사한 방식으로 창작과 지식 자원의 '보호'를 외치는 경우가 많다. 이미 주류 현실에서도 주류 자본주의 재산권 질서와 동떨어진 채 외딴 섬과 같은 상태로 남겨진 퍼블릭도메인의 위기가 관찰된다. 가장 심각하게는 인류의 지적이고 창의적인 전통과 유산이 문화산업과 닷컴 비즈니스에 의해 재가공되면서, 퍼블릭도메인의 보호론도 작동하지 않는 황폐화 위기를 겪고 있다. 물질과 비물질 세계 모두에서 벌어지는 '공유지의 비극'은, 무엇보다 지칠 줄 모르는 문화 자본, 닷컴 자본의 욕망으로부터 퍼블릭도메인의 자유 지대를 그대로 방치해서는 곤란하

---

7. Boyle, *The Public Domain* 참고.

다는 사실을 우리에게 일깨운다. 퍼블릭도메인에서는 자기 규율을 갖고 공통의 지식과 문화 생산을 지켜낼 내적 관리 규칙과 이를 일구는 커머너가 부재하는 환경이 문제라 할 수 있다.

한쪽에 자본주의의 사유화 질서 밖 외딴 섬처럼 퍼블릭도메인이 존재한다면, 사유화 질서의 한복판인 저작권 질서 내부에서 또한 시민 스스로 '공정이용' 권리를 나름 확보하려는 움직임이 존재해왔다. 이른바 '이용허락'의 라이선스 방식을 통해 이용자의 저작물 권리를 훨씬 더 유연하고 쉽게 적용하려는 움직임은 공정이용과 맥이 닿는다. '이용허락' 모델이 국내에 도입됐던 사례로는, '크리에이티브 커먼스 라이선스'CCL와 정보공유연대에서 개발한 '정보공유라이선스2.0'을 꼽을 수 있다. 이들은 주류 저작권의 틀 안에서 작동하는 라이선스로 볼 수 있다. 이용허락은 저자 자신이 저작물의 권리 정도를 탄력적으로 선택하고 지정하도록 함으로써, 이용자가 저자에게 직접 이용 허락을 받지 않더라도 저작물을 조건에 맞게 쓸 수 있는 장점을 지닌다. 문제는 이들 라이선스 모델이 기존 저작권 질서를 위협하기보다는 이를 유연하게 만드는 수준에서만 작동한다는 점이다. 라이선스 모델이 시민의 저작 이용 권리에 작은 숨통을 틔우기는 했으나 여전히 주류 재산권 강화 흐름에 대항력이 되지는 못한다고 볼 수 있다. 오히려 라이선스 모델은 저작물 소유권자 중심의 현 체제에 유연성과 내성을 키우고, 내재적인 약탈성을 가리는 알리바이를 선사하는 경향이 크다. 학계를 중심으로 한 지식 생산과 유통의 공공성 강조 논의나 현장에서의 저작권의 유연한 적용에 관한 '공정이용' 사례가 나오긴 했지만, 아직까지 그것이 주류 문화생산 영역에까지 퍼져나갈 정도의 영향력을 지니지 못한 실정이다.

카피라이트 문화의 지배력에도 불구하고, 1990년대 중반 이래 인터넷의 대중화는 타인의 데이터와 콘텐츠를 매개한 이용자의 창제작 활동을 확실히 바꿔놓았다. 이용자들끼리 상업 저작물을 복제해 서로 주고받는 단순 파일 교환의 온라인 문화뿐만 아니라, 그들 스스로가 다양한 미디어를 사용하여 이미지와 영상을 생산하고 콘텐츠를 만들어 공유하는 생산자 문화까지 만들어냈다. 허나 인터넷 누리꾼의 창작 과정에서 저작권의 보호를 받는 타인의 저작물이 쉽게 창작의 재료로 쓰이면서 '불법' 도용 문제가 중요한 사회 이슈로 떠올랐다. 하지만 보통 기업과 법률 대리인이 함께하는 저작권자에 의한 법적인 기소와 위협으로부터 이용자의 권리 보호를 하기는 그리 쉽지 않다.

사유화된 지식 재산법과 기술 코드로 점점 강해져 가는 카피라이트 체제에 맞서, 시민 다중이 법적 위협 없이 아마추어 창작을 자유롭게 행할 수 있는 지식과 창작의 공통장, 즉 '문화 커먼즈'의 구상이 요청된다. 앞서 봤던 이용자를 보호하는 '공정 이용'이나 '저작권 제한' 조항에 대한 검토 혹은 '이용허락' 라이선스 모델의 적용도 중요하지만, 카피레프트의 관점에서 새로운 공유문화의 흐름을 이용자 스스로 주도적으로 생성하는 일도 그 못지않게 시급한 과제다. 카피레프트는 저작권 과잉을 막고 시민 자신이 만들어낸 창제작 결과물인 공통의 문화 커먼즈를 확장하려는 적극적인 실천 행위라 할 수 있다. 문화 커먼즈의 확장을 위해서는 디지털 문화의 카피레프트 지향과 가치에 대한 관찰이 중요하다. 지식 생산과 창작의 상품화를 조건 짓는 카피라이트 질서 이전부터 존재해왔던 인류의 복제와 전유 문화에 대한 관찰을 통해 동시대 문화 커먼즈의 가치를 새롭게 발굴해야 한다.

디지털 복제와 미메시스 문화의 일상화

오늘날 플랫폼자본주의에 익숙해져 가는 우리에게 제도 권력은 이용자들의 '복제'copying는 합법적인 시장 거래를 기만하는 행동이자 더 나아가 부도덕하고 파렴치한 행위라고 가르친다. 우리 사회는 남의 생각을 모사해 자기화하는 행위를 보통 짝퉁, 해적판, 위조, 불법, 무단 전재, 날조, 차용, 표절 등 도덕적인 경멸을 담아 공격해왔다. 하지만 따져보면 복제와 모방mimesis 행위는 인류가 지닌 보편의 문화 이식과 확산 기제였다. 불을 훔치는 프로메테우스와 선악과의 유혹에 빠진 이브의 이야기는 우리 인류 문명의 시작이 복제와 미메시스로부터 시작됐음을 알리는 메타포이기도 하다. 인류는 상대의 것을 가져와 인용하고 참조하고 모방하고 자기화하고, 동시에 서로 상호 삼투하며 공유하거나 복제하면서 이로부터 차이를 만들어내며 진화해왔다. 인류에게 복제와 모방은 언제나 이미 우리 자신과 세계를 표현하는 능력의 중요한 부분이었다. 인간 사유와 언어는 줄곧 미메시스적인 방식으로 작용해왔으며, 그 효과는 인간 문화의 거의 모든 곳에 편재해 있다. 그럼에도 복제문화에 대한 도덕적, 사법적, 이데올로기적 공격이 일어나는 것은 이와 같은 보편 인간 행위가 특히 자본주의 사유화 기제를 위협하기 때문이다.

'복제'란 "한 대상의 이름을 다른 대상에 부여하고, 한 대상의 형상을 다른 대상 안에서 생산하거나 인식하는 행위"라 할 수 있다.[8] 복제 행위를 잘 보면, 이는 두 단계의 행위로 구성되어 있다. '모사'(베끼기)와 '모방'(전유하기)의 두 과정이 서로 분리되지 않은 채 결합되어 있다. 즉 원본과 동일체의 사본 복사 및 증식 과정인 '모사' 혹은 '알리아스'alias 단계, 그리고 사본의 전유와 변형 과정인 '모방' 단계 혹은 '미메시스'mimesis 단계가 그것이다. 알리아스의 층위는 원본에 거의 가까운 빠른 모사와 이의 증식 능력을 구현할 수 있는 첨단의 복제기술 장치에 크게 의존한다. 반면, 미메시스는 알리아스에 의해 만들어진 사본을 얼마나 새롭게 변형했는가의 문제와 또 다른 창작자가 벌이는 제3의 창제작 자유도와 관계한다. 미메시스는 엄밀히 따지면 창의적 모방의 방법론이자 표현법인 셈이다.

---

8. 마커스 분, 『복제예찬』, 노승영 옮김, 홍시, 2013, 309쪽.

알리아스(모사)가 복제의 기술공학적 논의를 불러일으킨다면, 미메시스(모방)는 사본 변형의 창의력 정도나 수위와 관계한다. 자본주의 지식 재산권 체제는 모사의 알리아스 단계에 개입해 구사하는 반反복제 기술 개발을 가치 창출의 핵심 축으로 삼고 있다. 알리아스를 제어하기 위해서, 소위 복제 방지 기술, 기술 설계 '우회 방지'anti-circumvention 기술, 복제 추적 기술 등 다양한 기법을 고안해냈다. "(기술)코드가 곧 법"이라고 단언했던 법학자 로렌스 레시그의 주장은 바로 알리아스의 영역에서 작동하는, 자본주의 기술을 통한 강제 소유권 행사를 일컫는다.[9] 즉 저작권 체제는 기술 디자인 내부에 재산권 행사의 코드 장치를 내장해 모사를 막으려 해왔다. 자본주의 인클로저 질서는, 모사를 행하는 이용자 주체의 창제작 행위를 법과 코드 모두를 동원해 제한하고 통제하여 이를 상업적 시장으로 끌고 와 문화산업 수익으로 만들어왔다.

반면 미메시스 영역은 개별 창작의 '표현'expression 영역이다. 이 영역은 저작권화할 수 없는 개인의 독창적 표현과 창의력의 보루라 할 수 있다. 인간이 개성과 독창성을 드러낼 수 있는 자유로운 표현의 장이다. 자본주의 기업은 이를 완전히 자본화하지는 못했지만 사본의 변형을 돕는 기술들, 말하자면 공작 기구나 창작 소프트웨어 같은 표준화된 프로그램을 만들어 미메

---

9. Lawrence Lessig, *Code* (Basic Books, 1999).

시스의 창작 공정에 개입하면서 시장 이윤을 도모해왔다. 구체적으로, 이미지나 동영상 편집소프트웨어, 턴테이블과 각종 샘플링 기술, 데이터 알고리즘 수집 및 편집 기술 등이 미메시스 단계를 돕는 기술 혹은 제3의 변형된 창작을 돕는 기술이라 할 수 있다. 이들 미메시스를 돕는 표준 시장 기술은 독점적으로 그리고 비싼 값으로 유통된다.

오늘 자본주의 저작권 체제는 기술적, 사법적, 제도적 제한과 통제를 통해 알리아스와 미메시스 두 영역을 두루 관리하고 있다. 그럼에도 복제에 알리아스만 존재했다면 인류는 새로운 문명을 축적하거나 창의적 문화를 꽃피울 수 없었을 것이다. 미메시스 없는 세계는 마치 생물학적 클론같이 동일자만 존재하는 반복의 세계와 다를 바 없다. 반복 가운데 차이는 그렇게 미메시스(모방)의 영역에서 발생한다. 잘 알려진 것처럼, 아리스토텔레스는 사물의 본질을 실재계로부터 찾고 이를 모방하는 것이 인간의 본성이요 쾌의 근원으로 봤다.[10] 그는 특히 인간의 예술 활동을 주목해 우리가 세계로부터 취한 모방과 복제라는 것이 이미 세계의 단면을 특징적으로 보여주는 현실 모사와 특정 표현 방식이 결합된 '창조적 모방' 행위라고 봤다. 즉 아리스토텔레스에게서도 직접적인 세계 모사와 창조적인 표현의 결합,

---

10. 유기환, 「미메시스에 대한 네 가지 시각」, 『세계문학비교연구』, 33호, 2010, 375~406쪽.

즉 미메시스의 강조가 눈에 띈다.

　대상 세계의 단순 모사가 아닌 창의적 변형과 표현이 가미된 복제와 모방 행위는 인류 보편의 정서다. 미메시스는 역사적으로 보면 전용, 패러디, 리믹스, 부트렉, 디제이잉, 매시업, (데)콜라주, 아상블라주, 포토몽타주, 인용 등 이제까지 알려진 다양한 사본의 '변형' 미학과 일치한다. '전용'détournement은 전유와 비슷하게 쓰이지만, 역사적으로 프랑스 상황주의자들이 소비자본주의 상징과 기표를 가져다가 반자본주의적 저항 코드로 새롭게 읽고자 했던 문화정치 행위를 뜻한다. '리믹스'remix는 이후에 또다시 논의가 되겠지만, 단순히 재료의 혼합을 가리키는 '믹스'와 달리 '리믹스'는 혼합해서 새로운 것을 만드는 행위를 지칭한다. 사실상 '리믹스', '부트랙'bootleg, '디제이잉'DJing은 '매시업'mashup의 다른 말로 쓰인다. 특히 부트랙, 디제이잉, 매시업은 클럽 디제이가 서로 다른 두 개 이상의 음원을 믹스해서 새로운 하이브리드 트랙을 만드는 행위를 지칭한다. '콜라주'collage, '데콜라주'décollage, '아상블라주'assemblage는 주로 미술에서 많이 활용되는 언어로 출처가 다른 이미지를 조합해 새로운 맥락의 이미지를 생성하는 작업을 말한다. 구체적으로 '콜라주'가 2차원 공간에, '아상블라주'는 3차원 공간에 파편화된 이미지를 재조합해 구성하는 창작 방식이다. '콜라주'가 찢어 붙이기 방식이라면 '데콜라주'는 찢어내기 등의 방식을 통해 숨겨진 과거와 숨겨진 파편들을 드러내는 창작 기법이다. 특히

20세기 초 독일 다다이스트가 구사했던 정치 콜라주 방식을 우리는 '포토몽타주'photo montage라 부르고 있다. 위에서 언급된 이들 개념 모두는 증식된 사본을 어떻게 재가공, 재조합, 재배열, 재배치해서 새로움과 차이를 획득할 것인가 하는 시민 창작 논리이자 문화 커먼즈를 북돋는 중요한 기법이다. 가령, 누리꾼의 '펌질'은 단순 모사의 초보 단계이자 저작권 위반 혐의에 노출된 행위라 할 수 있다. 하지만 타인의 것을 가져오더라도 콜라주, 패러디 등 전유의 창작 기법을 이용해 미학적으로 새로운 해석과 기운을 불어넣었다면 이는 또 다른 새로운 창작 행위로 간주될 수 있다.

복제와 전유의 문제

대상 세계의 모사는 따져보면, 두 세계로부터 이뤄진다. 하나는 현실 세계로부터의 '직접 복제', 다른 하나는 현실로부터 이미 복제된 판본에서 또 한 번 이뤄지는 '간접 복제'이다. 현실 세계로부터의 직접 복제는 대체로 지식 재산권 침해 문제를 크게 유발하지 않는다. 가끔 본의 아니게 현실로부터 길어 올린 모방과 표현이 누군가의 것과 의도치 않게 유사해 마찰이 발생하는 정도뿐이다. 법적인 갈등 상황은 주로 후자의 간접 복제 과정에서 발생한다. 자본주의 사회에서 누군가가 특정한 모방의 아이디어나 표현 권리를 점유하고 있다면 다른 누군가는 이를 동일하게 점유할 법적 권리를 상실한다. 하지만 상호 참조와 복제가 급증하는 디지털 시대에 중첩되거나 연관된 표현이 무주공산으로 늘어나고 있다. 디지털과 인터넷이라는 새로운 기술 혁신이 인류의 복제와 미메시스의 오래된 전통을 새롭게 극화하는 효과를 내고 있는 까닭이다. 이제 복제와 모방은 누리꾼의 온라인 '바이럴 문화'viral culture가 퍼지듯이 걷잡을 수 없이 확산된다. 갈수록 현실은 법질서와 자유로운 복제와 모방 문화 사이의 불편한 동거 관계에 놓인다. 누군가 타인의 저작물을 가져다가 복제하고 모방하려 해도 법리적으로 접근이 어려운 경우가 대부분이다. 저작물 사용료를 지불하지 않으면 위험 부담을 감수하고 사유화된 표현을 '훔쳐' 새로운 창작행위를 행할 수밖에 없게 된다. 자본주의 체제에서 대중의 알리아스 행위는 대체로 법률 위반의 부담과 위험을 질 수밖에 없다.

역사를 거슬러 올라가 보면, 이미 산업자본주의 시절 이래 생산과 비즈니스의 기본 원리는 복제를 기본으로 한 대량생산 시스템이었다. 자본주의는 공장 표준화된 복제 생산, 그리고 소비와 욕망의 표준화된 복제 생산 시스템에 기대어 유지됐다. 복제는 복제이되 시장 표준 논리의 복제라는 점에서 시민의 자유로운 창작을 억제하는 반인류애적인 속성을 지닌다. 오늘날 플랫폼자본주의 국면에서 자본은 물리적 세계의 원본(오리지널) 없이도 무한 복제되는 디지털 시뮬라크르simulacre 모사본을 시장 플랫폼 안으로 가져와 재가공해 이익을 도모할 궁리를 한다. 무형의 작업 결과인 디지털 창작물을 마치 진본처럼 묶어둘 수 있는 기술을 확산하기도 한다. 가령, '대체 불가능 토큰'Non-fungible Token; NFT이라는 암호 기법을 보자. 비트코인 등 가상 코인이 일반 화폐처럼 등가의 '대체가능' 지불수단이라면, NFT 는 전자적으로 위·변조가 불가능한 진품 증명서 구실을 하면서 무형의 창작물에 고유의 자산 가치를 부여한다. 무형의 디지털 창작물에 각자 고유의 시리얼 번호를 각인하는 NFT는, 인위적으로 복제의 숫자를 막고 조절함으로써 디지털 창작물에 일종의 '진본성'authenticity을 부여하는 데 성공한다. 간접 복제의 무질서 상태를 막기 위해, 닷컴 자본은 블록체인 기술을 동원해 복제 숫자를 통제하고 추적하는 길을 택했다. 누군가의 창작물은 이렇게 각자 고유의 아이디를 가진 블록체인 암호화 기술로 저장되고, 이더리움Ethereum 등 암호화폐로 경매에서 값이 매겨져 가상 화폐처럼 유통되는 현실에 이르렀다.

　자본주의 창작과 지식 재산권 체제 안에서 대중이 타인의 현실 복제물을 가져와 또 다른 창작의 복제물을 만드는 행위는 그래서 대개는 불법의 훔치는 행위이자 무단 전유로 간주된다. '전유'appropriation란 현대 지식 재산권 체제에서 보면 남의 표현을 허락 없이 가져가는 행위이다. 전유는 "다른 사람이 사용하고 만들고 소유한다고 주장하는 것을 자신이 사용하고 만들고 소유할 권리로 주장하는 행위"이다.[11] 재산권의 변경을 유발하고 '훔치는' 이용자의 전유 행위는 구체적으로 몇 가지 근거하에 이뤄진다. (1) 저작물의 출처를 확인하기 어려운 경우, (2) 미메시스 변형 없이 타인의 저작물을 훔쳐 점유의 이득을 취하려는 경우, 그리고 (3) 타인 저작물로부터 미메시스 변형을 이루려는 경우이다. 저작물의 출처가 미상인 첫 번째 경우는 대체로 무의식적이고 비의도적인 절취 행위로 나타난다. 나머지 두 경우는 의식적인 절취 행위이긴 하나 이용 주체의 의도나 목적에서 차이가 크다. 먼저 미메시스 변형 없이 이익을 취하는 전유의 경우는, 대체로 누군가의 사적 욕망에 기인한다. 이는 결과적으로 깊이 없는 혼성모방의 무한반복과 연쇄로 이어진다. 마지막으로 언급된, '미메시스 변형이 가미된 전유' 방식은 시민 다중의 아마추어 창작 방식에서 흔하게 일어나고, 그들이 광범위하게 벌이는 창의적인 복제문화에 가깝다.

마지막 미메시스 변형의 전유 방식은 역사적으로 아방가르드 예술 사조에서 특징적으로 발견된다. 20세기 초중반 아방가르드 미학의 실천 사례, 즉 다다이즘, 초기 소비에트 영화, 프랑스 상황주의자가 보여줬던 몽타주와 콜라주 기법 등은 오늘날 다중이 광범위하게 벌이는 리믹스와 매시업 문화로 이어져 내려오고 있다.[12] 법학자 레시그가 오늘날 리믹스 창작물을 '팔레트palette의 물감'처럼 봐야 한다는 주장은, 아마추어 이용자의

---

11. 분, 『복제예찬』, 282쪽.

12. Christine Harold, *Ourspace* (University of Minnesota Press, 2009).

창조적인 미메시스와 전유의 문화가 방해받아서는 곤란하다는 것에 근거를 둔다.[13] 창조적인 전유란 그렇게 현실 모방본의 기억을 변형하고 재전유해 그 위에 새로운 미메시스 행위를 추가한다는 점에서 현실 세계의 '직접 복제'만큼이나 창의적인 행위라 말할 수 있다.[14] 또 다른 창작 과정에서 원본의 흔적이 거의 녹아 사라졌거나 원본의 흔적이 창의적인 변형을 위한 인용 요소에 불과하다면, 미메시스 판본은 또 다른 새로운 창작 결과물이라 할 수 있다.

리믹스와 매시업의 층위

일반적으로 대상세계를 복제한 사본이 모여 있는 지적 자원의 광활한 공통의 대지, 즉 퍼블릭도메인(팔레트)은 새로운 문화 창작을 위한 원재료(물감)가 된다. 이는 음악 창제작에서 왕성하게 일어나는 '리믹스'와 '매시업'에 견주어 설명 가능하다. '리믹스'는 서로 다른 음의 파편과 마디를 새롭게 전유(샘플링)해 이를 뒤섞어 새로운 창작물을 만드는 행위이다. '매시업'은 음악에서 특정의 리듬 위에 여러 마디의 보컬 트랙을 섞는 행위에 해당한다. 리믹스와 매시업 모두 현대 음악 등 예술 창작에서

13. Lawrence Lessig, *Remix*(Bloomsbury Books, London, 2008).
14. 가브리엘 타르드, 『모방의 법칙』, 이상률 옮김, 문예출판사, (1895)2012.

	리믹스	매시업	특징
완성	퇴행적 모사		콘텐츠 베끼기와 단순 재배치 누리꾼 창작물의 상업적 절취
	확장형 리믹스	퇴행적 매시업	사본의 원본 기억 종속성 원출처 불분명한 사본 단순 모사형 콘텐츠
	선택형 리믹스		
	재귀형 리믹스	재귀형 매시업	원본을 위협하는 사본의 독창성 리믹스 콘텐츠 새로운 창의적 변형
흐름	재생형 리믹스	퇴행적+재귀적 매시업	자동화 알고리즘 (지속 갱신) 리믹스와 매시업의 동시성 퇴행적·재귀적 특징 함께 공존

표 7. 리믹스와 매시업 층위 및 특징

잘 알려진 전형적인 복제문화의 사례로 볼 수 있다. '리믹스'는 주로 콘텐츠의 인용과 이미지를 뒤섞는 콜라주나 몽타주와 유사하고, '매시업'은 콘텐츠를 번들로 묶는 '큐레이션'curation 행위와 흡사하다. 전유와 미메시스 행위와 마찬가지로, 리믹스와 매시업 기법은 문화 창작의 변형 논리이자 복제문화의 중요한 방법론으로 볼 수 있다.

여기서는 나바스의 분류법을 가져와 리믹스와 매시업의 원리에 대해 조금 더 자세히 살펴보겠다.[15] 〈표 7〉에서처럼, 리믹

---

15. Eduardo Navas, *Remix Theory* (Springer, 2012).

스의 층위는 보통 (1) 확장형 혹은 선택형 리믹스, (2) 재귀형 리믹스, (3) 재생형regenerative 리믹스로 나눠 볼 수 있다.

먼저 리믹스와 매시업 모두에서 볼 수 있는, '퇴행적 모사'는 타인으로부터 음악과 콘텐츠의 복제본을 미메시스 과정 없이 그대로 가져오거나 형식적으로 재배치하는 복사(알리아스) 행위만을 지칭한다. 단순히 남의 것을 가져다 창작적 매개 없이 쓴다는 점에서 이를 리믹스나 매시업이라 부르기조차 민망한 수준을 일컫는다. 물론 동일 모사본의 무한복제를 통한 유포 방식도 창작 문화의 확장에 기여하기는 한다. 하지만 퇴행적 모사는 전유를 통해 창작의 기운을 불어넣는 과정과 달리 타인 창작물의 점유를 통한 상업적 절취에 가깝다.

우리가 리믹스와 매시업의 기제가 제대로 작동한다고 말하려면, '확장형·선택형 리믹스'에서 시작해야 할 것이다. 즉 기존의 창작물에서 가져오되 새로운 전유와 재해석이 질적으로 가미될 필요가 있다. 우선 '확장형 리믹스'extended remix는 하나의 곡을 알레고리화해 길게 리듬을 늘여 붙이는 방식인데, 주로 클럽 디제이가 샘플링한 곡을 리드미컬하게 재생하는 방식이 이에 해당한다. 이는 디제이잉을 통해 모사본을 단순 '증폭'하는 경우에 해당한다. 정반대로 모사본의 '압축'도 가능하다. 예를 들면, 원본 이미지의 구현을 TIFF나 JPEG의 확장자 형식으로 전환하거나 단축 편집을 시도한다면 이는 압축된 모사본에 해당할 것이다.[16] 당연히 증폭과 압축을 행하는 확장형 리믹스에는 대상 원본에 대한 기억이나 원본의 '아우라'aura가 지배적 정서로 남아 있어 전유 작업의 완성도가 상대적으로 떨어지는 한계가 있다.

'선택형 리믹스'selective remix는 말 그대로 두 개 이상의 샘플링을 합쳐 새로운 곡을 만드는 방식이다. 선택형 리믹스는 듣는 이에게 원본 음원의 아우라를 종종 떠올리게 하지만 때로는 원본의 아우라에 도전하는 별개의 창작 리믹스 결과물로 나타난다. 누군가로부터 일부 가져왔지만 자신만의 새로운 해석과 변용이 크게 가미된 상태다. 새로운 사본이 원본에 도전하는 상황은 이때부터 발생한다. 그리고 선택적으로 리믹스된 사본은 그것이 표절인지 샘플링 창작인지 모호한 단계에 접어든다. 예를 들어, 힙합 작곡의 샘플링이나 팝아트에서 소비문화 캐릭터나 상표를 활용한 콜라주 예술작업은 이와 같은 충돌과 모호성이 주로 발생하는 영역이라 할 수 있다. 확장형·선택형 리믹스 둘 다 원본의 강렬한 흔적을 완전히 지우지 못한 상태에 있다. 그래서 이들 선택형 리믹스는 창작자를 아주 색다른 전유 행위보다는 원본의 일부 점유나 절취의 유혹에 쉽게 빠뜨릴 수 있다. 누군가의 원본에서 가져온 흔적은 이렇듯 자주 리믹스를 불법으로 다룰 명분이 되거나 원인 제공자가 된다.

다음으로, '재귀형 리믹스'reflexive remix는 특정 원본의 샘플

---

16. 분, 『복제예찬』, 260~1쪽.

링을 통해 새롭게 만들었지만 원출처의 기억을 떠올리기 어렵고, 오히려 원본을 새롭게 재해석한 새로운 사본이 탄생하는 경우다. 원본의 원출치가 인지될 때조차 오히려 리믹스 사본의 자율성과 완성도가 더 커 보이는 경우가 많다. 재귀형 리믹스는 미메시스 창작에서 궁극적으로 추구하고자 하는 것, 즉 이전과 전혀 다른 느낌의 새로운 창작물을 얻는 미메시스 작업에 해당한다. 예술사에서 보면, 20세기 초 아방가르드 다다이스트의 콜라주 창작 작업이 적절한 사례일 수 있다. 가령, 한나 회흐 Hannah Höch 같은 작가의 콜라주는 기존 모사본의 신체 이미지들을 갈기갈기 찢어 어떠한 성적 정체성의 흔적을 발견하기 어려울 정도로 해체한 뒤 젠더 이미지를 새롭게 재구성하고 있다. 회흐는 콜라주 행위를 통해 여성 정체성의 흔적과 기억을 완전히 삭제하면서 사회의 젠더 역할을 의문시한다. 즉 이미 존재하는 사회 가치를 담지하는 레디메이드 이미지를 리믹스해 사회 미학적인 방식으로 완전히 새로운 해석을 가미한 신생의 창작물을 만들어냈다.

이제까지 리믹스 방식이 고정되고 정적인static 창작물의 변형 과정이라고 한다면, '재생형 리믹스'regenerative remix는 주로 네트워크화된 디지털 문화의 시간 흐름flow에 기댄 현재 진행형의 창작 방식이다. 달리 말해 이는 한 번에 완결된 결과물을 얻기보다는 최종본 작업이 완성되기까지 외부로부터 끊임없이 추가 데이터 입력이 이뤄지는 구성주의 과정 아래 놓이는 리믹스 창작 방식이다. 예컨대, 위키피디아, 소셜미디어, 블로그 등 이용자 콘텐츠 문화의 구성 논리가 이에 해당한다.[17] 재생형 리믹스는 양가적이다. 퇴행적일 수도 재귀적일 수도 있다. 즉 플랫폼이 이용자 다중의 창작 결과에 인클로저 말뚝을 박거나 가두리 친다면 이는 퇴행적이라 할 수 있다. 반면 잘 알려진 것처럼 위키피디아 같은 공통 지식 생산 과정은 집합지성의 산물로 평가받는다.

매시업은 리믹스의 분류법에 거의 상응하지만, 그보다 더 분류가 단순하다. (1) 퇴행적regressive 매시업, (2) 재귀형 매시업, (3) 재생형 매시업으로 나눠볼 수 있다. '퇴행적 매시업'은 이를테면 음악으로 치면 고속도로 휴게소에서 쉽게 접하는 '뽕짝 메들리'에 해당한다. 흥겹고 새로움이 있는 듯 들리지만 끊임없이 오리지널 음악들에 대한 기억을 소환하는 가벼운 메들리송이 그것이다. 겉보기에는 원본의 아우라에 도전하는 신선함이 있어 보이나 여전히 원본의 '아우라'를 쉽게 떠올리게 하는 초보적 매시업의 느낌을 준다. '재귀형 매시업'은 원래 두 곡 이상의 음악을 합쳐놓았으나 아주 새로운 창작의 느낌을 주는 것에 해당한다. 완성도 높은 힙합 매시업 음반이 적당한 사례로 언급될 수 있다. 가령, 역사적으로 완성도 높은 매시업으로 평가받는, 힙합 음악 프로듀서 데인저 마우스Danger Mouse의 〈그레이 앨범〉The Grey Album(2004)이나 〈그랜드매스터플래시의 턴테이블 위

---

17. Navas, *Remix Theory*, pp. 120~4.

의 모험〉The Adventures of Grand Master Flash on the Wheels of Steel(1981) 등이 이에 해당할 것이다. 이들 매시업 사례는 기존 음원의 샘플링을 통해 창의적 변형을 가져온 경우다. 마지막으로, '재생형 매시업'은 재생형 리믹스와 거의 비슷하게 진행형의 매시업 상황을 지칭한다. 여기에는 지속적인 갱신constant updating의 작업 논리가 작동한다. 예를 들어, 카카오나 구글 지도 위에서는 이용자와 기업 활동에 의해 끊임없이 새로운 정보들이 수집되어 덧붙여지면서 수많은 평점과 댓글, 생활 정보가 갈수록 조밀하게 구성되는데, 이는 재생형 매시업의 대표적인 사례로 꼽는다.

디지털 복제 시대는 과거에 비해 시민 다중의 끊임없는 전유, 리믹스, 매시업, 복제와 미메시스 문화를 통해 증식해 이룬 풍요로운 문화 공통장을 제공한다. 아리스토텔레스식으로 보면 쾌의 세계요 창의적 모방의 세계이다. 하지만 자본주의 인클로저 시스템으로 인해 복제 문화의 형성 과정이 법과 코드로 통제되는 것은 물론이고, 다중의 창의적 표현물조차 플랫폼 기업의 전유 장치에 폭넓게 포획되고 있다. 플랫폼 활동의 대부분을 차지하는 이용자의 데이터와 문화 콘텐츠 결과물은 사유화된 기술 질서로 끊임없이 흡수되어 플랫폼 기업 소유의 저작물로 재탄생한다. 다중의 창작 문화에 대한 과도한 인클로저 상황은 종종 '문화적 실어증'cultural aphasia을 유발하기도 한다. 머릿속에서 단어를 불러오지 못하는 불능과 이에 따른 말과 언어의 상실처럼, 문화적으로 다중 스스로 복제와 변형의 문화 권리를 상실하고 자유로운 의식을 잃어버린 실어증적 주체가 되어간다.[18] 다중 창작과 표현의 자유, 그리고 문화 커먼즈의 운명은 자본주의 법질서와 기술 코드에 의해 이렇듯 수세에 몰리고 통제되고 있다. 오늘날 플랫폼 기업이 주도하는 새로운 인간 창의력 수탈 모델로 인해 시민 다중은 복제와 미메시스의 문화 권리를 송두리째 빼앗기고 있는 것이다.

카피레프트와 예술 저항

플랫폼자본주의의 확장과 강제적 법제도의 인클로저에 대항하기는 쉽지 않은 것이 현실이다. 여기서 시민 다중이 행할 수 있던 것은 주로 창작과 예술을 통해 억압의 사유화 질서를 냉소하고 비판하는 문화정치와 예술 저항이었다. 예술 저항에 기댄 카피레프트의 역사 전통은 우리가 생각하는 것 이상으로 꽤 멀리까지 거슬러 올라간다. 가령, 상호참조, 복제와 모방, 베끼기, 풍자, 패러디 등 문화 전유 기법은 사실상 인류가 지녀왔던 기본 창제작의 조건이라 할 만하다.

모방과 전유 문화를 좀 더 집중적으로 전문 창작 기법으로 삼았던 역사적인 선례 또한 무수하다. 원본 혹은 그것이 지닌 아우라를 거부하고 무위화하고자 했던 아방가르드 예술 운

---

18. Hyde, *Common as air*, p. 241.

동은 그 대표적 사례다. 우리는 '반예술' 경향이라 꼽는 '다다이즘'Dadaism에서 전유문화의 전조를 쉽게 관찰할 수 있다. 다다이즘은 20세기 초 유럽을 중심으로 일었던 아방가르드 운동 사조의 중요한 경향을 지칭한다. 무엇보다 다다이즘은 창작자의 천재성이나 작가주의를 신화화하는 '낭만적 저자'romantic authorship 개념에 저항했다는 점에서 주목할 만하다. 가령, 다다의 대표 작가였던 뒤샹Marcel Duchamp과 그의 잘 알려진 변기 작품을 보자. 뒤샹은 1917년 남성용 소변기로 만든 작품 〈샘〉Fountain에 'R. Mutt'라는 변기 회사의 이름을 서명해 전시장에 보냈다. 뒤샹은 대량생산된 소변기 제품에 제조사 이름을 사인해 새겨 넣고 그것이 마치 새로운 창작물인 것처럼 꾸며 당대 자본주의 시장에 포획된 예술 제도와 '저자'의 허구성에 대한 도발을 감행했다. 더 나아가 그는 아무것도 아닌 변기를 전시장에 옮겨와 그 무엇이든 예술이 될 수 있다는 다다식 '반예술'을 실천하면서, 저자를 특권화하는 '낭만적 저자' 혹은 '작가주의'auteurism가 얼마나 신화로 가득한지를 유쾌하게 조롱했다. 뒤샹은 작가 개인이 만든 예술작품의 창의성과 독창성이라는 것이 과연 무엇인지를 의문시하는 도발을 행했다.[19] 사실상 그의 작업은 당대 반예술의 표명이요, '낭만적 저자'의 신화에 매달리는 당시 예술

---

19. 페터 뷔르거, 『아방가르드의 이론』, 최성만 옮김, 지식을만드는지식, (1974) 2009, 98~104쪽 참고.

계에 날리는 비릿한 조롱이라 할 수 있다. 아이러니하게도 후대에 그 변기조차 수십억을 호가하며 역사적 예술 작품으로 거래되는 현실을 낳았지만 말이다.

이어지는 6장에서 좀 더 탐구할 주제이기도 한데, 베를린 다다의 존 하트필드John Heartfield 또한 '포토몽타주'라는 창작 기법을 통해 저자의 신화를 뒤흔든 대표적인 인물이다. 그는 독특한 포토몽타주 기법을 통해 당대 독일 군국주의의 폭력 체제와 엄숙주의를 통쾌하게 비판한 인물로 알려져 있다. 기성 이미지의 합성으로 새로운 창작물을 만들어낸다는 의미에서 '포토몽타주'와 '콜라주'는 거의 흡사하다. 다만 포토몽타주는 몽타주된 창작물에 반영구적인 프린트 과정을 결합하는 완성 기법으로 인해 콜라주와 달리 취급된다. 그래서 하트필드의 포토몽타주 작업은 잡지나 책의 표지 일러스트로 대량 제작해 많은 독자가 돌려봤던 대중적인 작업으로 알려져 있다. 하트필드는 그만의 상징 언어를 새로이 만들기보다는 잡지나 신문의 보도 사진이나 기사 등 이미 존재하는(레디메이드) 이미지와 글자를 오려 붙여 새롭게 정치 현실을 재해석하는 작업을 통해, 당대 지배 권위 체계를 조롱하고 비틀고 전복하려 했다.[20]

하트필드의 포토몽타주와 비슷하게 프랑스 상황주의자[21]

---

20. John A. Walker, *Art in the Age of Mass Media* (Pluto, 1983), p. 102.
21. 이들의 모임은 공식적으로 상황주의 인터내셔널(SI)이라 불렸고, 1957년부터 1969년까지 『상황주의 인터내셔널』(*Situationle Inetnational*) 저널을 발행

의 작업 중 비예글레Jacques de la villeglé의 '데콜라주' 혹은 '익명의 찢기' 방식도 창작 행위와 과정에 개입하는 공통의 집단적 성격을 강조한다.[22] 벽보 광고의 일부를 찢어내면 그 자리에 이전의 포스터와 전단들이 드러나면서 관객은 그 아래 감춰졌던 과거의 흔적을 읽을 수 있다. 과거의 포스터 위에 덧댄 포스터가 찢기며 오래된 포스터의 이름 모를 흔적과 기억이 함께 드러나면, 거기에는 그 어떤 남다른 특권을 지닌 개인도 겹겹이 찢어진 이 게시물의 소유자라고 주장할 수 없는 상황이 발생한다. 데콜라주는 바로 '저자가 아무것도 없는 '무無로부터'from scratch 창작물을 완성한다'는 잘못된 허상을 거부하는 카피레프트의 기본 정신을 표현하는 것이자 익명의 인류 공동이 벌이는 창작의 성격을 조명하는 행위이다. 포토몽타주는 기성의 저작 이미지를 모아 붙여 새로운 창작에 응용하면서 과거의 흔적을 지우는 데 반해, 데콜라주는 이렇듯 외형의 이미지 아래 덧대어진 안쪽 이미지를 찢기로 드러내면서 익명의 저자와 과거를 보게 만들고 창작물 안에 다중의 협업 과정이 존재함을 일깨운다. 포토몽타주와 데콜라주는 작업 과정은 서로 반대이지만, 두 가

했다. 상황주의는 다다이즘, 초현실주의, 문자주의(Letterism)에 영향을 받은 일단의 아방가르드 예술가 및 지식인의 모임이었다. 상황주의자는 공통적으로 현대 자본주의를 '스펙터클의 사회'로 바라보고, 이에 저항하는 방법으로 창의, 욕망, 쾌락, 상상력 등을 꼽는다. 상황주의 그룹은 '반예술'에 근거해 문화와 예술을 일상 삶의 일부로 삼는 작업을 다양하게 펼쳤다.

22. 토머스 크로, 『60년대 미술』, 조주연 옮김, 현실문화, 2007, 73쪽.

지 모두 '저자라는 신화'를 반박하는 카피레프트 실천 교육으로 제격이라 할 것이다.

　다다와 상황주의 예술 행위는 오늘날 문화정치의 측면에서 '문화 간섭'cultural jamming이라는 대중문화의 브랜드 이미지에 대한 저항 전술과도 연결된다. 문화 간섭은 소비 브랜딩 이미지가 구성하는 스펙터클 혹은 기호 이미지를 뒤집고 조롱하며 시장 가치를 희화화하려는 행위이자 기호의 게릴라전이다. 원래 '간섭'이란 "햄 라디오Ham Radio 이용자들의 대화 혹은 라디오 방송에 간섭 현상을 발생시키는 불법 행위"를 지칭했다.[23] 즉 문화 간섭은 신호에 잡음을 끌어들이는 전파 간섭 현상을 문화 정치 영역에서 재해석해 만든 조합어로 볼 수 있다. 카피레프트의 전통과 관련해서 본다면, 문화 간섭의 저항 행위는 앞서 '전유' 문화와 유사하다. 전유의 어원적 의미 중 하나가 '훔치다' 혹은 '묻지 않고 가져오다'라는 뜻을 지니고 있기에, 이는 지배 문화와 담론의 언어를 가져다 시민 다중의 것으로 재구성하는 방식과 맞닿아 있다.[24]

　예를 들어, 팝파겐다popaganda 아티스트 론 잉글리시Ron English는 팝아트 기법을 통해 대중문화의 약호를 패러디해 비꼬는 작업을 주로 해왔다. 잉글리시는 작품의 주요 소재로 월트디즈

23. Harold, *Ourspace*, p. xxv.
24. Jonathan Harris, *Art History* (Routledge, 2006), p. 17.

니의 미키 마우스 캐릭터를 이용해왔다. 잉글리시가 그린 마를 린 먼로의 초상화 시리즈를 보면, 미키 마우스가 마를린 먼로 의 가슴을 대체하고 있다. 먼로의 가슴을 미키 마우스로 대체 하면서 성적 자극 욕망에 자본주의 상품 소비 욕망을 병렬 배 치하는 효과를 얻고자 한다. 자본주의 초상권과 저작권에 위 반될 수 있는 소비 욕망의 두 아이콘을 가져다가 지배적 인클 로저 질서 그 자체를 조롱하는 창작 행위를 하고 있다. 이는 일 종의 문화 간섭이요 전유 행위의 사례라 할 수 있다.

다른 예를 들어보자. '네거티브랜드'Negativland는 오랫동안 오 디오 샘플링 작업과 카피레프트 관련 글 작업을 수행해온 대 표 작가 그룹이다. 네거티브랜드는 표절 시비나 소송에 아랑곳 없이, 소리·소음·음원·목소리·기계음 등 채취할 수 있는 모든 사운드를 재조합해 새로운 창작곡을 만들어낸다. 수많은 샘플 링 음원을 제작해 선보였고, 샘플링과 리믹스만으로도 전혀 딴 판의 새로운 음악 창작이 가능함을 입증해왔다. 비슷하게, '걸 토크'Girl Talk라는 뮤지션도 샘플링을 통해 음악을 창작하고 무 대에 서면 악기와 보이스 대신 작은 노트북만을 몸에 걸친 채 연주하고 공연한다.[25] 네거티브랜드나 걸토크, 그리고 많은 힙 합 래퍼들은 소위 원본이라 이야기되는 음원 마디를 조합해 리

---

25. 카피레프트 문화를 보여주는 다큐멘터리 〈뒤섞어봐: 리믹스 선언문〉(RIP: A Remix Manifesto, Brett Gaylor, 2009)에서 걸토크 공연과 인터뷰 참고, https://en.wikipedia.org/wiki/RiP!:_A_Remix_Manifesto.

믹스 공연을 행한다. 이들은 저작권 체제에 의문을 제기하고 음악 창작의 리믹스 문화를 퍼뜨리고 공연 형식의 변화에 영향을 미쳤다.

현대 자본주의의 맥락에서 보자면, 문화 간섭과 전유는 소비문화를 통해 생산된 스펙터클한 약호 이미지의 힘을 가져와 지배 담론을 비판하는 효과를 거둔다. 이른바 '전유 예술'의 창작 방식을 북돋우고 카피레프트의 정서를 확산한다. 예술 창작의 전유는 인용, 샘플링, 콜라주 등의 창작 기법을 동원하기 때문에 브랜드 가치를 보호하는 저작권, 초상권, 명예권 등과 항상 적대 관계에 놓인다. 전유는 마치 정제된 권력의 길거리 풍경을 반역의 약호들로 재탄생시키는 벽낙서graffiti와 같다.

전유를 통한 예술 저항은 사실상 '사보타주'sabotage와 다르다. 사보타주는 부정과 배격의 저항 전술이자 가장 오래된 전법이다. 자본의 톱니바퀴에 공구를 던져 넣어 생산 공정을 마비시키는 멍키렌치의 비유적인 의미에서처럼, 사보타주는 자본의 가동을 일시 중지시키려는 태업의 적극적 표현이다. 부정하지 않으면 휘말리고 포획됨을 알기에 사보타주는 절연의 정치를 택한다. 바리케이드를 중심으로 이쪽은 아요 저쪽은 적이 되는 구조다. 사보타주는 권력을 벗어나 외부로 탈주하려는 의지의 표현이다. 허나 사보타주는 바리케이드 너머 권력을 바라보며 벌이는 적대의 저항 방식이라 유연성이 부족하다. 슬로건은 해묵고 전술은 경직돼 있다.

인클로저에 대항한 사보타주와 같은 정공법에 비해 전유로 대표되는 카피레프트 저항은 인클로저를 내파하는 데 또 다른 쓰임새가 있다. 소비주의의 스펙터클 안에 갇힌 채 유희와 욕망의 명령을 따르는 현대인에게 예술 저항은 잃어버린 현실 감각의 복기를 부를 수 있다. 소비자본주의의 스펙터클 이미지를 도용하면서도 그 자본의 흔적을 온전히 떨어내고 새롭게 다중의 사회 미학을 재구성하는 방식을 우리는 '전용'이라 부를 수 있다. 상황주의자 기 드보르에 따르면, 전용은 지배문화의 언어에 대항하는 '다다식 부정'Dadaist-type negation의 전술에 해당한다.[26] 굳이 '전유'와 '전용'을 구분하자면, 전유는 인클로저에 맞서 왕성하게 이뤄지는 시민 창작 활동 방식이고, 전용은 좀 더 정치적인 목표 의식을 갖고 사회 미학적 가치를 추구하는 대안의 창작 작업이다.

앞서 언급했던 뒤샹, 하트필드, 비예글레의 전문 창작은 오늘날 디지털 리믹스가 수시로 일어나는 현실에 견주어보면 그리 별난 작업 방식은 아니다. 오늘날 창작의 자유를 막는 저작권 체제에 맞서 다양한 시각 이미지와 영상 콘텐츠를 만들어내는 아마추어 누리꾼의 문화정치가 일반화된 까닭이다. 동시대 디지털 현실에서는 직업적 작가뿐만 아니라 아마추어 창작자

26. Guy Debord & G. J. Wolman, "A User's Guide to Détournement", Ken Knabb (ed.), *Situationist International Anthology* (Revised and Expanded Edition) (Bureau of Public Secrets, [1956]2006), pp. 14~20.

스스로 문화 전위로 등장한다. 문제는 아마추어 시민이나 전업 예술가의 창작을 위협하는 인클로저의 위세가 더 거세지고 있다는 점이다. 가령, 저작권 위반 기소, 정치인이나 기업의 초상권 침해나 명예훼손 소송 등이 일상이 됐다. 전유와 전용의 예술이 '절도 예술'의 길을 걷게 된 것이다.[27] 그럼에도 전유와 전용의 문화 행위는 더욱 번성하고 있다. 무엇보다 아마추어 창작이 문화예술 행동주의와 연결되면서 자본주의 저작권 문화 질서에 대한 근본 도전을 수행하고 있다. 이는 일상의 아마추어 누리꾼의 창작뿐만 아니라 직업적 예술가의 전유 예술에 이르기까지 다채롭게 전개된다. 장기적으로 보면 카피레프트 정신에 기댄 이들의 문화예술 행동과 창작 표현은 문화 커먼즈를 일구는 기본 바탕이 될 것이라 본다. 동시대 자본주의 인클로저 경향을 막기 위한 문화정치의 전술로서 다중의 전유 행위에 진지하게 주목해야 하는 이유다.

파토스의 문화 커먼즈

이제까지 우리는 문화 공통장을 확장하기 위한 카피레프트 전통의 전유의 창작 기법과 예술 저항을 좀 더 주목해 살펴보았다. 이 장은 인간 감성과 창제작 표현 영역이 인류가 지켜야

---

27. Sven Lütticken, "The Art of Theft", *New Left Review*, no. 13, 2002, pp. 89~104.

할 '공통의 것'이라는 점을 언급해왔다. 특히 '문화 커먼즈(공통장)'라는 개념을 통해 모방과 전유의 인류 유산을 강조했다. 문화 커먼즈의 범주로 인류가 이뤄낸 지식 생산과 예술 창작을 함께 모아 다뤘다. 하지만 문화 커먼즈 속에서 지식과 창작의 영역을 따로 나눠 볼 필요가 있다. 지식 생산과 창작은 둘 다 저작권의 지배를 받는 무형의 자원을 생산하는 방식이라는 점에서 동일하다. 하지만 과학적 지식 생산과 달리 인간의 창작 영역은 감수성, 즉시성, 휘발성, 장소성 등에 영향을 더 많이 받는다. 지식, 즉 '로고스'의 합리적 사고 영역과 다중 창작의 '파토스'pathos 라는 정념의 영역은 인간의 창의 활동이라는 측면에서 보면 상호 보완 관계에 있다고 볼 수 있다.

로고스의 커먼즈와는 다른 파토스의 커먼즈, 즉 인간 창제작의 자원을 구성하는 정념의 공통 논리는 과연 무엇일까? 문제는 예술 창제작의 결과물이 그 무엇보다 휘발성이 강한 특성을 지니기에, 다른 어떤 공통재보다 후대에까지 지속가능한 공통 자원으로 유지하는 데 어려움이 크다는 점이다. 파토스의 창작 자원도 물질과 지식 커먼즈처럼 사회적 공동 생산과 증여가 과연 가능할까? 인클로저의 강력한 질서 속에서 공통의 예술 감수성을 어떻게 사회적으로 재생산하고 함께 나눌 수 있을까? 이들 질문에 대해 속 시원히 답을 내릴 수 없겠으나, 파토스 커먼즈가 지닌 독특한 위상과 특징을 살피는 것으로 이 장을 마무리할까 한다.

우선 파토스의 커먼즈는 기존에 우리가 익히 알던 미술관, 박물관, 기념관, 기록관과 같이 인류의 정념과 창제작의 역사를 대규모로, 공식적으로, 기념비적으로 늘어놓는 기록 장치의 의례 기능과 역할을 넘어서려 한다. 즉 파토스의 커먼즈는 시민 스스로 생동하는 창제작 행위를 갈무리하여 이를 사회 공통의 정서적 자산으로 함께 공유하는 의식 교감의 장에 대한 고민에서 출발한다. 즉 파토스의 커먼즈는 권위와 엘리트주의에 의해 나열된 전시 기록이나 사적 갤러리의 화려한 상업 예술 목록이 아니다. 이는 시민 다중이 주체적으로 현실 사회 안에서 상호 교감해 이룬 공통의 감각을 확장하는 커머닝 행위이다. 파토스의 커먼즈는 개별 의식과 표현 행위보다는 다중의 사회적 표현과 몸짓의 공통된 시대 정서를 사회적으로 교감하는 무형 자원으로 보존하면서 이를 현세대와 함께 어떻게 공통의 감각으로 유지하고 지속할 것인가의 문제에 관심을 갖는다.

보통 '감각'感覺은 인간 개인의 사적인 심리 영역이자 내면의 즉흥성과 주관성에 기댄 감정 상태를 뜻한다. 대개 감각이라 하면 반지성적이고 논리적이지도 않으면서 계측하기도 어려운 주관의 감정으로 인식된다. 하지만 이미 철학자 칸트Immanuel Kant는 주관적이고 미학적인 감정이 작동하더라도 사람들 사이에는 보편타당성에 기댄 미적 판단과 미적 소통ästhetische Kommunikation이 가능하다고 봤다.[28] 칸트는 그 까닭을 인간 고유의 '공통감각'Gemeinsinn ; sensus communis에서 찾았다. 칸트의 시각에서 보면 '나들'이 각자 감흥하면서도 서로 연결된 감정의 공통 기반인 보편적 감각 유사성이 존재하는 연유는 '공통감각' 때문이다. 즉 인간에게는 일종의 상호주관적인 공동체 기반의 감정이나 정서가 작동한다. 칸트의 미적 공통감각은 이미 선험적 형태로 '간間주관적인 관계 아래 우리 각자의 감각에 마치 미리 존재하는 것처럼 여겨진다. 하지만 실제 그것이 미리 주어진다고 단정하기보다는 인간의 사회 소통과 창의 활동 속에서 '발생'하고 '생성'되는 공통의 정서 층위가 공통감각이라고 보는 것이 적절한 해석일 것이다.[29] 발생과 생성의 관점에서 해석될 때, 공통감각은 당대 사회의 주체들이 교류하는 정서의 활력과 특성으로서 파악될 수 있고, 더 나아가 그 시대의 정서 구조를 진단할 수 있는 실천적 개념이 될 수도 있다. 다시 말해, '공통성'Gemeinsamkeit을 만들어내는 칸트식 미적 감각은, 나의 단자單子화된 주관적 감각의 자유는 물론이고, 그런 나와 함께 살아가는 복수 인간들과의 사회문화적이고 공동체적인 유대 관계 안에서 활성화되는 관계 개념으로 보는 것이 타당하다고 하겠다. 공통감각은 이 점에서 "유아론적 자기인식의 협소함을 넘어 타인과의 소통을 통해 타자의 위치에서 사고하며, 이로부터 주체의 고립된 위치를 넘어서는 보편타당한 인식의 지평으로 나

---

28. 임마누엘 칸트, 『판단력비판』, 백종현 옮김, 아카넷, 2009.
29. 류종우, 「들뢰즈의 칸트론에서 공통감각의 문제」, 『철학논총』, 제79집, 2015, 101~22쪽.

아갈 수 있도록" 돕는다.[30] 강조컨대, 타인의 현존 없이, 타인과의 관계없이 공통감각의 생성은 불가하다. 인간은 자신만이 가진 고유의 창의 능력에 기반해서 무엇인가를 표현해왔지만, 동시에 이 과정에서 대상 세계를 개성적으로 모방하거나 시공간을 가로질러 다른 창작자의 미적 작업을 상호 참조하고 영감을 주고받으며 파토스 문화를 생성해왔다.

물질세계와 로고스 세계는 파토스에 영감을 주며 예술 창작의 자극제 구실을 해왔다. 사실상 파토스와 예술은 물질과 지식 커먼즈의 존재에 크게 그 운명이 좌우되었고, 물질과 지식 커먼즈가 어떤 상태에 있는가에 따라 파토스의 자유도나 풍요로움 정도가 크게 달라졌다고 볼 수 있다. 그렇다면 먼저 로고스 커먼즈와 파토스 커먼즈의 관계를 좀 더 구체적으로 보자.

오늘날 지식 재산권이라는 자본주의 권력 형식은 무형의 자산에 대한 정보와 지식 공통장을 대상으로 새로운 인클로저를 구축해왔다. 창제작을 위해서 현대인은 기존의 상업적 이미지와 데이터를 사용할 필요가 더욱 커져 가지만, 이들 정보와 지식은 이미 재산권 형태로 상품화되어 있는 경우가 대부분이다. 이미 존재하는 데이터와 지식을 이용하기 위해서는 비물질 자원에 대해 엄격하게 적용되는 지식 재산권의 법률적 허락을 얻어내거나 대가를 지불해야 하는 상황에 있는 것이다. 이로

---

30. 한상원, 「공통감각과 메텍시스」, 『도시인문학연구』 12권 1호, 2020, 33~61쪽.

말미암아 예술적 창의와 감성으로 가득 찬 파토스를 확장하는 데 줄곧 장애가 생기고, 파토스의 창의적 공통장은 표현의 위기에 처하게 된다. 지식 커먼즈의 사유화는 직접적으로 인류 보편의 창작 자유는 물론이고 창의적 감성의 파토스 커먼즈의 쇠퇴까지 동반한다. 지식의 영역은 물론이고 파토스의 많은 구체적 표현 형식이 과도한 저작권의 그늘 아래 놓이면서 오늘날 아마추어 이용자들이 시도하는 새로운 창작 의욕을 크게 가로막고 있는 것이다.

또 다른 한 축으로, 우리는 물질 커먼즈와 파토스 커먼즈의 관계를 살펴볼 필요가 있다. 물질은 파토스의 영역과 직접적으로 연계되는 경우가 드물다. 예를 들어, 광화문 광장을 보자. 이는 시 정부 관할의 소유지이다. 어느 누구도 소유할 수 없는 공적 장소이자 시민의 공유지적 의미를 지닌다. 누군가 시 소유의 공공 토지를 점유해 예술 퍼포먼스를 하려 한다면 실정법상 불법 점유의 과태료 딱지를 뗄 수밖에 없다. 그래서 많은 도시공간에서 시민 다중이 파토스의 정서를 쏟아낼 수 있는 실질적 장소는 제한적이다. 전문 갤러리나 예술공간은 대체로 유명 작가들의 몫인 데 비해, 아마추어 작가나 일반인은 발 딛고 있는 장소에서조차 무엇인가를 보여주기가 어렵다. 그래서인지 쉽게 인터넷으로 퇴각하기도 한다. 그만큼 파토스를 위한 물리적 장소는 부족하다. 현실 공간에서 누군가 사회사적 사건에 대한 동조의 의미로 무언가 자신의 정치적 정념을 표현하기 위해 도심 한복판 빌딩 벽에 낙서를 하거나 거리에 특정 포스터를 붙이거나 대로 한복판에서 퍼포먼스를 행하는 일은 대단한 용기를 필요로 한다. 당연히 실정법상 처벌을 감내해야 하는 일이다. 이처럼 물질 공유지에 파토스의 가치를 새기는 일에는 불법과 단속의 굴레가 항상 도사린다. 파토스 커먼즈는 그래서인지 물질계의 닫힌 논리로 인해 제 역할을 하기 어려워 보인다.

예외적인 경우도 있다. 제도 권력과 자본의 구획으로 말미암아 닫힌 듯 보이는 단단한 물질계 또한 한순간 파토스의 문화정치와 함께 일시에 용도 변경되는 경우도 심심찮게 있다. 2016년 겨울 광화문 광장의 촛불 정치는 닫힌 광장 공유지를 새롭게 재정의한 역사적 사례다. 민주 정치의 실종과 국가 파탄에 격노한 시민이 열어젖힌 촛불광장은 다른 무엇보다 파토스의 공통장이 됐다. 시민 다중이 크게 경험해보지 못했던 이 새로운 광장의 예술정치로 인해 물질계에 가능한 파토스 커먼즈 기획에 대한 구체적 질문을 이어갈 수 있게 됐다. 민주 정치의 실종과 삶의 파탄에 격노한 시민 모두가 만들어낸 광장의 촛불 시위는, 광장이라는 공적 공간을 일시적이지만 매우 빠르게, 매주 토요일 거대한 시민 정동과 정념의 파토스를 분출하도록 이끌었고, 관리되던 광장을 '일시적 자율지대'Temporary Autonomous Zone;TAZ로 변형시켰다. 광장에 민주 시위가 평화롭게 일렁이면서 공적 통제 공간은 빠르게 다중 자신의 공통장이 되었고, 동시에 예술 파토스의 에너지까지 강하게 들끓게 했다.

오랫동안 순치의 논리에 의해 관리되던 광화문 광장이라는 물질 공유지가 시민사회에 열리면서 그동안 막혔던 파토스의 욕망이 여기저기에서 용솟음치고 폭발했다. 예술인, 활동가, 일반인 모두가 물리적 공간 점유를 통해 국가 소유의 광장을 시민의 공통장으로 재전유했다. 문인, 작가, 현장예술가, 시인, 연극인, 활동가 등이 한데 모여 이순신 동상 아래 '예술인 농성캠프'를 치고 시민과 함께하는 텐트 전시와 설치, 퍼포먼스를 기획했다. 연극인은 '블랙텐트'를 통해 매일 시민과 함께 광장 공연을 만들어나갔다. 시민 다중의 캠프와 텐트는 자율적 관리를 위해 성금을 모금했고 그들 내부의 커머닝 규칙을 통해서 대통령 탄핵심판청구 이후 헌법재판소의 판결이 이뤄질 때까지 자치적으로 운영되었다. 다중에 의한 광장의 점유는 이방인에게는 마치 무질서한 난장판인 듯 보일 수 있지만 이미 그곳에는 보이지 않는 규칙과 운영 방식이 존재했다. '예술인 농성캠프' 성원은 일종의 파토스 커먼즈를 꾸리고 공동 생산하는 커머너였고, 그들만의 공간 점유 규칙을 만들고 문화 권리를 행사하고 시민과 함께 공통의 문화정치 감각을 모아 예술 저항을 표출해냈다. 물리적 광장은 그렇게 일순간 사회와 예술을 잇고 파토스 감각을 배양하는 시민 모두의 공통장으로 돌변했다.

아쉽게도 시민 자율 정치의 해방구는 그것이 생성했던 공통의 예술적 격앙에 비해 쉬 휘발하는 속성을 지녔다. 광장의 예술행동은 대통령에 대한 탄핵 결정이 내려지면서 함께 정리되고 산산이 흩어질 운명에 처했다. 촛불 광장에서 생성됐던 시민 파토스의 예술행동은 일시적인 것을 넘어서지 못했다. 일반 사회 조직과 달리 파토스의 정서를 매개한 '예술인 농성캠프'과 같은 광장의 코뮌을 '반영구적인 자율지대'non-TAZ로 구성하는 일은 쉽지 않은 일이다. 실제 이와 같은 문제는 촛불 광장에 한정된 사안만은 아니다. 이미 동시대 저항 예술의 창제작 활동이 사회성을 띠고 장소특정적인 사건에 대응해 대단히 집합적인 양상으로 발생해왔다. 예컨대, 평택 대추리 미군기지 이전, 제주도 강정마을 해군기지 건설, 밀양 송전탑 건설, 용산참사, 홍대 두리반 철거 등 국가 폭력의 상황에 대항해 피해 주민, 예술가, 활동가, 뮤지션, 일반 시민이 함께 예술행동과 파토스의 일시적이지만 압축적 응집을 보여줬다. 이들의 파토스 저항은 이제까지 우리가 알던 퇴색한 물질 커먼즈를 변화시키고 그 속에서 정치적인 것의 활력을 찾는 중요한 계기가 되었다. 하지만 이 또한 광화문 촛불 광장의 파토스 물결처럼 일시 자율지대에 머물렀다.

인류 창제작의 결과물은 미술관이나 박물관에 박제되지 않는다면 대체로 일시적이고 즉흥적이고 휘발적인 속성을 갖는다. 당대 사회와의 공명이 끝나면 공통의 창작과 행위의 정념이 대개 뿔뿔이 흩어지거나 소실의 길로 들어간다. 역사적으로 장소 특정적 예술행동이 주류 역사의 기념비적 사건으로 편입되지 못하는 경우가 대부분인지라 우리는 또 그렇게 아쉽게 사라질 파토스의 일부 흔적이나 파편만을 간신히 추스르는 일에 급급하다. 기실 파토스의 사회사적 유산을 먼저 시민의 공통 자산으로 기억하고 반영구화하려는 시민의 지혜가 필요하다. 무엇보다 특정 장소성에 기대어 피어오른 예술 파토스의 힘을 현재 진행형의 기록archive으로 가져오는 일이 시급하다. 그러려면 일차적으로는 사멸하는 예술 파토스의 기록을 보다 안정적인 플랫폼에 옮겨 담는 일이 중요하다. 예컨대, 인터넷 저장소repositories 등 정보와 지식(로고스) 커먼즈에 시민 아카이브 형식으로라도 옮겨 담아 기록하고 공유하는 일이 선행되어야 한다. 공적 기록 형식의 물리적 공간을 점유하는 기록 관리와 기념관의 건립도 중요하지만, 디지털 공통장 형태로 일시적인 것(파토스)을 반영구적인 형태로 재해석해 역사적 파토스에 생명을 불어넣는 작업이 필요하다.

예컨대, 대한민국 역사박물관이 광장에 참여했던 사회단체와 시민에게서 광장의 촛불 시위와 문화정치의 흔적을 모으는 작업을 수행한 적이 있다. 역사박물관은 주로 역사의 한순간을 같이 했던 깃발, 포스터, 스티커, 사진 등 오브제 기록을 중심에 두고 수집했다. 이들 물질 기록은 사료로서 대단히 중요하지만, 당시 광장 시민들이 보여줬던 정치적 파토스의 역능은 파편화된 오브제 수집과는 좀 다른 차원의 기록을 필요로 한다. 더불어, 이전 시기의 예술 파토스의 의미를 오늘 시민이 공유하고 사회적으로 새롭게 확장하기 위한 과정은 단순히 디지털로 각인해 보관하고 기록으로 남기는 것만으로는 부족하다. 장차 시

차원	인클로저 질서		물질 커먼즈		로고스 커먼즈		파토스 커먼즈	
특징 / 효과	지대수탈 플랫폼 포획 자동화	전략 계획 설계 통치	자생성 지속성 관계성 장소성	풀뿌리 자치 회복력 거점화	개방 공유 자유 협업	해킹 증여 망명 증식	일시성 즉흥성 휘발성 현장성	전술 표현 실험 기록

표 8. 인클로저 대 커먼즈의 차원

민이 벌이는 수많은 또 다른 파토스 광장과 자율지대의 구축이 자유롭게 이뤄질 때 그 기록의 의미가 되살아날 것이다. 이는 파토스를 박제화하지 않고 다중의 사회 미학적 감수성을 어떻게 긍정적으로 폭발시킬 수 있는가를 고민하는 일이기도 하다.

〈표 8〉은 사유화된 인클로저의 강고한 질서에 맞서 있는 파토스 커먼즈의 특징과 목표를 담고 있다. 물질·로고스 커먼즈의 특징을 비교해 적고 있기도 하다. 이 표는 인류 창제작의 근원인 복제문화를 가로막는 자본주의적 사유화나 포획에 맞서, 물질, 로고스, 파토스 커먼즈 각각이 지니고 있는 잠재적인 특징과 지향 논리를 담고 있다. 이 장에서 주목하는 파토스의 커먼즈는 일시성, 즉흥성, 휘발성, 현장성으로 인해 공통 자원의 지속가능한 재생산이라는 측면에서 허약하지만, 강고한 인클로저 질서에 틈을 만들고 저항의 새로운 동력과 새로운 창발의 상상력을 제공할 수 있다는 점에서 크게 주목할 만하다.

역사적으로 파토스의 시민 정서는 인클로저 질서에 대항해

'탈전유'depropriation 문화의 확산을 크게 도모할 수 있었다. 예서 '탈전유'는 전유처럼 누군가 타인의 것을 가져오거나 훔친다는 점에서 유사하다. 다만 전유와 다른 점이라면 탈전유는 소유에 대한 무관심에서 출발한 전유, 즉 '탈소유'를 지칭한다. 탈전유는 자본주의 소유권의 에토스에서 발생하는 것이라기보다는 다른 사람과의 파토스적 연결을 적극적으로 모색하는 카피레프트의 공통 행위라 할 수 있다.[31] 자본주의 수탈과 포획의 논리를 막아내기 위해서는 탈전유 정서에 기초한 커먼즈 확장이 필요하다. 적어도 플랫폼자본주의 국면 아마추어 이용자가 벌이는 복제와 전유 문화는 디지털 시대 인간 창의성의 근원이자 문화 권리를 지키는 핵심 가치로 간주해야 한다. 결국 우리는 우리 스스로 만들어낸 창작의 결과를 인클로저의 영향력에서 벗어나 '공통의 것'으로 만들어낼 수 있을 때만이 미적 공감의 즐거움은 물론이고 사회 공통의 문화적 상상력을 확장할 수 있을 것이다.

---

31. 분, 『복제예찬』, 307쪽.

6장

아방가르드와 반인클로저 전통

오늘날의 문화 커먼즈를 확장하기 위한 예술 행동주의의 기원에는, 1차 세계대전과 군국주의에 대한 정치적 거부에 의해 형성된 다다이즘(이하 다다)에서부터 1960~70년대의 정치적 격변기를 거치면서 소비문화의 이미지를 전유하거나 게릴라 영상을 통해 현장을 담아냈던 '전유 예술'과 예술 저항에 이르는 전사前史가 가로놓여 있다. 예컨대, 베를린 다다가 보여줬던 '포토몽타주' 기법, 프랑스 68혁명 당시 상황주의의 '전용' 기법, 1960년대에 '고상한 예술'에 반대되는 순간이나 일시성·우연성·일상성의 가치를 추구했던 '플럭서스'Fluxus 예술운동,[1] 그리고 다시

---

1. 플로랑스 드 메르디외, 『예술과 뉴테크놀로지』, 정재곤 옮김, 열화당, 2005, 28~9쪽.

1970년대 휴대용 비디오카메라와 비디오 편집기 같은 신매체를 활용한 게릴라 미디어운동 등은 문화 커먼즈를 확보하기 위한 예술 저항과 행동주의의 역사적 유산이라 할 수 있다.

무엇보다 1990년대 시작된 인터넷의 대중화는 문화 커먼즈 확산의 일대 전환기를 가능케 했다. 당시 인터넷의 출현을 목도한 프랑스 철학자 펠릭스 가타리Félix Guattari는 폭압적 스펙터클의 대중매체 시대가 곧 종언할 것이라 예견할 정도로 사회 변화를 크게 낙관했다. 가타리는 디지털혁명과 인터넷의 도래로 대중매체의 물신 조장과 매체 소비의 동질화 경향을 벗어난, 능동적이고 창의적인 디지털 주체의 도래를 예견했기에 그러했다. 이로부터 그는 중심이 없는 수평의 리좀rhizome적 주체가 펼치는 집합적 연대와 이질적인 미디어들의 새롭고 창의적인 디지털 생태계가 형성되리라 기대했다.[2] 실제 가타리의 기대 이상으로 인터넷은 수십 년 동안 시민의 민주적 기술이자 다양한 사회적 욕망의 번식처가 되었다. 우리의 경우에 인터넷은 최근까지도 시민 다중의 사회·정치적 욕망을 발산하는 중요한 원천이었다. 현실의 사회 안건이 인터넷이나 휴대폰을 타고 쉽게 공유되고, 전자 네트워크를 매개로 공론이 응집되며, 다시 현실의 광장 시위로 선순환하는 온라인 문화가 꽃피었다. 즉 현실의 특정한 사회사적 사건이 온라인계와 맞물려 공진화하면서 사회 결

---

2. 펠릭스 가타리, 『카오스모제』, 윤수종 옮김, 동문선, 2003, 13~5쪽.

속의 과정을 만들어냈다. 특히 20세기 초 꽃피었던 다다를 포함해 전술미디어tactical media, 예술 행동주의, 문화 간섭 등 예술 저항의 '역사적 아방가르드' 창작 문화는 인터넷 시대에 이르러 디지털 예술 실천으로 재매개remediation되었다.[3] 저항 예술의 창작 실천은 대부분 디지털 매체와 온라인 공간에 의해 재매개되면서 문화 커먼즈를 공고히 했고 당대 '사회적인 것'의 미학적 가치를 확장하는 데 크게 일조했다.

21세기에 접어들면서 사태는 많이 바뀌었다. 온라인 급진성은 플랫폼자본주의로의 포획과 투항으로 나타나고, 디지털 문화정치의 낭만적 비전은 인터넷 초창기와 달리 광범위하게 후퇴하고 있다. 첨단 기술사회의 확대는 시간이 갈수록 역으로 인간의 새로운 미디어 감각과 존재론적 조건을 부단히 자본주의 체제의 내적 동력으로 만드는 것으로 바뀌고 있다. 새로운 혁명적 매체와 기술에 의해 시도됐던 문화예술 행동주의의 이론과 실천, 창작 실험은 점차 보수화하고 지배적인 매체와 자본주의적 규범에 쉽게 포획되고 있다. 가령, 이슬람 근본주의자조차 인터넷과 카메라 휴대전화 등 뉴미디어 기기를 전술적으로 활용하고, 청년 극우 '일간베스트(일베)'는 디지털 패러디 등 다중

---

3. '재매개' 개념은 시대적으로 앞선 전통 미디어의 형식이, 부상하는 미디어에 영향을 받아 갱신하고 경쟁 과정에서 새롭게 매체적 의미를 찾아가는 과정을 뜻한다. 제이 데이비드 볼터·리처드 그루신, 『재매개』, 이재현 옮김, 커뮤니케이션북스, 2006 참고.

저항의 기법을 동일하게 미러링하면서 문화정치의 전술이 더는 진보 세력만의 전유물이 아님을 보여줬다. 우리는 극우마저 예술 저항의 기법을 흉내 내는 미러링 효과와 퇴행의 미메시스 변종을 쉽게 목도할 수 있는 시대에 살고 있다.

그렇다고 해서 20세기 아방가르드 예술 저항의 전통이 쓸모를 다했다고 볼 수만은 없다. 플랫폼 비즈니스 모델과 극우 집단의 인클로저 방식이 오늘 다중의 자유로운 창작에 해가 될 수는 있으나, 오늘날 문화 커먼즈의 활력을 일구는 데 복제와 탈전유에 기댄 아방가르드 예술 저항의 기법은 여전히 유효하다. 문제는 과거의 탈전유 기법을 동시대 상황에서 어떻게 재해석해 새로운 대안적인 방식으로 안착시킬 수 있는지에 달려 있다. 전술미디어 활동의 시조격인 보디츠코Krzysztof Wodiczko의 '변형적 아방가르드'transformative avant-garde에 대한 주장에서처럼, 이는 그저 과거 급진적 아방가르드로의 회귀이거나 향수를 갖는 일이 아니다. 오히려 자본주의 인클로저 현실의 변화를 이끌어내기 위해서, 우리는 "부검도 적절한 애도도 하지 않고 생매장된" 아방가르드 '좀비'를 다시 깨울 필요가 있다.[4] 우리는 이를 통해 새로운 문화 공통장과 예술을 매개한 '정치적인 것'의 실천 의제와 저항의 방법론을 차분히 찾아 나서야 한다.

---

4. 크지슈토프 보디츠코, 『변형적 아방가르드』, 김예경·정주영 옮김, 워크룸, 2017, 333쪽.

이 장에서는 그 일환으로 역사적 아방가르드, 특히 20세기 초 부르주아 순수 미학과 근대 예술의 제도적 틀에 반기를 들고 일어섰던 아방가르드 문화예술 운동, 특히 '다다이즘'의 전통을 오늘날 미디어와 문화 현실에 다시 이입해 그 예술 커먼즈적 가치를 재해석하고자 한다. 무엇보다 독일이 벌인 1차 세계대전 하에서 발흥한 베를린 다다를 주목한다. 베를린 다다의 나치에 대한 풍자와 패러디 예술을 역사적으로 중요한 사회 미학적 전거로 보고, 오늘날 스마트 시대 예술 저항과 문화 커먼즈의 위상에서 어떻게 재해석할 수 있을까를 고민한다. 즉 다다의 예술 실천 사례를 매개해 동시대 문화 커먼즈를 풍부하게 하기 위한 단서를 찾는 작업이다. 특히, 당대 베를린 다다의 '포토몽타주' 기법과 '패러디'parody 미학은 그때나 지금이나 권력에 대한 통쾌한 예술 저항으로 손꼽힌다. 패러디는 권력의 억압 상황이 과잉일 때, 그리고 절차상의 민주주의나 상식의 정치가 제대로 작동하지 못할 때 매우 중요한 다중 저항의 양식이었다.

유럽 다다의 아방가르드적 유산은 이미 오늘날 디지털 공간에서 벌어지는 스타일 정치 실천에도 많은 영향을 미쳤다. 유럽을 휩쓸었던 아방가르드 시대정신으로서 다다가 더욱 소중한 이유는, 예술 저항 담론 생산의 무형식주의, '예술을 위한 예술'의 거부(반예술론), 제도예술에 얽매이지 않는 패러디와 해학의 정치, 타 장르 경계 영역과의 유연한 소통, 집단 실험 정신이나 독창적 창작 기법 개발, 삶을 가로지르는 폭력의 논리와 질곡에 대한 개입과 저항 정신이다. 유럽 다다가 지녔던 아방가르드 시대정신을 참조해 이것이 오늘 새롭게 지닐 수 있는 파토스 커먼즈적 함의를 읽어보고자 한다.

다다의 아방가르드적 유산

커뮤니케이션 기술 수단을 가지고 인간 감성의 새로운 차원을 개척하려는 시도는 꽤 오래된 일이다. 특히 예술 분야에서 선도적으로 실험 정신을 추구하는 이들을 우리는 '아방가르드'avant-garde라 불러왔다. 아방가르드의 기원은 멀리 중세까지 거슬러 올라가지만, 통상 20세기 초 유럽 예술 분야에서 선도적으로 실험 정신을 추구했던 창작 집단을 통칭하기 위해 사용되는 용어이다. 아방가르드의 원래 뜻은 척후병 혹은 전위부대라는 프랑스어 군사 용어에서 나왔다. 여기서 '아방'avant은 두 가지 의미를 지닌다. '앞서서' 혹은 '먼저 가는' 등 시간 순서의 우위를 지칭하는 한편, 불확실하고 위험한 분쟁과 불확정의 지역에 미리 들어가 적의 상황을 파악하는 척후 행위라는 뜻도 있다. 의역해 보면 아방가르드는 시대에 앞서 나가고 변화의 시기에 선봉에 서는 전위대를 지칭하는 용어였다.

예술 영역에서 아방가르드는 꽤 다른 용법을 지닌다. 여기에는 여러 가치가 함축되어 있다. '전위'前衛라는 뜻에서도 드러나지만, 앞서 나가는 것, 보수의 장벽을 깨는 것, 혁신적이고 도전적인 것 등이 주요 맥락이다. 반면 아방가르드는 어렵고 이해할 수 없는 것, 시대적 주류 정서와 맞지 않는 것, 거부감이 드는 것, 엘리트주의로 똘똘 뭉친 자기만족적인 것 등 부정적 평가를 내포하기도 한다. 그럼에도 아방가르드는 부르주아 자본주의 사회 가치 체계의 안팎에서 도전적이고 실험적인 예술 기법을 통해 권력의 모순을 지적하고 조롱하는 개입의 예술 역할을 수행했다. 즉 현대 사회의 키치화된 예술과 자본주의 상품화에 반발하여 그들만의 자율적인 예술 창작 방식을 꾀했다.

역사적으로 정예 척후병의 군사적 개념에서 한 걸음 더 나아가 예술가의 사회적 역할을 주목하기 시작했던 것은 유럽 초기 사회주의자 집단에 의해서다. 특히 프랑스의 공상적 사회주의자였던 생시몽Henri de Saint-Simon은, 1820년대에 등장했던 새로운 예술 경향을 관찰하면서 아방가르드의 의미를 정치·사회적으로 맥락화했다. 생시몽은 사회에 복무하는 예술의 해방적이고 선도적인 역할을 강조하는 의미로 아방가르드라는 말을 썼다. 특히 사회의 진보와 번영을 담보할 3대 아방가르드 그룹으로 그는 과학자savant, 엔지니어industriel와 함께 예술가를 꼽았다. 하지만 생시몽이 당시 높이 샀던 아방가르드 예술가 집단의 역할은 현실에서는 사회 진보의 가치를 미학화하여 미래 비전을 제시하는 정치 선전 부대에 지나지 않았다. 오래지 않아 푸리에Charles Fourier나 프루동Pierre-Joseph Proudhon과 같은 공상적 사회주의자들은, 예술가를 선전기계로서보다는 새로운 사회와 국가를 건설하는 데 어느 누구보다 정치적으로 중요한 역할을 지닌 집단으로 묘사했다.[5] 당시 예술가에 대한 공상적 사회주의자들의 재평가로 인해, 유럽 사회는 차츰 예술가의 사회 혁명적 역할과 영향력에 주목하기 시작했다.

1820년대 생시몽에서 출발하여 20세기 중반까지 유럽에서 아방가르드 조류는 '예술을 위한 예술'l'art pour l'art을 중시하는 유미주의의 예술 전통에 큰 반감을 가졌다. 예컨대, 유미주의 진영의 선봉에 섰고 생시몽과 대적했던 고티에Théophile Gautier는, 1835년 그의 소설에서 "무용성 그 자체는 진정 아름다운 반면, 유용한 모든 것은 추하다"고 주장하며 미학 논쟁을 키웠다.[6] 고티에는, 우리가 무언가 유용하다 했을 때 이미 인간의 욕구가 개입되고, 그 인간 욕구는 순수한 자연을 더럽히고 욕지기나게 만든다고 봤다. 다시 말해 인간의 욕구가 개입된 유용성을 순수 예술의 영역에서 제거하는 것이 고티에식 유미주의의 핵심 논리였다. 유미주의와 대척점에 서서 사회 변혁의 역할을 강조했던 초기 아방가르드 예술은 당시 다른 행보를 이어갔다. 생시몽과 그의 추종자들은 1840년대 말에 오면 꾸르베Gustave Courbet, 보들레르Charles Baudelaire와 밀레Jean Francois Millet 등 사

---

5. Johanne Lamoureux, "Avant-Garde", in Amelia Jones (ed.), *A Companion to Contemporary Art Since 1945* (Blackwell, 2006), pp. 191~211.

6. Paul Wood, "Introduction," in Paul Wood (ed.), *The Challenge of the Avant-garde* (Yale University Press, 1999), pp. 7~33.

실주의 작가군에 영향을 미쳐, 예술이 사회에서 해방적인 역할을 할 수 있다는 이념을 크게 확산했다.[7] 유럽에서는 이 무렵부터 예술과 삶의 접점을 찾는 새로운 아방가르드 예술의 시도가 이뤄졌다고 볼 수 있다. 즉 아방가르드 개념은 예술 커뮤니케이션 수단을 가지고 인간 감성의 새로운 차원을 개척하고 사회 변화에 복무하는, 그리고 사회 변화에 있어서 예술의 선도적인 역할을 강조하는 의미로 쓰이기 시작한다.

예술사적으로 아방가르드는 특정한 사조라기보다는 20세기 전반 유럽에서 일어난 큐비즘(입체파), 미래파, 다다이즘, 쉬르레알리즘(초현실주의), 구성주의, 바우하우스, 데 스테일De Stijl 등 19세기 유미주의 미학의 이상에 대한 안티테제에 가까웠다.[8] 서로 동일한 미학적 입장을 공유하지는 않았으나, 그럼에도 이들의 공통점은 근대 예술을 둘러싼 관습과 제도의 보수주의에 도전하였고, 예술을 통해 새로운 사회에 대한 전망을 세웠다는 점에 있다. 그중에서 다다의 경우는 그 어떤 미래 기획이나 전망도 불편해했다. 시대 변화에 민감하게 반응하는 예술의 가치, 그리고 인간의 실생활과 밀접한 예술의 역할이 부각되면서, 다다의 아방가르드 전통은 1920년대를 거쳐 1950년대와 1960년대에는 국제 상황주의, 플럭서스, 팝 아트, 미니멀리

---

7. George Katsiaficas, "Aesthetic and Political Avant-gardes", *The Journal of Aesthetics & Resistance* (2004).

8. 노명우, 『아방가르드』, 책세상, 2008, 54쪽.

즘, 개념 미술 등으로, 1960년대 이후에는 네오- 혹은 포스트아 방가르드 미술로 계승된다.[9] 이들 중 대부분은 오늘날 실패한 '역사적 아방가르드' 운동으로 기억되는 경우가 많다. 많은 경우 권위에 도전했던 초창기의 정신을 잃거나 자본에 굴복하거나 현상 유지에 급급하거나 제도권에 편입해가는 양상을 보였다.

독일 미학자 뷔르거Peter Bürger의 아방가르드 운동에 대한 평가를 보면, 유럽의 아방가르드 운동은 유미주의를 벗어나 예술을 일상과 실생활이 거하는 곳으로 끌어내리고, 창작의 생산과 수용 방식의 분리 대신 누구든 창작 주체가 될 수 있음을 강조한 데 그 의미가 크다.[10] 아방가르드 창작 집단은 그들 스스로 엘리트 예술 행위를 하면서도 아이러니하게도 엘리트 예술의 지양을 원했고 심지어 반反예술을 표명했다. 미적 수용의 영역에서도 생산자와 수용자의 대립을 지양하고, 예술을 '삶을 영위하는 인간의 실천'praxis of life 지형으로 옮겨놓았다.

뷔르거는 아방가르드의 정신이 자본주의의 병합과 포획의 논리에 항상 노출되어 있음을 덧붙였다. 그는 1960년대 이후 '네오'아방가르드 국면에서 이들 예술은 형식화하고 제도화해 초기의 아방가르드 정신은 사라진다고 평가한다.[11] 그의 신

---

9. 진휘연, 『아방가르드란 무엇인가』, 민음사, 2002, 25쪽.
10. 페터 뷔르거, 『아방가르드의 이론』, 최성만 옮김, 지식을만드는지식, (1974) 2009, 98~104쪽 참고.
11. 같은 책, 113쪽.

랄한 평가처럼, 자본주의 예술 제도에 저항하며 개별 창작의 허구를 조롱하는 아방가르드 작가 행위나 개별 저항이 화랑이나 미술관 등 시장으로 들어오면 미학적 저항성이 거세되는 경우가 역사적으로 쉽게 관찰된다. 또한 예술과 일상 사이를 가르는 유리벽을 극복하려다 외려 그 반대의 그릇된 지점에 이르렀던 아방가르드 미학도 흔하다. 허구의 소비 욕망을 주조하는 자본주의 오락 문화와 상품미학의 형태에 쉽게 휩쓸리기도 했다. 즉 대량 생산된 상품의 교환가치 실현을 위해 '과장된 외양'의 액세서리로 아방가르드 저항의 미학이 쉽게 포획되기도 했던 것이다.[12]

역사적으로 보면 그 미학적 한계에도 불구하고, 적어도 20세기 초 유럽 아방가르드 운동은 유미주의 예술의 제도적 생산·소비 방식에 대한 전면적 도전을 기치로 중요한 예술사적 흐름을 형성했다고 볼 수 있다. 예술의 유미주의와 비현실성에 대한 비판과 삶에 뿌리내린 아방가르드 예술에 대한 강조는, 1차 세계대전 이후 유럽 자본주의 문화, 전쟁, 제도, 문명의 야만성에 직면하면서 거의 모든 부르주아 가치와 규율에 대한 대대적인 예술 저항으로 번지기 시작한다. 당시 그 어떤 움직임보다 인간의 야만성에 대해 반감을 갖고 예술의 정치화를 이끌었던 부

---

12. Wolfgang F. Haug, *Commodity Aesthetics, Ideology and Culture* (International General, 1999), p. 110.

류가 다다였다.

다다의 반예술과 정치미학

다다의 예술 활동에 앞서 이탈리아에서는 미래파Futurism라는 예술가 집단이 기계, 속도, 그리고 전쟁에 열광하며, 부르주아 논리와 자본주의 현실을 타파하고 새로운 미래 혁명을 열길 고대했다. 그들의 예술에는 가야 할 미래 방향과 이상향적 프로그램이 존재했다. 그들은 혁명을 통한 세계 개조로 나아가기 위해 과거의 것을 단번에 쓸어내 버리길 바랐다. 1909년 마리네티Filippo Tommaso Marinetti는 파리 『르 피가로』 Le Figaro에 첫 「미래파 선언」을 내며 본격적으로 시각예술의 변화를 선도한다.[13] 낡은 부르주아 예술 전통에 대한 경멸은, 오히려 정반대 극단에서 정치적으로 마리네티 등이 무솔리니의 열렬한 파시즘 당원이 되는 것으로 귀결되었다. 이로써 미래파의 아방가르드 정신은 불행하게 생을 마감하게 된다.

많은 평론가들이 당시 다다에 미친 미래파의 영향력을 지적하지만 기실 미래파의 기계와 문명에 대한 열광은 다다에 오면서 사뭇 진지해지고 그에 대한 회의론에 가까워진다. 특히, 베를

---

13. 메리 앤 스타니스제프스키, 『이것은 미술이 아니다』, 박이소 옮김, 현실문화연구, 2011.

린 다다의 경우에 미래파에 대해 비난과 독설로 일관했던 것을 보면, 적어도 다다에게 미래파의 영향력이라는 것이 부정적이었거나 관심 수준 이상은 아니었던 듯싶다. 기술, 속도, 변화에의 동경에서 미래파와 일부 공유 지점이 있을지는 몰라도, 다다는 정치 전망이나 개인 권리를 바라보는 시각에서 상당히 아나키적인 성격을 띠었다.[14] 다시 말해 이탈리아의 미래파와 달리 다다는 1차 세계대전에서 벌어졌던 인간 학살과 야만성에 대한 심각한 회의, 그리고 미래에 대한 어떤 프로그램도 가지지 않는, 오로지 아무런 지향도 없는 것이 지향인 '미래 폐기'의 반예술을 선언했다. 1918년 「다다 선언」에는 실제 "다다는 아무것도 의미하지 않는다"고 적고 있다.[15] 다다의 예술 목표는 '모든 것의 반대'anti-everything요 궁극에는 예술의 소멸에 있었다.[16] 「다다 선언」의 "생각은 입에서 나온다"라는 언명은 제도와 교육을 통해 형성되는 계몽주의적 합리성에 대한 불신을 담고 있다. 의도가 개입되지 않은 자연 날 것의 삶으로 돌아가는 '새로운 예술'은 제도의 도그마, 속박, 형식주의의 질서와는 어울리지 않았다. 그래서 다다는 "모든 예술 형식의 파괴와 분해, 반역을 위한 반역, 모든 가치들의 아나키스트적 부정, 열정적으로 외치는 위

---

14. Matthew Gale, *Dada & Surrealism* (Phaidon, 1997), p. 121.

15. 트리스탕 자라·앙드레 브르통, 『다다/쉬르레알리슴 宣言』, 송재영 옮김, 문학과지성사, 1987, 14쪽.

16. Hans Richter, *Dada* (Thames & Hudson, 1964), p. 35.

하여, 위하여, 위하여! 마찬가지로 그와 연결된 분노의 반대, 반대, 반대!"를 표명한다.[17] 다다에게 지향점이나 미래 비전이나 전망은 없다. '다다'라는 말에는 숨겨진 의미란 없다. 루마니아말로 "예, 예"이건 프랑스말로 말이 달그락거리는 소리건 독일말로 아기의 울음소리건 심각한 의미 없는 이 모든 명명은, 관념화되고 제도화된 예술의 우위성을 깨려는 운동인 다다의 반예술적 지향성과 잘 어울렸다.

다다 탄생의 서막은 1915년 1차 세계대전의 발발로 많은 예술가들이 전쟁을 피해 스위스 취리히에 모여들면서 시작된다. 철학자이자 소설가였던 후고 발Hugo Ball은, 그 이듬해 2월 1일 취리히에 카바레 볼테르Cabaret Voltaire를 마련하고 다다이즘의 탄생을 알린다. 이곳 카바레는 밤마다 예술 향연의 장이 됐다. 그들은 모여 강연을 하고 선언을 낭독하고 책을 읽고 퍼포먼스를 하고 연주를 했다. 이곳에서는 다양한 실험들이 감행됐고, 다들 "'예술'을 생산하고는 있었지만, 그 과정이라는 것은 '예술 행위'를 중단하는" 식이었다.[18] 대상화되고 박제화된 예술의 극복을 위한 실험, 그리고 이를 통해서 구성하고자 하는 새로운 일상 예술, 그리고 억압받지 않는 자아를 통한 예술과 정치적 삶의 합일, 그것이 다다의 목표였다.

---

17. 같은 곳.

18. George Grosz, *Grosz*, Nora Hodges (trans.) (University of California Press, [1946]1998), p. 134.

다다의 개념이 처음 등장한 곳은 발에 의해 유지되던 동명의 잡지 『카바레 볼테르』였다. 하지만 다다의 본격적인 아이디어는 1918년 잡지 『다다』를 만들었던 루마니아 태생 트리스탕 자라Tristan Tzara로부터 나왔다. 자라는 잡지 『다다』에서 참여자들의 정체성을 구체적으로 규정하고 있는데, 당대 유행 중이던 미래파와 운동과 속도, 변화 등에서 유사성을 찾았고, 자신들이 무지향성의 전망을 갖는 것에서 그 차이를 보았다. 전쟁 중 취리히에서 명성을 누리고 거기서 다다이즘을 키웠던 멤버들은 전쟁이 끝나자 유럽 각지와 뉴욕 등으로 흩어지면서 다다를 전 세계적인 현상으로 확산시킨다.

당시 취리히에서 활동했던 휠젠베크Richard Huelsenbeck는 1918년 2월 독일어판 다다 선언을 행하고, 새롭게 '베를린 다다'의 출범을 알렸다. 휠젠베크는 이 선언을 통해 당대 유럽에서 유행했던 아방가르드 사조 모두에 대한 비판을 수행하면서, 다다를 최상의 것으로 추켜올렸다. 베를린 다다이스트 대부분은 당시 취리히나 뉴욕 다다의 관객 모독과 그들의 비정치성에 상당한 불만을 가지고 있었다.[19] 19세기 예술 미학에 대한 반예술적 아방가르드 도전 의식과 예술의 급진 정치화에 가장 열성이었던 작가 집단이 바로 베를린 다다였기에 어찌 보면 이는 당연한 반응이었다. 조지 카치아피카스는 베를린 다다의 역사적 출

19. Richter, *Dada*, p. 101.

현을 다음과 같이 묘사한다.

[다다를 통해] 놀이, 무작위 선택, 그리고 자생성이 아방가르드의 새로운 가치들로 여겨졌다. 다다는 유럽 문화의 '문명화된 야만'에 대한 혐오를 표현하기 위해 캔버스 대신에 콜라주, 음악, 영화, 사진, 조각 등 가능한 모든 매체들을 이용하였다. 그리고 이러한 매체들은 그들 자신들에게 대항했다. 그들은 "예술과 함께 꺼져라!"라고 소리쳤고, "다다는 혁명적인 프롤레타리아들의 편이다"라고 외쳤다. 이들은 "소수의 강도들에게 넘어간 세상의 파괴적인 광기"의 파멸을 요구했다. 이 움직임들이 유럽 전역에 확산됨에 따라, 이것은 점차 한때 소위 '독일 볼셰비즘'으로 불린 급진 공산주의와 합류하게 되었다.[20]

평론가들은 흔히 베를린 다다의 시작과 형성이 취리히로 건너온 휠젠베크의 다다 전도 활동 덕이라 이야기하곤 한다. 하지만 1918년 이전에도 이미 베를린에는 다다의 조짐이 있었다. 1916년 이미 『신청년』Neue Jugend이라는 좌파 정치 잡지를 하트필드 형제가 만들고 있었고, 하우스만Raoul Hausmann과 융Franz Jung이 아나키스트적 색채를 가진 계간지를 발행하고 있었다. 그리고 당시 사실주의적 정치 소묘와 그림으로 유명했던 그로

---

20. Katsiaficas, "Aesthetic and Political Avant-gardes."

츠George Grosz가 이미 유명세를 타고 있었다. 이들 모두는 사실 상 베를린 다다의 핵심 인물이 되었다. 다들 취리히로부터 휠젠 베크가 가져온 다다의 촛불이 베를린에 옮겨붙기만을 기다리 고 있었던 셈이다. 이렇게 일단의 그룹이 모여 카바레 볼테르를 본떠 '클럽 다다'를 열고 베를린 다다 시대를 시작한다.

평론가 사누이예Michel Sanouillet는,[21] 1919년 8월에 공포된 바이마르 공화국Weimar Republic 시기의 군국주의 체제 출현 이 후에 다다의 남다른 '정치 과잉'의 양상이 서서히 잦아든다고 본다. 역사적으로 보면 그 해석이 일부 맞다. 1917년 러시아 혁 명의 파고를 타고 1918년 11월 공산주의자들이 베를린을 일 시 점령한다. 그들의 환희도 잠시, 바이마르의 국방장관 노스 케Gustav Noske는 이듬해 1월 공산주의 혁명가들을 무자비하게 진압한다. 스파르타쿠스단의 일원이었던 로자 룩셈부르크Rosa Luxemburg와 칼 리프크네히트Karl Liebknecht도 그때 즉결 처형됐 다. 사누이예는 반혁명의 후폭풍 이후 다다 구성원 모두가 본연 의 개인 소명으로 되돌아가는 잠행의 시기가 찾아든다고 본다. 하지만 당시 억압적 정세에 굴하지 않고 베를린 다다는 오히려 더 활발한 활동을 보였다. 바이마르공화국의 공산주의에 대한 적대로 인해 움츠렸던 기운을 되찾기 위해서인지 몰라도 1920 년 그 유명한 '국제 다다 메세'International Dada-Messe라는 전시회

---

21. 미쉘 사누이예, 『다다』, 임진수 옮김, 열화당, 16쪽.

를 개최해 새로운 젊은 작가들이 대거 합류하는 계기를 만들었다. 그때 당시 딕스Otto Dix, 피카비아Francis Picabia, 에른스트Max Ernst 등 신세대 작가들이 전시에 참여하면서 쉬르레알리즘의 또 다른 아방가르드 운동의 서막을 알린다. 다다의 운동은 그 후로 점차 확대되면서, 독일 쾰른, 뉴욕, 그리고 동유럽과 북유럽에 이어, 파리의 쉬르레알리즘까지 또 다른 도발을 이어갔다.

1918년에 탄생해 1923년 쇠퇴한 베를린 다다를 여타 엘리트주의 예술 사조 속 예술 전위 그룹의 유사 사례로 보는 것은 오판이다. 오히려 베를린 다다에서 우리는 군국주의 권력에 대한 저항 정치와 미디어·예술 미학의 도전적 결합을 주목해 볼 필요가 있다. 저항을 현재화할 수 있다면 어떠한 미디어 형식도 차용할 수 있는, 최악의 순간에조차 해학과 풍자를 잃지 않는, 그리고 예술의 순결성과 엄숙주의를 경계하고 도발적으로 새로운 미적 표현을 향하는 것에 베를린 다다의 매력이 있다. 무엇보다 그들의 도발은 '포토몽타주'Foto-Montage라는 베를린 다다만의 미학적 표현 도구에 의해 완성되었다. 취리히 시절 다다도 사진 등 콜라주를 통해 작품 활동을 했던 것도 사실이다. 베를린 다다가 이전과 크게 달랐던 것은, 사회 미학의 도입이었다. 베를린 다다는 예술의 정치 미학화를 극대화하는 방식으로 포토몽타주를 활용해 군국주의 사회에 대한 비판과 풍자를 이뤄냈다. 포토몽타주는 주로 가위로 오려낸 사진, 신문, 잡지의 조각들과 당대 독일 사회를 지배했던 군국주의적 정치 엘리트의 인물 이미지를 혼합해 탄생했다. 포토몽타주라는 이미지 작업은 당시 구조화된 글쓰기가 담아내지 못하는 풍자와 비틀기의 정치 논평의 수준을 달성했다. 게다가 수용자인 독자와 관객에게는 당대 현실에 대한 급진적 정치의식을 고양하는 학습 효과를 냈다.

다다 취리히에서 활동했던 리히터Hans Richter는 그의 글에서, 베를린 다다의 라울 하우스만이 자신의 포토몽타주 작업을 묘사한 대목을 적절히 옮기고 있다. 하우스만은 창작의 행위 주체로 불리는 "예술가 역할을 거부하고, 그것에 저항하는 행위"로 포토몽타주를 묘사하고 있다. 이에 근거해 보면 다다작가 스스로는 자신을 예술가가 아닌 엔지니어로 여기고, 자신의 작품 창작을 단순히 무언가를 '조립해 모으는'montieren 축조 과정으로 읽어냈다.[22] 실제 프랑스어로 '몽타주'montage가 조립 또는 일관 작업에서 비롯하고, '몽퇴르'monteur는 기계공 혹은 엔지니어라는 뜻을 지닌다.[23] 몽타주의 이런 연원을 보더라도 베를린 다다는 이미 존재하는 파편화된 (레디메이드) 이미지를 가지고 새로운 사회 미학적 의미를 생성하는 과정을 일종의 엔지니어 공학 과정으로 본 것이다. 베를린 다다의 상징적 인물이자 포토몽타주 작가로 가장 유명했던 존 하트필드는 그런 연유인

---

22. Richter, *Dada*, p. 118.
23. 돈 애즈, 『포토몽타주』, 이윤희 옮김, 시공사, (1976)2003, 13~4쪽.

지는 몰라도 늘 기계공처럼 낡은 파란색 옷을 입고 다녀서 그들 사이에서 '몽퇴르 하트필드'monteur Heartfield로 불렸다.

하트필드의 포토몽타주

하트필드는 포토몽타주의 정치적 맥락을 가장 완벽하게 표현했던 인물이다.[24] 이 점에서 포토몽타주의 시각미술적이고 순수 미학적인 효과에 주로 몰두했던 베를린 다다의 하우스만과 한나 회흐의 작업 계열과도 사뭇 다르다.[25] 그로츠, 융과 함께 하트필트는 1918년 독일 공산당에 입당하여 노동계급 해방을 위한 예술의 복무를 외쳤던 급진 좌파 예술가다. 쉬르레알리스트로 성장했던 막스 에른스트의 '포토콜라주' 예술 작업과 비교해도, 당시 하트필드의 강한 정치성을 짐작해볼 수 있다. 에른스트의 쉬르레알리즘 콜라주는 아이디어나 사고 체계의 비이성적 붕괴 상황의 묘사에 중점을 두고, 어떤 직접적 현실 정

---

24. 하트필드의 본명은 헬무트 헤르츠펠데(Helmut Herzfelde)이다. 베를린 다다의 '정치 과잉'을 싫어했던 취리히-다다의 한스 리히터는, 존 하트필드라는 이름은 그가 미국을 너무도 사랑한 나머지 이름까지 미국식으로 바꾼 것이라고 봤다(Richter, *Dada*, p.102). 하지만 이와 달리 당시 독일이 군국주의에 도취해 벌이는 전쟁에 동원되는 것에 대한 저항의 의미로 그가 이름을 미국식으로 바꿨다는 것이 정설로 알려져 있다. (Gale, *Dada & Surrealism*, p. 121 참고).

25. David Hopkins, *Dada and Surrealism* (Oxford University Press, 2004), p. 77.

치의 맥락도 미학화하지 않는 경향을 보였다. 포토몽타주 그 자체만 놓고 보면 그것이 사실주의 정치 예술을 표현하는 유일한 수단은 아니었으나, 당시 독일의 낙후한 정치 현실을 고려하면 가장 적절한 표현 도구였음이 분명하다.[26] 독일 군국주의와 그 뒤를 봐주는 자본가의 연합을 정치 미학화하는 데 포토몽타주의 풍자와 패러디 기법만큼 효과적인 수단이 없었던 것이다.

하트필드의 포토몽타주는 다다의 일반적인 몽타주 방식과도 여러모로 독특한 차별성을 지녔다. 마치 스텐실 그라피티처럼, 포토몽타주는 반영구적인 인쇄를 통한 복제 기능을 적절히 활용하고 있다. 이미지를 잘라내 합성하여 작품을 완성한다는 면에서 하트필드의 작업은 일반적인 콜라주임이 분명하다. 하지만 하트필드는 합성된 이미지 조각들에 표제와 부제들을 덧붙이고 원래부터 하나의 완성된 이미지였던 것처럼 이음새가 드러나지 않게 세공하여 잡지나 책 등의 표지로 활용하는 방식으로 작품을 대량 제작했다. 하트필드는 상징 언어를 새로 만들기보다는 레디메이드 이미지와 글자를 재해석하는 작업을 통해 당대 현실을 지배했던 권위 체계를 조롱하고 뒤집고 전복하려 했다.[27] 그의 작업은 화랑에 걸리기 위한 미적 대상이 아니라 대

---

26. 예를 들어, 하트필드의 절친했던 벗 그로츠는 〈사회의 기둥들〉(The Pillars of Society, 1926)이라는 작품에서 당시 몰락하는 바이마르 공화국을 풍자했고, 사회 각 계층에 퍼져있는 권력을 탐하는 정치인, 언론인, 성직자, 국회의원, 귀족 등을 희화화해 묘사했다.

27. Walker, *Art in the Age of Mass Media*, p. 102.

중을 위해 만들어진 보도 사진이나 이미지 일러스트 같았다. 그의 콜라주에는 현실 정치의 이미지 단편들, 즉 예술가의 주관에 의해 가공된 적이 없는 사진 이미지 재료가 삽입되고 합성된다. 하트필드는 '의미상징'emblem이라는 옛 기법을 끄집어내어 이것을 정치적으로 이용했다. 그의 의미상징은 하나의 그림을 두 가지 서로 다른 글귀와 접합시키는데, 표제inscriptio와 하단에 쓴 좀 더 긴 설명subscriptio을 덧붙이는 형식을 취한다.[28]

구조주의의 관점에서 보자면, 콜라주는 통시체적이라기보다는 계열체적이다. 각각의 그림 이미지 조각은 서로 어떤 연관 관계도 없다. 상호 연관이 없고 뜻이 없는 기표들의 여러 이미지 조각을 어떻게 배열하고 배치하는가에 따라 전혀 새로운 합성된 의미들이 생성된다. 각 이미지 조각은 처음에 쓰였던 맥락을 잃고, 작가의 콜라주 작업을 통해 다른 조각과의 새로운 관계 맺기를 통해서 전혀 다른 의미를 띠게 된다. 이것은 앞서 본 리믹스와 매시업의 창작 원리와 흡사하다. 새롭게 생성된 합성 이미지의 의미는 물론 당대 신화화된 현실을 뒤집어 보게 하면서 관객과 독자에게 미학적 영감을 제공한다. 그렇게 하트필드의 기법과 방식은 구체적으로 유럽 사회의 공식 부르주아 이데올로기와 파시즘의 권위를 타격하는 것이었다. 개인 창작을 수행하는 전문 작가라기보다는 엔지니어 혹은 디자이너로 불리

---

28. 뷔르거, 『아방가르드의 이론』, 147~51쪽 참고.

길 원했던 하트필드는, 이 점에서 누구보다 철저하게 예술을 통해 자신만의 정치 미학을 수행했다. 그는 후대 독일, 영국, 이탈리아, 스웨덴, 미국 등에서 정치적 쟁점을 다루는 포토몽타주가 성장하는 데 지대한 영향력을 발휘한다.[29]

하트필드는 당시 독일의 군국주의(전쟁), 자본주의(돈), 그리고 폭력(광기)의 부적절한 공모를 포토몽타주 기법을 통해 공격적으로 풍자했다. 하트필드는 그의 형과 1917년 설립한 말리크 출판사Malik Verlag에서 간행되는 책의 표지와 삽화를 디자인하는 동안 더 많은 포토몽타주를 만들어냈고 타이포그래피의 발전까지도 꾀했다. 말리크 출판사에서 1919년 2월 15일에 발행된 『모든 사람은 각각의 축구공이다』라는 타블로이드 신문 표지에, 하트필드는 자신의 첫 번째 포토몽타주 작품을 싣는다.

〈그림 1〉에서처럼, 상단 왼쪽 구석의 축구공 안에 익살스럽게 들어가 있는 사람은 하트필드의 형 비란트 헤르츠펠데Wieland Herzfelde이다. 삽화의 중심에는 고관대작의 것쯤으로 보이는 부채 안에 바이마르 내각 정치 지도자의 얼굴들을 형상화한 '미인도'가 들어앉아 있다. 그리고 그 위에 '누가 가장 예쁘지?'라는 패러디 표제가 붙어있다. 그림의 이미지는 당시 어느 누구 하나 제대로 믿을 만한 정치가가 없었던 바이마르 정권의

---

29. 예를 들어, 하트필드의 정치 미학을 통한 저항 의식은 케너드(Peter Kennerd)의 포토몽타주 기법을 이용한 반핵 포스터 작업의 지속적인 주제이기도 하다. 케너드의 대표적인 이미지 작업은 *Peter Kennard*(Pluto, 2019) 참고.

그림 1. 『모든 사람은 각각
의 축구공이다』 신문 표지
작업

속성을 효과적으로 묘사하고 있다. 의미 상징을 위해 합성된 이
미지 위 아래 문자의 서체는 보수 신문들의 판형과 글자체 형식
을 그대로 가져와 독일 관료의 군국주의적인 정치색을 조롱하
고 희화화했다. 말리크 출판사 일을 하던 막바지 무렵에, 하트
필드는 당시 자본가들이 어떻게 히틀러의 정치적 후원자가 되
는지 그 본질을 폭로하는 선명한 작품을 더욱 많이 내놓는다.
특히, 1932년 작품인 〈슈퍼맨 아돌프〉는 합성 이미지라고 보기
어려울 정도로 완성도 측면에서 뛰어나다(〈그림 2〉 참고). 이 작
업은 가상의 신체 엑스레이 기법을 응용하고 있는데, 히틀러의

웅변술이 바로 자본가의 돈을 통해 주조된다는 사실을 독자들에게 통쾌하게 비꼬아 전한다. 다음으로, 히틀러식 인사법을 극화한 작품이 〈내 뒤에는 수백만이 버티고 서있다!〉(1932년 10월 16일)이다(〈그림 3〉 참고). 이는 왜소한 체구의 히틀러가 경례를 하면서 얼굴 없는 거대한 체구의 자본가로부터 큰 선물을 요구하는 형상이다. 파시즘의 돈줄이자 히틀러의 신화를 감싸고 있는 그 뒷배경의 면면을 분명하게 드러낸다.

하트필드는 1933년 독일에서 추방되어 프라하로 이주해 풍자 잡지 『아이체트』*AIZ*에서도 작업을 왕성하게 해나갔다. 〈독일의 자연사 : 변이〉(1934년 8월 16일)는 이 잡지에 실렸던 작품이다(〈그림 4〉 참고). 바이마르 공화국 대통령 유충 에베르트가

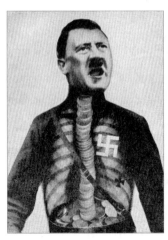

그림 2. 〈슈퍼맨 아돌프〉(1932)

그림 3. 〈내 뒤에는 수백만이 버티고 서 있다!〉(1932)

그림 4. 〈독일의 자연사 : 변이〉 (1934)   그림 5. 〈만세, 버터가 동났다!〉 (1935)

죽음의 우두머리 나방인 히틀러가 되어 부화한다는 도판 설명이 붙어 있다. 에베르트 아래에서 자행됐던 스파르타쿠스단 학살과 피비린내 나는 전쟁에서 그는 나치즘의 징후를 읽고, 그 변이 과정의 최종 완성으로서 나방 형상의 히틀러가 출현하는 것을 묘사하고 있다. 당대 사회 현실의 권력 구조와 파시즘의 기원을 밝히는 그의 포토몽타주는 천 마디 말보다 더 강한 여운을 남긴다. 당시 그의 작품 활동도 정점에 이른다.

그다음 해에 만들어진 〈만세, 버터가 동났다!〉(1935년 12월 19일)는, 하트필드가 자신의 능력(정치적 해석 능력과 풍자의 결합)을 마음껏 발휘한 작품이다(〈그림 5〉 참고). 하트필드는 선동가 괴링Hermann Göring의 연설문 문구, "철은 항상 국가를 튼실하게 하고 버터와 돼지기름은 사람을 뚱뚱하게 만들 뿐이다"라는 말을 그대로 패러디해 작품에 이용했다. 이 포토몽타주 작업은 국가를 키우자고 강철을 입에 물고 있는 비상식의 독일인 가정을 비춘다. 집안의 반려견도 유모차의 아기도 철을 입에 물고 있다. 자전거와 다양한 강철이 식탁 위에 먹을거리로 푸짐하게 쌓여있다. 가족들은 밥을 대신해 자전거 체인과 대형 열쇠를 입에 물거나 이를 한가득 입에 집어넣는다. 장면이 참 익살스럽다. 벽면 한중간에는 군복을 입은 히틀러 사진 액자가 걸려있고, 마름모 모양의 벽지 문양에 나치의 스와스티카 상징이 빼곡히 들어차 있다. 나치 상징과 히틀러 액자를 배경으로 삼아 마치 괴링에게 세뇌당한 듯 기꺼이 철이라도 씹어 먹을 듯한 독일 가족의 모습에서 섬뜩한 대중 동원의 광기를 느낄 수도 있고, 음식 대신 철을 씹으려는 어리석은 독일 대중의 모습이 희극적으로 느껴지기도 한다.

일반적으로 취리히 다다 등이 이데올로기적 표현을 회피했던 데 반해, 하트필드는 이미지의 병치를 통해 당대 통치 이데올로기의 정확한 실체를 드러내 보였다. 하트필드가 가진 힘은 해학과 풍자와 함께 정치적 진실과 진지함을 전달하는 데 있다. 그는 1938년 런던 망명을 시작으로 1968년 동베를린에서 사망하기 전까지 베를린 다다와 프라하의 전성기 시절 모습을 다시 보여주진 못했다. 그럼에도 그는 단순히 웃고 단번에 버리고 잊는 배설의 코미디나 패러디보다는 당대 현실의 질곡을 드러내고 이를 통해 사물의 본질을 꿰뚫어 보면서 관객과 독자의 통찰을 이끌어내려 했다. 즉 그의 작품은 불분명하던 사회관계와 계급 구조를 한눈에 들어오게 만듦으로써 독일 파시즘의 위협을 사정없이 발가벗겼다. 내용의 선명함은 형식적인 측면에 있어서 그의 기법과 연관이 있다. 그의 포토몽타주는 매우 정교하여 실제 이미지 조각의 조합이 전혀 조악해 보이지 않는다. 마치 "우연히 포착된 비범한 보도사진"을 보는 듯한 착각을 일으킨다.[30]

그의 르포사진식 표현은 당시 독자들에게 독일 군국주의의 민낯과 이후에 등장할 파시즘의 맹아를 보여줬다. 그러면서도 하트필드의 작품 활동은 당시 구소련의 구성주의con-structivism에서 선보였던 포토몽타주 기법과도 상당한 차별성이 있었다. 특히, 클루트시스Gustav Klutsis나 리시츠키El Lissitzky가 보여줬던 구소련의 선동 예술로서의 포토몽타주와도 큰 차이가 있다. 사실상 리히터가 정치 과잉이라 여겨야 할 것은 베를린 다다가 아니라 구소련 사회주의 건설기 시절의 포토몽타주 기법이다. 미술사가인 돈 아데스Dawn Adès가 올바르게 지적한 것처럼, 다다의 포토몽타주는 정치 성향이 강한 만큼 풍자적이었던 반면, 구소련 구성주의의 포토몽타주는 대중 선동의 정치적 포스터에 가까웠다. 현실을 비꼬고 그 질곡을 드

---

30. 애즈, 『포토몽타주』, 49쪽.

러내는 리얼리즘의 정치 미학을 대중 선동의 조악한 정치 논리로 대체했던 것이 대체로 구성주의의 포토몽타주에 대한 평가다. 당대 사회주의 건설기 새로운 인간형의 발굴과 유토피아적 미래 건설이라는 사회주의 국가의 정언명령에 비춰보면 예술의 정치적 도구화가 이해되지 않는 것도 아니다. 허나 구성주의의 경우 과도한 정치적 시대 의식이 예술 본연의 미학 장치까지도 훼손했던 역사적 선례로 볼 수 있다. 사회주의 프롤레타리아 인민의 의식화 수단이었던 구성주의식 포토몽타주와는 달리, 하트필드의 포토몽타주는 자본주의 사회의 모순과 질곡을 유쾌하면서도 진지하게 드러냈다. 그런 유연함으로 인해 포토몽타주는 지금도 미학적 방법론으로 유효한, 특히 오늘날 온라인 패러디 형식 실험과 가장 유사한 다중 창작의 전범으로 남게 됐다.

포토몽타주의 사회 미학적 함의

벤야민이 「기술복제 시대의 예술작품」이라는 글에서 적었던 것처럼,[31] 20세기 초에 접어들면 인쇄술, 사진(항공, 현미경, 방사선 사진), 라디오, 영화 등 대량생산과 대중문화 성장의 새

---

31. Walter Benjamin, *The Work of Art in the Age of Its Technological Reproducibility and Other Writings on Media*, Michael W. Jennings, Brigid Doherty & Thomas Y. Levin (eds.) (Harvard University Press, 2008).

로운 미디어 기술이 급속하게 보급되기 시작한다. 새로운 매체의 등장은 대중문화를 범지구적인 현상으로 만들었고 시장과 관중을 위해 새로운 표현을 실험하도록 독려했다. 소수 귀족의 특권으로서의 순수미술이 사라지고 예술 작품이 갖는 권위와 전통, 그리고 독창성으로서의 '아우라'가 무너지면서 세기 전환의 시대에는 새로움과 변화가 찬양받게 된다. 무엇보다 1910년부터 1930년까지, 사조라기보다는 유럽을 지배한 예술 운동으로서의 아방가르드, 특히 다다이즘은 새로움과 파격을 선사할 수 있었고 당대 대중매체의 형성과 발전에 밀접하게 연결돼 있었다.

우선 다다의 정치예술과 아방가르드 정신이 오늘날 우리에게 시사하는 바는, 새롭게 등장하는 다양한 대중매체를 활용한 자유롭고 쾌활한 창작의 실험 정신에 있다. 다다는 어떤 오브제건 표현 방식이건 그들이 비판하는 제도와 관습을 소재삼을 수 있다면 과감히 차용했다. 물론 다다는 창작물을 만드는 매체 수단에 중심을 두기보다 특수한 문화 상황이나 맥락을 중시했다. 박제화된 예술을 부정하기 위해, 즉 반예술을 위해 미디어 테크놀로지를 과감히 채용했다는 점에서 대단히 '네오러다이트'neo-Luddite적이었다. 러다이트가 시스템을 파괴하기 위해서 파괴 그 자체를 맹목적으로 추구한다면, '네오러다이트'는 시스템을 전유하는 파괴 혹은 또 다른 구축을 도모하는 행위다. 즉 이들에게 매체는 정치 의제와 상황, 맥락을 드러내어 파시즘의 위선을 깨기 위한 중요한 수단으로서 유효했다. 특히 포토몽타주에는 신문 사진 이미지와 인쇄용지를 주로 사용했는데 이는 기계와 산업 시대의 오브제적 상징성을 내포한다. 무엇보다 보도 사진은 리얼리티를 극대화하는 요소로 차용된다. 완벽하게 합성된 사진과 활자는 화랑으로 가지 않고, 대중이 읽는 잡지나 신문들의 표지로 삽입되었다. 벤야민의 말처럼 하트필드의 포토몽타주는 인쇄된 잡지나 "책 표지를 정치적 무기로 만드는" 힘을 가졌다.[32] 이는 현대 온라인 문화에서의 정치 패러디의 매체 다양성과 이미지와 영상을 이용한 '전용'의 미학과 관련해 중요한 시각을 제시한다. 즉 어떤 수준에서 어떤 매체를 선택할지, 어떤 이미지와 영상을 선별해 결합하여 정치 패러디를 수행할지, 그리고 대중적 전달력을 높이기 위해서 어떤 수단을 활용할지 등에 대해서 중요한 시사점을 주고 있다.

하트필드는 그 누구보다 자신의 작품을 전시할 때마다 원작 이외에 복사본도 전시해야 한다고 주장했다.[33] 그는 작품 제작이 페다고지적 측면에서 다중의 예술 정치 교육에 중요하다고 믿었기 때문이다. 하트필드의 시각은, 사적이고 독창적이어서 복제될 수 없는 순수 예술 가치란 없다고 믿었던 다다이즘의 '만인 창작자'의 기본 정신과 그 궤를 같이한다. 다다이즘의 정

---

32. 같은 책, p. 86.
33. 애즈, 『포토몽타주』, 49쪽.

치적 후세대가 되어 그 뒤를 이었던 상황주의자 또한 당대 팝 아티스트를 경멸했는데, 소위 '천재적 영감'을 갖고 이미지를 사유화하는 부르주아적 '저자' 놀이에 치를 떨었다. 다다나 상황주의 아방가르드 집단은 그렇게 엘리트 예술 혹은 문학을 통해 계급 차이를 영속화하는 전업 작가의 모습에 환멸을 느꼈다.

다다는 쉬르레알리즘이나 미래파와도 달랐다. 집단 작업에 대한 강조를 통해서 기존의 예술과 상식에 대한 도발과 실험을 즐기면서도 개별 인간이 지니고 있는 자아의 가치에 대해 무한한 열정을 지녔다.[34] 미래파처럼 집단 속에 묻히거나 집단 논리에 의해 억눌리는 자아 개념이 아니라 인간 개개인에 대한 낙관과 신뢰에 기초한 개성과 자아 개념에 기초해 있었다. 정치적으로 쉬르레알리즘처럼 확고한 미래 정강이나 비전에 이끌려 움직이지도 않았다. 이런 부분은 아나키즘과의 정서적 친화성을 보여준다. 다다이즘이라는 운동 아래 예술 행위나 국적에서 서로 크게 달랐던 작가군이 전 세계로 퍼져나갔던 까닭도 이러한 자율성의 존중과 개방된 예술 미학 때문일 것이다. 특히 베를린 다다의 경우, 이들의 정치적 급진성에도 불구하고 이와 같은 개별 자아의 자유 개념에 충실했다는 점이 흥미롭다. 이는 포토몽타주라는 독특한 기법이 보여주듯이, 비릿하지만 유쾌하고 명랑한 스타일의 그들의 정치 지향 때문이기도 하다. 흥미롭

---

34. Richter, *Dada*, p. 113.

게도 베를린 다다의 동인은 다들 이름보다 별명을 가졌다 한다. 예를 들어, 작가이길 거부했던 하트필드는 '몽퇴르 다다', 정치적으로 가장 급진적이었던 그의 형은 '프로그레스 다다', 그로츠는 '마샬', 철학자 같았던 하우스만은 '다다소프'Dadasoph, 다소 편집증적이었던 바더Johannes Baader는 '오버다다'Oberdada 등 서로 별명을 불렀다.[35] 이는 베를린 다다가 작가의 개성을 인정했다는 점을 보여주는 작은 사례가 아닐까 싶다. 이후 구소련 사회주의 미학에서 보여주는 천편일률적인 선동적 수사와 이미지와 비교해 봐도, 하트필드·그로츠·하우스만·회흐 등 대표적 다다 작가군이 수행했던 포토몽타주는 각자 다양한 특색을 가지고 질적인 미디어·예술 미학 실험에 임했다고 볼 수 있다. 그리고 이들 다다의 콜라주 예술 전통은 오늘날 아마추어리즘에 기반한 디지털 창작과 온라인 패러디로 계승되고 있다고 볼 수 있다. 다다 아방가르드의 예술 저항과 창작 기법의 실험은 21세기 문화 커먼즈를 기획하고 향유하는 데 중요한 무형의 자원인 셈이다.

다다이즘은 일반 다중 저항이라 보기 어렵고, 그들조차 엘리트주의에 기초한 급진 정치예술가라는 한계가 분명히 존재한다. 허나 사회 미학적 측면에서는 오늘날 온라인 정치행동의 디지털 미학과 유사한 궤적을 상당히 보여준다. 그때와 지금의 온

---

35. Gale, *Dada & Surrealism*, p. 123 참고.

도 차이라면, 저작권의 보호를 받는 창작물을 이제는 마음대로 샘플링하고 전유할 수 없는 현실에 있다. 즉 오늘날에는 다중의 표현과 창작이 정치적 이유보다는 저작권 위반으로 인해 '불법'으로 낙인찍힌다. 다다가 반예술 지향을 받아들이고 원본과 엘리트 저자의 신화를 부정하려 했던 것처럼, 오늘날 누리꾼은 콜라주와 패러디 문화를 통해 의식하건 아니건 저작권의 권위 문화에 도전한다.

패러디와 문화 커먼즈

한국사회에서 인터넷이 대중화된 시기인 1990년대 말경부터 꽃피었던 텍스트, 이미지, 동영상 기반 정치 '패러디'의 표현 형식은 많은 부분 다다의 몽타주 기법을 닮아 있다. 물론 다른 점도 있다. 그것은 시대 간극에서 오는 기술 매체의 변화, 미학적 관점의 차이, 소재 다양성의 차이 등이다. 이를테면, 아날로그에서 디지털 정서로, 일단의 작가군에 의한 완성도 높은 해학과 급진 정치 미학의 논리에서 '떼'로 웅성거리는 누리꾼 다중의 집단 사회 미학으로, 나치 체제에 대한 풍자와 조롱에서 존재하는 모든 권위주의에 대한 반대로의 변화가 있었다. 반권위주의의 역사적인 공통성에 비해 시대 변화가 그리 큰 변수가 아니라고 본다면, 다다의 역사적 경험은 오늘 누리꾼의 정서와 깊이 조응하고 있다고 볼 수 있다.

하트필드의 포토몽타주가 활용한 당대 정치 예술의 기법 가운데 오늘날의 문화 커먼즈적 요소로서 적극적으로 사유할 수 있는 창작 기제는 무엇보다 '패러디'가 아닐까 싶다. 이제까지 카피레프트에 기댄 '전유 예술'의 다양한 기법들, 가령, 리믹스, 매시업, 콜라주 등을 살펴봤는데, 패러디는 이와 같은 계열체 목록에 함께 있으면서도 풍자 정신을 통해 문화 커먼즈를 확장하는 논리라는 점에서 독특하다. 그것은 민초라면 누구든 한 번쯤은 쉽게 시도해 보았을 다중의 보편 정서이자 미적 수단으로 볼 수 있다.

『옥스퍼드 어원사전(1996년 판)』에 따르면, 패러디라는 말은 16세기 말경 그리스어 parōidia에서 나왔다. 어원상 '아울러', '곁에' 혹은 '대응의'를 의미하는 par-와 '노래'를 의미하는 -ody가 결합되어 생긴 말이다. 이를 합치면 다른 이의 원작을 이용해 풍자하여 부르는 노래 형식쯤이 된다. 이런 정의는 중세 시대에 노래처럼 불러 구전되던 시 구절을 연상시킨다. 정리하자면 중세 시대에 '타인의 시 스타일을 모방해 자신의 창작에 이용했던 시 형식' 정도로 정의할 수 있을 것이다. 물론 어원적인 의미에서 '모방'이라는 말은 흔히 말하는 원본 베끼기가 아닌 새로운 표현을 위한 미메시스 행위로 봐야 한다. 이와 비슷하게 동양 전통에서는 '용사'用事라는 개념이 있다. 용사는 과거 경험의 권위를 현재 문맥으로 확장시켜 얻는 시적인 효과를 지칭한다.[36] 패러디건 용사이건 우리는 그 어원이 시나 노래에서 시작됐음을 알 수 있다. 무엇보다 패러디는 천재적인 재능 없이도 다중 스스로 창작 행위의 일부일 수 있는 보편의 미학 장르임을 엿볼 수 있다. 요약하면, 패러디는 일반 다중이 앞선 창작의 선례를 재조합해 현실의 맥락에서 재해석하는 의도적인 모방 인용이라 할 수 있다.

패러디가 만들어지는 과정에는, 원본의 텍스트, 패러디를 수행하는 패러디스트, 모방 인용된 새로운 패러디 텍스트, 그리고 이를 읽는 독자가 개입한다. 패러디의 창작 완성도는, 모방 인용의 정밀함보다는 원작의 일부 기억을 이용해 비정상성과 권력에 기댄 현실을 비틀고 조롱하는 맥락을 이해하는 능력에 달렸다. 다른 한편으로는, 독자의 해석 능력과 과정 또한 패러디스트의 감각적 패러디 생산 능력만큼이나 중요하다. 만약 독자가 패러디를 전혀 이해하지 못한다면 그 영향력은 유명무실해지기 때문이다. 즉 원텍스트와 패러디, 이를 구성하는 창작자, 그리고 패러디 미학에 대한 독자의 이해도가 잘 어우러지지 못하면 패러디의 효과는 반감하거나 상실된다.

구체적으로 패러디가 작동하는 미학적 조건을 보면,[37] 우선 원본 텍스트의 '전경화'前景化, foregrounding를 필요로 한다. 인용과 모방은 패러디를 위해 원저자의 텍스트로부터 가져온 이미

---

36. 정끝별, 『패러디 시학』, 문학세계사, 1997, 36쪽.
37. 패러디의 조건과 관련한 분류는 같은 책, 60~2쪽 참고.

지, 음원, 영상, 시구절 등에 의해 구성된다. 이들이 전경이며, 이는 패러디스트의 작품이 이미 가져온 것(원텍스트)에 의해 구성된 패러디라는 것을 독자에게 일깨우는 구실을 한다. '전경'은 원텍스트의 이미지가 패러디 창작의 전제 조건임을 보여주여야 하지만, 그것이 새로운 패러디물을 압도해 주인 행세를 하면 곤란하다. 다음으로, 가져온 것(원텍스트)과 패러디 텍스트는 상호 교류하고 대화한다. 이는 리믹스와 매시업의 샘플링 과정과 유사하다. 원본 텍스트가 당대의 사회적 문맥에 의해 수용되고 공인되었던 방식이라면, 패러디 텍스트는 그것이 만들어진 현실에서 다시 여과되어 재해석되는 단계를 거친 결과물이다. 패러디는 원작에 대해 경애를 표하거나 조롱을 표하는 것에 만족하기도 하지만, 대체로는 패러디를 수행하는 화자의 관점에서 현실과 사건을 풍자하는 데 그 강조점이 있다.[38] 후자의 경우에, 원 텍스트와 패러디 사이를 매개하는 역할은 패러디로 대상화된 현실의 소재나 사건이다. 일반적으로 원본 텍스트의 맥락을 기억에 담아 당대 현실의 권위를 조롱하려는 미학적 형상화 작업이 대개 패러디의 중심 기제라고 보면 된다. 패러디스트가 프

---

38. 영문학자 린다 허천(Linda Hutcheon, 『패러디 이론』, 문예출판사, 2000, 87쪽에서 재인용)은 이를 '패러디된 텍스트를 목표물로 사용하는 패러디'와 '패러디된 텍스트를 무기로 사용하는 패러디'로 구분한다. 정끝별(『패러디 시학』, 66쪽)의 경우에는 이를 '패러디 차용으로서의 대상'과 '패러디 목표(target)로서의 대상'으로 나누어 쓰고 있다. 즉 패러디 대상이 원텍스트인 경우와 텍스트 바깥의 사회 현실인 경우의 두 층위가 있다고 본다.

로 창작자로 불릴 수 있는 것은 이처럼 현실 비판의식을 갖고 원텍스트와 자신의 패러디 텍스트를 대화하게 하는 전문적인 창의력 때문이다.

진정한 패러디 창작의 힘은 원본과의 동일시보다는, 원본을 반복하면서도 차이를 강조함으로써 획득된다. 다시 말해 원작과 대화하지 않고는 존재할 수 없는 것이 패러디요 용사이지만, 원작과 비판적 거리를 두는 전유 과정이 또한 필요하다. 그래서 린다 허천은 "유사한 점보다는 다른 점에 유의하면서 (원작에) 비판적인 거리를 두는 반복형식"을 패러디라 간주한다.[39] 다시 말해 "이전의 예술작품을 재편집하고 재구성하고 전도inversion시키고 관貫맥락화trans-contextualizing하는 통합된 구조적 모방"이 패러디인 것이다.[40] 달리 보면 패러디에는 같으면서 다르거나 다르면서 같은 이율배반의 미학적 논리가 작동한다. 패러디나 용사를 행하는 패러디스트의 의도가 드러나지 않거나, 외부로부터 가져온 것의 맥락을 피상적으로 이해하여 패러디 텍스트에 모방 인용한 경우는 새로운 창작이라 보기 어렵다.[41] 그래서 패러디에서는 장인 작업의 숙달과 경험뿐만 아니라 패러디스트 개인의 창의적이고 미적인 통찰력이 요청된다.

패러디에는 독자의 해석을 필요로 하는 수용성의 영역이 존

---

39. 허천, 『패러디 이론』, 15쪽.
40. 같은 책, 23쪽.
41. 정끝별, 『패러디 시학』, 36~7쪽.

재하지만, 이 또한 패러디스트의 미적 통찰력에 의존하는 경향이 있다. 근대 자본주의 미술 시장의 발달은 전문적 패러디 창작의 영역과 독자 혹은 수용자의 해석 영역을 사실상 분리시켰다. 물론 전문 패러디스트에 의해 생산된 패러디물로부터 당대 독자와 관객은 반전과 독특한 해석을, 그리고 패러디물의 해학에서 '기대 전환'의 감흥 효과를 얻었다. 반면 이제는 심미적 해독과 생산의 즐거움을 함께하는 행위가 이전에 비해 누구에게나 쉽고 평범한 일이 됐다. 즉 온라인 문화의 융성으로 일반 독자 누구나 패러디스트의 범주에 끼게 됐다. 온라인 패러디물을 보고 즉각적으로 반응하고 생산하고 비슷한 것끼리 대조하고 퍼뜨리는 정동의 주체로 패러디스트가 독자가 되고 독자가 패러디스트가 되는 합일이 이루어진다. 더 나아가 이들이 만들어낸 대량생산된 패러디물은 동일한 원본을 차용한 경우 이를 보는 독자는 물론이고 생산 주체들 사이에서도 문화적으로 상호 공통적인 것이 마련되는 '간텍스트성'intertextuality을 추동한다. 이는 패러디의 디지털 복제 문화와 패러디 생산 주체의 다중 민주화에 따른 결과이다. 디지털 기술에 힘입은 패러디의 '떼' 집단 생산에서도 고난도의 미적 작업을 드물게 찾을 수 있기는 하다. 그러나 '떼' 미학의 주된 강점은 동일 원본에서 가져온 '과잉의 변조'나 간텍스트성에 의해 지배 해석에 틈과 균열을 만들어내고 다중의 정치 소통을 자극하는 문화적 에너지에 있다. 이것은 패러디 생산의 힘을 개별 화자나 작가가 제작한 단독의 패러디물이 독자와 대화하는 방식에서 찾는 것과 전혀 다르다. 그것은 인터넷 다중의 특정 패러디 정동 자체가 가진 즉흥성, 일시성, 대규모성, 상호연결성 등의 효과로 발휘되는 집단 '떼 미학'적 정서를 주목하게 한다. 즉 오늘날 패러디는 하트필드와 같은 걸출한 인물의 예술 미학적인 완성도나 시대 성찰성의 효과에서보다는, 특정의 사회사적 사건에 대한 누리꾼들의 응집된 간텍스트적 발화와 공동 생산의 창작에서 쉽게 관찰된다. 동시에 이와 같은 패러디 생산의 집단성 또한 상당히 퇴화하는 조짐을 보인다. 다양한 외부 텍스트로부터 전유하는 패러디 미학의 목표를 외면하고, 많은 누리꾼들이 단순히 정쟁의 수단이나 우익의 슬로건을 위해 마구잡이로 패러디물을 가져다 쓰면서 유사한 것들 간의 혼성모방만이 늘기 때문이다. 그런 연유로 오늘 패러디 미학의 생산은 양가적이다. 즉 일시적·즉각적으로 대량의 패러디 제작을 통해 여론을 환기하는 긍정적인 측면이 존재한다. 반면 하트필드가 선사했던 정치 미학적 유쾌와 달리 즉각적인 이미지 변조와 쉽게 사그라지는 휘발적 속성으로 인해 시대 성찰성의 뿌리가 허약하다는 한계 또한 발견된다.

패러디 미학

패러디의 유사 개념으로 '벌레스크'burlesque나 '트라베스티' travesty, '파스티시'pastiche, 키치kitsch, 콜라주, 몽타주, 풍자satire,

인용quotation 등이 있다. 자주 이 유사 개념어들이 패러디와 혼동돼 쓰이고 있어서 구별이 필요하다. 먼저 '벌레스크(희작戱作)' 혹은 '트라베스티(서툰 모방)'는 논자에 따라 보는 관점이 다르기도 하지만 대체로 서로 비슷한 뜻으로 쓰인다. 허천Linda Hutcheon에 따르면,42 벌레스크나 트라베스티와 패러디의 차이는 전자가 반드시 조롱을 내포하는 반면 후자는 그렇지 않다는 것이다. 벌레스크의 장점이 원작의 진지함의 형식이나 내용을 익살로 모방해 표현하는 데 있다고 본다면, 이 둘은 패러디의 하위 장르 유형으로 보는 것이 더 정확해 보인다.

다음으로 '파스티시(혼성모방)'를 보자. 패러디가 다른 텍스트와 관계하는 변형 혹은 각색이라면, 파스티시는 무비판적이고 피상적인 복사나 모방이라는 점에서 피상적이다. 파스티시는 차이보다는 원작이나 전작과의 유사성을 강조한다. 패러디가 원 텍스트와의 거리두기임을 상기해야 한다. 프레드릭 제임슨식의 표현법으로 보면, 파스티시는 일종의 '무표정한 패러디'blank parody이자 중성적 모방과 혼용에 불과하다.43 우리는 파스티시가 대중문화 장르로 확대될 때 이를 '키치'로 볼 수 있다. 키치는 현실 풍자의 맥락이 실종된 원본 베끼기와 배설에 다름 아니다. 한편, 이제까지 본 바와 같이 콜라주와 몽타주는

---

42. 허천, 『패러디 이론』, 68쪽.

43. Fredric Jameson, "Postmodernism and Consumer Society", *The Cultural Turn* (Verso, 1998), pp. 1~20.

파편화된 단편들을 새롭게 재조합하여 새로운 창작물을 생성하는 전유 기법이다. 콜라주와 몽타주는 원 텍스트의 우연적인 배열이 새로운 통일성을 만들어낸다는 점에서 파스티시가 지닌 동기 결핍의 베끼기나 무질서와는 차원이 다르다. 콜라주와 포토몽타주는 허천의 '원작과의 비판적 거리두기'에 충실하다. 파스티시에 대한 포토몽타주의 미학적 상대 우위는 역사적으로 이미 다다나 상황주의의 콜라주와 몽타주 예술 기법에서 충분히 확인할 수 있다.

패러디와 가장 유사한 개념인 '풍자'諷刺를 보자. 풍자는 원본 이미지에 대한 조롱과 해학을 담고 있다. 패러디는 풍자와 더불어 원텍스트나 원작자에 대한 존경의 '오마주'hommage를 포함한다. 우리에게 보통 익숙한 패러디는 풍자 개념과 혼용되어 쓰이던 전통의 '조롱과 경멸의 패러디'라 할 수 있다. 반면 패러디 대상을 추켜세우는 '오마주를 담은 패러디' 혹은 '존경의 패러디' 또한 크게 보면 패러디 형식의 일부로 볼 수 있다. 이렇게 따지면 풍자의 한 형식으로 패러디를 보는 것은 협소한 정의다. 오히려 그 역의 관계가 더 맞다. 마지막으로 '인용'引用을 보자. 인용은 끌어다 쓴다는 한자어로, 단순히 참고한 텍스트나 저자와의 사실적 혹은 잠재적 관계를 표현하기 위해 중립적으로 가져다 쓰는 경우다. 인용은 전거 혹은 원 텍스트의 영향력을 억누르고 그것과 거리를 두는 절제의 완성도 높은 패러디에 줄곧 쓰인다.

사실상 이들 패러디의 가족 계열체적 용어법은 서로를 배제하기보다는 서로 중첩되고 포함되며 밀접하게 연관되어 있다. 패러디의 유사 개념들은 패러디와 경계를 긋거나 혹은 패러디의 중요한 표현 형식이 되면서 패러디의 미학에 힘을 배가하는 근거가 된다. 문학과 인문학 영역에서 활발히 이용되고 해석되는 패러디 미학의 근거는 보통 활자화된 글, 즉 텍스트 패러디에 한정된 측면이 크다. 사실상 이미지나 동영상을 포괄한 패러디 미학 논의가 그리 많지 않다. 가령, 한상엽은 패러디 미학의 수준을 수평적 패러디, 수직적 패러디, 인용으로서의 패러디로 구분해 접근하면서 관련 논의의 확장성을 키웠다.[44] 패러디 미학 완성도에 따른 그의 세 가지 분류는 오늘날 다중이 구사하는 패러디 문화와 전유 미학을 평가하는 데 의미 있는 잣대로 활용할 수 있다고 본다.

우선 '수평적 패러디'는 원본 텍스트를 단순 차용한 패러디를 지칭한다. 파스티시의 접경에 거하는 혼성모방의 패러디라고 할 수 있다. 익명 누리꾼의 일반적인 디지털 작업 형식에서 많이 관찰된다. 가령, 2004년 노무현 대통령 탄핵 시기에 번성했던 원작 영화 포스터를 사용한 집단 패러디 작업을 떠올릴 수 있다. 원작 영화 포스터 틀에 사용하고자 하는 얼굴 이미지만 포

---

44. 시각예술에서는 패러디 미학 논의가 간신히 눈에 띌 정도다. 한상엽, 「시각예술에 있어서 창조적 경험과 패러디에 관한 연구」, 『조형교육』, Vol 28, 2006, 401~30쪽.

토샵 프로그램으로 작업해 합성해 넣는 일종의 대량 복제식 패러디물이 이에 해당한다. 이 경우에 수평적 패러디물은 원작의 전경화된 이미지에 좌우되고 원본의 아우라에 의존할 수밖에 없다. 영화 포스터를 비롯하여 전경으로 사용된 이미지의 인지도와 인기와 연결된 패러디 이미지란 결국 전경의 흥행 기간에 비례해 독자의 기억에 각인된다. 물론 이것이 하나의 패러디물에 그치지 않고 동일 사회사적 사건에 대한 수천수만의 '과잉 변조'로 이뤄질 때 '떼' 정동의 패러디 미학적 효과는 극대화한다.

'수직적 패러디'는 질적으로 조금 격상된 패러디 미학이다. 여기에서는 원작의 전경화가 즉각적이지 않고 일부 의미론적 연결만이 유지된다. 원작 이미지를 차용하면서 거기에 색다른 형태의 해석을 가미하는 창작 행위에 해당한다. 다시 말해 수직적 패러디는 '패러디 차용으로서의 대상 이미지'의 흔적이 남아 있더라도, '패러디 목표'로서의 현실 대상에 대한 풍자 효과가 훨씬 두드러져 원본의 기억이 잘 떠오르지 않는 경우에 해당한다. 수직적 패러디 이미지는 말하자면 원본에 대한 동일성의 힘보다는 거리두기와 이격의 힘이 좀 더 압도하는 유형이다. 수직적 패러디는 '전유'로도 달리 표현할 수 있다. 실제 사례는 아마추어 패러디 작가군에서 심심찮게 목격된다. 전유의 미학 개념 또한 기존의 텍스트와 이미지를 가져다 맥락을 재구성하는 행위를 지칭한다. 그러나 전유에서 방점은 패러디를 통해 패러디되는 현실의 허상을 폭로하는 문화정치적 실천 효과에 있다. 그래서 수직적 패러디보다는 전유의 사회 미학이 주관적 목표나 동기가 훨씬 더 강한 예술 실천적 용어라고 볼 수 있다.

마지막으로 '인용으로서의 패러디' 혹은 중립적 패러디 개념이다. 이는 우리가 이미 상황주의의 기법에서 관찰했던 '전용' 혹은 '선회'의 저항 미학과 조응한다. 당연히 하트필드의 포토몽타주 또한 인용으로서의 패러디의 대표적 형태라 할 수 있다. 이것은 기존의 이미지들을 혼용하지만, 새롭게 창작된 것에서 기존의 것의 흔적 혹은 전경화가 거의 소멸된 형태의 패러디를 지칭한다. 각 이미지의 합이 완전히 새로운 정치 해석과 성찰의 지평을 연다. 이는 누리꾼의 즉시성과 휘발성에 기댄 '떼' 정동의 패러디 한계를 극복할 수 있는 중요한 미학 기제이다. 필자의 이런 주장이 마치 아마추어 누리꾼을 파스티시 정도에 위치 짓고, 반면 직업 작가군을 전용에 도달한 것으로 편가르는 것처럼 보이지만 실은 그렇지 않다. 누리꾼이 전용의 미학을 보여줄 수도, 직업적 예술가가 그 반대쪽에 놓일 수도 있다. 동시대 자본주의에 대항하는 이미지 내전에서 중요한 것은, 개별 아마추어 패러디 작업을 전용의 미학에 이르도록 독려하면서도, 집단으로 일시에 일렁거리는 패러디의 '떼' 과잉 변조를 긍정적인 정치 에너지로 승화시키는 일이다.

포토몽타주와 패러디의 동시대성

실제 독일 다다의 아방가르드 정신을 오늘날 한국사회에서 새롭게 전유한다는 것은 무엇을 의미할까? 예를 들어, 다다의 군국주의에 대한 풍자와 패러디 미학은 오늘날 중요한 사회 미학적 전거로 활용이 가능하다. 포토몽타주에서 보여준 패러디는 그때나 지금이나 현실에 대한 실천 미학적 개입이다. 패러디는 지배 권력의 강화된 훈육과 대중 선전 등 억압적 상황이 지배적일 때 적합한, 중요한 저항의 담론 형식이자 전술 형태이다. 패러디는 보통 정치 행위 혹은 정치쇼'에 대한 냉소적 거리두기를 수행한다. 거대 권력, 특히 정부, 기업, 언론에 대한 조롱은 이를 지켜보는 수용자에게 심리적 경멸의 자족적 헛웃음과 대리만족을 선사한다. 패러디는 절차상의 민주주의나 상식의 정치가 제대로 작동하지 못할 때 더욱 힘을 발한다. 패러디의 이와 같은 특징에서 보면, 유럽 다다가 지녔던 포토몽타주의 미학은 오늘날 한국사회에서의 온라인 다중의 실천과 역사적 유대감 및 계열적 근친성을 가진다.

2000년대 초부터 누리꾼은 인터넷을 이용한 패러디 문화를 통해 사회 발언의 수위를 높였다. 패러디 문화는 적어도 2000년대 후반 무렵까지 전성기를 구가했다. 비상식의 신권위주의 정부, 기득권과 탐욕의 국회 정치인, 무소불위의 시장 재벌 등 우리 사회 권력 엘리트를 풍자하는 정치 패러디의 생산과 유포가 디지털 문화 커먼즈의 중심 논리였다. 하지만 패러디가 지닌 미학적 실천의 가능성에도 불구하고 2008년 '광우병 파동' 촛불 시위를 기점으로 누리꾼의 작업 효력이 빠르게 수그러들었고 또 다른 신생 표현과 전유 양식으로 진화해갔다. 패러디 전성기 시절에는 영화 포스터 등 오락미디어 문화의 상징적 소재를 무비판적으로 차용하여 이를 대거 혼성모방(파스티시)하는 패러디 방식이 유행이었다. 하지만 이는 시민 다중에게도 독이 됐다. 이와 같이 아마추어 누리꾼이 구사하는 혼성모방의 패러디 방식은 원본 이미지의 스펙터클한 기억과 잔상이 지속적으로 패러디물에 남으면서 미학적인 힘을 크게 잃었다. 이는 앙가주망 engagement(참여)의 도구로서 정치 패러디가 발휘하는 사회 미학적 효과를 반감시켰다.

플랫폼 자본의 재생산과 연계된 스펙터클 사회의 온라인 확장 국면 속에서는, 이미지 패러디의 정치적 가능성만큼이나 그 한계 또한 클 수밖에 없을 것이다. 누리꾼이 단순히 음원, 사진, 영화포스터 등 오락미디어 문화의 상징적 이미지를 차용하여 이를 혼성모방(파스티시)하거나 전유하던 방식은 패러디 미학 실천의 아마추어적 한계 상황을 보여준다고 볼 수밖에 없다. 이를테면, 패러디 전유 예술이 가지고 있는 장점을 보수 우익 정치인이 포퓰리즘에 기댄 홍보물에 이용하거나, 상대 정치인을 비방하기 위한 정쟁에 사용하거나, 긍·부정의 가치가 하나의 동일 이미지에 동시에 모순적으로 동원되면 패러디 효과가 반감된다. 패러디 자체가 기업 비즈니스 수단으로 활용되면서 연예 오락거리로 점점 전락하기도 한다. 그럼에도 20세기 초 군국주의가 흉흉하던 시절 베를린 다다가 포토몽타주를 예술 저항의 무기로 승화시켰던 것처럼, 우리 사회의 억압적인 정치현실에 맞서 성장한 온라인 패러디 문화의 사회비판 능력은 여전히 유효해 보인다.

과거에 비해 기술 변화는 예술 저항의 새로운 변수가 될 수 있다. 가령, 표현 형식만 보더라도 단순한 아날로그 이미지만을 사용하던 시절과 달리 음악, 동영상, 게임 등의 다매체 수단이 접붙고, 디지털의 특성상 시공간적으로 크게 확장된 패러디와 전유 창작 행위가 가능해지리라 본다. 오늘 플랫폼자본주의 질서가 거의 모든 문화적 급진성을 흡수하고 포획하는 현실에서 다다 아방가르드의 정치 미학적 유산을 유연하고 새롭게 받아들이는 과정은 헛되지 않다. 아방가르드의 예술은 현대 권력의 비린 곳을 비틀어 드러내는 전유 예술과 패러디 문화를 여전히 새롭게 고양할 수 있는 문화 커먼즈적 자원이다. 이제 다시 '디지털 다다'의 방법론을 구상해야 한다. 베를린 다다가 우리에게 남긴 다중 공통의 창작 자원과 전유 기법은 복제 문화를 사유화하는 플랫폼 데이터 질서에 맞서고 다중 자율의 문화 커먼즈를 갱신하기 위해서라도 새롭게 벼려야 할 목록이다.

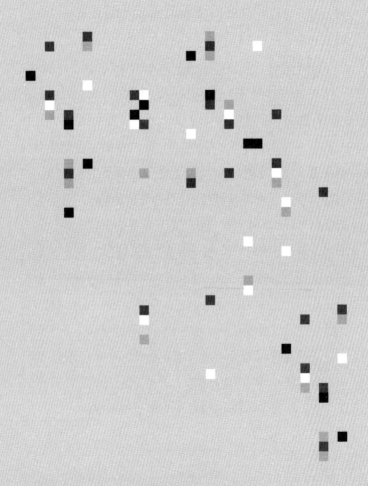

'생태발자국'ecological footprint이라는 용어가 있다. 이는 인간의 의식주 등에 소모되는 자원 유지와 폐기의 비용을 토지 면적으로 환산한 지수다. 지구에 생존하는 전 인류의 생태발자국은 이미 그 면적이 지구 크기의 수십 배를 넘어선 지 오래다. 이는 달리 보면 인간의 생태 수탈 지수가 지구 임계점을 초과했음을 뜻한다. 이제 너그럽고 참을성 있는 모성애 가득한 지구에 대한 향수는 동시대 현실과 그리 어울리지 않는다. 무엇이든 가없이 품을 것 같던 자연의 희생과 숭고는 확실히 오늘 위기 상태의 '지구'의 모습과는 격세지감이다. '저렴한'cheap 자연의 역할은 끝났다.[1] 동시대 지구는 온몸을 다해 인간의 생태파괴에

---

1. 제이슨 무어는 이제까지 인간이 자연을 홀대한 데는 이중적 의미가 있다고 말

저항하고 몸부림친다. 끊임없이 사라지는 생명종들과 산불, 사막화, 태풍, 홍수, 폭염, 초미세먼지 등 기후재앙은 지구가 우리에게 즉각적으로 '분노'를 표출하는 흔한 방식이 됐다. 그래서일까, 브뤼노 라투르같이 '인류세' 논의를 주도하는 과학철학자는 이제야 존재감 없던 '지구'가 제대로 역사의 '행위자'agency가 되었다고 말한다.[2]

인간 종 영향력이 그저 지구의 작은 부분일 때만 해도, 양변기 물을 내리면 눈앞에 모든 오물이 사라지는 착시 효과처럼 지구 생태 회복력이 작동하던 시절이 있었다. 물론 아직도 한쪽에서 오염되거나 폐기된 것이 가난한 국가로 수출되거나 소각, 재생 등을 거쳐 처리·이전되면서 일시적으로 지구 오염 상황이 해제된 듯 보이는 '양변기 효과'를 내기도 한다. 공기 좋을 때면 나빴던 때를 잊는 망각의 반복 효과도 여전하다. 하지만 위기와 파국의 비가시성이 주는 안도와 망각이 더는 유지되기 어려워 보인다. 과거 자연이 인간 문명의 폐해를 품던 시절이 지나고, 생태파괴의 효과가 거의 모든 곳에서 나타난다. 가령, 후쿠시마 원전에서 바다로 방출된 방사능에 피폭된 참치 떼는 저 멀리 태

<hr />

한다. 하나는 자본주의적 비용의 맥락에서 자연을 '싸구려'(cheap in price) 자원으로 만들었던 것이고, 다른 하나는 인류·정치학적인 맥락에서 인간이 자연을 '하찮게 다뤘던'(to cheapen) 정황이 존재하는 것이다. Jason W. Moore (ed.), *Anthropocene or Capitalocene?*(PM Press, 2016), pp. 2~3.

2. Bruno Latour, "Agency at the time of the Anthropocene", *New Literary History*, vol. 45, 2014, pp. 1~18.

평양을 헤엄쳐 건너가 미국의 어부에게 포획되고, 날것으로 캘리포니아 식당의 스시 접시에 오른다. 나노 크기로 잘게 부식된 플라스틱 조각들은 바닷속 물고기의 입과 위를 거쳐 최종적으로 우리의 밥상에 오르고 우리 몸에 차곡차곡 쌓인 후 산모를 거쳐 다음 세대의 몸으로 악순환된다. 독성의 누적과 축적 과정이다. 이제 더는 착시 효과란 없다. 쓰레기의 빈국 수출도 어려워 수백만 톤이 넘는 폐기물은 갈 곳을 잃은 채 그저 대책 없이 쌓이고 넘쳐난다. 우리는 매일같이 눈을 뜨자마자 그날의 날씨를 검색하고 미세먼지 앱을 켜고 호흡기에 밀려드는 0.6~0.4㎛(마이크로미터) 1급 발암물질 미세입자를 막기 위해 제각각 생존의 미봉책인 마스크에 의지한 채 사투한다. 게다가 코로나19 충격으로 인해 마스크는 외부의 가능한 바이러스 감염으로부터 스스로를 보호하기 위한 필수 품목이 되었다.

'인류세'人類世;Anthropocene 논의는 생태재앙을 매번 망각의 늪에 가두고 유예하는 모든 효과들이 중단되는 지점에서 등장했다. 인류세라는 개념은 인류 자신이 만들어낸 화석연료의 과도한 사용과 과학기술 문명의 폐해로 인해 온난화, 재난, 종 파괴와 멸종 등 지구 '균열' 상황은 물론이고, 급기야 지구 인간 생명 자체가 절멸에 도래했음을 알리는 진혼곡이다. 과거의 환경위기론과 달리, '인류세' 담론은 자연계가 정해진 가변성의 자장 안에서 변동하면서 이에 대한 인간 예측이 가능하던 시대가 끝난 상황, 이른바 '정상성stationarity의 종말' 상황을 의미한다.[3] 즉 인류세는 인간이 지구에 미치는 생태 파괴의 영향을 가늠하기 조차 어려운 상황에 이른 변곡 지점을 지칭한다. 한쪽에서의 파괴가 지구 다른 한쪽을 비정상적인 기후 상태로 만들고, 인간의 생태 흔적이 지구 곳곳에 남겨져 지질학적 퇴적층을 형성하며, 인류의 자연 예측 기법이나 패턴이 측정 불가능하게 되는, 지구 전체의 '행성적'planetary이고 시스템적인 위기 상황이 발생한다. 지구 생태를 화두로 다루는 영역 또한 이전의 녹색정치나 생태 정치경제학의 개별 전문 영역에서의 문제 제기를 넘어선 상태다. 이를테면, 지질학, 비판지리학, 자연과학, 지구시스템공학, 도시사회학, 과학기술학, 인문학, 예술 등의 거의 모든 학계에서 인류세 지구에 관심을 갖고 논하는 시점에 이르렀다.

이미 맑스와 엥겔스가 그리스 등 고대 인류의 생태파괴로 인해 발생한 '자연의 복수'에 대해 언급했지만, 동시대 자연의 재앙은 그에 비해 훨씬 예측하기 어렵고 거대하다. 생태사회주의자인 사이토 고헤이斎藤幸平의 말대로, 우리가 인간 종의 탁월성으로 보아왔던 것이 '자연의 인간화'였다면 인류세 국면은 인간이 야기한 '자연의 실패'를 전적으로 증거한다.[4] 동시대 '인류세'라는 용어를 둘러싼 담론 효과는 적어도 인간이 이뤄낸 문명에 대한 역사적 상찬이 아닌 것만은 사실이다.

---

3. 마크 사피로, 『정상성의 종말』, 김부민 옮김, 알마, 2019.
4. 사이토 고헤이, 「마르크스 에콜로지의 새로운 전개」, 『마르크스주의 연구』, 14권 4호, 2017, 93쪽.

이 마지막 4부는 '생태 커먼즈'를 다룬다. 7장은 서구에서 점화된 인류세 논의를 화두로 이 신생 논의의 특징들이 무엇인지, 그리고 기존 맑스 에콜로지 논의와 다른 질감이 무엇인지에 대한 인식론적 평가를 시도한다. 더불어 인류세 논의를 화두 삼아 우리가 어떻게 사물과 인간의 앙상블적 관계 속에서 지구 커먼즈적 전환을 이뤄낼 수 있을지에 대해 살피고자 한다. 이들 논의는 인류 과학기술이 쌓아온 유산 위에서 어떻게 지구생태 대안을 마련할 수 있을 것인가를 가늠하기 위한 것이다.

'인류세' 개념의 출발

우리 대부분은 인류세 혹은 '인신세'人新世 [5]라는 개념이 네덜란드 대기화학자 파울 크뤼천Paul J. Crutzen이 내린 인류에 대한 경고이며, 그의 최초 언명이 시간이 지나면서 시대의 사안으로 커져 버린 것으로 알고 있다. 인간에 의해 지구 시스템 전체가 심각하게 흔들리는 새로운 지구 연령대를 지칭해 만든 전문 용어로 말이다. 하지만 '인류세'는 이미 1922년 구소련 지질학자 알렉세이 파블로프Aleksei Petrovich Pavlov가 약 16만 년 전부터 인

---

5. 일본에서는 일반적으로 '인신세'로 번역되어 쓰인다. 의미론적으로 보면 이 개념이 조금 더 잘 풀어쓴 표현법처럼 보이나, 국내에서 이미 '인간세'나 '인류세'로 굳어져 쓰이고 있는 터라 우리에게 가장 폭넓게 선호되는 '인류세' 개념을 무리 없이 따르려 한다.

류의 선조가 자연과 공진화해 온 행성 시대를 두고 처음 사용했던 용어다.[6] 구소련의 인류세 개념은 자국 연방 내 지질학자 사이에서 통용되었으나, 사회주의 세계 외부에서는 크게 상용되지 못했다. 그 후 1980년대에 들어와서 몇몇 서구 지질학자나 생물학자 등이 학술 논문에서 인류세라는 말을 언급했으나 그리 주목을 끌지 못하다가, 노벨상 수상자이자 당대 지질학계의 슈퍼스타급 인사인 크뤼천의 말 한마디로 인류세 개념이 급격히 국제 신조어로 부상했다. 구체적으로, 2000년 2월 크뤼천이 주도하는 '국제 지권–생물권 프로그램'the International Geosphere-Biosphere Program;IGBP이 멕시코에서 열렸고, 그가 그 회의석상에서 "우리는 인류세에 살고 있다!"라고 천명하면서 이 개념은 일파만파 바이럴 효과를 얻었다.

인류세는 인류를 뜻하는 '안트로포스'anthropos와 시대라는 뜻의 '세'-cene;epoch를 합친 말이다. 이는 지난 1만 년 동안 안정적이었던 '홀로세'Holocene에 이어 지질학적으로 인간에 의해 좌우되는 지질학 시대를 새롭게 써야 한다는 과학자들의 문제의식에서 출발한다. 실제 크뤼천의 말을 따라 인류의 지구 영향력을 입증하기 위해 IGBP 소속 과학자들은 구체적으로 실증 작업을 벌이기도 했다. 예컨대, 1750년에서 2000년 사이 24가지 변

---

6. 가령, 생태사회주의자 이안 앵거스(Ian Angus)는 자신의 책에서 인류세 개념의 역사적 진화를 잘 풀어쓰고 있다. 그의 책 *Facing the Anthropocene* (Monthly Review Press, 2016) 참고.

인(역사 속 인간 활동 관련 지표와 지구 체계 내 물질 변화 지표)의 개별 시계열 그래프를 그렸고 이로부터 흥미로운 결괏값을 얻었다. 역사적으로 1800년대 자본주의 산업화를 시작으로 꾸준히 화석연료 사용이 급증했고, 1950년대 소위 '대가속'the Great Acceleration이라는 자본주의 전환점tipping point을 넘기면서 그 어느 때보다 대기 중 이산화탄소 집중이 빠르게 이뤄지고 기후온난화와 대기오염이 급속히 진행되는 상황을 시각화해 보여 줬다.[7] 그와 달리 일부 좌파 생태학자 집단은 18세기 산업혁명 시기를 대가속의 시점으로 보거나 심지어 프로메테우스로부터 전승해 받은 인간의 불 사용을 그 시작으로 보기도 한다. 상식적 수준에서 추론해 보자면 인류세 그룹의 대가속 가설이 좀 더 설득력 있게 다가온다. 즉 2차 세계대전 이후로 미국 소비 자본주의의 확장과 함께 과거 그 어떤 때보다 환경 파괴가 급격히 이뤄지고 전체 지구로 영향을 미치는 전환의 시점이 됐다고 보는 것이 합리적으로 보인다.

크뤼천의 '인류세' 개념이 그 후로 대기과학이나 지질학 등 관련 학계의 자장 내에서 입길에 오르내렸으나, 자연과학계 밖을 넘어 타학문 분과와 교류하거나 일반인이 이를 인지하는 시점은 그보다 한참 뒤의 일이다. 무엇보다 2011년 영국의 보수경

---

7. Will Steffen, Paul J. Crutzen & John R. McNeill, "The Anthropocene" *Ambio*, vol. 36, No. 8, December 2007, pp. 614~21.

제지『이코노미스트』가 "환영, 인류세"라는 특집호를 내고 나서야 그 개념이 그나마 대중의 주목을 받게 됐다.[8] 그 후 2016년『사이언스』지에 홀로세와는 다른 인류세 특유의 퇴적층을 입증하는 논문이 게재되면서, 과학자는 물론이고 언론에서도 이를 주목하며 다방면의 학계 논의에 군불을 지폈다.[9] 가령, 경관생태학자 얼 엘리스Erle C. Ellis 등을 포함해 20여 명이 공동 집필한『사이언스』글에서는, 인류세의 전제로서 인간이 지질 생태계에 미치는 영향의 징후를 살폈다. 특히 연구자들은 빙하 퇴적층에 대한 조사 방법을 통해서 지구 지질학적인 변화를 뒷받침하는 실제 증거물을 얻고자 했다. 논문의 공동 집필자들은 오늘 인류세 위기의 증거를 지구온난화로 인한 그린란드 빙하 지역 지질층서의 변화에서 찾고 있다. 이들은 구체적으로 기후변화로 빙하가 녹으면서 이끼 등 유기 조직물이 빙하 위를 덮고 그 아래 흙, 유기물과 뒤섞인 플라스틱 찌꺼기, 콘크리트 잔해, 혼합시멘트, 핵물질, 살충제, 금속 성분, 바다로 유입된 비료의 반응성 질소 N_2, 온실가스 농축 효과의 부산물 등 유례없이 쌓인 인간 문명의 퇴적물 단면을 시각화하고 이를 성분 분석해서 인류세의 동시대성을 입증하려 했다.

---

8. "The geology of the planet," *The Economist*, 2011년 5월 18일 등록, 2021년 9월 6일 접속, https://econ.st/3lSPeNj.

9. Colin N. Waters et al., "The Anthropocene is functionally and stratigraphically distinct from the Holocene", *Science*, vol. 351, no. 6269, January 8, 2016, pp. 137~48.

크뤼천을 위시한 지구시스템 과학자들은 인간이 지구에 미치는 막대한 영향력에 관한 빙하 퇴적층 실증 분석을 했다. 이러한 분석은 인류세를 인간 '사회' 문제로 돌리면서 소위 자연과학 분과를 넘어 다양한 영역에서 논쟁을 불러일으켰다. 층서학 학계에서 아직까지는 '인류세'의 지위가 공식 인정되지는 않았지만, 이미 '인류세' 개념은 관련 과학 연구 범위를 훨씬 넘어서서 인문사회과학의 타 분과 학문 영역으로 그 논쟁적 맥락이 확장되는 중이다. 지질학자와 지구시스템 과학자들에 의해 처음 제기된 인류세 논의는, 이제 공학·과학기술학·생태학·포스트휴머니즘·생태맑스주의·신유물론·페미니즘·예술론 등으로 연계되었다. 인류세 개념의 파장은 자연과학의 경계를 넘어 인식론, 주체론, 생태학, 실천철학 등으로 눈덩이처럼 불어나는 추세다.[10]

출구 없는 '지구행성'에 매달린 인류

10. 동일한 맥락에서 인문사회과학 학술지들의 '인류세' 특집 붐 또한 흥미롭다. 가령, 『이론, 문화와 사회』(*Theory, Culture & Society*, 2017), 『비판연구』(*Critical Inquiry*), 『테크네』(*Techné*), 『계간 사우스 애틀란틱』(*The South Atlantic Quarterly*), 일본의 『현대사상』(現代思想), 국내 『문화/과학』의 인류세 특집 (통권 97호) 등은 최근 몇 년 동안 인류세 관련 특집을 통해 전통적인 인간중심주의를 넘어서서 지구행성과 인간과의 관계를 어떻게 새롭게 파악하고 생태 패러다임 전환의 계기로 삼을 것인지에 대해 다각적인 이론적 모색과 논쟁을 벌여왔다.

인류세 개념은 그렇게 생태파괴와 생명종 파국 상황을 전면화하면서 등장했다. '인류세' 논의를 주도하는 라투르는 이러한 지구의 전면화된 위기 상황의 급박함을 다음과 같이 비유적으로 묘사하기도 했다. 예컨대, 항공유가 얼마 남지 않았다는 사실을 알고 착륙 장소를 찾아 헤매는 비행기의 승객, 가라앉는 배에서 구명보트를 찾는 난파 직전의 객실 승객, 집은 불에 타고 촌각을 다투는 가운데 소방서에 전화해야 하나 망설이는 부질없는 가족 성원의 모습 등이 그것이다.[11] 연료가 바닥난 비행기, 구멍이 난 배, 이미 불타고 있는 집의 비유는, 계급이나 인종 등 어떠한 사회적 삶의 구속과 차이와는 무관하게, 그리고 부자 빈자 어느 누구 할 것 없이 공동 괴멸의 급박한 상황에 처했음을 드러내기 위해 비유적으로 동원된다. 그의 비유는 마치 각자의 양 떼에 풀을 많이 먹이기 위한 탐욕 때문에 '공유지의 비극'을 맞아 망연자실한 목초지의 목장 주인들을 떠올리게 한다. 즉 제대로 관리가 되지 않아 급박한 위기 상황에 처한 '지구행성' 커먼즈에 우리 모두가 함께 거하고 있다는 운명 동반자적 관계를 주지시킨다. 물론 이 극한의 수사학적 표현은, 이제까지 인간이 주목하지 못했거나 홀대했던 하나의 '행위자'agency이자 우리를 둘러싼 생태 시스템 총합으로서 '지구행성' 그 자체를 읽

---

11. 브뤼노 라투르·폴린 줄리에, 「[대담] 지층과 자연 : 왜 인류세인가?」, 『오큘로』 7호, 2018, 86쪽.

어야 한다는 점을 드러내기 위해 동원된다.

인류세 논의의 특징은 생태 위기와 그것의 밀도 측면에서 지구를 하나의 객체로 바라보는 '지구행성주의' 시각이 공통분모라 할 수 있다. '포스트-○○' 논의 이후로 다시는 근대성의 거대 서사로 돌아올 것 같지 않았던 지금에 와서 지구행성론이라니! 인류세 논의를 퍼뜨리는 자연과학자뿐만 아니라 많은 인문사회학자는, 인류세 논의를 계기로 '지구시스템'을 이해할 수 있는 총체화된 학문 분과를 만들고 이를 통해 인간에게 새로운 사유와 실천의 가능성을 줄 수 있는 '신'패러다임 구축 논의가 필요하다고 말한다.[12] 클라이브 해밀턴Clive Hamilton 같은 응용 철학자는 현재 국면을 일종의 '게슈탈트 전환'Gestalt shift이라 보는데, 인류세 논의의 새로운 학문 체제를 구축하기 위해서는 기존의 지질학, 생태학, 고고학, 고인류학, 인문지리학 등 개별 분과 학문적 사고나 사유 체계에서 벗어나 지구 시스템 전체를 조망할 수 있는 메타적 사유가 필요하다고 제안한다. 그러면서 그는 "(지역) 생태계의 경계를 초월해 전 세계적으로 작동하는 지구시스템의 작용"[13]에 대한 이른바 '행성주의적' 논의를 시작하자고 주장한다.

" '경관'도 아니고, '환경'도 아니고, '지표면'도 아니다. 전체로

---

12. 클라이브 해밀턴, 『인류세』, 정서진 옮김, 이상북스, 2018, 42~3쪽.
13. 같은 책, 44쪽.

서의 지구 시스템이다"라는 해밀턴의 주장을 주목할 필요가 있다.[14] 라투르가 지구를 하나의 행위자이자 '행위소'actant[15]로 간주하는 것처럼, 해밀턴 등도 지구행성을 하나의 유기체적 행성 시스템으로 보자고 말한다. 사실상 이와 같은 주류의 인류세 논의는 구소련의 지구화학자였던 블라디미르 베르나츠키 Vladimir Vernadskii가 제시했던 시스템으로서의 지구에 대한 이해에 기초한다. 베르나츠키는 지구를 생물권biosphere, 대륙·지권 lithosphere, 대기권atmosphere, 수권hydrosphere, 인류권anthrosphere이라는 '권역'sphere 사이의 역동적 상호관계에 기초한 복잡한 체계로 바라봤고, 이 권역들이 서로 주고받는 물질과 에너지(주로 태양 에너지)의 교환에 기초해 지구 전체를 이해했다. 베르나츠키는 이 가운데 생물권이 지구의 대기권, 수권, 지권 사이에서 에너지와 물질 순환을 조절하는 아주 얇은 녹색 막 같은 기능을 수행한다고 봤다. 그가 지녔던 사유의 독특함은 행성의 변화(지구과학)와 생태계(생물권)를 통합해 생명의 부침 현상을

---

14. 같은 책, 41쪽.

15. 라투르는 주로 인간 지배에 짓눌린 기술의 위상을 자유롭게 만들기 위해 행위자(actors) 대신 '행위소'(actants) 개념을 도입한다. 행위소 개념의 목적은 '비인간'(the nonhuman) 실체인 기술을 엄연한 개별 주체와 맞먹는 위치로 격상하는 데 있다. 그는 이 같은 사물의 격상 효과로 인해 '숨겨지고 경멸받는 사회적 덩어리들'(hidden and despised social masses)인 기술과 사물의 인간 노예적 지위를 나락으로부터 구원해낸다고 본다. Bruno Latour, *Pandora's Hope* (Harvard University Press, 1999) [브뤼노 라투르, 『판도라의 희망』, 장하원·홍성욱 옮김, 휴머니스트, 2018] 참고.

전 지구적으로 이해하고자 했다는 점에 있다.[16] 그 밖에도, 잘 알려진 '가이아 가설'Gaia hypothesis은 베르나츠키의 지구 모형과 흡사한데, 인류세 논의로 인해 또다시 주목을 받고 있다. 가이아 가설 또한 지구를 좀 더 적극적인 행위자의 지위로 끌어올려 살피고 있다. 잘 알려진 것처럼, 영국 과학자 제임스 러브록James Lovelock은 가이아 가설에서 지구를 단순히 생명체를 지탱하는 암석 덩이가 아니라 그 안에서 생물과 무생물이 서로 관계를 맺으며 스스로 자가 진화하는 능동의 거대 유기체로 바라본다. 이는 행위자 혹은 행위소로서의 지구에 대한 '생기론生氣論적' 상상력을 극화한다.[17]

가이아 가설, 베르나츠키 모형, 해밀턴의 '지구 시스템', 라투르의 행위자로서의 지구 모델 등은 '인류세'의 접근과 특성을 설명하기 위한 중요한 기초 개념을 구성한다. 무엇보다 이들 논의의 공통 핵심은 '지구행성'을 단일체로 보는 것이다. 지역 안에서 환경 문제를 다루거나 권역을 분리해 환경 사안에 접근

---

16. 프리먼 다이슨, 『과학은 반역이다』, 김학영 옮김, 반니, 2015.

17. 근대 '생기론'(vitalism)은 스피노자 철학에서 유래하는데, 그것은 일원론적 세계 속 모든 물질(자연)이 '자기생성적'(autopoietic)이고, 동시에 관계적 방식으로 서로 '공동생성적'(sympoietic) 변화의 힘을 갖는다는 점을 강조한다. 특히 생기론적 (신)유물론은 인간-자연의 객체화된 분리나 그로부터 파생한 인간중심주의적 논리를 거부한다. 다시 말해 생기론적 접근은 이전에는 분리되어 사유되던 생명종 그리고 사물 범주와 영역을 가로지르는 종 횡단의 변형력을 강조하고, 그 가운데 인간의 지위를 무수한 사물 중 하나에 둠으로써 인간중심주의를 극복하려는 '신유물론'적 테제로 등장한다. 신유물론의 시각으로 보면, 인류세적 지구는 생기론적 사물의 거대 집합이자 행위자인 셈이다.

하거나 권역 사이의 상호작용을 생물권에 비해 부차적으로 보던 전통적 환경주의 접근과 달리, 이들은 지구행성 자체를 일종의 자율적인 단일 행위 주체로 바라보고 인정할 것을 주장한다. 더 나아가 아예 이를 궁구하는 새로운 '지구행성' 연구 패러다임의 창안까지도 요구한다. 이는 생태학 논의의 스케일 변화를 예고한다. 즉 인간이 벌인 생태파괴의 행적이 지구 전체로 번지는 효과를 제어하기 위해 지구 바깥에서 혹은 지구 곁에서 지구를 '줌 아웃'해 이를 인류와 동등한 협상력을 지닌 '객체'로 바라볼 것을 요청한다. 즉 행성주의는 인류 미래를 조건화하는 엄연한 하나의 객체로서의 지구라는 관점으로 시야를 확장하라고 말한다. 인류세는 또한 이제까지 크게 대두되지 않았던 문제, 즉 인간 종이 지구에 거한 시간성의 문제 또한 거론한다. 존재의 지질학적 시간으로 보자면, 138억 년 전에 우주가 만들어지고, 다시 46억 년 전 지구 행성이 탄생하고, 약 5억 년 전 고생대 쯤에 이르러 생명체가 처음 나타나게 되고 이로부터 생명의 진화가 시작되었다. 억겁의 지구 시간의 흐름에서 너무도 작은 찰나에 불과한 20만 년 전에 등장한 호모 사피엔스 종이 그들의 존재감을 알리는 '인류세'로 장구한 세월의 지구를 한순간에 말아먹으려 하다니 어처구니없는 일이라 할 만하다.[18] 지

---

18. 中村桂子, 「特集：人新世:'人新世'を見届ける人はいるのか」, 『現代思想』45권 22호, 2017, pp. 42~5, 나카무라 케이코는 우리가 지구라는 시스템 안에 있음에도 '바깥에서의 시각'에서 얘기하고 있는 '인류세' 논의의 현실을 불편해한다.

구행성 시스템의 시선에서 보면 가소롭고 위험천만하게 찰나를 사는 주제에 뭇 생명이 공존하는 이 행성을 한 번에 망치려고 하고 있으니 인간종이란 얼마나 어리석은가!

인류세에 대한 주류 논의에서 보이는 지구행성에 대한 이와 같은 시공간의 물리적 '이격 효과'와 초극적 태도는, 관찰 대상 이자 행위자로서 '지구 그 자체'에 주목하게 하고 지구의 모든 생명과 비생명 사이의 유기적 공존 관계를 자연스레 강조하는 각성 효과를 동시에 거두고 있다. 하지만 지구 위기 문제를 해결하기 위해 '지구시스템 과학'을 기존의 역사와 학문 전통의 상위에 마치 조정자인 양 두고 인간중심주의를 초극하려는 접근법은 또 다른 문제를 낳는다. 지구를 추상화해 인간 실존태의 바깥에서 이를 보는 '지구행성주의'적 관점은 지구 안팎에서 상호 동등하게 공존하는 계와 행성의 지형과 영향력을 살피는 데는 어느 정도 도움을 줄지라도, 지구에 사는 인간 사회와 현실 자본주의, 그리고 정치 구도나 경제 모순 구조에 의해 생성되는 생태 결핍과 자연 파괴의 근원을 설명하고 밝히는 데는 취약하다. 인류세 행성주의 시각에서 보면, 인간은 사회적 존재로서보다는 '종'種적 존재로 현현되고, 로컬에서 벌어지는 생태의 미세한 결들과 국지적 변화들은 행성주의적 시야로 인해 거의 대부분 사라지거나 부차화하기 쉽다. 이소요 작가가 과학기술학 연구자 횡린 크바의 글을 인용해 논의한 바처럼,[19] 지구 시스템 과학자는 과거 환경학이 특정 지역과 생물의 현장 관찰을 통해

행한 연구 방식과 달리, 원격탐지 기술을 도입해 지구생태학적 위성 이미지 데이터를 촬영하는 방식을 점차 선호하고 있다. 크바는 인류세의 지구행성주의 시각을 강조하다 보면 환경변화의 생태학적 시각 표상을 강조하는 연구 방식이 과장된다고 본다. 즉 지역 생태 내적으로 구성되는 구체적인 현실 문제를 반영하지 못하는 추상 오류를 범할 수 있다는 것이다.

지구를 당당한 하나의 행위자로 다루면서 우리가 얻는 수확은, 지구와 인간 종에 대한 새로운 차원의 위상 감각임은 틀림없다. 하지만 우리 모두가 지구행성이라는 탈출구 없는 '구명보트'에 매달려 똑같은 운명을 맞이할 평등한 생명 존재인지는 의문이다. 물론 인류세 논의는 지구를 살아 있는 단일한 유기체적 실체로 보면서 그 안의 인간, 동물, 사물의 호혜적 공존을 중대하게 논할 근거를 마련했다. 그럼에도 인류세 지구행성주의는 자연 착취와 생태 균열로 생긴 인간 사회 내부의 파괴와 적대의 논리를 빠르게 봉합하는 듯 보인다. 실제로 세계보건기구WHO가 기후변화로 야기된 140여 개 나라의 홍수, 가뭄, 태풍, 산불 등 자연재난 상황을 살펴본 일이 있는데, 저개발국의 여성과 아이, 빈곤 계층 등 사회 취약 계층이 상대적으로 더 큰 재난 위험에 노출되어 있고 그들의 사망률도 월등히 높다는 수

---

19. Chunglin Kwa, "Local Ecologies and Global Science", *Social Studies of Science*, vol. 35, no. 6, December 2005, pp. 923~50 ; 이소요, 「위기에 처한 생물의 모습」, 『문화/과학』 97호, 2019, 103~18쪽 재인용.

치가 보고되었다.[20] 지구지질학적인 규모에서 발생하고 있는 인류세 환경 재난에 대한 시각 이미지와 영상들의 잔혹함은 실제 어떤 타자의 신체가 보다 취약하고 희생양이 되는지를 잘 가늠해 볼 수 없게 만들고 있다.[21] 즉 인류 절멸의 거대 서사가 전경화하는 대신 구체적으로 고통받는 약자의 존재가 우리의 시야에서 저 멀리 사라진다.

일군의 생태맑스주의자들의 주장처럼, 지구생태와 종 절멸의 순간에서조차 인간사회는 부유층과 특권층이 살아남을 구명보트나 탈출구가 아직은 따로 존재하는 듯 보인다. 인류세 논의가 자본주의 사회 모든 곳에서 발현되는 사회 차별과 취약의 현실을 뻔뻔하게 외면한다는 좌파 생태주의자들의 비난이 그리 무도하지만은 않은 것이다.[22] 지구행성주의에 기댄 인류세의 비현실적 추상성은 구체적으로 보면, 자본주의 "산업혁명을 계기로 한 테크놀로지의 변화가 가져온 경제적 불평등이나 온난화 가스 배출을 둘러싼 지리적·정치적 불평등을 인식하기 힘들게 할 가능성"이 크다.[23] 인간 종 절멸의 공포를 자극하는 인류

20. World Health Organization (WHO), *Gender, Climate Change and Health*, 2014, https://bit.ly/3pgwwBo.

21. 飯田麻結·北野圭介·依田富子, 「特集 : 人新世 : 誰が人新世を語ることができるのか」, 『現代思想』 45권 22호, 2017, pp. 110~21.

22. Andreas Malm & Alf Hornborg, "The Geology of Mankind? A Critique of the Anthropocene Narrative", *The Anthropocene Review*, vol. 1, no. 1, April 2014, pp. 62~9 참고.

23. 같은 글, p. 65.

세 논의 틀로는 그 어떤 자본주의 수탈형 생태위기의 정치경제학적 본질도 크게 무시되거나 대수롭지 않게 다뤄질 공산이 크다. 지구행성주의는 다가올 위기를 대비하기 위해서 과거의 잘못이나 현재의 패륜을 용서하고 적대의 정치를 피해 서로 합심하여 위기를 헤쳐나가는 데 방점이 주로 놓이는 까닭이다.

'탈'인간중심주의가 빠뜨린 것

인류세 논의의 또 다른 중요한 근거로는, 인간과 자연의 관계, 그리고 지구행성에서 인간 종의 위상에 대한 새로운 인식론이 있다. 인류의 철학사에서 데카르트Rene Descartes는 신의 창조물인 자연 만물을, 그것을 객체화하여 사유하는 인간으로부터 철저히 분리시켰다. 철학자 베이컨Francis Bacon은 데카르트의 '자연의 객체화'에서 한발 더 나아가 '자연에 대한 인간의 지배권' 개념을 근대과학의 핵심 모토로 정초했다. 지배와 복종의 대상으로서의 자연이라는 이 관념은 18세기 계몽주의의 발흥은 물론이고 19세기 산업혁명과 맞물린 과학기술의 태동, 그리고 20세기 과학을 통한 진보와 현실 개조라는 인간이성 낙관주의가 번성하는 데 그 근거가 됐다.[24] 사유하는 인간의 특성이 현실에서 특권화하고, 인간의 자연으로부터의 분리와 지배가 기정사

---

24. 남창훈, 「과학을 통해 자연과 연대하기」, 『말과활』 3호, 2014, 66~7쪽.

실화된 조건에서 이루어진 20세기 자본주의의 성장과 생명종 파괴는 기실 데카르트적 세계관에 충실한 결과였다.

인간의 자연 지배력이 생태파괴와 '자연 실패'의 현실로 드러난 오늘의 상황에서도, 인간의 합리적·이성적 판단 능력에 의한 발전과 성장을 긍정하고 자연에 대한 인간의 통제력이 유효하다고 보는 '인간중심주의'anthropocentrism적 믿음이 여전히 지배적이다. 예컨대, 인류세 논의를 주도하는 소위 '에코모더니스트'eco-modernist라 불리는 과학자 집단은 데카르트적 이원론에 충실하다. 이들은 '좋은' 인류세를 주장하면서, 현재의 행성 위기를 인류 오만의 결정적 증거로 보는 것이 아니라 자연을 개조하고 제어하는 인류 능력의 새로운 기회이자 표현으로 본다. 이 관점의 대표 논객 얼 앨리스는 인류세는 '인간이 주도'할 또 다른 기회가 무르익은 새로운 지질 시대의 시작이라 주장한다.[25] 그는 인류 스스로 합리적 이성과 고도 과학에 의해 생태위기를 제어할 수 있다는 자신만만한 인간중심주의적 낙관론을 펼친다. 앨리스의 주장은 인간이 자초한 파괴의 결과를 진보의 부산물로 여기고, 이 또한 인간이 이룬 과학기술력을 통해 극복의 대상으로 삼을 수 있다고 자신하는 데카르트 전통에 서 있다. 주류 국제기구나 일부 환경단체의 의식에도 이와 비슷한 관점이 팽배해 있다는 점에서 우려할 만하다. 가령, 기후시스템을 조작

---

25. Erle C. Ellis, *Anthropocene* (Oxford University Press, 2018).

하려는 소위 주류 '에코모더니스트'의 집합체인 세계경제포럼이나 미국 '브레이크스루 연구소'Breakthrough Institute의 '위대한 인류세' 활동은 인간중심주의 시각의 대표 기관이라 할 수 있다.

사실상 인류세 개념이 담론의 차원이 되고 패러다임 지위로 격상된 데는 그 누구보다 라투르의 공이 크다. 그는 행성주의 입장에서 지구를 인간과 공존하는 능동의 행위자 집합으로 보면서, 사물을 행위소에서 행위자의 지위로까지 끌어올린다. 라투르는 지구와 인간, 그리고 다른 (비)생명종이 평평하고 동일한 내재성의 평면 위에서 상호관계를 맺고 존재하며 역동적으로 관계를 맺으며 변화한다고 보는, '비'데카르트적 인간(문화)-자연 일원론과 '탈'인간중심주의의 입장을 견지한다.[26] 인류세 위기론을 주도하는 라투르는 인간이 지구 '자연의 유기적 부분'이라는 '탈'인간중심주의적 자연관을 강력히 표방한다. 또한 자연(물질)과 인간(문화)을 분리하지 않고 이들 다양한 종의 연합이 공동세계를 구성한다는 '자연문화'natureculture의 혼종적 사태를 인정할 때, 자연의 인간 지배나 개조 과정으로 인해 파생된 우리 시대의 생태 파국을 이해할 수 있다고 본다. 역사학자 차크라바르티 또한 인류세라는 문제 제기 자체가 이미 자연(지질학)과 인간(사회과학)이 만나는 새로운 국면이라고 파악하고

---

26. 김환석, 「사회과학의 새로운 패러다임, 신유물론」, 『지식의지평』 25호, 2018, 81~9쪽.

있다.[27] 국내에서 인류세 문제를 화두로 개소한 한국과학기술원KAIST '인류세 연구센터' 수장의 인사말을 들어보자.

우리는 더 이상 우리가 알던 인간 존재가 아닙니다. 우리의 몸은 다양한 종, 화학물, 장치들의 협력체입니다. 마치 우리 사회가 다양한 종족, 물질, 그리고 기계들의 집합체인 것처럼 말입니다. 이로써 자연의 역사와 인간의 역사라는 오래된 구분은 붕괴해버립니다. 우리는 우리를 문화로부터 떼어놓을 수 없는 것처럼, 자연으로부터도 분리해낼 수 없습니다. 우리는 혼종물입니다. 우리는 '자연문화'의 일부입니다. 지구도 마찬가지입니다.[28]

불안정한 관계적 실체로서 우리를 이해하고 인간과 자연 혼종의 '물질성'materialities을 강조하는 것은, 인간과 자연이 합일되는 '자연문화'론으로 귀결되며, 자연스레 이제까지 인간이 누린 특권적이거나 지배적인 지위를 부정하도록 이끈다. 오늘날 '신유물론'이라 불리는 학문 영역은 인류세의 유기체적 행성주의 시각에서 자연스럽게 추론할 수 있듯이, 관계적 물질성, 자

27. Dipesh Chakrabarty, "The Politics of Climate Change Is More Than the Politics of Capitalism", *Theory, Culture & Society*, vol. 34, no. 2-3, 2017, pp. 25~37.
28. 박범순, 「자연문화의 변혁 : 인류세, 로봇세, 자본세」, 인류세 연구센터장 인사말, 2019년 11월 30일 입력, 2021년 9월 7일 접속, https://anthropocenestudies.com/directors-message/.

연과 인간(문화)의 일원론, 비인간과 사물의 행위성을 그 주요 특징으로 삼으며 진화해왔다.[29] 이와 같은 비데카르트적 일원론이 인류세 국면에서 갖는 효과는 꽤 분명하다. 인간 종의 특권이나 자연 지배력을 배제하고, 인간 종과 이웃 종, 또 사물과의 평등주의적 공생관계를 도모하고, 단일의 위기 생태계로서의 지구 행성에 대한 주목을 이끄는 것 등을 목적으로 삼는다. 그러자면 포스트휴먼 이론가 브라이도티Rosi Braidotti가 언명한 대로, 모든 "주체를 인간과 우리의 유전자적 이웃인 동물과 지구 전체를 포괄하는 횡단체a transversal entity로 시각화"하는 일이 중요해진다.[30]

혼종과 횡단의 평등주의적 관계를 강조하고 이제까지의 인간중심주의를 벗어나면 다채로운 사물 사이에서 발생하는 무수한 '행위성의 분산'과 객체들 사이의 관계적 공존과 배치가 잘 드러날 수는 있다.[31] 하지만 같은 이유로 인간이 만들어낸 생태 절멸의 상황에 집중하지 않은 채 물질들의 연합된 행위성을 강조하면, 지구 위기 책임 소재의 분산을 야기할 공산이 크다. 현실적으로 보면, 자본주의 역사 이래 누가 탐욕을 부려 종멸종 위기를 불러왔는지 그 공과를 따지는 작업이 성길 수 있다. 자본주의 성장의 과오가 무엇인지를 따져 묻거나 기후위기

---

29. 김환석, 「사회과학의 새로운 패러다임, 신유물론」.

30. 로지 브라이도티, 『포스트휴먼』, 이경란 옮김, 아카넷, 2015, 109쪽.

31. 제인 베넷, 『생동하는 물질』, 문성재 옮김, 현실문화, 2020, 76쪽.

의 실제 주범이 누구인지, 그리고 누가 주로 피해를 입고 있는지를 꼼꼼히 살피는 데 있어서 신유물론적 탈인간중심주의는 상대적으로 무심하다. 위기의 책임 주체를 따지는 일은 원인의 확실한 제거와 미래 생태 전략을 담보하는 일이기에 중요하다. 그래서 말름과 혼버그 같은 완고한 생태맑스주의자들은, 인류세의 행성주의적 입장이나 탈인간중심주의가 자연과학적 세계관을 인간사회에 확장하려는 시도라고 바라보는 입장에 있다. 그들은 인류세 논의에서 종을 기초로 하는 기후변동에 관한 자연과학적 사고가 급진 정치의 마비 상태를 조장하는 이데올로기처럼 작동한다고 본다.[32] 지구 위기의 상징적 표상과 징후에 인간의 공포가 쏠림에 따라 지구행성주의적 관심에 우리 의식을 붙들어 매면서, 우리가 비축해왔던 비판 사회과학의 작동이 멈춰버림으로써 정치적 중립의 국면이 자연스레 자리잡는다고 본다.

탈인간중심주의를 가장 극렬하게 비판하는 해밀턴의 '신新'인간중심주의 주장 또한 흥미롭다. 그는 포스트휴머니스트의 주장 즉 "인간을 자연과정의 참여자로 이해"해야 한다는 문제의식에 동의하지만, "인간의 행위성을 희석하지 않으면서"도 그 "특별한 지위를 책임감 있게 사용해야 할 의무"가 언제나 인간에게 주어진다고 주장한다.[33] 그의 '신'인간중심주의는 기존의 데

---

32. Malm & Hornborg, "The Geology of Mankind?", pp. 62~9.

카르트적 세계관에서 비롯한 인간의 오만을 반성하는 인류책임론을 제기한다는 점에서 여타의 인간중심주의에 기댄 주장과 달라 보인다. 또한 해밀턴은 공격의 화살을 데카르트적 에코모더니스트뿐만 아니라 인류세 담론을 이끄는 탈인간중심주의자에게도 겨누고 있다. 즉 후자의 경우 지구생태계 속 비인간적 존재와의 공생을 주장하지만, 인간이 궁극적으로 '윤리적으로 책임'져야 할 내용을 (비)인간 종과 사물로 각개 분산시키면서 오늘 인류세 시대를 만든 주범인 인간의 책임을 약화하거나 삭제하고 있다고 경고한다. 해밀턴은 생태 파괴에 대한 책임을 전적으로 인간 자신에게 부과하면서도, 동시에 인류세 문제를 고민해야 할 유일한 주체로서 인간을 다시 소환한다. 이와 달리 에코모더니스트는 인류세 국면에서도 인간과 과학기술에 대한 반성 없는 성장과 발전의 낙관론만을 펼쳐왔다. 문제는 그가 생태 파괴의 책임을 인간에 따져묻는 것 이상으로 생태의 복원 주체로 '신인간'의 주도적 역할을 여전히 신뢰한다는 점이다. 인류세 행성주의자의 입장에서 보면 그 또한 '인간중심주의'의 한계에 여전히 갇혀 있다고 볼 수 있다.

맑스 에콜로지와 '자본세'

---

33. 해밀턴, 『인류세』, 97쪽.

전통 맑스 생태학은 이와 같은 인류세의 지구행성주의적이고 탈인간중심주의적인 문제 제기를 어떻게 받아들일까? 맑스주의 전통 속에서 생태학적 문제의식을 발견하는 일은 그리 낯설지 않다. 소비에트 사회주의자 부하린은 진즉에 인간이 생태자연의 일부("자연의 리듬이자 순환 속 존재")이며 동시에 인간의 특별한 능력("지적 인지" 능력)을, 그리고 인간의 자연지배로 야기되는 "적대"성을 정확히 짚어낸 바 있다.

인간은 자연의 산물이자 부분이다. 인간이 사회적 존재라는 것을 배제해본다면 (하지만 그것은 사라질 수 없는 사실이다!) 인간은 생물학적 토대를 갖는다. 인간은 그 자신이 자연의 정점이자 자연의 산물이며, 자연 속에서 살아간다 (인간이 특수한 사회적·역사적 생활조건에 의해 그리고 이른바 '미적 환경'에 의해 자연으로부터 크게 분리되어 있을지라도 말이다). 그렇다면 인간이 자연의 리듬과 자연의 순환 속에 존재한다는 사실은 그리 놀랄 만한 일이 아니지 않는가? 이 땅의 인간은 자연에 대한 지적 인지보다는 자연의 실제적이고 인지적인 복속에 관심이 크다. 사회적·역사적 인간들은 주체들로, 상대적으로 적대 원칙들로, 정복자 혹은 조련사로 자연에 마주 서 있다. 즉 인간은 자연의 요소들과 비인간의 유기적 세계에 마주해 생성의 창의력으로 맞서 있다.[34]

---

34. Nikolai Bukharin, "Living Nature and the Artistic Attitude toward It," *Philo-*

엥겔스Friedrich Engels는 부하린의 논의에 덧붙여 인간의 자연 지배력에 대한 우려를 좀 더 명시적으로 드러내기도 했다. 엥겔스는 다른 생명체와 달리 '노동'을 매개한 인간의 자연에 대한 영향력을 강조하고 있지만, 동시에 인간의 노동과 지식을 동원한 자연의 개조 방식이 어떻게 생태파괴로 이어지고 곧이어 그 자체가 성난 힘이 되어 인류에게 '복수'의 부메랑으로 되돌아오는지에 대해 짚었다. 가령, 엥겔스는 알프스의 이탈리아인이 경작지를 얻기 위해 전나무 숲 경사면을 남벌해 없애면서 그 지역 낙농업의 뿌리가 뽑히고 산에 물이 줄고 홍수로 평지에 물이 더 쏟아지는 등 어떻게 '황폐화'의 기반이 만들어졌는지를 설명하고 비판한다. 그러면서 다음의 말을 덧붙인다.

자연에 대한 우리 인간의 승리에 너무 우쭐해하지는 말자. 그러한 승리 각각에 대해 자연은 우리에게 복수한다.⋯ 우리가 한 걸음 한 걸음 나아갈 때마다 상기해야 할 것은, 우리는 정복자가 다른 민족을 지배하듯이 자연의 외부에 서 있는 사람처럼 자연을 지배하는 것이 아니라는 사실,⋯ 오히려 우리는 살과 피와 두뇌와 더불어 자연에 속해 있으며 그 자연의 한가운데 서 있다는 사실, 그리고 자연에 대한 우리의 지배 전체의 요체는 다른 모든 피조물보다 우월하게 자연의 법칙을 인식하고 그것을 올바르게 적용할 수 있다는 데에 있

sophical Arabesques (Monthly Review press, 2005), p. 101. 강조는 인용자.

다는 사실이다.[35]

인간은 자연의 일부이며 인간은 "다른 모두 피조물보다 자연의 법칙을 인식하고 그것을 올바르게 적용"해야 한다는 엥겔스와 부하린의 논의는, 이제까지 봤던 인류세의 탈인간주의적 일원론적 세계관과 다르다. 자연 속 인간을 인정하지만 인간의 특별한 능력 또한 긍정하면서 자연 순환과 리듬에 조응하는 인간의 이원론적 관계성을 강하게 전제하고 있다. 더 나아가 자연에 대한 인간의 오만이 불러오는 지구 '황폐화'의 문제를, 그리고 자연과 인간 공생의 가치를 제기한다는 점에서 그들의 사유는 인간중심주의적이지만 비데카르트적이고 생태학적이다. 이들의 인간자연 관계가 비데카르트적 이원론에 기대고 있다면, 인간과 자연의 앙상블적 관계를 매개하는 맑스주의적 사유의 고리를 가로지르는 관점은 과연 무엇일까? 맑스는 이를 정확히 '물질대사'Stoffwechsel; metabolism 개념으로 설명한다. 그는 인간 사회 영역의 물질대사와 더불어, 자연에 가하는 인간노동을 매개로 이뤄지는 둘 사이의 의존적이고 선순환적인 과정을 물질대사로 설명했다.[36] 자본주의의 역사는 물리적 토지와 한 몸이

---

35. 프리드리히 엥겔스, 「원숭이의 인간화에서 노동이 한 역할」, 김세균 감수, 『칼 마르크스-프리드리히 엥겔스 저작 선집』 5권, 박종철출판사, (1876)1994, 389쪽. 강조는 인용자.

36. 존 벨라미 포스터, 『마르크스의 생태학』, 김민정·황정규 옮김, 인간사랑, 2016. 특히 「제5장 자연과 사회의 물질대사」를 참고.

던 노동하는 인간의 지위를 자연과 분리시키고 그로부터 소외시키는 과정으로 묘사된다. 사이토 고헤이는 이를 인간의 "자연으로부터의 소외"로 명명하고, 자본주의 체제는 "본래 통합되어 있던 인간과 자연의 관계 붕괴"라는 근대적 소외의 원죄를 저질렀다고 본다.[37] 즉 자본은 산노동을 자연으로부터 폭력적으로 분리하고 자연 공유지와 그 지력을 과잉 소모하고 수탈해 잉여 생산력을 끌어올리는 새로운 자연 수탈의 산업 체제를 영구화했다. 이는 자연의 리듬과 순환에 반하면서 자연인간의 상호 물질대사 과정에 문제를 일으켜 지구에 '대사 균열'metabolic rift을 가져오는 일이었다.

인간이 자연의 일부이고 자연과 연결되어 있다는 진술은, 인간이 다른 다원적 물질 및 생명체와 종적 차이가 존재하지 않는다고 여겨 이 모두를 일직선상에 줄 세우는 것과는 무관하다. 맑스 에콜로지는 탈인간중심주의 태도와 인간 종의 위상을 보는 시각에서 인류세 접근과 크게 갈라진다. 문화비평가 테리 이글턴Terry Eagleton이 정확히 봤던 것처럼, 인간은 하나의 물질 조각이나 생물 종일지 몰라도 대단히 "독특한 유형의 물질 조각"이다. 즉 "사람은 물질세계의 돌출부"라 할 수 있다.[38] 인간은 자연의 일부이지만, 이와 분리 가능한 특유의 능력인 '노동'을

---

37. 사이토 고헤이, 『마르크스의 생태사회주의』, 추선영 옮김, 두번째테제, 2020, 특히 49~73쪽 참고.
38. 테리 이글턴, 『유물론』, 전대호 옮김, 갈마바람, 2018, 26쪽.

하는 동물인 것이다. 이는 인간이 '특별한 본성', 특히 물질과 비물질 노동을 수행해 자연을 개조하는 예외적 능력을 지니고 있다는 점을 뜻한다. 여기서 분명히 해야 할 것은 맑스 에콜로지로 보면 인간의 예외 능력이 인간의 자연(사물) 지배력까지 용납하지는 않는다는 사실이다. 곧 우리가 아는 맑스주의적 유물론은 인간-자연(비인간 객체) 상호 구성의 관계적 속성을 배제하지 않으면서도 인간 고유의 태생적 능력을 인정하려는 철학 논리이다. 그래서 맑스주의적 인간-생태관은 오늘날 인류세 논의에서 인간을 뭇 객체 속으로 하방下方하려는 탈인간중심주의적 태도와는 대별된다.

맑스의 '물질대사'와 물질대사의 '균열' 개념은 자연과 인간의 긴밀한 상호관계에 대한 중요한 생태학적 고리를 뜻한다. 맑스는 인간과 자연의 물질대사 관계에서 생기는 심각한 교란과 파괴를 문제시했고 그 균열의 원인을 특정의 자연 수탈 과정에서 찾았다는 점에서 이미 생태 정치경제학적이었다고 할 수 있다. 맑스가 보는 '균열'은 자본주의의 복구 불가능한 에콜로지적 모순 상황을 지칭한다. 맑스 자신은 생산력 개념을 설명하면서, 자본주의 착취에 기초한 생산력을 거부하면서 자본주의의 자연 수탈을 넘어서기 위해서는 '자연 조건적' 생산력을 새로운 체제의 본질적인 구성요소로 삼아야 한다는 점을 분명히 했다. 여기서 '자연 조건적'이라 함은 생명 착취에 기댄 노동을 배제하고 생태 순환적인 재생산 혹은 물질대사에 어긋나지 않는다는

뜻이다.[39]

　예를 들어, 코뮌주의 이론가인 데 안젤리스Massimo De Angelis
는 '치킨 너겟'의 정치경제학을 통해 오늘날 작동하는 생태파괴
의 기제를 구체적으로 그리고 있다.[40] 금빛으로 먹음직스럽게
놓인 치킨 너겟은 "북구에서 먹는 샐러드의 토대를 이루는 쓰레
기 같은 재료, 스트레스 주는 노동과정, 동물 학대, 환경 파괴,
이주노동자들의 지구적인 생존순환과 생존투쟁 등 그 모든 비
극적 사실을 감쪽같이 감춘다". 다시 말해 '치킨 너겟'이 우리에

---

39. 황태연, 『환경정치학과 현대정치사상』, 나남출판, 1992, 64쪽.
40. 데 안젤리스는 그의 책 『역사의 시작』에서 한 페이지가 넘는 각주로 치킨 너
　겟의 제조 현실을 상세히 묘사하는데, 여기서 이를 압축해 인용해보려 한다.
　"치킨 너겟은 가축의 산업화에, 즉 표준화된 공장기계에 들어맞는 균일한 공
　장 닭의 끝없는 공급에 의존한다. 그것은 또한 합법뿐 아니라 불법 노동자의
　대량 이주에 의존하고 저가 노동 공급을 필요로 한다. 자본주의의 횡국가적
　산업의 전형적 생산물이다. 몇몇 제조업자들은 ─ 소위 가수분해 단백질을 주
　입하는 ─ 새로운 기법을 사용하고 있었다. 이 단백질은 늙은 동물이나 피부,
　털, 가죽, 뼈, 인대처럼 음식으로 사용되지 않는 동물 부위에서 화학적 가수
　분해를 통해 혹은 고온으로 추출한 것이다. 그리고 콜라겐 성형 이식처럼 그
　것은 살을 부풀게 하고 수분을 유지하게 한다. 이러한 발견은 닭고기로 인한
　광우병 발병 가능성을 제기한다. 다른 한편 냉동 닭은 태국의 방콕 외부에 있
　는 대규모 공장에서 유럽과 영국의 패스트푸드 및 슈퍼마켓 체인으로 수출
　된다. 아주 적은 보수를 받는, 대다수가 여성인 다양한 국적의 이주노동자들
　이 이 냉동 닭을 '생산한다'. 이 공장들에서는 하루에 15만 마리의 닭을 도살
　한다. 각 노동자는 한 시간에 190마리까지 도살하며 그런 다음 닭을 세척하
　고 자르고 다지고 뼈를 발라내고 부위를 재배열하고 포장한다. 이들은 하루
　에 165밧(2.5파운드 또는 3달러)를 받고 일주일에 6일을 일하며 한 시간의 휴
　식을 포함하여 하루에 9시간을 일한다. 치킨 너겟의⋯ 금빛 이미지는 자본주
　의적 생산이 가진 모든 문제, 극복해야 하는 모든 것을 담고 있다"(맛시모 데
　안젤리스, 『역사의 시작』, 권범철 옮김, 갈무리, 2019, 177~8쪽).

게 상징하는 바는, 동시대 자본주의 사회가 인간, 노동, 가축, 토양 사이의 물질대사에 균열을 야기하고 자연이 부과한 지속가능성이라는 조건을 위반한 응축물이다. 즉 맑스 에콜로지의 시각에서 바라볼 때, 인류세 담론은 종 위기를 전 인류의 책임으로 전가하면서, 이로부터 이익을 얻는 글로벌 자본권력에 면죄부를 주는 행위로 볼 수 있다. 이는 다름 아닌 자본주의의 역사적 특수성을 삭제하거나 글로벌 자본주의의 가치 시스템을 중대하게 외면하는 것으로 평가된다.

그렇게 맑스 에콜로지는, 이미 "인간이 하는 생산을 사회적인 것으로만이 아니라 자연에 대한 물질대사 관계에 뿌리를 두고 있는 것으로 보는 통합적인 비전"만이 지구생태 균열에 맞설 수 있다고 본다.[41] 이는 역사적으로 지구생태 균열을 막으려는 현장 실천의 활력인 '녹+적' 연대의 실천 형식을 동반하기도 했다. 즉 맑스 에콜로지는 처음부터 인류세를 전제하고 논의하지는 않았지만, 생태 위기의 근원을 자본주의 가치 생산의 기제와 연계된 자연 수탈의 맥락에서 진즉에 바라봤다는 점, 그리고 이 균열의 고리를 끊고 "인간과 자연을 완전히 통합하려는" 공산주의적 생태 실천 또한 이미 제기해왔다.[42]

동시대 '인류세' 논의와 관련해서 그리고 맑스 에콜로지의

---

41. 존 벨라미 포스터·브레트 클라크·리처드 요크, 「생태, 그 결정적인 순간」, 존 벨라미 포스터 외 9인, 『생태논의의 최전선』, 김철규 외 옮김, 2009, 필맥, 31쪽.
42. 사이토 고헤이, 『마르크스의 생태사회주의』, 72~3쪽.

연장선상에서 '자본세'Capitalocene라는 개념이 논쟁적인 의제로 함께 부상하고 있다. 이 개념은 급진 경제학자 데이비드 루치오 David Ruccio가 처음 언급했고, 제이슨 무어나 안드레아 말름 등 일부 생태맑스주의자들이 직접적으로 인류세의 문제를 지적하기 위해 사용했다.[43] 이들은 현재 생태 위기 국면을 인류세 대신 '자본세'라 불러야 한다고 주장한다. 이들은 지구 표면을 얇은 녹색 막, 즉 '임계영역'Critical Zones으로 묘사하기보다는 그것이 자본의 흔적으로 뒤덮여 있음을 깨닫는 일이 더 중요하다고 본다. 인간 중에서도 자본 권력의 생태 파괴 기제를 가장 큰 문제로 봐야 한다는 것이다. '자본세'론은 자본주의의 가없는 수탈 체제가 곧 지구행성의 쓸모와 합일된 현 상태를 주목하라고 말한다.

자본세 개념을 주도하는 무어는, 맑스의 물질대사 개념 속에서 자연이 '수동적이며 정적인' 위치에 놓여 있고, 인간의 렌즈가 아닌 '자연을 통해 자본주의 발전사를 볼 수 없다는' 한계를 지적한다. 그는 전통 맑스 에콜로지의 수동적 자연 해석의 한계를 벗어나, 자연-인간의 비데카르트적 일원론을 지지하면서 자신의 입장인 '생명의 그물 속 자본주의'라는 해석을 덧붙인다.[44]

---

43. Moore (ed.), *Anthropocene or Capitalocene?* 참고. '인류세'를 희화화하거나 논쟁화해, 인문사회 학자들이 무수히 변형된 여러 '~세' 개념, 이를테면, 자본세를 위시해 대농장세(Plantationocene), 툴루세(Chthulucene) 등을 만들어 냈다. 이들 다양한 '~세' 논의는 동시대 기후위기의 본질과 위상을 보는 서로 다른 시각이라 할 수 있다.

그는 이를 위해 '세계생태'world-ecology라는 개념을 끌어들인다. 그에게 자본주의는 "생태의 일부일 뿐만 아니라 바로 그 자체가 생태인데, 이른바 권력과 자본, 자연을 통합하는 일단의 관계"이다. 즉 '세계생태'는 유·무형의 "프런티어들을 통해서 끝없는 축적의 힘으로 견인되어 행성 전체로 팽창하는 (자본주의) 생태"에 해당한다.[45] 지구행성주의가 지구를 단일 행위자로 보는 것과 달리 무어는 자본에 의해 통합된 단일 세계상인 '세계생태' 개념을 택한다. 그는 이렇듯 자본세적 세계관을 통해 포스트휴먼론자의 지구 종 횡단적 사유와 전통적 맑스 에콜로지의 화해를 꾀하고자 한다.

차크라바르티는 고헤이 등 주류 좌파생태주의자의 접근이 동일한 전제에서 인류세 위기를 자본의 문제로만 축소한다고 반박한다. 폭주하는 지구생태 파괴의 근원에 자본주의가 위치하고 있음을 부정할 수 없지만 동시에 이는 '전체로서의 지구 시스템', 즉 '다른 종의 고통'과 '행성의 고통'이라는 또 다른 차원의 문제임을 직시해야 한다고 말한다.[46] 비슷한 맥락에서 라투

---

44. Jason W. Moore, *Capitalism in the Web of Life* (Verso, 2015) [제이슨 W. 무어, 『생명의 그물 속 자본주의』, 김효진 옮김, 갈무리, 2020].

45. Raj Patel & Jason W. Moore, *History of the World in Seven Cheap Things* (Verso, 2017), pp. 38~40 [라즈 파텔·제이슨 W. 무어, 『저렴한 것들의 세계사』, 백우진·이경숙 옮김, 북돋움, 2020].

46. 디페시 차크라바르티, 「기후변화의 정치학은 자본주의 정치학 그 이상이다」, 박현선·이문우 옮김, 『문화/과학』, 97호, 2019, 143~61쪽 참고.

르 또한 좌파생태주의자가 추구하는 "정의는 여전히 사회적이고, 지나치게 사회적"이며, 좌파가 줄곧 추구해왔던 "계급 투쟁 아래에는 다른 분류 방법이, 최종 심급 아래에는 또 다른 사례가, 물질 아래에는 더 많은 물질이 있다"고 꼬집는다.[47] 차크라바르티나 라투르의 관점은 인류세 위기 문제를 접근하기 위해서는 외려 자본세 바깥에 머무르는 해석적 공백의 영역을 살펴야 한다고 보는 것이다. 이럴 때 '인류세(에서)의 정치생태학'의 함의를 제대로 포착할 수 있을 것으로 이들은 판단한다.

인류세 위기의 문제의식은 꽤 정당해 보인다. 다만 지구행성주의자는 거꾸로 자본주의로 인한 '인류 내부의 불의'에 대해서 우리 모두가 이미 잘 알고 있는 사실이라는 전제하에 이제까지, 문제의 원인에 대한 밀도 있는 논의를 거두절미하고 건너뛰는 불성실함을 보였던 것도 사실이다. 그런 연유로 인류세 행성주의와 "신유물론의 모든 유파들(이) 착취적 세계에서 사람들이 처한 운명에 그다지 관심이 없"다는 이글턴의 날 선 지적은 타당하다.[48] 결국 우리가 지구 생태위기를 온전하게 판단하기 위한 출발선은 '자본세'가 규정하는 자본주의의 자연 수탈에 대한 근본 진단으로부터 시작하면서도, 라투르식의 "지구와 충돌하지 않고 착륙하는 방법"에 이르기 위해 지구 행위자의 '인류

---

47. 브뤼노 라투르, 『지구와 충돌하지 않고 착륙하는 방법』, 박범순 옮김, 이음, 2021, 92쪽.
48. 이글턴, 『유물론』, 31쪽.

세' 고통을 어떻게 실천적으로 다뤄야 할지를 함께 고민하려는 균형 감각이다.

'인류세' 국면의 포스트휴먼 문제

인류세 논쟁의 주요 특징을 되새겨보면, 지구를 인간 종의 생존과 직결된 거대 시스템 행위자로서 주목하는 것, 인간중심주의를 탈피하고 물질성이나 사물 지향의 존재론을 모색하는 것, 인간과 인간 아닌 종과 사물 사이의 평평한 존재론 접근을 채택하는 것 등이다. 무엇보다 인류세 시각의 약점은 '자본세'의 논의에서도 드러나듯, 대체로 자본주의적 자연 수탈로 인해 벌어지는 물질대사의 균열을 그리 숙의 없이 '패싱'한다는 사실에 있다. 더불어 생태위기 문제의 주된 원인을 물질대사 교란으로 파악하려는 전통 맑스 에콜로지의 해석이 오늘도 여전히 유효하다는 점 또한 강조했다.

이제까지 논의에서 여전히 미진한 점은, 인류세 논의에서 '인간'의 위상 문제가 여전히 잘 잡히지 않고 표류한다는 사실이다. 인류세 시대 인간의 문제를 좀 더 면밀히 들여다보려면, 자연과학자 주축의 '인류세' 논의 외곽에서 인간의 존재론적 지위를 살피는, 이른바 '포스트휴머니즘' 논의를 간단하게나마 살필 필요가 있다. 무엇보다 인류 스스로 과학기술 활동의 고도화를 통해 사회와 자연 질서를 거의 완전히 예속하는 '자연의 인공화

(제2의 자연)' 국면에서는 더욱 인간의 존재론적 지위와 위상에 대한 논의가 필요하다. 동시대 자본주의 권력·자본·기술의 확장 속에서 신기술 고도화는 인간과 자연 사이에 새로운 인공 창조물들(예컨대 유전학적 돌연변이 생명체나 인공지능 사이보그 등)을 낳으면서, 실제 인간-자연 관계 밀도를 극한으로 끌어올리고 있다.

"우리는 기술 인공물과의 관계를 자연과의 관계에서 그랬던 것처럼, 친밀하고 가까운 것으로 재개념화해야 한다. 기술 장치는 우리의 새로운 '환경'이며 이 새로운 환경과의 친밀성은 근대성이 만들어낸 보철적, 기계적 확장보다 훨씬 더 복잡하고 발생적generative이다."[49] 신이 되고픈 인간 욕망인 '인간의 AI기계화'나 'AI기계의 인간화'가 인간-자연(사물) 사이의 경계를 더욱더 흐릿하게 만들고 심지어 무너뜨린다. 즉 "유기체와 비유기체, 태어난 것과 제조된 것, 살과 금속, 전자회로와 유기적 신경 체계 같은 존재론적 범주나 구조적 차이의 분할선"이 완전히 무너지면서, 인간은 존재론적인 측면에서 진정한 '탈인간중심주의'를 고민해야 하는 실재적 지점에 이르렀다.[50] 굳이 제이슨 무어식으로 오늘의 지구사회를 자본주의 '세계생태'로 보려 하지 않더라도, 이미 인간은 그들 자신의 탁월한 문명 개조 능력으로

---

49. 브라이도티, 『포스트휴먼』, 110쪽.
50. 같은 책, 118쪽.

인해 반휴머니즘적 평등주의와 다양한 (비)생명체의 종 횡단적 상상력이 실제로 가능한 (비)인간-자연 경계를 해체하는 '자연문화'를 구성 중이다.[51]

문제는 인공지능과 생명복제 등 자본주의 과학기술 혁명을 통해 인간의 사회적 명령과 관습이 기계장치에 '직권위임'되거나 인간의 문화유전학적 '밈'meme이 복제 이식되어 자동화되는 사물의 새로운 인공질서의 출현에 있다. 무릇 존재하는 대상에 가치 실체이자 주체성을 부여하는 객체들의 평등주의 슬로건이 시간이 갈수록 타당해 보이는 듯하지만, 마찬가지로 타 생명종이나 사물과 구별되는 인간만이 지닌 자연개조와 창의 능력 또한 도드라지고 있다. 데카르트적 사고로 인류가 벌여왔던 자연 복속을 차치하더라도, 현실 속 인간의 특별한 능력과 욕망을 배제하기가 점점 어려워진다. 그럴수록 인공 자연과 지능 기계를 만들어내는 인간의 독특한 능력을 주목해야 한다는 말이기도 하다.

자본주의의 실상을 보자면, '보통' 인간의 위상은 외려 절대 주권적 주체의 지위에서 완전히 미끄러져 밀려나고 있다. 인간이 만들어낸 과학기술의 인공 환경 혹은 인공 자연이 새로운 비인간과 예기치 않던 돌연변이 생명종을 창조하면서 새로운

---

51. 이동연, 「동물과 인간 사이, 그 철학적 질문들과 문화적 실천」, 『문화/과학』 76호, 2013, 32쪽.

관계성의 정치를 생성하기도 하지만, 플랫폼자본주의 질서 아래 빅데이터 알고리즘, 생명정보 혹은 유전공학의 정치경제 권력이 강화하면서 시민 다중이 신생 사물과 맺는 평평한 관계가 급속히 훼손되며 자본 통치력이 더 내밀하게 행사되고 있다는 점 또한 간과하기 어렵다.

국가나 시민사회 통제 밖에 머물고 있는 글로벌 빅테크의 스텔스기업stealth startup 실험실의 비공개 인공지능 실험이나 비밀 거래되는 '동물-프롤레타리아', 비자발적인 방식으로 탄생한 생명공학적 돌연변이(예컨대 복제 양 돌리와 생명특허로 얼룩진 온코마우스Oncomouse™ 생쥐 등), 유전자편집 인간 등은 왜곡된 상상력으로 인간이 탄생시킨 (비)생명체들이다. 즉 인간-기계, 인간-비인간 종 사이의 퇴행의 사회 상상력이자 물질대사의 균열 속에서 파생된 신생 물질들인 셈이다.[52] 오늘날 급변하는 과학기술 국면에서, 갈수록 종들 사이에서 현실의 힘이 배치되는 방식은 평등주의적이지 않고, 플랫폼자본의 사유화된 가치 체제와 사물화의 기제로 대부분 포획되는 추세다. 이와 같은 기형의 인공 자연과 사회 형성을 우리가 단순히 '인간중심주의를 극복하려는 포스트휴먼 감수성'만으로 풀기에는 역부족이다. '우주적 평등주의'에 입각해 인간과 사물의 불균등한 관계성을 무위화하는 신유물론적 시선은 대체로 동시대 생태 균열의 주

---

52. 브라이도티, 『포스트휴먼』, 85쪽.

된 원인을 살피는 데서 치밀함이 떨어진다.[53] 즉 인간과 자연(사물) 공생의 횡적 유대관계에 대한 신유물론적 통찰을 포용하더라도, 자본주의적 가치 생산에 의해 발생하는 생태 균열 상태를 정확하게 진단하고 인간-자연의 선순환을 촉진하는 방식으로 종들 사이의 범연대 생태정치학을 모색하는 것이 필요하다. 이 새로운 정치학은 인간 종의 '돌출된' 능력을 인정하는 가운데 다른 종과 사물과의 연대를 통해 인류세 위기를 벗어나기 위한 생태 정치 기획이다.

이 점에서 해러웨이의 '툴루세'Chthulucene라는 인류세의 반성 개념을 주목할 필요가 있다.[54] 해러웨이는 신유물론과 마찬가지로 다종적으로 무수히 교차하고 접붙는 (비)인간 "타자들과의 새로운 사회적 접속 형식을 만들고 새로운 사회적 결합 관계"를 만들 것을 강조한다.[55] 그러면서도, 그녀는 동시에 유전·

---

53. 이글턴, 『유물론』, 27쪽.

54. 해러웨이의 '툴루세' 개념은, 그리스 신화에 등장하는 대지의 여신 가이아와 지옥의 신 타르타로스 사이에서 태어난 크토니오스의 '크톤'(khthon, 땅)과 '피모아 크툴루(Pimoa cthulhu, 거미 학명)를 합쳐 만들어진 용어법이다. 인류세가 땅 위와 하늘 아래의 위계적 지배 질서를 상징한다면, 툴루세는 땅속 다양한 (비)생명들이 맺는 역동적인 관계의 촉수적 연결망을 뜻한다. 여기서 인간은 "다른 모든 존재와 구별되는 유일하고 중요한 행위자가 아니다." 그녀는 인간이 지구의 다양한 공생자(크리터)와의 호혜적 연대에 나서야 한다고 본다. 도나 해러웨이, 『트러블과 함께하기』, 최유미 옮김, 마농지, 2021, 93~103쪽.

55. Donna Haraway, "Anthropocene, Capitalocene, Plantationocene, Chthulucene," *Environmental Humanities*, vol. 6, 2015, pp. 159~65.

생명공학, 인공지능 등으로 인간 아닌 종까지 생성해 생명질서와 자연을 아예 개조하려는 사유화된 자본의 역사를 제대로 평가해야 한다고 본다. 현대 과학기술은 인간중심적인 사물 설계와 비인간 종 탄생에 자본의 사물화된 질서를 삽입하고 자동 복제하는 동력이 되고 있다. 이로 인해, 종들 사이를 횡단하는 평평한 관계성이라는 슬로건은 사실상 형식적인 평등과 화해에 불과할 수 있다. 즉 지구행성 내 "인간과 자연계를 무차별적으로 휩쓰는 물질적 힘들" 사이에 생성된 평등주의적 비전이 놓치는 것을 착목해야 한다.[56] 생태 층위에 전면화하는 인간중심적 사물 설계와 자본의 세계생태 질서를 함께 포착해야 한다. 그래서 해러웨이의 툴루세 논의는 자본세의 문제의식을 합치고, 인류세의 타자적 객체, 즉 새로운 '친족들'kins과 평등주의적 동맹 관계를 맺는 '더하기'의 관점을 줄곧 취해왔다고 볼 수 있다.

문제는 동시대 인간이 지닌 과학기술의 특권적 위상이 그 극단에 이르면, 인간이 자연과의 물질대사를 교란하며 생명을 다루고 창조하는 능력을 지닌 "신이 된 인간", 유발 하라리식으로 '호모 데우스'Homo Deus가 될지도 모른다는 점이다.[57] 이는 데카르트적 자연지배론의 절정에 이른 미래 인간형이다. 우리는 '호모 데우스'의 미래에서 (비)인간-자연과의 평등주의적 종 횡

---

56. 이글턴, 『유물론』, 25쪽.

57. Yuval Noah Harari, *Homo Deus* (HarperCollins, 2017) [유발 하라리, 『호모 데우스』, 김명주 옮김, 김영사, 2017].

단과 동맹이 질적으로 가능하지 않다는 사실을 짐작할 수 있다. 호모 데우스는 맑스 생태학에서 강조해왔던 자연지배적 생명정치 권력에 가깝다. 맑스 에콜로지가 지닌 장점은 현 단계 자본의 가치 전유로 인한 생태균열을 비판하고 인간의 자연지배가 아닌 체제로의 전환, 즉 인간이 인간 아닌 타자와 함께 자연의 조건과 법칙에 위배되지 않는, '인본주의'적인 방식으로 자연과의 물질대사를 유지하려는 체제로의 전환을 꾀하려 한다는 점이다. 인간과 자연의 새로운 공생의 방법을 고민하면서도, 생명, 기술, 자본이 맺는 글로벌 정치경제학에 대한 비판 문법을 이해하고 신종 생명 통치 권력에 맞서는 대항 생태 정치를 구상할 필요가 있는 것이다.

지구 위기관리 시스템이라 불리는 전 세계 범 정부 간 국제 협의체는 형식적인 합의만을 행하는 퍼포먼스의 장으로 활용되면서 삐거덕거린다. 국내 또한 기후 위기 상황에 대한 실질적 규제나 대안 마련보다는 시장 기제를 통한 '녹색성장'이나 공학적 해결책만을 내세우고 있다. 이 안갯속 같은 인류세 위기 국면에서 대안의 주체 세력은 과연 누구이어야 하는가? 아직은 추상적 진단일 수 있지만, 인간과 비인간 존재 사이의 생태주의적 공존이라는 종 평등주의 테제 아래에서 자본주의 계급정치의 구도를 인정하는 종들 사이의 '연합'이어야 하지 않을까. 인류세 위기 시대 인간은 친족이 될 비인간 존재와의 공생을 다지면서도 그 자신의 생태학적 실천을 펼칠 것이 요구된다.

인류세 담론은 '행성주의'의 외관 속 감춰지고 표류하는 여러 논쟁점을 담고 있다. 적어도 인류세는 지구 전체를 주목하고 위기의 화급함을 알리는 표제어 구실을 효과적으로 수행하고 있는 듯하다. 인류세 논쟁은 적어도 인간을 둘러싼 사물과 비인간적 실존에 대한 종 감각을 요청하고, 자연의 신이 되거나 자연 위와 바깥에 서려는 우리 인간 욕망을 제어하고, 성찰적 과학기술을 배양하는 일의 중요성을 본격적으로 제기한다는 점에서 그 의의가 여전히 있다고 본다. 관건은 오늘 '인류세'가 제기하는 생태 공포식 정의법을 넘어서는 것이다. 인류세 위기 속 생태정치학은 위태로운 지구 (비)인간 생명 약자가 중심에 서는 새로운 생태 전망을 세우는 일에 가깝다. 물론 그 시나리오에는 인간 중심의 지구 구출 시나리오를 넘어서서 자본주의 현실에서 타자화된 인간 종을 비롯해 동물, 기계종, 돌연변이, 자연 사물을 살리는 공생공락conviviality의 차이 속 연대가 요구된다. 핵심은 인간과 뭇 생명, 사물 사이의 평평한 존재론과 횡적 유대관계에 대한 새로운 (신)유물론적 사유의 확장을 포용하면서도, 자본주의적 가치 생산에 의해 뒤틀린 생태 균열의 내상을 정확히 파악하고 생태 계급정치의 구도를 정밀하게 진단해 생태정치학적 실천을 마련하는 일이다.

8장

그린 뉴딜과 탈인류세 기획

폭주하는 기관차 안 그 누구도 창문 밖 저 멀리 뒤로 사라지는 풍광의 잔상을 쉽사리 기억하지 못한다. 자본주의가 선사하는 (가)속도 감각은 20세기 초 미래파의 숭배 대상이었고, 자본주의 성장의 병참학과 늘 연결됐다. 우리는 그렇게 간이정거장도 없이 하염없이 내달리는 자본주의 '설국열차'에 매달린 채 살아왔다. 이제까지 그 어떤 안팎의 저항이나 마찰도 이것의 질주 본능을 막아서질 못했다. 그런데 이제 한낱 미물에 불과한 신종 바이러스가 우리의 세상을 일순간 정지시켰다. '코로나바이러스 감염병'(코로나19)이 자본주의 폭주기관차를 멈춰 세웠고, 우리에게 전혀 다른 새로운 일상인 '뉴노멀'new normal을 선사하고 있다.

1918년 유럽 전역을 휘감은 '스페인독감'이 20세기 바이러스 감염의 대표적 재난이라 보통 언급되지만, 오늘날 코로나19만큼 인간에게 크게 영향을 미치고 무력감을 안긴 감염병 재앙은 쉽게 떠오르지 않는다. 코로나19로 인한 재난 상황은 국경을 폐쇄하고 이동을 제한하는 행위로는 그 속도와 여파를 따라잡기 힘들 정도로, 지구촌 전체를 무기력과 패닉 상태에 빠뜨렸다. 2020년 3월 세계보건기구는 지구촌 바이러스 감염 상태의 최고 등급인 '팬데믹pandemic(세계적 대유행)'을 선언했지만 그 충격은 몇 년이 흐른 지금에도 가시지 않고 있다. 아직도 국제 사회는 무엇을 해야 할지 우왕좌왕하고 있다. '역사의 종말'이라 할 만큼 굳건해 보였던 글로벌 자본주의 체제도 코로나 팬데믹 앞에서 무력하다.

이건 아니라고 봅니다. 사람들이 고통받고 죽어가고 있습니다. 생태계 전체가 무너지고 있어요. 우리는 대멸종의 시작 앞에 있습니다. 그런데 여러분이 할 수 있는 이야기라곤 돈과 끝없는 경제성장의 신화에 대한 것뿐입니다. 도대체 어떻게 그럴 수 있나요.[1]

2019년 9월 '유엔 기후행동 정상회의'에서 있었던, 스웨덴 소

---

1. 서울환경연합, 「그레타 툰베리 '유엔 기후행동 정상회의' 연설 풀영상」, 〈서울환경연합〉 유튜브, 2019년 9월 23일 수정, 2021년 9월 8일 접속, https://youtu.be/BvF8yG7G3mU

녀 그레타 툰베리Greta Thunberg의 연설 내용이다. 당시 16세 소녀의 다소 격앙된 지구촌 연설은, 자연 위에 올라서려 하고 물신적 가치 아래 포획된 뭇 어른들의 가없는 자본주의적 욕망을 꾸짖고 있다. 마치 코로나 팬데믹을 미리 본 것처럼, 어른 세대 모두를 부끄럽게 만드는 무겁고 뼈아픈 그녀의 언설이다. 오늘날 그녀의 경고에 화답하는 전 세계 시민 다중은 기후위기 비상행동 선언을 하고, '기후파업'을 조직하였다. 세계 각지에서 수많은 청소년들이 결석시위 등 기후행동을 시작했다. 동시대 기후행동은 시민 다중이 직접 지구 생태 위기를 초래한 기성 권력의 무능과 무책임에 대해 저항을 선언한 글로벌 생태정치의 새로운 흐름이라 할 만하다. 하지만 안타깝게도 의당 책임이 있는 각국 정상과 정치인, 기업 엘리트는 냉정하리만치 차분하게 이 사태를 외면하거나 심지어 새로운 돈벌이의 기회로 활용하려고 하고 있다. 기득권의 최면일까? 미국은 물론이고 우리 또한 온실가스 감축에 대한 현실 대책은 여전히 미온적이고 근본 해결책 없이 표류 중이다.

지구 절멸 상황의 전환적 대책은 이 땅에 사는 인간을 포함해 모든 생명체들의 화급한 생존 가능성의 문제이건만 그리 심각하게 다뤄지지 않고 있다. 인간이 쌓아 올린 자본주의 물질문명의 부산물이 지구 생명에 말기 판정을 내린 비공식 학명, '인류세'는 이제 학계 유행어가 됐다. 우리는 폭주하는 자본주의 기계의 광란을 잠시나마 잦아들게 한 미생의 코로나바이러스와 인류세 위기에 어쩌면 감사해야 할지도 모르겠다. 코로나 바이러스 재난 상황이 본격적인 지구 재앙의 시작을 알리는 화급한 경고처럼 느껴지기도 하거니와, 이 미생의 하찮은 존재가 질주 본능을 지닌 우리의 자본주의 기관차를 멈춰 세우면서 우리가 잊고 살거나 사사로이 여겼던 의미들에 하나둘 생기를 되찾아 준 까닭이다. 달리 보자면 코로나19가 인간 생명에 극도로 위협적이었지만 정작 우리가 놓치고 살았던 것을 다시금 떠올리게 한 촉매였던 셈이다.

무엇보다 인류에게 자본주의 기술은 문명을 일구는 중요한 원동력이자 지구 물질세계 구성의 절대 원리가 되었다. 그럼에도 지구 생태 위기의 원인과 관련해 인간 기술에 대한 이렇다 할 평가가 없다. 테크놀로지는 한편으로는 인류 삶과 의식의 풍요를 가져왔지만, 다른 한편으로는 우리 생존 자체를 위협하는 반생명과 반인권의 부메랑이 되기도 한다. 어벤저스급 기술 미래로 불렸던 '4차 산업혁명'의 요소 기술은 어떠할까? 아직 예단하기는 섣부르지만 이 또한 미래의 우리 삶을 편리하게 할 수 있다는 이른 기대감만큼이나, 자본주의의 도구적 합리성과 노동 통제를 공고히 하고 지구 생명 파괴에 일조하는 경향 또한 커가고 있다. 인간의 기술은 자연과의 물질대사적 합목적성을 위해 고안되었으나, 반대로 균열을 확대하고 지구 위기 상황을 확대하는 추세다. 자연과 사물에 힘을 가해 저마다 가치를 취하고 전유하는 과정을 물질대사 과정이라고 할 때, 자연 지배의 욕망 아래 인간이 자연을 과잉 수탈하고 자본주의 공장화하거나 인간 종을 기술에 복속시키면서 물질대사 내부의 균열은 걷잡을 수 없이 깊어가고 있다.

이 마지막 장은 지구 생태 절멸의 인류세 국면, 특히 기후위기와 무관한 듯 보이는 인간 기술의 진화가 어떤 반생태적이고 반생명주의적 면모를 지니는지와 함께 동시대 인간이 만들어내는 기술의 반생명적인 야만 상태를 주목하고, 이로부터 생태-기술-인간 사이에서 어떤 새로운 호혜적 공생의 앙상블 구축이 가능한지를 살필까 한다. 구체적으로는 이 삼자의 평등주의적 관계성의 회복과 관련해서, 최근 부상하고 있는 '그린 뉴딜'의 실천적 사례를 비판적으로 관찰한다.

과학기술에 대한 근대주의적 오만

영국의 글로벌 정유기업 BP가 발표하는 「세계 에너지 통계 리뷰」에 따르면,[2] 2018년 한국의 이산화탄소 배출 증가량은 경제협력개발기구OECD 국가 중 1위, 이산화탄소 배출량은 세계 7위를 기록했다. 재생 가능 에너지 비율 또한 불과 몇 년 사이에 1%에서 7%대까지 올렸지만, 그 후로도 여전히 OECD 국가 평

---

2. BP, *Statistical Review of World Energy*, 68th edition, 2019, https://on.bp.com/3BWc1NR.

균에 한참 미치지를 않아 갈 길이 멀다. 게다가 국제에너지기구 IEA가 발표한 한국의 1인당 전기요금은 OECD 국가 가운데 두 번째로 낮다.[3] 이것마저도 우리의 산업용 전기요금 할인율 수준 등을 반영하지 않은 평균값이다. 세계 9위 수준의 에너지 소비 규모를 지닌 국가라는 점에서 여러모로 부끄러운 수치들이다. 성장을 위해 탄소 에너지 소비가 불가피했다고 보기도 어렵다. 유례없는 경기 침체에도 불구하고 오히려 화석원료 에너지 소비가 꾸준히 증가했던 정황이 그렇다.

기후위기와 지구 생태의 절멸 상황은 이미 목전에 와 있는 듯한데, 이를 되살리기 위한 당장의 해법과 실천은 지지부진하다. '유엔 기후행동 정상회의' 등 지구 위기관리 시스템의 범정부 혹은 각국 정상들 간 국제협의체는 무기력한 모습만을 보이고 있다. 기후협약을 위한 '파리기후협정'과 전 세계 청소년들의 기후행동은 책임져야 할 어른들의 오랜 동면 상태를 크게 일깨우는 데는 이르지 못하고 있다. 인간의 생태발자국 과포화 상태로 초래된 지구 절멸의 비공식 지질학적 시대인 '인류세'를 우리 인간은 살얼음판 걷듯 살고 있다. 인류세가 인류에게 주는 화급한 메시지를 개별 국가들의 정치경제적 이익에 앞서 어떻게 전 세계적인 공통 의제이자 지구 전환의 과제로 삼을 수 있는

---

3. International Energy Agency (IEA), *Electricity Information 2019*, OECD Publishing, 2019. https://doi.org/10.1787/e0ebb7e9-en

가는 이제 우리가 해결해야 할 난제가 됐다.

외려 현실에서는 지구 생태 위기 상황에 대한 실질적 규제나 대안 마련보다, 자본주의 시장 기제를 통해서 또 다른 환경 산업의 성장 이윤을 창출하려 하거나 또 다른 첨단 공학 해법만을 내놓기 일쑤다. 자본주의 과학기술의 개조 능력을 과도하게 믿는 근시안적 논의는, 현재의 지구 위기를 인류의 오만에서 비롯된 결과라고 보지 않고 지구를 새롭게 제어하려는 인간 문명화 능력의 기회로 본다는 점에서 대단히 위험하다. 이것은 자연 사물의 통제에 있어서 인간 능력을 우위에 둔 근대주의적 인식론의 영향에서 비롯된 것이기도 하다. 지구 '회복력'은 단순히 또 다른 기술적 도구를 고안해 땜질하는 방식이 아니다. 이는 인간이 물질대사에 균열을 초래한 원인을 찾아 복구하거나 다른 대안을 찾을 때만이 가능한 시나리오임을 주지해야 한다.

지구 생태 위기를 또 다른 첨단 신기술과 과학의 세례로 덮으려는 기술 효능에 목마른 인간들의 구상을 보자. 이들은 기후위기와 온실가스 문제를 산업자본주의 시대의 병폐로 보고, 또 다른 동시대 첨단 과학기술을 활용해 이를 돌려막는 것이 가능하다는 발상을 갖고 있다. 과학기술의 자연 지배 욕망이 지구 생태의 파괴라는 현실로 드러난 오늘의 상황에서도, 더 거대한 과학과 첨단 기술을 매개해 자연에 대한 인간 통제력이 유효하다고 보는 어긋난 믿음이 강력히 자리하고 있다. 인간의 합리적 이성과 고도로 발전된 과학에 의해 생태 위기를 제어할 수 있다는 자신만만한 낙관론은, 실상 주류 지구촌 사회의 국제기구나 일부 환경단체의 의식에 팽배해 있다.

가령, 기후온난화의 해법으로 유황산화물의 에어로졸을 대기상층에 살포해 태양광을 차단하여 지구를 냉각하려는 지구공학적인 해결책을 보라.[4] 우리도 정부가 나서서 미세먼지의 공학적 해법으로 서해상 인공강우 실험을 야심 차게 벌였던 적이 있다. 허나 실험 결과에서 '강수량 제로'를 기록하면서 일종의 해프닝처럼 끝났다. 이들 무모한 시도는 일종의 '태양 지구공학'solar geoengineering이라 불리는 환경공학적 해법에 해당하는데, 현재 지구 기온의 상승 흐름을 뒤바꿀 인간의 대안으로 그럴듯하게 포장돼 언급되고 있다.[5] 이 저렴한 국부 수술식 위기탈출 해법은 지구 기후나 생태계를 불안정하게 만들거나 그 어떤 다른 환경 재앙을 불러올 수도 있다는 점에서 무모하다. 그보다 더 큰 위험은 과학기술에 대한 인류의 과신과 오만에 있음은 물론이다.

또 다르게, 생태 위기를 환경자본의 형태로 미래사업화하려는 시도 또한 경계해야 한다. 대체에너지 개발이나 연료 효율성이라는 명목으로 기후위기를 또 다른 반사이익의 기회로 삼으

---

4. Paul J. Crutzen, "Albedo Enhancement by Stratospheric Sulfur Injections" *Climatic Change*, vol. 77, 2006, pp. 211~9.
5. 곽노필, 「인류 종말을 겨누는 10가지…누가 쏜 화살인가?」, 『한겨레』, 2018년 12월 24일 입력, 2021년 12월 26일 수정, https://bit.ly/3ARLsrx.

려는 환경 비즈니스 사업체들이 줄을 잇고 있다. 여전히 꽤 많은 이들은 핵에너지의 효율성을 가장 높게 사고 가시적으로 탄소 배출이 적다는 이유로 핵발전 유지를 옹호하는 경향이 크다. 이를 유지 관리하고 폐기하는 데 소요되는 수많은 생태 위험과 비용을 외면한 까닭이다. 게다가 태양광 발전, 첨단 반도체 생산, 인공지능 기술 개발 또한 마치 무공해산업인 것처럼 취급되곤 한다. 잘 알려진 것처럼, 태양열 전지의 제조와 폐기 과정에서 발생하는 환경 문제, 반도체 공장의 맹독성 화학물질 생산, 데이터센터에서 뿜어져 나오는 하드웨어 장비의 열기와 이를 식히기 위한 천연 자연수의 사용은 또 다른 지구 생태 오염원이 된 지 오래다. '굴뚝'산업 자본주의의 유물들의 탄소 배출이 지탄받는 것과는 달리, 이들 신생 인공의 것들은 꽤 환경친화적이고 '청정'인 진화된 테크놀로지로 포장되면서 또 다른 반생태 효과를 은폐한다.

기후위기와 테크놀로지의 악무한

대개 우리는 기후위기의 주범이 화석원료에 의존한 전통 산업 공장과 석탄 발전소의 탄소 배출과 온실가스 효과라 단정한다. 이에 비해 상대적으로 첨단 신기술이 야기하는 반생태적 파괴력에는 무심하다. 심리적으로 우리에게 비트의 가상 세계가 무색무취의 녹색 청정지대처럼 여겨지기에 더욱 그렇다. 그런데 우리가 쉽게 간과하는 것은 디지털 첨단 닷컴 기업 또한 탄소경제의 일부라는 사실이다. 우리는 첨단 가상경제의 동력이 현실세계의 화석원료 경제와 인간의 산노동을 근간으로 한다는 기본적인 사실을 종종 잊고 산다. 흔히 우리는 테크놀로지가 인류세 국면, 특히 기후위기에 별 영향이 없는 것으로 착각하지만, 실제 현대 인간의 테크놀로지는 반생명과 반생태를 이끄는 한복판에 있음을 확인할 수 있다.

이제까지 일상 속 온라인 데이터 활동이 탄소경제와 얼마나 어떻게 맞물려 있는지는 우리에게 그리 큰 관심사가 아니었다. 하지만 불행하게도 각종 스마트 컴퓨터와 5G 스마트장치의 명멸하는 스크린 위의 불빛은 화석원료 에너지 기반 없이는 전혀 작동하지 못한다. 첨단 닷컴경제가 주된 에너지 공급원을 화석원료에 의지하고 대체에너지 전환이 미미한 상태에서, 결국 이들 디지털 장비의 주된 에너지 소모는 곧바로 온실가스 효과로 이어진다. 데 안젤리스는 우리의 온라인 데이터 활동과 탄소 배출의 밀접한 유기적 성격을 다음과 같은 몇 가지 예를 들어 설명한다.[6] 가령, 누군가 컴퓨터 앞에 앉아 구글 검색을 한다고 치면 약 5~10그램, 인터넷 브라우징을 하면 초당 20밀리그램의 탄소 배출을 초래한다. 단 몇 분 정도밖에 걸리지 않는 웹 검색에 소모되는 전력량은 보통 주전자 물을 끓이는 데 투여되는 에

---

6. Massimo de Angelis, *Omnia Sunt Communia* (Zed Books, 2017), pp. 70~1.

너지와 맞먹는다. 한때 서구인들의 관심을 크게 받았던 '세컨드 라이프' 같은 가상현실 게임의 경우, 누군가 하나의 아바타를 유지하려면 매년 1,752킬로와트시^{KWh} 전력량을 소모한다. 이는 약 1.7톤의 탄소 배출량에 해당하며, SUV 자동차에 견주어 볼 때 서울과 부산을 거의 다섯 번 왕복 주행한 양과 같다. 데안젤리스는 좀 더 복잡한 컴퓨터 작업일수록 더 큰 전력 소모와 탄소 배출로 연결된다는 아주 당연한 사실을 우리에게 확인해준다. 마치 전원을 켜고 전깃불을 켜고 물을 끓이고 선풍기를 돌리고 텔레비전을 보는 행위와 마찬가지로, 아니 때로는 그 이상으로 우리 모두는 온라인 공간에서 무언가를 찾고 행하면서 지구 온실가스 효과에 일조하고 있다. 물론 그의 진술은 대체 혹은 재생 에너지 전환이 제대로 이뤄지지 않고 있는, 석탄 원료 에너지에 기반한 현실을 가정한다.

닷컴기업은 좀 더 체계적이고 구조적인 방식으로 지구 온실가스 효과에 기여한다. 이를테면, 닷컴기업은 그들 시설의 재생에너지 사용과 데이터센터의 '청정 냉각' 과정이나 '절전형 에너지 소모'를 중요한 기업 홍보 소재로 삼아왔다. 그런데 닷컴의 주장이 무색하게 정황은 이와 크게 다르다. 미국 IT 연구 및 자문업체 가트너$^{Gartner, Inc.}$의 조사에 따르면, 휴대폰과 컴퓨터 등 첨단산업이 만들어내는 지구온난화 효과는 전 세계 이산화탄소 방출의 적어도 2%에 이른다. 이것도 지금으로부터 10여 년 전 통계치임을 감안해야 한다. '인공지능 나우 연구소'$^{AI Now}$

Institute는,7 이들 닷컴기업의 지구온실 효과가 2020년에 거의 두 배인 4% 수준, 2040년에는 14% 수준까지 오를 것으로 내다 보고 있다. 쉽게 비유하면, 현재 닷컴기업의 화석원료 소모 수준은 코로나 충격 이전에 전 세계 항공기가 매해 운항 중 방사하는 배기가스 배출량에 맞먹는다. 무엇보다 닷컴 업계가 유지하는 전 세계 데이터센터와 첨단 통신 인프라 장비의 냉각장치의 가동을 위한 에너지 소모는 이보다 더 광범위하고 심각하다. 닷컴기업 탄소 배출량의 70% 정도가 이들 거대 데이터 저장소로부터 발생하고 있고, 이의 온실효과 영향력이 점점 증가하는 추세다. 전문가들은 이렇듯 첨단기업의 탄소발자국이 앞으로 계속해 증가하리라 예측하고 있다. 더군다나 굴뚝 공장 산업에 비해서 닷컴기업은 이제까지 공적 감독이 쉽지 않을 만큼 대체에너지원의 비율 정도나 화석원료 에너지 소모량에 대한 정보가 미비하거나 내부적으로 이를 아예 공개조차 않고 있다는 점에서 문제가 크다.

최근에는 신기술의 총아로 떠오른 비트코인 등 채굴 작업이 만들어내는 전력 소모도 새로운 환경 재앙 요인으로 떠오르고 있다. 케임브리지 대학의 '케임브리지 비트코인 전기소비 지수'에 따르면, 한 해 비트코인 채굴에 들어가는 전력량은

---

7. AI Now Institute, "AI and Climate Change", October 18, 2019. https://link.medium.com/xlG4lcl9R0

70.27테라와트시^{TWh}로 추정된다. 현재 이 전력량은 콜롬비아 등 남미 국가의 한 해 평균 전력 소모량을 능가하는 수치다.[8] 문제는 늘어나는 채굴량의 대부분이 현재 주로 석탄발전소를 에너지원으로 삼는 중국에서 이뤄진다는 사실이다. 또한 여기에는 더 많은 비트코인을 생성하기 위해 고난이도의 산식을 풀어야 하고 이를 위해 더 큰 처리 용량의 장비를 들이면서 더 많은 에너지 소비를 유발해야 하는 악순환의 반생태 고리 또한 잠재해 있다.

혹자는 적극적 대체에너지 수급 노력 없이 닷컴기업의 지구 온실가스 효과만을 나무라서만 되겠느냐고 문제를 제기할 수도 있겠다. 외려 문제는 그들 스스로 '청정'에너지 사용 업체라 홍보하면서, 또 다른 한편으로 첨단 신기술을 활용해 생태 파괴의 기술 구조에 적극 편입하는 데 있다. 가령, IT전문뉴스 『기즈모도』에 따르면,[9] 구글·마이크로소프트·아마존 등은 화석 원료의 대표주자인 유전 개발업체들의 성장을 돕고 유전 채취를 가속화하면서, 인공지능·자동화·빅데이터 등 최첨단 기술을 동원해 적극적으로 비즈니스 활동을 펼치고 있다. 닷컴기업이 관련 부서를 신설해 유전 사업자와 사업 협력관계를 맺고,

---

8. Cambridge Bitcoin Electricity Consumption Index (CBECI) site. https://www.cbeci.org/comparisons/

9. Brian Merchant, "How Google, Microsoft, and Big Tech Are Automating the Climate Crisis", *Gizmodo*, 2019년 2월 21일 입력, 2021년 9월 8일 접속. https://bit.ly/3n7V0Ko.

원유의 탐사, 추출, 생산, 관리, 노동 대체 등에 기술 영향력을 미치는 것으로 알려지고 있다. 닷컴기업이 오히려 화석원료 생산을 촉진하면서 기후위기에 일조하고 이를 인공지능 자동화해 원유 생산을 배가하는, 환경 파괴의 촉진 효과까지 내고 있는 것이다. 결국 이는 '파리기후협정'에서 인류가 합의한 유전 개발의 제한을 몰래 숨어 위배하는 행위이자 첨단 자본의 반생태적 시장 욕망에 해당한다.

야만의 테크놀로지에 예속된 타자들

첨단 테크놀로지가 당장의 기후위기에 일조함은 물론이고 지구 생태와 지구에 살아가는 종 다양성의 조건을 압박하여 헐벗은 박탈 상태로 내몰고 있기도 하다. 다시 말해 첨단 기업에 의한 온실효과가 우리가 직면한 생태 위기 상황이라면, 첨단 테크놀로지로 촉발된 이른바 인간의 기술 예속과 속박의 문제 또한 지구 생명종의 심각한 위기라 할 수 있다. 대체로 기술 예속과 속박은 힘없고 박탈당한 이들 주위에 더 거세다. 오늘날 반생태적 테크놀로지에 예속된 이들은 과연 누구인가? 주류 기술 체제로부터 소외된 이들, 방사능과 독성 화학기계로 인해 일부 신체능력을 잃은 이들, 중요 기술설계를 들여다볼 수 있는 권한에서 배제된 이들, 데이터 인권을 박탈당한 이들, 자동기계의 전산 논리에 심신이 피폐해진 이들, 불안한 플랫폼 노동으로 위험 상태에 처한 이들, 무인 자동화로 직장을 잃고 삶이 위태로워진 이들이다. 일례로, 첨단 닷컴 환경이 만들어내는 새로운 물질 오염원인 '전자 쓰레기'는 생태 오염의 주범이 된 지 오래다. 플라스틱 오염과 함께 이는 지구 위기의 원인 가운데 가장 빠르게 성장하는 일부가 됐다. 이 반생태적 하이테크 부산물은 자연 파괴와 함께 인간 생명 파괴나 피폐화 또한 크게 이끌고 있다. 가령, 저개발국 아이들은 전자 쓰레기 더미에서 쓸 만한 구리와 고철을 발라내기 위해 종일 연탄불 위에 꽁치 굽듯 전자기판을 태우고 폐자재로부터 피어오르는 온갖 독성 연기를 흡입한다. 스마트폰과 자동차 배터리로 쓰이는 코발트 채굴을 위해 아직 취학 전의 아이들이 보호 장구 없이 노예처럼 노천 광산에 들어가 탄가루를 흡입하는 것 또한 오늘의 모습이다. 국내 반도체 생산 과정에서 발생하는 화학물질에 백혈병을 얻어 생명을 잃는 수많은 청년 노동자들은 물론이고, 불과 얼마 전까지 중국의 한 휴대폰 제조 공장은 열악한 환경 속 스트레스로 여공들이 연이어 옥상 투신하면서 '자살공장'이라는 오명을 얻기도 했다.

테크놀로지는 무엇보다 불안하고 위태로운 노동 현실에 처한 이들에게 비수가 되거나 악귀처럼 들러붙는 경우가 흔하다. 줄곧 노동의 피폐화나 '위험의 외주화'는 사회적 타살의 기계 장치와 맞물려왔다. 유통 상품 재고 관리의 빅데이터 분석과 예측력이 높아지면서, 낮과 밤 노동 리듬에 덧대 새벽배송 노동 형태가 강제 생성되고, 배달노동은 24시간 극한의 생존 능력의 시험장이 되고 있다. 플랫폼 배달노동이 활성화되면서 수많은 라이더들의 배달 사고율은 급증한다. 지하철 구의역과 태안발전소 사망 사고 등 전국 단위 산업 현장들에서 하청과 재하청, 파견, 이주 노동에 지친 청년의 사회적 타살과 죽임이 매일 일상화되고 있다. 기술 재난 상황도 다르지 않다. 일본 후쿠시마 원전 사고 수습과 방사능 피폭의 중심에는 비정규직 노동자와 힘없는 지역 주민들이 희생양으로 자리한다. 기후위기에 의해 야기된 해일이나 태풍 등 자연재난으로 인한 사망 사고는 여성, 노약자, 어린아이 등 빈국의 약자와 타자에 집중된다. 사회적 포용성을 크게 고려하지 않는 야만의 기술 환경에 밀려 약자들이 생존의 막다른 골목에 몰리면서 과로사와 자살은 최고치를 경신하고 있다. 첨단 기술의 편리와 효율성만큼이나 이로부터 사회 약자의 기술 소외가 급증하고 있는 것이다.

인간의 과학과 기술로부터 추방된 이들이 오직 인간들뿐일까? '인간 아닌'inhuman/nonhuman 비인간 종은 오늘날 우리에게 어떤 의미를 지닐까? 테크노 자본의 또 다른 생태 위기는, 다른 생명종에 대한 종차별주의, 동식물 학대, 생명 실험 및 재생산 기술 사유화, 기계 수탈 체제 등과 깊숙이 연계되어 있다. 이는 인간 외의 것을 열등의 생명체나 사물로 보고, 그의 관리와 지배를 인간의 것으로만 여겼던 오만의 결과다. 실제로 인간 아닌 지구 생명들은 우리와 함께했지만, 인간의 욕망으로 종 절멸의 상태에 이르거나 끊임없이 사육되며 삶의 터전을 상실해갔다. 산 생명을 거래되는 식품과 상품으로만 간주한 까닭이다. 최첨단 기계 자동화 과정을 구비한 대기업 중심 농업과 공장축산, 그리고 복제와 돌연변이 식물·동물 등 생명종은 인간의 실험실 과학이 빚은 결과이자 부산물로 새롭게 탄생했고 버림받았다. 그 외에도 수많은 가축 종의 비윤리적 사육과 양식장, 강제교배와 인공수정 등 생명 재생산 기술의 착취, 실험실 임상실험 및 복제 종, 길고양이와 버림받은 야생 개, 플라스틱 지구에 상처 입은 생명체, 생명 농장의 비인간적 사육시설에 갇힌 각종 공장 축산형 동물과 살처분 등은 이제 흔한 자본주의적 풍광이 됐다. 기술 소외로 추방당하고 노예적 삶을 이어가는 인간처럼, 상처 입은 이들 비인간 종을 경시하는 반생명주의적 양태가 지구 사회 도처에 팽배하다.

타자와 인간 아닌 생명종에 대한 기본적인 공존과 공생의 미덕만 갖추었어도 지금과 같이 지구 절멸을 앞둔 '인류세' 시나리오는 그리 흥행하지 않았으리라. 인공지능 등 첨단의 기술로 인간이 만든 인공 창조물이 장차 우리에게 인류의 한 세기 생존 비전을 선사할 수 있다는 신화는 또 다른 인간 오만의 연장일 확률이 높다. 발전주의 신화에 얽힌 테크놀로지를 숭배하는 미래 지구 설계는 허망하며, 더 이상 기대해서도 곤란하다. 실패와 배반의 반복일 공산이 크다. 그렇다면, '불타오르는 지구' 위 모든 생명종의 기술 예속과 파탄 앞에서 이제 우리는 무엇을 할 것인가? 필자는 급박한 생태 위기를 극복하기 위해서 개별 수준의 노력도 중요하지만 글로벌 혹은 국가 수준의 패러다임 전환 정책이 더 시급하다고 본다. 그 점에서 유럽과 미국 등에서 진행되는 '그린 뉴딜' 실험을 살펴보면서, 인간 테크놀로지의 생태적·생명주의적 전환과 관련해 새로운 실마리를 발견해보고자 한다.

급박한 생태 대안, '그린 뉴딜' 실험

'그린 뉴딜'이 인류세 지구 전환의 중요하고 급박한 문제 해결책으로 크게 주목받고 있다. '뉴딜New Deal(새로운 합의)'은 잘 알려진 것처럼, 1930년대 미국 루스벨트Franklin Roosevelt 대통령 시절(1933~36)에 경제공황을 돌파하기 위해 마련했던 케인스주의적 경기 부양책이었다. 당시 경제회생과 고용안정을 위한 정부 주도의 정책 처방과 유사하게, 오늘날 '그린 뉴딜'의 핵심은 전 지구적 기후위기 대처, 환경 관련 일자리 창출, 재생 가능 대체에너지로의 '정의로운 전환'just transition을 모든 국가들이 나서서 함께 도모하자는 공동의 목표 실현에 있다.

그린 뉴딜은 미국과 영국을 주축으로 하지만 그 스펙트럼은 무척 다양해서 단일의 목소리로 정리하기 어렵다.[10] 기본

---

10. 그린 뉴딜의 기본 관점과 정책 지향에 관해 대표급 주자와 환경 단체의 공통

적인 공통 특징만 옮겨보자. 2018년 '기후변화 정부 간 협의체'Intergovernmental Panel on Climate Change;IPCC의 「지구온난화 1.5도 특별보고서」는 2010년 대비 2030년까지 45% 이상 이산화탄소 감축, 2050년까지 이의 '순 제로'net-zero 배출 상태를 가져가야 기후 재난으로 인한 빈국의 노약자와 아이들의 대규모 사망을 막을 수 있을 것으로 진단했다.[11] IPCC의 진단에 맞춰, 영국의 그린 뉴딜 진영 또한 매년 전 세계 국내총생산GDP의 1.5~2% 정도를 재생 가능 에너지 개발에 투자한다면 향후 50년 이내에 효과적으로 화석원료 소비로부터의 완전한 탈피와 온실가스 감축 효과를 낼 수 있다고 본다.[12] 미국의 경우에도, 그린 뉴딜을 통해 2030년까지 재생에너지 100% 전환, 2050년까지 에너지 부문 온실가스 제로 달성, 1천만 명의 환경 에너지 관련 신규 일자리 창출을 목표로 한다.[13]

우리의 경우는 좀 다르다. '그린 뉴딜'의 실제 전망은 누가 보더라도 탈탄소 전환 국가의 목표 수립과 연결돼야 한다. 유럽은

점과 차이들을 일목요연하게 정리한 글로는, Guy Dauncey, "Ten Green New Deals" *The Practical Utopia*, September 27, 2019, www.thepracticalutopian. ca 참고.

11. IPCC, *Special Report : Global Warming of 1.5°C*, 2019, https://www.ipcc.ch/ sr15/.

12. Robert Pollin, "De-Growth vs a Green New Deal," *New Left Review*, no. 112 (July-August 2018), p. 10.

13. Lisa Friedman, "What Is the Green New Deal?", *New York Times*, 2019년 2월 21일 입력, 2021년 9월 8일 접속, https://nyti.ms/2GCkHjg

당장 2030년까지 탄소배출을 반 이상 줄이고, 2050년까지 탄소 순배출 총량을 0으로 줄이려는 '탄소중립' 선언과 '그린 딜' 정책을 추진 중이다. 물론 한국판 뉴딜의 한 축으로 추진 중인 '그린 뉴딜' 전환 계획에는 당면한 생태 문제 해결을 위한 구체적 타임라인은 눈을 씻고 찾아봐도 없다. '저탄소 사회', '그린 리모델링', '친환경 제조', '녹색산업 혁신 생태계' 등 MB 시절 녹색성장만큼이나 모호한 개념만 넘쳐난다. 외려 우리의 '그린 뉴딜'은 녹색산업을 통한 경제 성장론에 더 가깝다. 계획안에는 지구 온실가스 악화의 가장 큰 원인 제공을 하는 '기후악당' 국가로서의 오명을 벗어날 국가 패러다임 전환의 구체적 방안은 실종됐다. 무엇보다 '그린 뉴딜'을 '디지털 뉴딜'과 함께 경제 성장의 양대 견인차로 두면서, 마치 이를 향후 창출될 신흥 시장의 먹거리로만 접근해 보고 있다.

우리에 비해 유럽을 중심으로 한 그린 뉴딜의 전 지구적 전환 플랜은 부자 나라와 자본주의 기업의 기후위기의 무책임성에 대한 가장 현실주의적인 정책 대안으로 보인다. 그린 뉴딜이 기후위기를 돌파할 구체적인 달성 목표를 내오면서 전환의 지향점이 더욱 선명해졌다. 이제까지 전 세계가 기후위기 탈출을 위해 정확한 탄소 배출 수준이나 대체에너지 개발 등을 국가 정책 사안으로 진지하게 다루지 못한 정황에 비춰보자면 더욱 그렇다. 그린 뉴딜의 제안은, 기후위기 사안에 대해 먼 미래 정책과 비전을 제시하는 것만으로는 현재 촌각을 다투는 '불타는 지구의 인류 절멸 상황을 빠져나오기가 여의치 않다는 문제의식에서 출발한다.[14] 그린 뉴딜은, 한편으로 석탄, 석유, 천연가스 등 화석원료의 대기오염 수준에 상관없이, 이 모든 화석원료들이 실질적으로 사라져야 할 온실가스의 주적이라고 보고 있다. 다른 한편으로, 환경 조림과 밀림은 이산화탄소를 흡수하기 위해 중요하게 취급되고, 일종의 '재자연화'를 위한 보완 기제로 다뤄진다. 화석원료를 대체할 재생 가능 에너지에는, 대체로 태양열과 풍력이 중심에 있다. 이들 재생 가능 에너지 설비를 위해 대규모 공간이 필요하다는 우려의 목소리도 있으나,[15] 실제 공간 점유 효과는 미미한 것으로 보인다. 가령, 미국 에너지 전체 소비를 태양열로만 대체하더라도 대지 이용이 불과 1% 미만에 그칠 것으로 보고 있다.[16]

'성장 없는 번영'이나 '검소한 풍요사회'를 강조해왔던 '탈성장'론의 GDP 비판과 달리,[17] 유럽의 그린 뉴딜 지지자들은 인류가 탄소 배출 경제활동을 완전히 끊는다면 이를 유효한 양

---

14. '불타는 지구'의 은유적 표현은, Naomi Klein, *On Fire* (Simon & Schuster, 2019) [나오미 클라인, 『미래가 불타고 있다』, 이순희 옮김, 열린책들, 2021]의 제목에서 가져왔다.

15. Troy Vettese, "To Freeze the Thames", *New Left Review*, no. 111, May-June 2018.

16. Mara Prentiss, *Energy Revolution* (Harvard University Press, 2015).

17. 일례로, 국내에 번역되기도 한 팀 잭슨, 『성장 없는 번영』(전광철 옮김, 착한책가게, 2015)이나 자코모 달리사·페데리코 데마리아·요르고스 칼리스, 『탈성장 개념어 사전』(강이현 옮김, 그물코, 2018) 참고.

적 성장의 지표로 계속해서 사용할 수 있다고 본다. 그린 뉴딜은 기후위기 극복 과정과 성장 지표 상승이라는 두 마리 토끼를 다 잡을 수 있다고 여긴다. 그린 뉴딜은 GDP 성장 없이는 서민복지, 의료, 교육 등의 예산을 확보할 수 없다는 입장이다. 더불어, 신재생 에너지 산업 일자리 창출은 물론이고 화석원료 기반 굴뚝경제와 이를 지탱하던 산업 노동자들을 재훈련하고 재배치해 직업 이동의 연착륙을 꾀하고자 한다. 유럽의 '그린 딜' 생태주의자들은 기후위기 대처를 위해 정부의 역할과 더불어, 지역 공동체를 주축으로 기존과 다른 대안적인 소유 방식의 확산을 요청한다.[18] 이는 생태 커먼즈의 자율관리 흐름과도 그 궤를 같이하는데, 전통의 공적 혹은 사적 소유 방식을 넘어서서, 공동체 소유, 사회적 경제 소유, 협동조합 소유 등 에너지 자원의 자율적 관리가 가능한 시민 자율의 소유와 생산 방식을 적극 권고한다. 덧붙여, 페미니스트 그린 뉴딜 국제 연대체가 제기하는 새로운 내용에는, 자연 속 중요한 거주자이기도 한 원주민의 그린 뉴딜 권리와 주도권을 인정하고, 지구 기후위기의 실제 당사자인 미래 세대의 중심 역할을 존중하고, 여성을 위한 기후 정의와 생명 자유를 보장하고, 신체 재생산 착취로부터 여성의 권리를 지켜야 한다는 등의 쟁점들이 타당하게 제기되고 있다.[19]

---

18. Pollin, "De-Growth vs a Green New Deal".
19. "A Feminist Agenda for a Green New Deal", http://feministgreennewdeal. com/principles/

그린 뉴딜의 이와 같은 주요 테제들이 완벽한 것만은 아니다. 우선은 여전히 GDP 등 '성장' 지수를 가장 중요한 수치로 고려하면서,[20] 장기적으로 발전과 성장의 또 다른 심각한 병폐들, 예컨대 자동알고리즘 기계에 의한 노동과 사회 통제, '전자쓰레기'의 생태 파괴, 대체에너지 공해 효과 등을 간과하는 측면이 있다. 무엇보다 GDP 수치에 기댄 성장 측정은 자본주의 사회에서 거의 누구에게나 '일종의 종교'가 되었고,[21] 그린 뉴딜 생태주의자들도 그 굴레로부터 벗어나기 어렵다는 점을 보여준다. 영국 그린 딜의 급진적인 논의조차 성장 지표로 GDP를 금과옥조로 여기고, 탈성장론자를 이상주의적인 급진생태 분파로 바라본다.[22] 그린 뉴딜이 생태 전환적 테제로서 흥미롭지만, 발

---

20. 『뉴레프트리뷰』에 실린 로버트 폴린의 글("De-Growth vs a Green New Deal")은 저널이 기획한 '녹색 전략 논쟁'을 위해 쓰인 한 꼭지다. 그는 영국 중도파 생태론자이자 '그린 딜'의 대표 인물이기도 하다. 폴린은 그의 글에서 '탈성장론'의 '저성장'과 경제 규모 축소에 기댄 생태 전략을 비현실적이라고 비판한다. 그는 오히려 자본주의의 GDP '성장' 지표를 그대로 유지하면서도, 탄소 배출 에너지로부터 탈출(디커플링)하는 '두 마리 토끼를 잡는' 일이 충분히 가능하다고 주장한다.

21. Herman Daly, "Benjamin Kunkel", *New Left Review*, no. 109, January-February 2018, p. 80.

22. 예컨대, 폴린의 논쟁적인 글("De-Growth vs a Green New Deal")에서 그린 뉴딜의 현실주의적 시각이 크게 부각되고 있다. 폴린은 탈성장론이 양적 성장 숭배에 대한 비판 등 '성장'과 '발전' 패러다임의 한계를 근본적으로 사유할 수 있는 계기를 마련했다는 사실은 인정한다. 반면에, 탈성장론이 이제까지 기후 안정화 대책 논의와 관련해 그리 실제적인 지구 전환 의제를 만들어내는 데 큰 소득이 없었다는 점을 폴린은 꼬집고 있다.

전주의에 의지하면서 까딱 잘못하면 '케인스주의'적 신생 환경에 너지 업계에 기댄 또 다른 이명박 시절의 '녹색성장'이나 '그린 비즈니스'와 유사한 국가 토목 플랜으로 변질될 수 있다는 점에 대한 우려감이 이는 것도 사실이다. 어렵더라도 '성장'과 '발전'의 대안 사회 지표를 찾아야 한다. '성장'의 지표 대신 생태 지향적 공동선에 기반해 새로운 '공생'의 지표들을 마련해야 한다고 본다.

전환의 기획에 있어서 그린 뉴딜이 굴뚝경제 엘리트 집단의 저항이라는 변수를 과소평가하고 있는 것도 문제다. 글로벌 자본주의 경제를 이끄는 대부분의 파워 엘리트는 여전히 화석원료 경제 구도에 의존하고 있는데, 이에 대비할 대응 전략이 그다지 없어 보이는 것이다. 게다가 첨단 IT기업이 재생 가능 에너지 친화적이라는 근거 없는 판단 아래 기후위기와의 연관성을 그리 심각히 따지지 않거나 아예 IT산업 활성화가 그린 뉴딜에 이르는 길과 같다는 주장을 하기도 한다. 가령, 사회학자 제러미 리프킨의 그린 뉴딜 관련 진술을 보면, 그 자신이 주장하는 "'3차산업혁명" 시기 "디지털 네트워크 자본주의" 체제에서 그린 뉴딜이 완성될 것이라고 보고 있다.[23] 공유경제나 디지털 자본주의가 사회 혁신, 지구 생태, 에너지 전환의 물질적 필요 전

---

23. 자본주의 환경 위기 개선과 신기술 개발이 상호 필수 전제임을 강조하는 제레미 리프킨의 문제점은 이미 『한계비용제로사회』(안진환 옮김, 민음사, 2014)에서 암묵적으로 등장했고, 그린 뉴딜에 관한 그의 책(*The Green New Deal*, St. Martin's, 2019)에서 보다 분명히 드러나고 있다.

제인 것처럼 묘사한다는 점에서, 그가 하이테크 기술 또한 지닐 수 있는 또 다른 반생명·반생태적 부메랑을 무시하고 있는 것이 아닌가 하는 의구심이 든다.

그린 뉴딜은 '불타는 지구'를 구출하기 위한 응급처방이자 세계 시민의 생태 실천 슬로건이라는 점에서 매력적이다. 그린 뉴딜이 자본주의의 지구 생태 파괴적 플랜 A를 바꿀 유연한 플랜 B를 상정하고 있다는 점에서 더욱 그렇다. 하지만 여전히 성장과 발전에 대한 모호한 지점들이 있다. 무엇보다 기술에 대한 궁극의 전망도 불투명하다. 때로는 IT문화 전반에 대한 근거 없는 낙관론에 머무르는 경우가 흔하다. 그렇다면 그린 뉴딜 같은 플랜 B를 일종의 단계적 징검다리로 삼으면서도, 궁극적으로 지향할 플랜 C의 도모가 동시에 필요하지 않을까?[24] 본질적으로 성장과 발전 패러다임의 극복 없이는 또 다른 형태의 지구 위기가 재차 반복될 수밖에 없다. 이는 우리 대부분이 떠받드는 성장 중심의 기술 패러다임에 대한 전면적 생태 전환과 관련된다.

더 구체적으로는, 그린 뉴딜이 기술 패러다임 전환과 관련해 어떤 긍정적인 시너지를 낼 수 있을까? 당장은 에너지 효율을 높이는 기술 개발에 응용될 수 있다. 에너지 효율성이란 에너지를 덜 쓰고 동일하거나 그 이상의 효과를 얻는 것을 뜻한다. 그

---

24. '플랜 A/B/C'라는 지구 생태 전환적 은유는, 데 안젤리스가 비자본주의적 커먼즈 구상과 관련된 책(de Angelis, *Omnia Sunt Communia*)의 서문에서 밝힌 체제 대안 구상 논의에서 빌려 왔다.

린 뉴딜에서 에너지 효율의 기술 투자 및 개발은 꽤 중요하다. 특히 수송, 건물, 자동차, 산업기계, 전자기기 등 공공시설 및 사회 인프라에 에너지 효율을 높이는 기술 도입이 속히 이뤄져야 한다. 국가별로 볼 때는 에너지 효율성 폭이 대단히 커서, 미국에 비해 독일이 반절 더, 브라질이 한국보다 두 배 더 에너지 효율성이 높기도 하다.[25] 물론 높은 에너지 효율성은 대체로 에너지 소비 비용 지출을 낮추면서 일시적으로 탄소 배출을 증가시킬 수도 있다. 하지만 이것이 적어도 그린 뉴딜의 저탄소 경제로의 전환적 전망과 맞물린다면, 에너지 효율과 대체에너지의 개발 및 투자 확대는 테크놀로지의 생태적 전망을 한층 넓힐 것이라 본다.

우리에게 남겨진 선택

코로나 충격으로 자본주의 기계들이 멈추면서 우리를 둘러싼 사물들과 사태의 진실들이 오롯이 드러나고 있다. 먼저 탄소 배출의 주범이 된 중국 공장들이 멈춰 서자 아주 일시적이었지만 미세먼지가 크게 감소했다. 동북아 지역에 사는 우리는 잠시나마 청명해진 하늘을 보여주는 위성사진을 관찰하고 초미세먼지 없는 맑은 공기를 흡입할 수 있는 호사를 누렸다. 관광객

---

25. Pollin, "De-Growth vs a Green New Deal".

이 끊겨 정적이 감도는 태국의 타이 한복판에서는 굶주리고 난폭해진 수많은 원숭이 떼가 인간 대신 무리 지어 거리를 거닐었다. 코로나19로 출입이 통제된 인도와 브라질 해변에서는 멸종 위기종 바다거북 수십만 마리가 평화롭게 산란을 하고 부화하는 흔치 않은 진풍경이 펼쳐졌다. 그렇게 인간이 황급히 숨은 자리에 어김없이 인간 아닌 생명이 그 자리를 대신해 나타났다. 코로나19로 드러난 일련의 지구 생명 활동은, 인간의 '생태 발자국'이 동물의 생활 반경을 얼마나 위협해왔는지 그리고 생명종 절멸에 얼마나 큰 영향력을 지닌 종적 존재인지를 다시금 확인해주는 계기가 됐다.

코로나19는 오히려 우리가 익히 알고 있었지만 조용히 수면 아래 가라앉아있던 자본주의의 **뻔뻔**한 민낯과 악취를 확실히 들춰내는 역할을 하고 있다. 가령, '저렴한 자연'에 대한 신식민주의적 탈취와 자원 고갈 문제가 우리의 시선을 다시 붙잡았다. 불안한 세계정세 속 불법 금광 채굴업자와 벌목업자가 벌이는 아마존 밀림 수탈 과정이 확대일로에 이른 것은 이미 잘 알려진 바다. 그 와중에 이 간악한 업자들로부터 코로나19 바이러스에 감염된 원주민들이 늘면서 사망자도 늘었다. 아마존 밀림의 수탈은 물론이고 수백여 부족민들이 공동체 절멸의 위기에 놓이기까지 했다. 결국, 바이러스 재앙은 여전히 신식민주의적 자연수탈 욕망이 지구촌 가장 취약한 곳에서 끊임없이 꿈틀대고 있고, 이제는 원주민과 약자의 생명까지 앗아간다는 **뼈**아픈 사실까지 들춰내고 있다.

캐나다 작가이자 언론인 나오미 클라인이 언급했던 것처럼,[26] 사회적으로 중대한 위기나 재난 상황이 닥치면 이를 명분으로 국가 엘리트들은 처음부터 그들이 원하던 것을 밀어붙인다는 이른바 '재난자본주의'disaster capitalism가 코로나19 시대에 더 집요하게 작동하고 있다. 새로운 바이러스 감염 재난 앞에서 자본주의 국가들은 늘 동문서답으로 응하고 있으니, 어쩌면 재난자본주의는 꽤 적절한 개념인 듯싶다. 가령, 재난 상황에서 권위주의 국가들은 이 감염 팬데믹을 빌미 삼아 국민의 생명안전이라는 명분으로 시민들에게 더 강도 높은 공권력을 행사하고 감시를 일상화한다. 우리와 같은 신자유주의 국가의 경우에, 시장을 숭배하는 고위 엘리트들은 생태 위기에 대한 제대로 된 그린 뉴딜 대신 또 다른 '녹색성장'에 골몰한다. 환경재난 현실에 대한 한 치의 반성도 없이 또 다른 성장과 개발의 슬로건을 내걸고 폭주하는 기차에 다시 올라타려 하는 것이다. 코로나 팬데믹 속 재앙 상황은 우리에게 성찰의 기회를 주고 다른 경로를 권유하지만, "새것은 아직 오지 않고" 있다.[27]

코로나19와 기후위기가 우리에게 주는 교훈은 명확하다.

---

26. Naomi Klein, *The Shock Doctrine* (Penguin books, 2008) [나오미 클라인, 『자본주의는 어떻게 재난을 먹고 괴물이 되는가』, 김소희 옮김, 모비딕북스, 2021].

27. 낸시 프레이저, 『낡은 것은 가고 새것은 아직 오지 않은』, 김성준 옮김, 책세상, 2021의 제목에서 문구를 가져왔다.

'자본주의 리얼리즘'이라는 말처럼, 우리는 언제부터인가 자본주의 바깥으로 빠져나올 어떤 구체적 실행의 시나리오를 아예 머릿속에서조차 담을 수도 없는 그런 미래 희망의 상상력 빈곤 속에서 살아왔다.[28] 코로나19는 우리에게 재앙으로 다가왔지만 동시에 이를 통해 새로운 공생공락적 삶의 가치를 고민토록 이끌고 있다. 2020년 7월 『타임』에 따르면, 코로나19 여파로 전 세계에서 온실가스 배출이 7% 줄어드는 간접 효과를 얻었다. 일단 인류가 감염 공포로 인해 제조 공장의 가동을 일부 멈추고 에너지 소비 총량을 줄이면서 얻은 즉각적 효과라 볼 수 있다. 또한 코로나바이러스의 이번 출현은 우리 스스로 변하지 않는다면 또 다른 변종의 인수공통감염병이 계속해 창궐할 수 있다는 자명한 사실을 확인해줬다. 전 세계적으로 빈곤층, 난민, 도시노동자, 원주민 등이 '코로나19 난민'이 될 확률이 더 높다는 비릿한 현실은 또 어떠한가. 오늘 비대면 사회의 강조는 새로운 필수노동자들의 잦은 접촉과 노동 활동에 의해서만 그 기반이 유지된다는 자본주의 물질세계의 원리를 뼈아프게 일깨웠다. 궁극적으로는 지금과 같은 자본주의 체제와 열강들의 각자도생 방식으로는 더 이상 지구의 미래를 감당하기 어렵다는 사실도 확인되었다.

지구 온난화를 1.5도 이내로 막으려면, 향후 10년 이내에 지

---

28. 마크 피셔, 『자본주의 리얼리즘』, 박진철 옮김, 리시올, 2018.

구 탄소배출을 절반으로 줄여야 한다. 이는 탄소배출을 7%대로 낮춘 코로나19의 바이러스 충격마냥, 향후 10년 동안 매해 지구에 이와 엇비슷한 수준의 '탈성장' 혹은 탄소기반 경제 탈출 전략이 필요하다는 뜻이기도 하다. 하지만 우리는 무늬만 '그린 뉴딜'인 '기후 케인즈주의'와 '그린워싱'의 시장 변종들만을 고안해내고 있다.[29] 지구온난화와 생태파괴의 가속을 막지 못하면, 코로나19와 유사하거나 더 강력한 감염 바이러스가 계속해 인간의 몸을 숙주 삼아 기생하려 들 것이다.

생태-기술-인간, 공생공락의 관계를 위하여

현대인은 가까운 미래조차 가늠하기 힘든 불안하고 불투명한 안개 속 같은 지구의 현실에서 살아가고 있다. 우리는 과연 이대로의 과학기술을 자본주의 성장과 발전을 위해 계속해 미친 듯 끌고 가야 하는가에 대한 물음을 다시 처음부터 던질 필요가 있다. 이제까지와는 전혀 다른 공생의 삶을 도모하기 위해서라도, 과학기술의 생태정치학적 의미와 위상을 다시 뜯어보고 근본적인 궤도 수정을 도모해야 한다. 그러자면 기후행동 세력들이 온실가스 유발 산업에 대해 주목하는 것뿐만 아니

---

29. '기후 케인즈주의'의 비유법은, John Bellamy Foster, "On Fire This Time", *Monthly Review* vol. 71, no. 6, November 2019, pp. 1~17.

라, 지구 생태 위기의 근원적 문제를 폭넓게 파악하기 위해서라도 동시대 첨단 과학기술의 반생태적 효과까지도 살펴 이에 대한 저항 전략을 만들어낼 필요가 있다. 이를테면 인공지능, 나노 테크놀로지, 유전공학 등 첨단 '4차 산업혁명' 요소기술이 가져오는 지구 생태의 또 다른 교란 방식을 함께 고민해야 한다.

이제 우리 스스로가 첨단 과학기술 중심의 성장과 발전주의 세계관을 바꿔야 할 때다. 인간 생태발자국이 만든 폐허로부터 재기 가능한 수준의 지구 회복력을 고려한 과학기술의 새로운 대안 전망이 필요하다. 이는 생태 지구의 물질대사와 인간의 과학기술을 합목적적인 방식으로 재구성하는 것을 뜻한다. 기존 자본주의 시장의 물질적 재화와 생산 기여도로만 과학기술의 성과를 측정하는 양적 패러다임 또한 벗어나야 한다. 우리 지구사회와 생태적으로 부합하는, 과학기술에 대한 공동의 사회 가치 영역들을 새롭게 창안해내야 한다. 이것은 첨단 신기술의 성장 신화를 걷어내고 한 사회의 생태 조건과 회복력을 고려한 적정의 민주적 기술 설계의 채택과 수용과도 관계될 것이다. 새로운 공생과 호혜의 테크놀로지 전망에 기초한 지구와 지역 생태 모델링이 시급하다.

지구상 그 어떤 다른 생명종과도 다르고 자연 개조 능력이 뛰어난 현대 인류의 지구 커먼즈에 대한 주인 행세가 근본적으로 도전받고 있다. 지금과 같이 생명 공통의 지구 커먼즈 운영권을 인간이 계속 독점하는 것이 맞는지, 그리고 인간 문명 진화의 방향이 제대로 가고 있는지에 대한 본질적인 회의가 일기 때문이리라. 특히 인간 고유의 과학기술은 인간 아닌 종과 지구 생태를 이해하고 전유하는 과정 속에서 진화해왔으나, 그 기술의 진폭과 강렬도가 깊어지면서 비인간 종과 지구 생태를 자본주의 과학기술의 인공계의 자장 안으로 끌어들이는 복속 효과를 내고 있다. 오늘날 기술은 자연자원 개발과 지식 생산을 위한 매개 역할을 함과 동시에, 인간을 딛고 올라서서 '기술숭고'의 자리를 차지한 채 지구 생태와 생명종을 그 자장 아래 블랙홀처럼 빨아들이고 있는 것이다. 기술 도구를 통해 인간 자신을 성찰적으로 이해하고 자연의 물질대사에 조응해 공통의 자원을 전유해왔던 인간의 오랜 역사는 아예 존재하지도 않았던 것처럼 잊혀져 가고 있다. 도리어 인간 소외의 기술과 반생태적 기술이 스스로 물신적 지위를 획득하면서 자연과 인간을 옥죄는 상태를 만들고 있다. 겉으로는 생태-기술-인간이 평등주의적으로 자연스레 한 몸이 된 듯 보이나, 실제로는 기술 물신의 자본주의적 재생산 과정이 생태와 인간 삶을 복속해 통합하는 모양새다.

생태, 기술, 인간이 물리적으로 점점 상호 포개지고 관계 밀도가 커지는 상황을 막긴 어렵다. 외려 우리는 이로부터 발생하는 인간중심주의와 기술 패권과 예속을 해체하고, 지구 커먼즈 공동 생산의 가치를 중심으로 생태-기술-인간의 앙상블적 관계를 재구축하는 일을 벌여야 한다. 기후위기를 벗어나기 위한 테크놀로지의 방향은 성장과 발전 패러다임을 벗어나려는 '생태기술'ecological technology의 모색에 있다. 더불어 지상의 모든 (비)생명 타자들과의 종적 차이 속에서 공존과 연대의 미래를 마련하기 위해서는 '공생기술'convivial technology의 전망이 구축되어야 한다.[30] 이 두 가지 기술 전망, 즉 '생태/공생기술'은 비자본주의적인 대안적 삶을 디자인하려는 기획을 반드시 필요로 한다. 그렇다고 해서 이제까지 세계 시민들이 역사적으로 근대 과학기술의 산업 발전주의로 인해 암 선고를 받은 이 지구를 허망하게 방치하지는 않았다. 오늘날 툰베리로 상징되는 수많은 청소년들의 기후행동은 물론이고, 세계의 다중 시민들은 각자의 자리에서 생태와 문명을 회복시키기 위해 노력해왔다. 브레이크 없는 자본주의의 야만에 대항해서, 자연자원을 중심으로 한 커먼즈 운동을 통해 지구 생태 회복력을 찾으려는 아래로부터의 저항이 꾸준히 시도됐고 지금까지도 유효하다. 이들 풀뿌리 생태주의 운동은 인간의 문명과 생산력을 아예 부정하려는 것이 아니라 오히려 자본주의의 질주를 막고 이의 궤도 수정을 부단히 요구하려 한다. 하지만 이들 실천의 생태주의적 공생과 협력의 전통은 자본주 테크놀로지의 진화와 질곡을 매개한 대항적인 미래 전망을 구상하는 데 있어서 여전히 자생적이고

---

30. Ivan Illich, *Tools for Conviviality* (Harper & Row, 1973) 이반 일리치, 『성장을 멈춰라』, 이민열 옮김, 미토, 2004].

주류에 비해 미약하다.

오늘날 야만의 자본주의 기술 조건을 재구성하는 일은 그린 뉴딜 기획을 포함하는 지구 생태 전환의 핵심 의제로 포함되어야 한다. 그러자면 구체적으로 지구 기후위기와 관련해 첨단 테크놀로지를 활용하는 기업 자본의 사회적 책임이 무엇일지를 따져 물어야 한다. 현재 탄소 배출에 일조하거나 온실가스를 상승시키는 닷컴기업의 주요 기반시설과 활동을 재생에너지 기반으로 바꾸려는 실제 에너지 수급 정책 방안이 마련되어야 할 것이다. 더불어 닷컴기업의 에너지 소비량이나 대체에너지 수급 정도가 얼마인지 투명하게 공개될 필요가 있다. 에너지 전환의 자발적 노력이 어려운 경우에는, 기후위기와 무관한 듯 보이지만 이에 크게 일조하는 닷컴기업의 증가하는 환경 영향력을 공식적으로 규제할 탄소세 도입, 에너지 소비 효율을 높이는 기술설계 노력에 대한 환경 인센티브나 세제 혜택, 화석연료를 촉진하는 협력 사업과의 절연 방식 마련 등 사회적 규제 수단이 가능한지를 따지는 일도 중요해진다. 더 나아가, 긴급한 기후위기에 대응해 지구 온실가스 배출을 막기 위해 모든 화석원료를 대체에너지로 단계별 전환하고 사회 빈곤층에 대한 지속 가능한 일자리를 창출하기 위해서라도, 서구의 급진 그린 뉴딜 정책이 국내에서도 어떤 전망을 지닐 수 있을지에 대한 분석이 함께 이뤄져야 한다. 그린 뉴딜의 아쉬운 지점들에도 불구하고, 당장의 지구를 살리자는 효과적인 목푯값을 제시하는 지구 생태 전략이라는 점에서 이는 향후 많은 국가들에서 매력적인 실천 의제가 될 공산이 크다. 우리도 기후위기에 대한 미온적 태도를 버리고, 제대로 된 생태 전환 플랜을 능동적으로 마련해야 한다.

과학기술의 지구 커먼즈적 조건

결국 기후위기의 문제는 뭇 생명과 함께 이 지구에 거주하는 인간이 만들어내는 과학기술의 생태-공생적인 의식 전환과 실천적인 대안을 요구한다. 물론 이는 반문명론에 입각한 과거로의 회귀와는 거리가 멀다. 인간 노동으로 이룬 사회 생산력과 문명의 결과물을 이제부터라도 지구 생태적 전망 아래 재사유하는 일에 다름 아니다. 기존 생태 공동체주의가 인간 과학기술 성장 문제에 적대적이었던 것은 자본주의적인 자연 수탈과 균열의 참상 때문이었다. 자본주의 '생산력주의'가 생태위기의 근원이었다면, 적어도 대안의 전망은 인간 과학기술의 생산력 자체에 대해서 또 다른 전환의 태도를 가질 필요가 있다. 그럴 때만이 인류세 국면에 기후위기의 비극을 낳고 있는 자본주의 개발의 문제들에 대한 실질적인 개입 또한 구체화될 수 있다. 관건은 인간의 생산 과잉을 제어하면서도 인간 과학기술로 매개된 반생태적인 성장 가속에 대해 어떻게 사회 통제를 적정하게 수행할 수 있는가에 있다. '가속주의'는 과학기술 실천의 방향과 관련해 단서를 제공한다. 가속주의자들은 이제까지의 과학기술의 생산력을 폐기하지 않으면서 기존의 생태 모순과 파국의 논리를 제거하고 우리에게 가장 이로운 방식으로 과학기술의 가속을 추구하는 슬로건을 제시한다.[31]

신자유주의의 물질적 플랫폼은 부술 필요가 없다. 공동(통)의 목표를 향해 재목적화되어야 할 필요가 있을 뿐이다. 현존하는 토대는 박살 나야 할 자본주의 단계가 아니라, 자본주의 이후를 향해 나아갈 발판이다.

오늘날 인간 생산력의 발전이 지구 생태위기를 야기하고 있다고 보기보다는 생산(지상)주의나 생태파괴의 발전주의적 전망이 문제라고 보는 것이다. 다시 말해 이제까지 자본주의 체제의 과학기술이 매개한 생산력의 발전은 이른바 '진보'에 조응하는 자연의 합목적인 이용 방식이 아니었다.[32] 오히려 '생산을 위한 생산'이라는 자본주의 욕망 기제가 우리의 노동을 포섭하고 자연과의 물질대사의 균열을 조장해왔다고 볼 수 있다. 즉

31. Alex Williams & Nick Srnicek, "#ACCELERATE MANIFESTO for an Accelerationist Politics", *Critical Legal Thinking*, 14 May 2013, https://bit. ly/3DT0QpH [김고미, 「#가속하라」, 브런치 블로그, 2019년 4월 26일 입력, 2021년 10월 19일 접속, https://brunch.co.kr/@bearnut/15].

32. 김민정, 「마르크스 이론으로 '생태주의'에 질문하기」, 제8회 맑스코뮤날레 편, 『혁명과 이행』, 한울아카데미, 2017, 361쪽.

생산수단의 사적 소유로 인해 자본이 생산의 방식을 결정하고 노동자를 그로부터 소외시키면서 노동수단과 자연자원 관계에서 자본의 예속과 인클로저가 끝 간 데 없이 확대되어왔다고 볼 수 있다. 동시대 인류세 위기의 근원이 이 고삐 풀린 '생산력주의'에 있음은 자명하다.

지구 위기 상황을 제어하기 위해서, 인간은 기존의 물질적 토대를 사회적으로 재전유하고, 과학기술의 합목적적 가속을 추구하기 위한 공통의 민주적 조직 구성의 방식을 고안하며, 생태 조건에 맞게 생산력을 조절할 수 있는 지구 커먼즈 구성과 실천을 동시에 이뤄내야 한다. 다시 강조컨대, 이는 생산력의 부정을 통해 과거 소규모 생산 공동체로 회귀하거나 반대로 가속주의자의 주장처럼 자본주의의 첨단 생산수단을 단순히 '재용도화're-purposing하는 것만으로는 실현 불가능하다. 기술철학자 육휘許煜; Yuk Hui의 언급대로, 기존의 성장력을 새로운 전망 아래 '재전유'reappropriation하는 방식이어야 한다. 이전과 아예 "다른 존재론과 인식론에 바탕을 둔 대안을 창출"하려는 과학기술 실천이 요구된다.[33] 육휘의 관점은 비판지리학자 하비David

---

33. 육휘, 「자동화와 자유 시간에 관하여」, 국립현대미술관·이플럭스건축 기획, 『슈퍼휴머니티』, 문학과지성사, 2018, 17. 같은 글에서 육휘는 재용도화와 재전유의 차이로 페이스북을 언급하고 있다. 즉 우리가 페이스북을 용도 변경해 '안티-페이스북 운동'을 벌일 수도 있으나, 그 정도로는 이 글로벌 플랫폼이 지닌 개인과 사회관계의 정의 방식이나 기술적 설계에 여전히 구속받거나 매이게 된다고 본다. 그는 어렵더라도 아예 새로운 판에서 새로운 플랫폼을 구

Harvey의 맑스의 『자본』「13장 기계와 대공업」해석을 통해서도 유사하게 드러난다. 그는 자본주의 기계란 이미 "일정한 사회적 관계, 정신적 관계, 그리고 생산방식과 생활양식 등을 내부화하는 방식으로 설계되고 만들어진 것"이기에 단순히 이를 취한다면 또다시 자본(주의)의 변형 기술만을 얻게 될 것이라고 강조한다.[34] 하비는 역사적으로 자본주의 공세와 경쟁 압박으로 인해 생산력주의에 매달리면서 포드주의 기술을 확산시켰던 구소련의 쓰라린 역사 실패의 경험은 바로 이를 방증하는 사례라 봤다. 그는 현 단계 자본주의 기술의 대안은 "자연과의 관계나 사회적 관계, 그리고 생산 체계, 일상생활의 재생산, 정신적 세계관 등 모두에 있어 대안적인 내용을 갖추어야만 한다"고 판단한다.[35] 심광현 또한 시몽동을 경유하여 인간-자연(사물)의 진정한 만남은, 사유화된 자본 욕망이 틈입하기 전 단계의 원초적 자연과 인간의 '전前개체적인' 요소들 간의 쌍방적인 만남이어야 가능하다고 보고, 이미 자본의 사유화된 현 질서 속에서 "특정한 형태로 개체화된 자연적 혹은 인공적 사물" 질서에서는 자연-인간의 선순환적 대사과정이 왜곡될 수밖에 없다고 본다. 이어서 그는 인간-자연의 평등주의적 만남을 위해서 단지

축하는 일이 재전유의 방식으로 중요하다고 주장한다. 육휘의 재전유는 앞서 살펴본 마커스 분의 '탈전유' 개념에 가깝다.

34. 데이비드 하비, 『데이비드 하비의 맑스 자본 강의』, 강신준 옮김, 창비, 2011, 397쪽.

35. 같은 책, 399쪽.

자본주의적 소유관계의 변화뿐만 아니라, "자연의 전-개체적인 잠재력과 만나는 인간의 잠재력을 올바르게 깨닫고 활성화하는 일이 반드시 필요하다"고 언급한다.[36] 달리 말해 심광현은 기술 생태의 생명 조건을 마련하고, 자본주의 기술 예속으로부터 자유로운 과학기술 활동의 중요성을 일깨운다.

육휘, 하비, 심광현의 공통점은 첨단 기술을 매개한 극도의 '성장숭배'를 떨쳐내고 자연과 인간 사이에 선순환적으로 이뤄지는 물질대사 과정에 균열을 야기하는 근본 원인을 제거해, 생태 합목적적인 기술문명의 방향을 세울 것을 강조한다는 데 있다.[37] 이 점에서 기술 '혁신'이 사회 성장의 최신 용법이 되고 있는 정황은 우려할 만하다. 생명 존중 없는 혁신 논리는 생태/공생 지향의 기술 체계와 어울리지 않는다. 위태로운 생태 약자들을 중심에 둔 공생기술 전망이 필요하다. 물론 그 시나리오에는 인간 중심의 지구 구출 시나리오를 넘어서서 자본주의 현실에서 타자화된 인간 종을 비롯해 동물, 기계종, 돌연변이, 자연 사물 모두를 살리는 공생공락의 차이 속 연대가 요구된다. 특히 테크놀로지 미래 구상과 관련해서는, 효용 가치가 소진되지 않았음에도 소비자본주의의 '계획적 노후화'로 폐기된 수많은

---

36. 심광현, 「뇌의 안정성과 가소성의 변증법」, 『슈퍼휴머니티』, 137~8쪽. 그는 시몽동의 '전개체적'(pre-individual)이라는 용어를 빌려 쓰고 있는데, 이는 통상적인 사회적 의미 관계로 묶인 물질 대상들이 아니라 원래부터 내재한 자연과 물질의 속성들에 해당한다.

37. 클라이브 해밀턴, 『성장숭배』, 김홍식 옮김, 바오, 2011 참고.

'좀비 미디어'zombie media 기계의 부활,[38] 인간과 새로운 포스트 휴먼 기계체 사이의 공생, 인간 신체의 자동기계 예속과 기술실업, 남성 기술적 지배질서와 페미니스트 기술 대안 등 지구 생태정치의 쟁점들에 대한 비판적 논의를 본격적으로 시작해야 한다. 기술 생태정치학은 지배적 자본주의 질서에 맞서 지구 환경을 복원하는 데 있어서 생태주의적인 테크놀로지의 위상을 담아낼 수 있어야 한다. 희망의 미래를 위해서는 생태-기술-인간의 "뒤섞이고 이질적인 전선들 전체 위에서 접합"한 새로운 생태정치학을 마련하고 이를 실천해야 한다.[39]

보다 현실적으로는 첨단 테크놀로지의 반생명적 파탄과 전횡을 막기 위해서는, 사회적 약자의 신체를 시장의 유통 자원으로, 로봇 기계를 인간의 종이나 심부름꾼으로, 우리를 둘러싼 환경을 개발의 대상으로 바라보는 기술 효율과 통제에 주로 기대는 혁신 논리를 걷어내는 일이 시급하다. 첨단의 기술이 지

---

38. 현대 사회에서 자본주의 기술 제품의 계획적 노후화로 인해 폐품이 되고 타자화된 기술을 '좀비'로 묘사하고 이들로부터 대안적 쓸모를 발견하려는 사물 '고고학' 논의는, Garnet Hertz & Jussi Parikka, "Zombie Media", *Leonardo*, vol. 45, no. 5, 2012, pp. 424~30 참고.

39. 가타리는 세 가지 '사회 생태철학'의 비전을 갖고, '생태계(자연환경)', '사회-개인(주체) 준거세계', '기계권(과학기술의 인공계)' 사이의 상호 작용을 횡단해 생태학적 사유와 실천을 꾀할 것을 요청했다. 이 세 가지 '계', 즉 생태, 주체, 사회에 덧붙여, 그는 권역의 구분법 속에 '기계권'이라는 신생 영역을 추가하고 있다. 이는 그가 인간의 특별한 지위를 인정하지 않는다 하더라도, 자연과의 관계 속 과학기술의 위상을 중요하게 다루고 있다는 점을 보여준다(펠릭스 가타리, 『세 가지 생태학』, 윤수종 옮김, 동문선, 2003, 23~26, 35쪽 참고).

닌 혁신 잠재성을 확장하는 당위만을 앞세워, 지구 환경과 생명 파괴 행위를 그저 묵과할 수는 없는 일이다. 그러자면 희망 없는 자본주의 리얼리즘의 파괴 욕망을 해체해 공생공락의 생태 대안 구상을 마련해야 한다. 이는 국가의 차원에서, 대도시들에서, 지역과 공동체들에서, 그리고 지구 커먼즈 수준 모두에서 기획돼야 한다. 지구 구출의 극약 처방으로서의 그린 뉴딜에 의한 탈탄소 사회로의 전환을 서두르고, 장기적으로 자본주의 개발로 균열이 커진 지구적 물질대사 능력을 복원하는 일이 시급하다. 물론 이제 와서 문명의 이기를 완전히 폐절할 순 없다. 하지만 적어도 생산력의 규모를 줄이면서 지구 커먼즈의 공동생산과 관리를 하는 것이 필요하다.

우리는 지금의 성장주의적 광란과 성장 중심의 물신숭배를 경로 수정할 수 있다고 본다. 이는 코로나바이러스의 혹독한 재앙을 인류사적 교훈으로 삼는 일이기도 하다. 바이러스 재앙으로부터 그 어떤 반성적 교훈을 얻지 못한다면 또 다른 제2, 제3의 생태 재앙이 연이어 몰려들 것이다. 자본주의의 폭주하는 기관차를 완전히 멈춰 세울, 그리고 그 방향을 선회할 다른 삶과 범 생명 공존의 기획이 필요하다.

:: 참고문헌

국내 저서·논문

곽노완, 「'공유도시 서울'과 글로컬아고라의 공유도시」, 『마르크스주의연구』 제10권 제3호, 2013.

곽노필, 「인류 종말을 겨누는 10가지 … 누가 쏜 화살인가?」, 『한겨레』, 2018년 12월 24일 입력, 2021년 12월 26일 수정, https://www.hani.co.kr/arti/science/future/875570.html.

권범철, 「도시공통계의 생산과 전유 : 오아시스 프로젝트와 문래예술공단을 중심으로」, 서울시립대학교 도시사회학과 박사학위논문, 2019.

_____, 「현대 도시의 공통재와 재생산의 문제」, 『공간과 사회』 제27권 2호, 2017.

김민정, 「마르크스 이론으로 '생태주의'에 질문하기」, 『혁명과 이행』, 제8회 마르크스코뮤날레 편, 한울아카데미, 2017.

김상민, 『디지털 자기-기록의 문화와 기술』, 커뮤니케이션북스, 2016.

김재희, 「포스트휴먼 시대, 탈노동은 가능한가?」, 『슈퍼휴머니티 : 인간은 어떻게 스스로를 디자인하는가』, 국립현대미술관·이플럭스건축 기획, 문학과지성사, 2018.

김환석, 「사회과학의 새로운 패러다임, 신유물론」, 『지식의지평』 25호, 2018.

남창훈, 「과학을 통해 자연과 연대하기」, 『말과활』 3호, 2014.

노명우, 『아방가르드』, 책세상, 2008.

류종우, 「들뢰즈의 칸트론에서 공통감각의 문제」, 『철학논총』 제79집, 2015.

박범순, 「자연문화의 변혁 : 인류세, 로봇세, 자본세」, 인류세 연구센터장 인사말, 2019년 11월 30일 입력, 2021년 9월 7일 접속, https://anthropocenestudies.com/directors-message/.

박주형, 「도구화되는 '공동체' : 서울시 '마을공동체 만들기 사업'에 대한 비판적 고찰」, 『공간과 사회』 제23권 1호, 2013.

서울특별시, 「'공유경제 국제자문단' 위촉 및 운영계획」, 2016. 5.

_____, 「공유도시 2기 추진계획」, 서울시 혁신기획관, 2015. 4.

_____, 「공유도시 서울 추진계획」, 서울시 혁신기획관, 2012. 10.

_____, 「공유도시 인지도 조사결과 보고서」, 2019. 12.

_____, 「공유촉진위원회 위원 위촉계획」, 2016. 2.

_____, 「서울시 공유서울 3기 기본계획 수립 기초조사 최종보고서」, 서울시 혁신기획관, 2019. 12.

_____, 「서울특별시 공유촉진위원회 위원 구성 운영계획」, 2013. 2.

심광현, 「뇌의 안정성과 가소성의 변증법」, 『슈퍼휴머니티 : 인간은 어떻게 스스로를 디자인하는가』, 국립현대미술관·이플럭스건축 기획, 문학과지성사, 2018.

오병일, 「공유정보영역(public domain)의 사회적 의미」, 2008월 6월 12일 입력, 2021년 9월 1

일 접속, http://ipleft.or.kr/?p=2456.

유기환, 「미메시스에 대한 네 가지 시각 : 플라톤, 아리스토텔레스, 벤야민, 리쾨르」, 『세계문학비교연구』 33호, 2010.

이동연, 「동물과 인간 사이, 그 철학적 질문들과 문화적 실천」, 『문화/과학』 76호, 2013.

이소요, 「위기에 처한 생물의 모습」, 『문화/과학』 97호, 2019.

이승원, 「포퓰리즘 시대, 도시 커먼즈 운동과 정치의 재구성」, 『문화/과학』 101호, 2020.

_____, 「한국 커먼즈 운동의 방향과 과제 연구를 위한 초고」, 〈한국연구재단 SSK 센터중심 심포지엄〉 발표문, 2018.

임태훈, 『검색되지 않을 자유』, 알마, 2014.

장훈교, 「한국 공동자원 운동의 부상과 그 의미」, 〈2018 커먼즈네트워크 워크숍〉 자료집 『지금, 여기 커먼즈』, 2018년 5월.

정끝별, 『패러디 시학』, 문학세계사, 1997.

진휘연, 『아방가르드란 무엇인가』, 민음사, 2002.

한상엽, 「시각예술에 있어서 창조적 경험과 패러디에 관한 연구」, 『조형교육』 통권28호, 2006.

한상원, 「공통감각과 메텍시스 - 칸트, 랑시에르, 아도르노에게서 '도래할' 공동체의 원리」, 『도시인문학연구』 12권 1호, 2020.

황태연, 『환경정치학과 현대정치사상』, 나남, 1992.

번역서

가쿠타니, 미치코, 『진실 따위는 중요하지 않다 : 거짓과 혐오는 어떻게 일상이 되었나』, 김영신 옮김, 돌베개, 2019.

가타리, 펠릭스, 『세 가지 생태학』, 윤수종 옮김, 동문선, 2003.

_____, 『카오스모제』, 윤수종 옮김, 동문선, 2003.

구디너스, 에드아르도, 「부엔 비비르」, 『탈성장 개념어 사전 : 무소유가 죽음이 아니듯, 탈성장도 종말이 아니다』, 달리사, 자코모·데마리아, 페데리코·칼리스, 요르고스 엮음, 강이현 옮김, 그물코, 2018.

네그리, 안토니오·하트, 마이클, 『공통체 : 자본과 국가 너머의 세상』, 정남영·윤영광 옮김, 사월의책, 2014.

다이슨, 프리먼, 『과학은 반역이다 : 물리학의 거장, 프리먼 다이슨이 제시하는 과학의 길』, 김학영 옮김, 반니, 2015.

다이어-위데포드, 닉·드 퓨터, 그릭, 『제국의 게임 : 전지구적 자본주의와 비디오게임』, 남청수 옮김, 갈무리, 2015.

달리사, 자코모·데마리아, 페데리코·칼리스, 요르고스, 『탈성장 개념어 사전 : 무소유가 죽음이 아니듯, 탈성장도 종말이 아니다』, 강이현 옮김, 그물코, 2018.

데 안젤리스, 맛시모, 『역사의 시작 : 가치 투쟁과 전 지구적 자본』, 권범철 옮김, 갈무리, 2019.

도멜, 루크, 『만물의 공식 : 우리의 관계, 미래, 사랑까지 수량화하는 알고리즘의 세계』, 노승영 옮김, 반니, 2014.

드 메르디외, 플로랑스, 『예술과 뉴테크놀로지: 비디오.디지털 아트, 멀티미디어 설치예술』, 정재곤 옮김, 열화당, 2005.

라인보우, 피터, 『마그나카르타 선언: 모두를 위한 자유권들과 커먼즈』, 정남영 옮김, 갈무리, 2012.

라투르, 브뤼노, 『지구와 충돌하지 않고 착륙하는 방법: 신기후체제의 정치』, 박범순 옮김, 이음, 2021.

라투르, 브뤼노·줄리에, 폴린, 「[대담] 지층과 자연: 왜 인류세인가?」, 『오큘로』 7호, 2018.

랏자라또, 마우리치오, 「비물질노동」, 『비물질노동과 다중』, 자율평론 옮김, 갈무리, 2005.

_____, 『기호와 기계: 기계적 예속 시대의 자본주의와 비기표적 기호계 주체성의 생산』, 신병헌·심성보 옮김, 갈무리, 2017.

루카치, 게오르그, 『역사와 계급의식: 마르크스주의 변증법 연구』, 박정호·조만영 옮김, 거름, 1999.

리프킨, 제러미, 『한계비용제로사회: 사물인터넷과 공유경제의 부상』, 안진환 옮김, 민음사, 2014.

모스, 마르셀, 『증여론』, 이상률 옮김, 한길사, 2002.

바우웬스, 미셸·코스타키스, 바실리스, 『네트워크 사회와 협력 경제를 위한 미래 시나리오』, 윤자형·황규환 옮김, 갈무리, 2018.

베넷, 제인, 『생동하는 물질: 사물에 대한 정치생태학』, 문성재 옮김, 현실문화, 2020.

베라르디, 프랑코 '비포', 『미래 이후』, 강서진 옮김, 난장, (2011)2013.

보디츠코, 크지슈토프, 『변형적 아방가르드』, 김예경·정주영 옮김, 워크룸, 2017.

볼리어, 데이비드, 『공유인으로 사고하라: 새로운 공유의 시대를 살아가는 공유인을 위한 안내서』, 배수현 옮김, 갈무리, 2015.

볼터, 제이 데이비드·그루신, 리처드, 『재매개: 뉴미디어의 계보학』, 이재현 옮김, 커뮤니케이션북스, 2006.

분, 마커스, 『복제예찬: 자유롭게 카피하기를 권함』, 노승영 옮김, 홍시, 2013.

뷔르거, 페터, 『아방가르드의 이론』, 최성만 옮김, 지식을만드는지식, (1974)2009.

브라이도티, 로지, 『포스트휴먼』, 이경란 옮김, 아카넷, 2015.

사누이예, 미셸, 『다다: 파리와 독일』, 임진수 옮김, 열화당, 1992.

사이토, 고헤이, 「마르크스 에콜로지의 새로운 전개」, 『마르크스주의 연구』 14권 4호, 2017.

사이토, 고헤이, 『마르크스의 생태사회주의: 자본, 자연 미완의 정치경제학 비판』, 추선영 옮김, 두번째테제, 2020.

사피로, 마크, 『정상성의 종말: 기후 대재앙 시나리오』, 김부민 옮김, 알마, 2019.

순다라라잔, 아룬, 『4차 산업혁명 시대의 공유 경제: 고용의 종말과 대중 자본주의의 부상』, 이은주 옮김, 교보문고, 2018.

슈타이얼, 히토, 『진실의 색: 미술 분야의 다큐멘터리즘』, 안규철 옮김, 워크룸, 2019.

스타니스제프스키, 메리 앤, 『이것은 미술이 아니다: 미술에 대한 오래된 편견과 신화 뒤집기』, 박이소 옮김, 현실문화연구, 2011.

스탠딩, 가이, 『불로소득 자본주의: 부패한 자본은 어떻게 민주주의를 파괴하는가』, 김병순 옮김, 여문책, 2019.

아담스-프라슬, 제레미아스, 『플랫폼 노동은 상품이 아니다 : 플랫폼 노동은 혁신인가? 덫인가?』, 이영주 옮김, 숨쉬는책공장, 2020.

애즈, 돈, 『포토몽타주』, 이윤희 옮김, 시공사, (1976)2003.

엥겔스, 프리드리히, 「원숭이의 인간화에서 노동이 한 역할」, 『칼 마르크스-프리드리히 엥겔스 저작 선집』 5권, 김세균 감수, 박종철출판사, (1876)1994.

오스트롬, 엘리너, 『공유의 비극을 넘어 : 공유자원관리를 위한 제도의 진화』, 윤홍근·안도경 옮김, 랜덤하우스, 2010.

육휘, 「자동화와 자유 시간에 관하여」, 『슈퍼휴머니티 : 인간은 어떻게 스스로를 디자인하는가』, 국립현대미술관·이플럭스건축 기획, 문학과지성사, 2018.

이글턴, 테리, 『유물론 : 니체, 마르크스, 비트겐슈타인, 프로이트의 신체적 유물론』, 전대호 옮김, 갈마바람, 2018.

이노우에, 마코토, 『공동자원론의 도전』, 최현·정영신·김자경 옮김, 경인문화사, 2014.

잭슨, 팀, 『성장 없는 번영 : 협동조합과 사회적 경제를 위한 생태거시경제학의 탄생』, 전광철 옮김, 착한책가게, 2015.

자라, 트리스탕·브르통, 앙드레, 『다다/쉬르레알리슴 선언』, 송재영 옮김, 문학과지성사, 1987.

차크라바르티, 디페시, 「기후변화의 정치학은 자본주의 정치학 그 이상이다」, 박현선·이문우 옮김, 『문화/과학』 97호, 2019.

칸트, 임마누엘, 『판단력비판』, 백종현 옮김, 아카넷, 2009.

크로, 토머스, 『60년대 미술 : 순수미술에서 문화정치학으로』, 조주연 옮김, 현실문화, 2007.

클라이너, 드미트리, 『텔레코뮤니스트 선언 : 정보시대 공유지 구축을 위한 제안 카피파레프트와 벤처 코뮤니즘』, 권범철 옮김, 갈무리, 2014.

타르드, 가브리엘, 『모방의 법칙 : 사회는 모방이며 모방은 일종의 몽유 상태다』, 이상률 옮김, 문예출판사, (1895)2012.

파스퀴넬리, 마테오, 「기계적 자본주의와 네트워크 잉여가치튜링기계의 정치경제학」, 『자본의 코뮤니즘 우리의 코뮤니즘 : 공통적인 것의 구성을 위한 에세이』, 연구공간L 옮김, 난장, 2012.

페데리치, 실비아·카펜치스, 조지, 「자본주의에 맞선 그리고 넘어선 커먼즈」, 권범철 옮김, 『문화/과학』 101호, 2020.

포스터, 존 벨라미, 「제5장 자연과 사회의 물질대사」, 『마르크스의 생태학 : 유물론과 자연』, 김민정·황정규 옮김, 인간사랑, 2016.

포스터, 존 벨라미·클라크, 브레트·요크, 리처드, 「1. 생태, 그 결정적인 순간」, 『생태논의의 최전선』, 존 벨라미 포스터 외 9인 지음, 김철규·엄은희·오수길 옮김, 필맥, 2009.

푸코, 미셸, 『헤테로토피아』, 이상길 옮김, 문학과지성사, 2014.

프레이저, 낸시, 『낡은 것은 가고 새것은 아직 오지 않은 : 신자유주의 헤게모니의 위기 그리고 새로운 전망』, 김성준 옮김, 책세상, 2021.

피셔, 마크, 『자본주의 리얼리즘 : 대안은 없는가』, 박진철 옮김, 리시올, 2018.

하비, 데이비드, 『데이비드 하비의 맑스 자본 강의』, 강신준 옮김, 창비, 2011.

_____, 『반란의 도시 : 도시에 대한 권리에서 점령운동까지』, 한상연 옮김, 에이도스, 2014.

하트, 마이클, 「묵시록의 두 얼굴 : 코펜하겐에서 보내는 편지」, 『자본의 코뮤니즘, 우리의 코
　　뮤니즘 : 공통적인 것의 구성을 위한 에세이』, 연구공간L 옮김, 난장, 2012.

하트, 마이클·네그리, 안토니오, 『다중 : 제국이 지배하는 시대의 전쟁과 민주주의』, 조정환
　　외 옮김, 세종서적, 2008.

해러웨이, 도나, 『트러블과 함께하기 : 자식이 아니라 친척을 만들자』, 최유미 옮김, 마농지,
　　2021.

해밀턴, 클라이브, 『성장숭배 : 우리는 왜 경제성장의 노예가 되었는가』, 김홍식 옮김, 바오,
　　2011.

_____, 『인류세 : 거대한 전환 앞에 선 인간과 지구시스템』, 정서진 옮김, 이상북스, 2018.

허천, 린다, 『패러디 이론』, 문예출판사, 2000.

외국어 자료

"A Feminist Agenda for a Green New Deal", http://feministgreennewdeal.com/prin-
　　ciples/.

"Data, data everywhere : A special report on managing information," *The Economist*, 2010
　　년 2월 25일 입력, 2021년 8월 16일 접속, http://www.economist.com/node/15557443.

"The geology of the planet : Welcome to the Anthropocene," *The Economist*, 2011년 5
　　월 18일 등록, 2021년 9월 6일 접속, https://www.economist.com/leaders/2011/05/26/
　　welcome-to-the-anthropocene.

AI Now Institute, "AI and Climate Change : How they're connected, and what we can do
　　about it," October 18, 2019, https://link.medium.com/xlG4lcl9R0.

Andrejevic, Mark, *Automated Media* (Taylor & Francis, London, 2020). [마크 안드레예비
　　치, 『미디어 알고리즘의 욕망 : 자동화된 미디어는 우리의 일상을 어떻게 바꾸는가』, 이희
　　은 옮김, Culture Look, 2021.]

_____, *Infoglut : How Too Much Information is Changing the Way We Think and Know*
　　(Routledge, New York, 2013).

Angus, Ian, *Facing the Anthropocene : Fossil Capitalism and the Crisis of the Earth System*
　　(Monthly Review Press, New York, 2016).

Bauwens, Michel and Alekos Pantazis, "The ecosystem of commons-based peer produc-
　　tion and its transformative dynamics," *Sociological Review* 66, no. 2 (2018) : 302~19.

Bauwens, Michel and Jose Ramos, "Re-imagining the left through an ecology of the
　　commons : towards a post-capitalist commons transition," *Global Discourse* 8, no. 2
　　(2018) : 325~42.

Bauwens, Michel and Vasilis Niaros, *Changing Societies through Urban Commons Transi-
　　tions* (P2P Foundation and Heinrich Böll Foundation, Berlin, 2017).

Bauwens, Michel, "Open Cooperativism for the P2P Age," *P2P Foundation blog*, 2014년 6

월 16일 입력, 2021년 8월 12일 접속. https://blog.p2pfoundation.net/open-cooperativ-
ism-for-the-p2p-age/2014/06/16.

Bauwens, Michel, "The History and Evolution of the Commons," *P2P Foundation blog*,
2017년 9월 28일 입력, 2021년 8월 10일 접속, https://blog.p2pfoundation.net/the-
history-and-evolution-of-the-commons/2017/09/28.

_____, "The History and Evolution of the Commons," 2017년 9월 17일 입력, 2021년 8월
12일 접속, https://commonstransition.org/history-evolution-commons/.

Bearne, Suzanne, "Is the 'gig economy' turning us all into freelancers?," *BBC News*, 2016
년 5월 20일 입력, http://www.bbc.com/news/business-36321826.

Benjamin, Walter, *The Work of Art in the Age of Its Technological Reproducibility and Other
Writings on Media*, Michael W. Jennings, Brigid Doherty & Thomas Y. Levin (eds.),
(Harvard University Press, Cambridge, 2008). [발터 벤야민, 『기술적 복제시대의 예술
작품』, 심철민 옮김, 도서출판b, 2017.]

Berardi, Franco 'Bifo', *Futurability: The Age of Impotence and the Horizon of Possibility*
(Verso, New York, 2017). [프랑코 '비포' 베라르디, 『미래 가능성: 무능력의 시대와 가능성
의 지평』, 이신철 옮김, 에코리브르, 2021.]

Berry, David M., *Critical Theory and the Digital* (Bloomsbury, New York and London,
2014).

Bollier, David and Silke Helfrich, *Free, Fair and Alive: The Insurgent Power of the Com-
mons* (New Society Publishers, Canada, 2019).

_____, *Patterns of Commoning* (Common Strategies Group in cooperation with Off the
Common Books, 2015).

Borkin, Simon, *Platform co-operatives: solving the capital conundrum*, NESTA & Coop-
erative UK, February 2019, https://www.nesta.org.uk/report/platform-co-operatives/.
[사이먼 보킨, 『플랫폼 경제, 협동조합을 만나다: 플랫폼 자본주의를 넘어서는 새로운 제
안과 과제』, 번역협동조합(김봉재·유은희) 옮김, 착한책가게, 2019.]

Boyle, James, "Fencing off ideas: enclosure & the disappearance of the public domain,"
Daedalus 131, no. 2 (2002).

_____, *The Public Domain: Enclosing the Commons of the Mind* (Yale University Press,
New Haven, 2008).

BP, *Statistical Review of World Energy, 68th edition*, 2019, https://www.bp.com/en/global/
corporate/energy-economics/statistical-review-of-world-energy.html.

Bratton, Benjamin H., *The Stack: On Software and Sovereignty* (MIT Press, Cambridge,
2015).

Bukharin, Nikolai, "Living Nature and the Artistic Attitude toward It," *Philosophical Ara-
besques* (Monthly Review press, New York, 2005).

Chakrabarty, Dipesh, "The Politics of Climate Change Is More Than the Politics of
Capitalism," *Theory, Culture & Society* 34, no. 2-3 (2017). [디페시 차크라바르티, 「기후변

화의 정치학은 자본주의 정치학 그 이상이다」, 박현선·이문우 옮김, 『문화/과학』 97호, 2019.]

Chandler, Adam, "What Should the 'Sharing Economy' Really Be Called?," *The Atlantic*, 2016년 5월 27일 입력, 2021년 8월 13일 접속, https://www.theatlantic.com/business/archive/2016/05/sharing-economy-airbnb-uber-yada/484505/.

Crutzen, Paul J., "Albedo Enhancement by Stratospheric Sulfur Injections : A Contribution to Resolve a Policy Dilemma?," *Climatic Change* 77, no. 3 (2006).

Daly, Herman, "Benjamin Kunkel : Ecologies of Scale," *New Left Review*, no. 109 (January-February 2018).

Dauncey, Guy, "Ten Green New Deals : How Do They Compare?," *The Practical Utopia*, September 27, 2019, www.thepracticalutopian.ca.

de Angelis, Massimo, *Omnia Sunt Communia : On the Commons and the Transformation to Postcapitalism* (Zed Books, London, 2017).

_____, *The Beginning of History : Value Struggles and Global Capital* (Pluto Press, London, 2007). [맛시모 데 안젤리스, 『역사의 시작』, 권범철 옮김, 갈무리, 2019.]

de Condorcet, Marquis, "Fragments sur la liberté de la presse," in *Oeuvres de Condorcet* (Didot, Paris, 1776).

Debord, Guy and G. J. Wolman, "A User's Guide to Détournement," Knabb, Ken (ed.), *Situationist International Anthology : Revised and Expanded Edition* (Bureau of Public Secrets, Berkeley, 1956/2006).

Deleuze, Gilles and Félix Guattari, *Anti-Oedipus : Capitalism and Schizophrenia* (University of Minnesota Press, Minneapolis, 1972/1983). [질 들뢰즈·펠릭스 과타리, 『안티 오이디푸스 : 자본주의와 분열증』, 김재인 옮김, 민음사, 2014.]

Deleuze, Gilles, *Negotiations 1972-1990* (Columbia University Press, NY, 1990/1995). [질 들뢰즈, 『대담 1972~1990』, 김종호 옮김, 솔출판사, 1994 ; 질 들뢰즈, 『협상 1972~1990』, 김명주 옮김, 갈무리, 근간]

Dyer-Witheford, Nick, *Cyber-Proletariat : Global Labour in the Digital Vortex* (Pluto Press, London, 2015).

Ekbia, Hamid R. and Bonnie Nardi, *Heteromation, and Other Stories of Computing and Capitalism* (MIT Press, Cambridge, 2017).

Ellis, Erle C., *Anthropocene : A Very Short Introduction* (Oxford University Press, London, 2018). [얼 C. 엘리스, 『인류세』, 김용진·박범순 옮김, 교유서가, 2021.]

Enzensberger, Hans. M., *The Consciousness Industry : On Literature, Politics and the Media* (Continuum Books, New York, 1974).

Esposito, Elena, "Artificial Communication? The Production of Contingency by Algorithms," *Zeitschrift für Soziologie* 46, no. 4 (2017).

Findlay, Cassie, "People, records, and power : what archives can learn from WikiLeaks," *Archives and Manuscripts* 41, no. 1 (2013).

Foster, John Bellamy, "On Fire This Time," *Monthly Review* 71, no. 6 (November 2019) : 1~17.

Foucault, Michel, "Truth and power," in J. D. Faubion (ed.), *Power : Essential works of Foucault, 1954-1984, Vol. 3* (New Press, New York, 1976/2000).

Friedman, Lisa, "What Is the Green New Deal? A Climate Proposal, Explained," *New York Times*, 2019년 2월 21일 입력, 2021년 9월 8일 접속, https://nyti.ms/2GCkHjg.

Fumagalli, Andrea, "Twenty theses on contemporary capitalism (cognitive biocapitalism)," *Angelaki : Journal of the Theoretical Humanities* 16, no. 3 (2011).

Gale, Matthew, *Dada & Surrealism* (Phaidon, London, 1997). [매슈 게일, 『다다와 초현실주의』, 오진경 옮김, 한길아트, 2001.]

Gehl, Robert W. and Maria Bakardjieva (eds.), *Socialbots and Their Friends : Digital Media and the Automation of Sociality* (Routledge, New York, 2017).

Gillespie, Tarleton, "The politics of 'Platforms'," *New Media & Society* 12, no. 3 (2010).

Grosz, George, *Grosz : An autobiography*, (Trans.) by Nora Hodges (University of California Press, Berkeley, 1946/1998).

Han, Byung Chul, *Shanzhai : Dekonstruktion auf Chinesisch* (Merve Verlag, Berlin, 2011).

Harari, Yuval Noah, *Homo Deus : A Brief History of Tomorrow* (HarperCollins, London, 2017). [유발 하라리, 『호모 데우스 : 미래의 역사』, 김명주 옮김, 김영사, 2017.]

Haraway, Donna, "Anthropocene, Capitalocene, Plantationocene, Chthulucene : Making Kin," *Environmental Humanities* 6 (2015) : 159~65.

Hardin, Garrett, "The Tragedy of the Commons," *Science* 162, no. 3859 (1968).

Hardt, Michael and Antonio Negri, *Assembly* (Oxford University Press, Oxford, 2017). [안토니오 네그리·마이클 하트, 『어셈블리 : 21세기 새로운 민주주의 질서에 대한 제언』, 이승준·정유진 옮김, 알렙, 2020.]

Harold, Christine, *Ourspace : Resisting the Corporate Control of Culture* (University of Minnesota Press, Minneapolis, 2009).

Harris, Jonathan, *Art History : The Key Concepts* (Routledge, London, 2006).

Harsin, Jason, "Regimes of Posttruth, postpolitics, and attention economies," *Communication, Culture & Critique* 8, no. 2 (2015) : 327~33.

Haug, Wolfgang F., *Commodity Aesthetics, Ideology and Culture* (International General, New York, 1999).

Helmond, Anne, "The Platformization of the Web : Making Web Data Platform Ready," *Social Media & Society* 1, no. 2 (2015).

Hempel, Jessi, "Gig economy workers need benefits and job protections," *Wired*, 2016년 1월 4일 입력, https://www.wired.com/2016/01/gig-economy-workers.

Hertz, Garnet and Jussi Parikka, "Zombie Media : Circuit Bending Media Archaeology into an Art Method," *Leonardo* 45, no. 5 (2012).

Hesse, Carla, "The Rise of Intellectual Property, 700 B.C.-A.D. 2000 : An Idea in the Balance," *Daedalus* 131, no. 2 (2002).

Hopkins, David, *Dada and Surrealism: A very short introduction* (Oxford University Press, Oxford, 2004).

Hyde, Lewis, *Common as Air: Revolution, Art, and Ownership* (Straus and Giroux, New York, 2010).

Illich, Ivan, *Tools for Conviviality* (Harper & Row, New York, 1973). [이반 일리치, 『성장을 멈춰라!: 자율적 공생을 위한 도구』, 이민열 옮김, 미토, 2004.]

International Energy Agency (IEA), *Electricity Information 2019*, OECD Publishing, 2019, https://doi.org/10.1787/e0ebb7e9-en.

IPCC, *Special Report: Global Warming of 1.5°C*, 2019, https://www.ipcc.ch/sr15/.

Jameson, Fredric, "Postmodernism and Consumer Society," *The Cultural Turn* (Verso, New York, 1998).

Katsiaficas, George, "Aesthetic and Political Avant-gardes," *Journal of Aesthetics and Politics (2004)*.

Kennard, Peter, *Peter Kennard: Visual Dissent* (Pluto press, London, 2019).

Klein, Naomi, *On Fire: The Burning Case for a Green New Deal* (Simon & Schuster, New York, 2019). [나오미 클라인, 『미래가 불타고 있다: 기후 재앙 대 그린 뉴딜』, 이순희 옮김, 열린책들, 2021.]

_____, *The Shock Doctrine: The Rise of Disaster Capitalism* (Penguin books, New York, 2008). [나오미 클라인, 『자본주의는 어떻게 재난을 먹고 괴물이 되는가』, 김소희 옮김, Mobidicbooks, 2021.]

Kostakis, Vasilis and Michel Bauwens, *Network Society and Future Scenarios for a Collaborative Economy* (Palgrave Macmillan, Basingstoke, 2014). [미셸 바우웬스·바실리스 코스타키스, 『네트워크 사회와 협력 경제를 위한 미래 시나리오』, 윤자형·황규환 옮김, 갈무리, 2018.]

Kwa, Chunglin, "Local Ecologies and Global Science: Discourses and Strategies of the International Geosphere-Biosphere Programme," *Social Studies of Science* 35, no. 6 (December 2005).

Lamoureux, Johanne, "Avant-Garde: A Historiography of a Critical Concept," in Amelia Jones (ed.), *A Companion to Contemporary Art Since 1945* (Blackwell, London, 2006).

Langley, Paul and Andrew Leyshon, "Platform capitalism: The intermediation and capitalization of digital economic circulation," *Finance and Society* 3, no. 1 (2017).

Latour, Bruno, "Agency at the time of the Anthropocene," *New Literary History* 45 (2014).

_____, *Pandora's Hope: Essays on the Reality of Science Studies* (Harvard University Press, Cambridge, 1999). [브뤼노 라투르, 『판도라의 희망: 과학기술학의 참모습에 관한 에세이』, 장하원·홍성욱 옮김, 휴머니스트, 2018.]

Lazzarato, Maurizio, "Immaterial labor," Paolo Virno & Michael Hardt (eds.), *Radical Thought in Italy: A Potential Politics* (University of Minnesota Press, Minneapolis,

2006). [마우리찌오 랏짜라또, 「비물질노동」, 『비물질노동과 다중』, 조정환 옮김, 갈무리, 2005.]

Lee, Kwang-Suk, "Breaking through the Invisible Ceiling of the Public Licence Models : To Remix Copyrighting Culture," *A conference on Revise : The Art and Science of Contemporary Remix Cultures*, 2-3 December, University of Wollongong, NSW, Australia, 2010.

Lessig, Lawrence, "The Creative Commons," *Montana Law Review* 65, no. 1 (2004).

_____, *Code : And other laws of cyberspace* (Basic Books, New York, 1999). [로렌스 레식, 『코드 : 사이버 공간의 법이론』, 김정오 옮김, 나남, 2002.]

_____, *Remix : Making art and commerce thrive in the hybrid economy* (Bloomsbury Books, London, 2008).

Littman, Jessica D., "The public domain," *Emory Law Journal* 39, no. 4 (2000) : 965~1023.

Lovink, Geert and Nathaniel Tkacz, "MoneyLab : Sprouting New Digital-Economic Forms," in Geert Lovink, Nathaniel Tkacz and Patricia de Vries (eds.), *MoneyLab Reader : An Intervention in Digital Economy* (Institute Of Network Cultures, Amsterdam, 2015).

Lütticken, Sven, "The Art of Theft," *New Left Review*, no. 13 (2002).

Malm, Andreas and Alf Hornborg, "The Geology of Mankind? A Critique of the Anthropocene Narrative," *The Anthropocene Review* 1, no. 1 (April 2014) : 62~9.

Manovich, Lev, "How to compare one million images?," in David M. Berry (ed.), *Understanding Digital Humanities* (Palgrave Macmillan, New York, 2012).

Mason, Paul, "The end of capitalism has begun," *The Guardian*, 2015년 7월 17일 입력, 2021년 8월 13일 접속, https://www.theguardian.com/books/2015/jul/17/postcapitalism-end-of-capitalism-begun.

McLaren, Duncan and Julian Agyeman, *Sharing Cities : A Case for Truly Smart and Sustainable Cities* (The MIT Press, MA, 2015).

Merchant, Brian, "How Google, Microsoft, and Big Tech Are Automating the Climate Crisis," *Gizmodo*, 2019년 2월 21일 입력, 2021년 9월 8일 접속. https://gizmodo.com/how-google-microsoft-and-big-tech-are-automating-the-1832790799.

Moore, Jason W. (ed.), *Anthropocene or Capitalocene? Nature, History, and the Crisis of Capitalism* (PM Press, Oakland, 2016).

Moore, Jason W., *Capitalism in the Web of Life : Ecology and the Accumulation of Capital* (Verso, New York, 2015). [제이슨 W. 무어, 『생명의 그물 속 자본주의 : 자본의 축적과 세계생태론』, 김효진 옮김, 갈무리, 2020.]

Moulier-Boutang, Yann, *Cognitive Capitalism* (Polity Press, Cambridge, 2011).

Navas, Eduardo, *Remix Theory : The Aesthetics of Sampling* (Springer, 2012).

Ochigame, Rodrigo and James Holston, "Filtering Dissent : Social Media and Land Struggles in Brazil," *New Left Review*, no. 99 (2016).

Ochoa, Tyler, "Origins and meanings of the public domain," *University of Dayton Law Review* 28, no. 2 (2002).

P2P Foundation, *Commons Transition and P2P : a Primer*, The Transnational Institute (2017).

Pasquale, Frank, "Two Narratives of Platform Capitalism," *Yale Law & Policy Review*, no. 35 (2016).

Pasquinelli, Matteo, "Google's PageRank Algorithm : A Diagram of the Cognitive Capitalism and the Rentier of the Common Intellect," Konrad Becker & Felix Stalder (eds.), *Deep Search* (Transaction, London, 2009).

_____, "Metadata Society," Rosi Braidotti & Maria Hlavajova (eds.), *Posthuman Glossary* (Bloomsbury. London, 2018).

Patel, Raj and Jason W. Moore, *History of the World in Seven Cheap Things : A Guide to Capitalism, Nature, and the Future of the Planet* (Verso, New York, 2017). [라즈 파텔·제이슨 W. 무어, 『저렴한 것들의 세계사 : 자본주의에 숨겨진 위험한 역사, 자본세 600년』, 백우진·이경숙 옮김, 북돋움, 2020.]

Pazaitis, Alex, Vasilis Kostakis and Michel Bauwens, "Digital economy and the rise of open cooperativism : the case of the Enspiral Network," *Transfer : European Review of Labour and Research* 23, no. 2 (2017) : 177~92.

Pollin, Robert, "De-Growth vs a Green New Deal," *New Left Review*, no. 112 (July-August 2018).

Prentiss, Mara, *Energy Revolution : The Physics and the Promise of Efficient Technology* (Harvard University Press, Cambridge, 2015).

Qiu, Jack Linchuan, *Goodbye iSlave : A Manifesto for Digital Abolition* (University of Illinois Press, Champaign, 2016).

Quilligan, James B., "Why Distinguish Common Goods from Public Goods?," in David Bollier & Silke Helfrich (eds.), *The Wealth of the Commons : A World Beyond Market & State* (Levellers Press, Amherst, 2013).

Richter, Hans, *Dada : Art and Anti-art* (Thames & Hudson, London, 1964). [한스 리히터, 『다다 : 예술과 반예술』, 김채현 옮김, 미진사, 1993.]

Rifkin, Jeremy, "The Rise of Anti-Capitalism," *The New York Times*, 2014년 3월 15일 입력, 2021년 8월 13일 접속, https://www.nytimes.com/2014/03/16/opinion/sunday/the-rise-of-anti-capitalism.html.

_____, *The Green New Deal : Why the Fossil Fuel Civilization Will Collapse by 2028, and the Bold Economic Plan to Save Life on Earth* (St. Martin's, New York, 2019). [제러미 리프킨, 『글로벌 그린 뉴딜 : 2028년 화석연료 문명의 종말 : 그리고 지구 생명체를 구하기 위한 대담한 경제 계획』, 안진환 옮김, 민음사, 2020.]

Ruivenkamp, Guido and Andy Hilton (eds.), *Perspectives on Commoning : Autonomist Principles and Practices* (Zed Books, London, 2017).

Schneier, Bruce, *Data and Goliath: The Hidden Battles to Collect Your Data and Control Your World* (W. W. Norton & Company, New York, 2015). [브루스 슈나이어, 『당신은 데이터의 주인이 아니다: 빅데이터 시대의 생존과 행복을 위한 가이드』, 이현주 옮김, 김보라미 감수, 반비, 2016.]

Scholz, Trebor (ed.), *Digital Labor: The Internet as Playground and Factory* (Routledge, New York, 2013).

Scholz, Trebor, *Uberworked and Underpaid: How Workers are Disrupting the Digital Economy* (Polity Press, Cambridge, 2017).

Shareable (ed.), *Sharing Cities: Activation the Urban Commons* (Shareable, CA, 2017).

Singer, Natash a, "In the Sharing Economy, Workers Find Both Freedom and Uncertainty," *New York Times*, 2014년 8월 16일 입력, 2021년 8월 13일 접속, https://www.nytimes.com/2014/08/17/technology/in-the-sharing-economy-workers-find-both-freedom-and-uncertainty.html.

Slee, Tom, *What's Yours Is Mine: Against the Sharing Economy* (OR Books, NY, 2016).

Srnicek, Nick, "The challenges of platform capitalism: Understanding the logic of a new business model," *Juncture* 23, no. 4 (2017): 254-7.

_____, *Platform Capitalism: Technology after Capitalism* (Polity Press, Cambridge, 2017). [닉 서르닉, 『플랫폼 자본주의』, 심성보 옮김, 킹콩북, 2020.]

Standing, Guy, *Plunder of the Commons: A Manifesto for Sharing Public Wealth* (Pelican Book, London, 2019). [가이 스탠딩, 『공유지의 약탈: 새로운 공유 시대를 위한 선언』, 안효상 옮김, 창비, 2021.]

Stavrides, Stavros, *Towards the City of Thresholds* (Common Notions, New York, 2010).

Steffen, Will, Paul J. Crutzen and John R. McNeill, "The Anthropocene: Are Humans Now Overwhelming the Great Forces of Nature?," *Ambio* 36, no. 8 (December, 2007).

Stiegler, Bernard, *Automatic Society, vol. 1* (Polity Press, Cambridge, 2015).

Terranova, Tiziana, "Free Labor," in Trebor Scholz (ed.), *Digital Labor: The Internet as Playground and Factory* (Routledge, New York, 2012).

Terranova, Tiziana, "The city is a technosocial medium," 〈2021 서울시립대 도시인문학연구소 제18회 국제학술대회〉, 2021년 5월.

van der Meulen, Sjoukje, "A Strong Couple: New Media and Socially Engaged Art," *Leonardo* 50, no. 2 (2017).

Vettese, Troy, "To Freeze the Thames: Natural Geo-Engineering and Biodiversity," *New Left Review*, no. 111 (May-June 2018).

Walker, John A., *Art in the age of mass media* (Pluto Press, London, 1983). [존 A. 워커, 『대중매체 시대의 예술』, 정진국 옮김, 열화당, 1996.]

Walsh, Bryan, "Today's Smart Choice: Don't Own, Share - 10 Ideas That Will Change the World," *TIME*, 2011년 3월 17일 입력, 2021년 8월 13일 접속, http://content.time.com/time/specials/packages/article/0,28804,2059521_2059717,00.html.

Waters, Colin N., Jan Zalasiewicz, Colin Summerhayes, Anthony D. Barnosky, Clement Poirier, Agnieszka Galuszka, Alejandro Cearreta, Erle C. Ellis, et al., "The Anthropocene is functionally and stratigraphically distinct from the Holocene," *Science* 351, no. 6269 (January 8, 2016).

Williams, Alex and Nick Srnicek, "#ACCELERATE MANIFESTO for an Accelerationist Politics," *Critical Legal Thinking*, 14 May 2013, http://syntheticedifice.files.wordpress.com/2013/06/accelerate.pdf.

Wood, Paul, "Introduction : the avant-garde and modernism," in Paul Wood (ed.), *The Challenge of the Avant-garde* (Yale University Press, New Haven, 1999).

World Health Organization (WHO), *Gender, Climate Change and Health*, 2014, https://www.who.int/globalchange/GenderClimateChangeHealthfinal.pdf.

Zygmuntowski, Jan J., "Commoning in the Digital Era : Platform Cooperativism as a Counter to Cognitive Capitalism," *Praktyka Teoretyczna* 27, no. 1 (2018) : 168~92.

飯田麻結 · 北野圭介 · 依田富子, 「特集 : 人新世 : 誰が人新世を語ることができるのか」, 『現代思想』 45권 22호.(2017).

中村桂子, 「特集 : 人新世 : '人新世'を見届ける人はいるのか」, 『現代思想』 45권 22호(2017).

저널

『계간 사우스 애틀란틱(*The South Atlantic Quarterly*)』

『문화/과학』 인류세 특집 (통권 97호)

『비판연구(*Critical Inquiry*)』

『이론, 문화와 사회(*Theory, Culture & Society*)』 (2017)

『테크네(*Techné : Research in Philosophy and Technology*)』

『현대사상(現代思想)』

『상황주의 인터내셔널 *Situationle Inetrnational*』

웹 자료

서울시 공유허브 '공유경제 사용설명서', http://sharehub.kr/shareguid/shareStart.do.

〈2019 미래혁신포럼〉 공식 사이트, http://www.seoulfif.co.kr.

Cambridge Bitcoin Electricity Consumption Index (CBECI) official site, https://www.cbeci.org/comparisons/.

영상

〈뒤섞어봐! : 리믹스 선언문 RIP! *A Remix Manifesto*〉, Brett Gaylor, 2009, http://www.ripremix.com/

「그레타 툰베리 '유엔 기후행동 정상회의' 연설 풀영상」, 〈서울환경연합〉, 2019년 9월 23일 수정, 2021년 9월 8일 접속. https://youtu.be/BvF8yG7G3mU.

:: 용어 찾아보기